시설공단 도시공사 개발공사

통합편

NCS + 일반상식 + 모의고사 5회

시대에듀

2025 최신판 시대에듀 All-New 시설공단/도시공사/개발공사 통합편
NCS + 일반상식 + 모의고사 5회 + 무료NCS특강

Always **with you**

사람의 인연은 길에서 우연하게 만나거나 함께 살아가는 것만을 의미하지는 않습니다.
책을 펴내는 출판사와 그 책을 읽는 독자의 만남도 소중한 인연입니다.
시대에듀는 항상 독자의 마음을 헤아리기 위해 노력하고 있습니다. 늘 독자와 함께하겠습니다.

머리말 PREFACE

시설공단/도시공사/개발공사는 신입사원을 채용할 예정이다. 전반적인 채용절차는 「입사지원서 접수 → 서류전형 → 필기전형 → 면접전형 → 최종 합격자 발표」 순서로 이루어진다. 대부분의 서류전형은 적/부 판정으로 이루어지며, 필기전형은 직업기초능력평가를 비롯하여 직무수행능력평가 및 일반상식으로 진행한다. 본서는 그 중 직업기초능력평가인 의사소통능력, 수리능력, 문제해결능력, 자원관리능력, 정보능력, 기술능력, 대인관계능력, 자기개발능력, 직업윤리 총 10개의 영역과 일반상식을 기준으로 구성하였다. 시설공단/도시공사/개발공사별 세부내용은 상이하므로 반드시 확정된 채용공고를 확인해야 하며, 필기전형에서 고득점을 받기 위해 다양한 유형에 대한 폭넓은 학습과 문제풀이능력을 높이는 등 철저한 준비가 필요하다.

시설공단/도시공사/개발공사 합격을 위해 시대에듀에서는 기업별 NCS 시리즈 누적 판매량 1위의 출간 경험을 토대로 다음과 같은 특징을 가진 도서를 출간하였다.

도서의 특징

❶ 기출복원문제를 통한 출제 유형 확인!

- 2024년 주요 공기업 NCS 기출문제를 복원하여 공기업별 NCS 필기 유형을 파악할 수 있도록 하였다.

❷ 시설공단/도시공사/개발공사 필기전형 출제 영역 맞춤 문제를 통한 실력 상승!

- 직업기초능력평가 대표기출유형&기출응용문제를 수록하여 유형별로 학습할 수 있도록 하였다.
- 일반상식 적중예상문제를 수록하여 상식까지 확실히 학습할 수 있도록 하였다.

❸ 최종점검 모의고사를 통한 완벽한 실전 대비!

- 철저한 분석을 통해 실제 유형과 유사한 최종점검 모의고사를 수록하여 자신의 실력을 점검할 수 있도록 하였다.

❹ 다양한 콘텐츠로 최종 합격까지!

- 채용 가이드와 최신 면접 기출질문을 수록하여 채용을 준비하는 데 부족함이 없도록 하였다.
- 온라인 모의고사를 무료로 제공하여 필기전형에 대비할 수 있도록 하였다.

끝으로 본 도서를 통해 시설공단/도시공사/개발공사 채용을 준비하는 모든 수험생 여러분이 합격의 기쁨을 누리기를 진심으로 기원한다.

SDC(Sidae Data Center) 씀

◇ NCS 직업기초능력평가 영역

구분	내용
의사소통능력	읽고 들음으로써 다른 사람이 뜻한 바를 파악하고, 자신이 뜻한 바를 정확하게 쓰거나 말하는 능력
수리능력	사칙연산, 통계, 확률의 의미를 정확하게 이해하고 적용하는 능력
문제해결능력	창조적이고 논리적인 사고를 통해 문제 상황을 올바르게 인식하고 적절히 해결하는 능력
자원관리능력	자원이 얼마나 필요한지 확인하고, 이용 가능한 자원을 최대한 수집하여 어떻게 활용할 것인지 계획하고, 계획대로 할당하는 능력
정보능력	정보를 수집하고 분석하여 의미 있는 정보를 찾아내고, 적절히 조직하고 관리하며 활용하여 컴퓨터를 사용하는 능력
기술능력	도구, 장치를 포함하여 필요한 기술을 이해하고, 적절한 기술을 선택하여 적용하는 능력
조직이해능력	국제적인 추세를 포함하여 조직의 체제와 경영에 대해 이해하는 능력
대인관계능력	사람들과 문제를 일으키지 않고 원만하게 지내는 능력
자기개발능력	스스로를 관리하고 개발하는 능력
직업윤리	원만한 직업 생활을 위해 필요한 태도, 매너, 올바른 직업관

◇ NCS 시행 공사 · 공단

구분	공사 · 공단명
시설공단	부산시설공단, 서울물재생시설공단, 서울시설공단, 세종시설공단, 울산시설공단, 전주시설공단, 창원시설공단 등
도시공사	SH 서울주택도시공사, 과천도시공사, 광명도시공사, 구리도시공사, 구미도시공사, 군포도시공사, 남양주도시공사, 대전도시공사, 부산도시공사, 수원도시공사, 안산도시공사, 안양도시공사, 용인도시공사, 의왕도시공사, 의정부도시공사, 인천도시공사, 천안도시공사, 춘천도시공사, 평택도시공사, 하남도시공사, 화성도시공사 등
개발공사	거제해양관광개발공사, 경남개발공사, 김해시도시개발공사, 대구도시개발공사, 새만금개발공사, 전남개발공사, 전북개발공사, 제주도개발공사 등

❖ 위 안내는 시설공단/도시공사/개발공사의 최신 채용공고를 기준으로 작성하였으나, 세부내용은 반드시 확정된 채용공고를 확인하기 바랍니다.

2024년 기출분석 ANALYSIS

총평

시설공단/도시공사/개발공사의 필기전형은 NCS의 경우 모듈형의 비중이 높은 피듈형으로 출제되었으며, 난이도가 전반적으로 평이했다는 후기가 많았다. 공사 · 공단에 따라 전공 및 일반상식이 출제되기도 하므로 확정된 채용공고를 꼼꼼히 확인해야 한다.

◇ 의사소통능력

출제 키워드	경청의 방해 요소, 빛의 굴절률, 영화 「기생충」과 「하녀」, 세종대왕의 인재 채용, 접속사, 보도자료, 토사구팽, 감탄고토 등

◇ 수리능력

출제 키워드	버스의 요금, 삼촌의 나이, 소금물의 농도, 2시간에 5분씩 느려지는 시계, 숫자 카드로 만들 수 있는 가장 큰 수, 원의 부피, 구슬을 뽑을 확률, 원기둥 대각선의 길이, 연속하는 자연수 등

◇ 문제해결능력

출제 키워드	성급한 일반화의 오류, 소프트 어프로치, 하드 어프로치, 퍼실리테이션, 체크리스트, 빈칸에 들어갈 명제, 피크닉을 같이 가는 사람 등

◇ 자원관리능력

출제 키워드	편리성 추구, 자원에 대한 인식 부재, 로직트리, 적재적소의 배치 등

◇ 정보능력

출제 키워드	컴퓨터 바이러스, Offset 함수, Sum 함수, Sumif 함수, Sumproduct 함수, Or 함수, And 함수, Large 함수, 엑셀 단축키 등

◇ 기술능력

출제 키워드	기술 경영자, 벤치마킹 등

◇ 조직이해능력

출제 키워드	조직의 7S, 유기적 조직 등

PSAT형

| 수리능력

04 다음은 신용등급에 따른 아파트 보증률에 대한 사항이다. 자료와 상황에 근거할 때, 갑(甲)과 을(乙)의 보증료의 차이는 얼마인가?(단, 두 명 모두 대지비 보증금액은 5억 원, 건축비 보증금액은 3억 원이며, 보증서 발급일로부터 입주자 모집공고 안에 기재된 입주 예정 월의 다음 달 말일까지의 해당 일수는 365일이다)

• (신용등급별 보증료)=(대지비 부분 보증료)+(건축비 부분 보증료)
• 신용평가 등급별 보증료율

구분	대지비 부분	건축비 부분				
		1등급	2등급	3등급	4등급	5등급
AAA, AA	0.138%	0.178%	0.185%	0.192%	0.203%	0.221%
A^+		0.194%	0.208%	0.215%	0.226%	0.236%
A^-, BBB^+		0.216%	0.225%	0.231%	0.242%	0.261%
BBB^-		0.232%	0.247%	0.255%	0.267%	0.301%
BB^+ ~CC		0.254%	0.276%	0.296%	0.314%	0.335%
C, D		0.404%	0.427%	0.461%	0.495%	0.531%

※ (대지비 부분 보증료)=(대지비 부분 보증금액)×(대지비 부분 보증료율)×(보증서 발급일로부터 입주자 모집공고 안에 기재된 입주 예정 월의 다음 달 말일까지의 해당 일수)÷365
※ (건축비 부분 보증료)=(건축비 부분 보증금액)×(건축비 부분 보증료율)×(보증서 발급일로부터 입주자 모집공고 안에 기재된 입주 예정 월의 다음 달 말일까지의 해당 일수)÷365

• 기여고객 할인율 : 보증료, 거래기간 등을 기준으로 기여도에 따라 6개 군으로 분류하며, 건축비 부분 요율에서 할인 가능

구분	1군	2군	3군	4군	5군	6군
차감률	0.058%	0.050%	0.042%	0.033%	0.025%	0.017%

〈상황〉

• 갑 : 신용등급은 A^+이며, 3등급 아파트 보증금을 내야 한다. 기여고객 할인율에서는 2군으로 선정되었다.
• 을 : 신용등급은 C이며, 1등급 아파트 보증금을 내야 한다. 기여고객 할인율은 3군으로 선정되었다.

① 554,000원
② 566,000원
③ 582,000원
④ 591,000원
⑤ 623,000원

특징
▸ 대부분 의사소통능력, 수리능력, 문제해결능력을 중심으로 출제(일부 기업의 경우 자원관리능력, 조직이해능력을 출제)
▸ 자료에 대한 추론 및 해석 능력을 요구

대행사
▸ 엑스퍼트컨설팅, 커리어넷, 태드솔루션, 한국행동과학연구소(행과연), 휴노 등

모듈형

| 문제해결능력

41 문제해결절차의 문제 도출 단계는 (가)와 (나)의 절차를 거쳐 수행된다. 다음 중 (가)에 대한 설명으로 적절하지 않은 것은?

(가)	→	(나)
전체 문제를 개별화된 이슈들로 세분화	→	문제에 영향력이 큰 핵심이슈를 선정

① 문제의 내용 및 영향 등을 파악하여 문제의 구조를 도출한다.
② 본래 문제가 발생한 배경이나 문제를 일으키는 메커니즘을 분명히 해야 한다.
③ 현상에 얽매이지 말고 문제의 본질과 실제를 봐야 한다.
④ 눈앞의 결과를 중심으로 문제를 바라봐야 한다.
⑤ 문제 구조 파악을 위해서 Logic Tree 방법이 주로 사용된다.

특징
- ▶ 이론 및 개념을 활용하여 푸는 유형
- ▶ 채용 기업 및 직무에 따라 NCS 직업기초능력평가 10개 영역 중 선발하여 출제
- ▶ 기업의 특성을 고려한 직무 관련 문제를 출제
- ▶ 주어진 상황에 대한 판단 및 이론 적용을 요구

대행사
- ▶ 인트로맨, 휴스테이션, ORP연구소 등

피듈형(PSAT형 + 모듈형)

| 자원관리능력

07 다음 자료를 근거로 판단할 때, 연구모임 A～E 중 세 번째로 많은 지원금을 받는 모임은?

〈지원계획〉

• 지원을 받기 위해서는 한 모임당 5명 이상 9명 미만으로 구성되어야 한다.
• 기본지원금은 모임당 1,500천 원을 기본으로 지원한다. 단, 상품개발을 위한 모임의 경우는 2,000천 원을 지원한다.
• 추가지원금

등급	상	중	하
추가지원금(천 원/명)	120	100	70

※ 추가지원금은 연구 계획 사전평가결과에 따라 달라진다.
• 협업 장려를 위해 협업이 인정되는 모임에는 위의 두 지원금을 합한 금액의 30%를 별도로 지원한다.

〈연구모임 현황 및 평가결과〉

특징
- ▶ 기초 및 응용 모듈을 구분하여 푸는 유형
- ▶ 기초인지모듈과 응용업무모듈로 구분하여 출제
- ▶ PSAT형보다 난도가 낮은 편
- ▶ 유형이 정형화되어 있고, 유사한 유형의 문제를 세트로 출제

대행사
- ▶ 사람인, 스카우트, 인크루트, 커리어케어, 트리피, 한국사회능력개발원 등

코레일 한국철도공사

글의 제목 ▸ 유형 2024년 적중

01 다음 글의 제목으로 가장 적절한 것은?

중세 유럽에서는 토지나 자원을 왕실이 소유하고 있었다. 사람들은 이러한 토지나 자원을 이용하려면 일정한 비용을 지불해야 했다. 예를 들어 광산을 개발하거나 수산물을 얻는 사람들은 해당 자원의 이용에 대한 비용을 왕실에 지불하였고 이는 왕실의 권력과 부의 유지를 돕는 동시에 국가의 재정을 보충하는 역할을 하였는데, 이때 지불한 비용이 바로 로열티이다.
로열티의 개념은 산업 혁명과 함께 발전하였다. 산업 혁명을 통해 특허, 상표 등의 지적 재산권이 보호되기 시작하면서 기업들은 이러한 권리를 보유한 개인이나 조직에게 사용에 대한 보상을 지불하게 되었다. 지적 재산권은 기업이 특정한 기술, 디자인, 상표 등을 보유하고 있을 때 그들에게 독점적인 권리를 제공하는 것이며, 이러한 권리의 보호와 보상을 위해 로열티 제도가 도입되었다.
로열티는 기업과 지적 재산권 소유자 간의 계약에 의해 설정되는 형태로 발전하였다. 기업이 특정 제품을 판매하거나 특정 기술을 이용하는 경우 지적 재산권 소유자에게 계약에 따라 정해진 로열티를 지불하게 된다. 이로써 지적 재산권을 보유한 개인이나 조직은 자신들의 창작물이나 기술의 사용에 대한 보상을 받을 수 있으며, 기업들은 이러한 지적 재산권의 이용을 허가받아 경쟁 우위를 확보할 수 있게 되었다.
현재 로열티는 제품 판매나 라이선스, 저작물의 이용 등 다양한 형태로 나타나며 지적 재산권의 보호와 경제적 가치를 확보하는 중요한 수단으로 작용하고 있다. 로열티는 지식과 창조성의 보상으로서의 역할을 수행하며 기업들의 연구 개발을 촉진하고 혁신을 격려한다. 이처럼 로열티 제도는 기업

국민건강보험공단

빅데이터 ▸ 키워드 2024년 적중

01 다음 중 '녹내장' 질환에 대한 설명으로 적절하지 않은 것은?

국민건강보험공단이 건강보험 빅데이터를 분석한 내용에 따르면 '녹내장 질환'으로 진료를 받은 환자가 2010년 44만 4천 명에서 2015년 76만 8천 명으로 5년간 73.1% 증가했으며, 성별에 따른 진료인원을 비교해 보면 여성이 남성보다 많은 것으로 나타났다. 남성은 2010년 20만 7천 명에서 2015년 35만 3천 명으로 5년간 70.1%(14만 6천 명), 여성은 2010년 23만 6천 명에서 2015년 41만 6천 명으로 75.8%(18만 명) 증가한 것으로 나타났다.
2015년 기준 '녹내장' 진료인원 분포를 연령대별로 살펴보면, 70대 이상이 26.2%를, 50대 이상이 68.6%를 차지했다. 2015년 기준 인구 10만 명당 '녹내장'으로 진료 받은 인원수가 60대에서 급격히 증가해 70대 이상이 4,853명으로 가장 많았다. 특히, 9세 이하와 70대 이상을 제외한 모든 연령대에서 여성보다 남성 환자가 많은 것으로 나타났다. 국민건강보험 일산병원 안과 박종운 교수는 60대 이상 노인 환자가 많은 이유에 대해 "녹내장은 특성상 40세 이후에 주로 발병한다. 그런데 최근장비와 약물의 발달로 조기 치료가 많은 데다가 관리도 많고 관리도 잘돼 나이가 들어서까지 시력이 보존되는 경우가 늘어났다. 그래서 60대 이후 노인 환자가 많은 것으로 보인다."고 설명했다.
2015년 남녀기준 전체 진료환자의 월별 추이를 살펴보면, 12월에 168,202명으로 진료인원이 가장 많은 것으로 나타났다. 2015년 기준 성별 진료인원이 가장 많은 달은 남성은 12월(80,302명)인 반면, 여성은 7월(88,119명)로 나타났다.
박종운 교수는 안과질환 녹내장 환자가 많은 이유에 대해 "녹내장은 노년층에 주로 발생하지만, 젊은 층에서도 스마트폰 등 IT기기 사용의 증가로 인해 최근 많이 나타나고 있다. 따라서 가족력이나 고혈압, 당뇨, 비만이 있는 경우 정밀검사를 통해 안압이 정상인지 자주 체크하여야 한다. 또 녹내장 환자이면서 고혈압이 있다면 겨울에 안압이 높아지는 경향이 있으니 특히 조심해야 한다. 높은

서울교통공사 9호선

지하철 ▸ 키워드

2024년 적중

01 경기도의 S지점에 다니는 U대리는 중요한 서류를 전달하기 위해 서울에 위치한 본사에 방문하려고 한다. U대리는 오전 9시에 출발해서 오전 11시에 있는 행사가 시작하기 전까지 본사에 도착해야 할 때, 다음 중 시간 안에 가장 빨리 도착할 수 있는 방법은 무엇인가?(단, 환승 시간은 무시한다)

〈이동 시 이용가능 교통편 현황〉

경기도 S지점 – 고속터미널			고속터미널 – 본사		
교통편	운행시간	소요시간	교통편	운행시간	소요시간
버스	매시 5분 출발 후 10분 간격	1시간	지하철	매시 10분, 50분	15분
지하철	매시 10분 출발 후 20분 간격	45분	택시	제한 없음	30분
자가용	제한 없음	1시간 20분	버스	매시 20분, 40분	25분

① 버스 – 택시
② 지하철 – 버스
③ 자가용 – 지하철
④ 버스 – 버스
⑤ 지하철 – 택시

한국전력공사

도서코드 ▸ 유형

2024년 적중

10 다음은 도서코드(ISBN)에 대한 자료이다. 주문한 도서에 대한 설명으로 옳은 것은?

〈[예시] 도서코드(ISBN)〉

국제표준도서번호					부가기호		
접두부	국가번호	발행자번호	서명식별번호	체크기호	독자대상	발행형태	내용분류
123	12	1234567		1	1	1	123

※ 국제표준도서번호는 5개의 군으로 나누어지고 군마다 '–'로 구분한다.

〈도서코드(ISBN) 세부사항〉

접두부	국가번호	발행자번호	서명식별번호	체크기호
978 또는 979	한국 89 미국 05 중국 72 일본 40 프랑스 22	발행자번호 – 서명식별번호 7자리 숫자 예 8491 – 208 : 발행자번호가 8491번인 출판사에서 208번째 발행한 책		0 ~ 9

독자대상	발행형태	내용분류
0 교양 1 실용 2 여성 3 (예비) 4 청소년 5 중고등 학습참고서	0 문고본 1 사전 2 신서판 3 단행본 4 전집 5 (예비)	030 백과사전 100 철학 170 심리학 200 종교 360 법학 470 생명과학

건강보험심사평가원

의료 ▸ 키워드

2024년 적중

32 다음 글을 읽고 시력 저하 예방 사업과 그 핵심 내용이 바르게 연결되지 않은 것은?

> 예전에 비해 안경이나 콘택트렌즈 등 일상생활을 영위하기 위해 시력 보조 도구를 사용해야 하는 사람들이 증가하고 있는 추세이다. 이는 모니터나 서류 같은 시각 자료들을 오랫동안 보아야 하는 현대인들의 생활 패턴과도 관계가 있다고 할 수 있다. 근시와 난시 같은 시력 저하의 문제도 심각하지만, 그와 별개로 안압 증가 등의 이유로 시력에 영구적인 손상을 입어 시각 장애 판정을 받거나 사고로 실명이 될 수도 있다. 옛말에 몸이 천 냥이라면 눈이 구백 냥이라는 말이 있듯이 시력은 우리 생활에서 중요한 부분을 차지하기 때문에 문제가 생겼을 때, 일상생활조차 힘들어질 수 있다. 그래서 한국실명예방재단에서는 다양한 이유로 생길 수 있는 시력 저하에 대해서 예방할 수 있는 여러 사업을 시행하고 있다.
>
> 먼저 '눈 건강 교육' 사업을 시행하고 있다. 눈 건강 교육 사업이란 흔히 노안이라고 하는 노인 저시력 현상 원인에 대한 교육과 전문가들의 상담을 제공함으로써, 노인 집단에서 저시력 위험군을 선별하여 미리 적절한 치료를 받을 수 있도록 하고 개안 수술, 재활 기구 및 재활 훈련을 지원하는 사업이다. 노인분들을 대상으로 하는 사업이기 때문에 어르신들의 영구적인 시각 장애나 실명 등을 예방할 수 있고, 특히 [의료] 서비스에서 소외되어 있는 취약 계층의 어르신들께 큰 도움이 될 수 있다.
>
> 또한, 비슷한 맥락에서 취약 계층의 눈 건강 보호를 위하여 '안과 취약지역 눈 검진' 사업 또한 시행하고 있다. 안과 관련 진료를 받기 힘든 의료 사각지대에 있는 취약계층에 해당하는 어르신과 어린이, 외국인 근로자를

SH 서울주택도시공사

맥킨지 매트릭스 ▸ 키워드

2023년 적중

※ 다음은 GE [맥킨지 매트릭스] 모델에 대한 자료이다. 이어지는 질문에 답하시오. [6~7]

〈GE 맥킨지 매트릭스 모델〉

산업매력도 \ 사업의 강점	고	중	저
고	A (청신호)	(청신호)	C (주의신호)
중	(청신호)	E (주의신호)	(적신호)
저	B (주의신호)	(적신호)	D (적신호)

06 다음 중 GE 맥킨지 매트릭스 모델에 대한 설명으로 옳지 않은 것은?

① BCG 매트릭스보다 발전된 기법으로 평가받고 있다.
② 좌상의 청신호 지역은 지속적으로 성장시키는 전략이 필요하다.
③ 대각선상의 주의신호 지역은 선별적인 투자 전략이 필요하다.
④ 우하의 적신호 지역은 사업을 철수하거나 투자를 최소화해야 한다.
⑤ 사업단위 간의 상호작용을 고려하므로 실제 산업에 적용하기 쉽다.

국민연금공단

맞춤법 ▶ 유형

2024년 적중

10 다음 〈보기〉에서 밑줄 친 부분의 맞춤법이 옳은 것은?

보기

조직에 문제가 발생하면 우리는 먼저 원인을 일일히 분석합니다. 이후 구성원 모두가 해결 방안을 찾기 위해 머리를 맡대고 함께 고민합니다. 이때 우리는 '어떻게든 되겠지.'라는 안일한 생각을 버리고, '흐터지면 죽는다.'는 마음으로 뭉쳐야 합니다. 조직의 위기를 함께 극복할 때 우리는 더 나은 모습으로 성장할 수 있습니다.

① 일일히
② 맡대고
③ 어떻게든
④ 흐터지면

한국가스기술공사

거짓말 ▶ 유형

2024년 적중

09 K공사의 A팀 가대리, 나사원, 다사원, 라사원, 마대리 중 1명이 어제 출근하지 않았다. 이와 관련하여 5명의 직원이 다음과 같이 말했고, 이들 중 2명이 거짓말을 한다고 할 때, 다음 중 출근하지 않은 사람은 누구인가?(단, 출근을 하였어도, 결근 사유를 듣지 못할 수도 있다)

가대리 : 나는 출근했고, 마대리도 출근했다. 누가 왜 출근하지 않았는지는 알지 못한다.
나사원 : 다사원은 출근하였다. 가대리님의 말은 모두 사실이다.
다사원 : 라사원은 출근하지 않았다.
라사원 : 나사원의 말은 모두 사실이다.
마대리 : 출근하지 않은 사람은 라사원이다. 라사원이 개인 사정으로 인해 출석하지 못한다고 가대리님에게 전했다.

① 가대리
② 나사원
③ 다사원
④ 라사원
⑤ 마대리

주요 공기업 적중 문제 TEST CHECK

한국수력원자력

발전기 ▶ 키워드 2024년 적중

04 A대리는 K도시의 해안지역에 설치할 발전기를 검토 중이다. 설치 환경 및 요건에 대한 정보가 다음과 같을 때, 후보 발전기 중 설치될 발전기로 옳은 것은?

〈발전기 설치 환경 및 요건 정보〉

- 발전기는 동일한 종류를 2기 설치한다.
- 발전기를 설치할 대지는 1,500m^2이다.
- 에너지 발전단가가 1,000kWh당 97,500원을 초과하지 않도록 한다.
- 후보 발전기 중 탄소배출량이 가장 많은 발전기는 제외한다.
- 운송수단 및 운송비를 고려하여, 개당 중량은 3톤을 초과하지 않도록 한다.

〈후보 발전기 정보〉

발전기 종류	발전방식	발전단가	탄소배출량	필요면적	중량
A	수력	92원/kWh	45g/kWh	690m^2	3,600kg
B	화력	75원/kWh	91g/kWh	580m^2	1,250kg
C	화력	105원/kWh	88g/kWh	450m^2	1,600kg
D	풍력	95원/kWh	14g/kWh	800m^2	2,800kg
E	풍력	80원/kWh	22g/kWh	[illegible]	2,140kg

한전KDN

비율 ▶ 유형 2024년 적중

※ 다음은 외국인 직접투자의 투자건수 비율과 투자금액 비율을 투자규모별로 나타낸 자료이다. 이어지는 질문에 답하시오. **[12~13]**

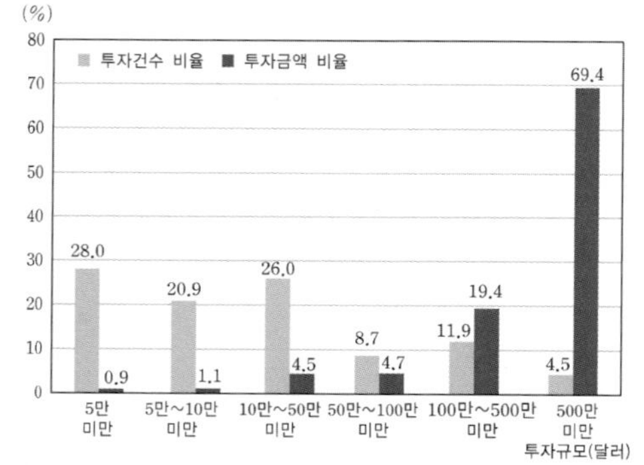

※ 투자규모는 외국인 직접투자의 건당 투자금액을 기준으로 구분함

※ $[\text{투자건수 비율(\%)}]=\dfrac{(\text{투자규모별 외국인 직접투자 건수})}{(\text{전체 외국인 직접투자 건수})}\times 100$

※ $[\text{투자금액 비율(\%)}]=\dfrac{(\text{투자규모별 외국인 직접투자 금액 합계})}{(\text{전체 외국인 직접투자 건수})}\times 100$

K-water 한국수자원공사

장소 선정 ▶ 유형

2024년 적중

※ 한국수자원공사에서는 새로운 직원을 채용하기 위해 채용시험을 실시하고자 한다. 다음은 공사에서 채용시험을 실시할 때, 필요한 〈조건〉과 채용시험장 후보 대상을 정리한 자료이다. 이어지는 질문에 답하시오. **[33~34]**

〈조건〉

- 신입직 지원자는 400명이고, 경력직 지원자는 80명이다(단, 지원자 모두 시험에 응시한다).
- 시험은 방송으로 진행되므로 스피커가 있어야 한다.
- 시험 안내를 위해 칠판이나 화이트보드가 있어야 한다.
- 신입직의 경우 3시간, 경력직의 경우 2시간 동안 시험이 진행된다.
- 비교적 비용이 저렴한 시설을 선호한다.

〈채용시험장 후보 대상〉

구분	A중학교	B고등학교	C대학교	D중학교
수용 가능 인원	380명	630명	500명	460명
시간당 대여료	300만 원	450만 원	700만 원	630만 원
시설	스피커, 화이트보드	스피커, 칠판	칠판, 스피커	화이트보드, 스피커
대여 가능 시간	토 ~ 일요일 10 ~ 13시	일요일 09 ~ 12시	토 ~ 일요일 14 ~ 17시	토요일 14 ~ 17시

33 한국수자원공사가 신입직 채용시험을 토요일에 실시한다고 할 때, 다음 중 채용시험 장소로 가장 적절한 곳은?

① A중학교
② B고등학교
③ C대학교
④ D중학교

한국도로교통공단

단축키 ▶ 유형

2024년 적중

53 다음 중 Windows 환경에서 Excel의 기능과 해당 단축키 조합이 잘못 연결된 것은?

① 〈Alt〉+〈H〉 : 홈 탭으로 이동
② 〈Alt〉+〈N〉 : 삽입 탭으로 이동
③ 〈Alt〉+〈P〉 : 페이지 레이아웃 탭으로 이동
④ 〈Alt〉+〈A〉 : 수식 탭으로 이동

도서 200% 활용하기 STRUCTURES

1 기출복원문제로 출제경향 파악

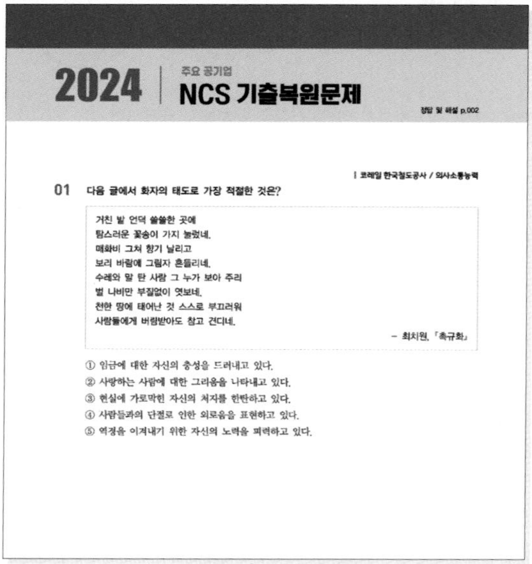
2024 | 주요 공기업 NCS 기출복원문제

정답 및 해설 p.002

| 코레일 한국철도공사 / 의사소통능력

01 다음 글에서 화자의 태도로 가장 적절한 것은?

거친 밭 언덕 쓸쓸한 곳에
탐스러운 꽃송이 가지 눌렀네.
매화비 그쳐 향기 날리고
보리 바람에 그림자 흔들리네.
수레와 말 탄 사람 그 누가 보아 주리
벌 나비만 부질없이 엿보네.
천한 땅에 태어난 것 스스로 부끄러워
사람들에게 버림받아도 참고 견디네.

– 최치원, 「촉규화」

① 임금에 대한 자신의 충성을 드러내고 있다.
② 사랑하는 사람에 대한 그리움을 나타내고 있다.
③ 현실에 가로막힌 자신의 처지를 한탄하고 있다.
④ 사람들과의 단절로 인한 외로움을 표현하고 있다.
⑤ 역경을 이겨내기 위한 자신의 노력을 피력하고 있다.

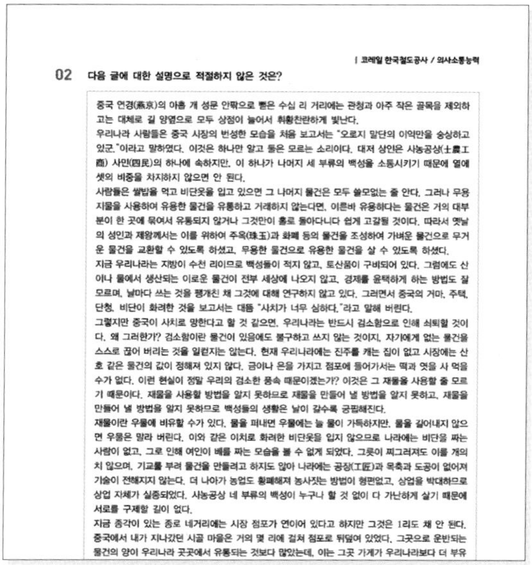
| 코레일 한국철도공사 / 의사소통능력

02 다음 글에 대한 설명으로 적절하지 않은 것은?

중국 연경(燕京)의 아홉 개 성문 안팎으로 뻗은 수십 리 거리에는 관청과 아주 작은 골목을 제외하고는 대체로 길 양옆으로 모두 상점이 늘어서 휘황찬란하게 빛난다.
우리나라 사람들은 중국 시장의 번성한 모습을 처음 보고서는 "오로지 말단의 이익만을 숭상하고 있군."이라고 말하였다. 이것은 하나만 알고 둘은 모르는 소리이다. 대저 상인은 사농공상(士農工商) 사민(四民)의 하나에 속하지만, 이 하나가 나머지 세 부류의 백성을 소통시키기 때문에 열에 셋의 비중을 차지하지 않으면 안 된다.
사람들은 쌀밥을 먹고 비단옷을 입고 있으면 그 나머지 물건은 모두 쓸모없는 줄 안다. 그러나 무용지물을 사용하여 유용한 물건을 유통하고 거래하지 않는다면, 이른바 유용하다는 물건은 거의 대부분이 한 곳에 묶여서 유통되지 않거나 그것만이 홀로 돌아다니다 쉽게 고갈될 것이다. 따라서 옛날의 성인과 제왕께서는 이를 위하여 주옥(珠玉)과 화폐 등의 물건을 조성하여 가벼운 물건으로 무거운 물건을 교환할 수 있도록 하셨고, 무용한 물건으로 유용한 물건을 살 수 있도록 하셨다.
지금 우리나라는 지방이 수천 리이므로 백성들이 적지 않고, 토산품이 구비되어 있다. 그럼에도 산이나 물에서 생산되는 이로운 물건이 전부 세상에 나오지 않고, 경제를 윤택하게 하는 방법도 잘 모르며, 날마다 쓰는 것을 팽개친 채 그것에 대해 연구하지 않고 있다. 그러면서 중국의 거마, 주택, 단청, 비단이 화려한 것을 보고서는 대뜸 "사치가 너무 심하다."라고 말해 버린다.
그렇지만 중국이 사치로 망한다고 할 것 같으면, 우리나라는 반드시 검소함으로 인해 쇠퇴할 것이다. 왜 그러한가? 검소함이란 물건이 있음에도 불구하고 쓰지 않는 것이지, 자기에게 없는 물건을 스스로 끊어 버리는 것을 일컫지는 않는다. 현재 우리나라에는 진주를 캐는 집이 없고 시장에는 산호 같은 물건의 값이 정해져 있지 않다. 금이나 은을 가지고 점포에 들어가서는 떡과 엿을 사 먹을 수가 없다. 이런 현실이 정말 우리의 검소한 풍속 때문이겠는가? 이것은 그 재물을 사용할 줄 모르기 때문이다. 재물을 사용할 방법을 알지 못하므로 재물을 만들어 낼 방법을 알지 못하고, 재물을 만들어 낼 방법을 알지 못하므로 백성들의 생활은 날이 갈수록 궁핍해진다.
재물이란 우물에 비유할 수가 있다. 물을 퍼내면 우물에는 늘 물이 가득하지만, 물을 길어내지 않으면 우물은 말라 버린다. 이와 같은 이치로 화려한 비단옷을 입지 않으므로 나라에는 비단을 짜는 사람이 없고, 그로 인해 여인이 베를 짜는 모습을 볼 수 없게 되었다. 그릇이 찌그러져도 이를 개의치 않으며, 기교를 부려 물건을 만들려고 하지도 않아 나라에는 공장(工匠)과 목축과 도공이 없어져 기술이 전해지지 않는다. 더 나아가 농업도 황폐해져 농사짓는 방법이 형편없고, 상업을 박대하므로 상업 자체가 실종되었다. 사농공상 네 부류의 백성이 누구나 할 것 없이 다 가난하게 살기 때문에 서로를 구제할 길이 없다.
지금 종각이 있는 종로 네거리에는 시장 점포가 연이어 있다고 하지만 그것은 1리도 채 안 된다. 중국에서 내가 지나갔던 시골 마을은 거의 몇 리에 걸쳐 점포로 뒤덮여 있었다. 그곳으로 운반되는 물건의 양이 우리나라 곳곳에서 유통되는 것보다 많았는데, 이는 그곳 가게가 우리나라보다 더 부유

▸ 2024년 주요 공기업 NCS 기출문제를 복원하여 공기업별 NCS 출제경향을 파악할 수 있도록 하였다.

2 대표기출유형 + 기출응용문제로 NCS 완벽 대비

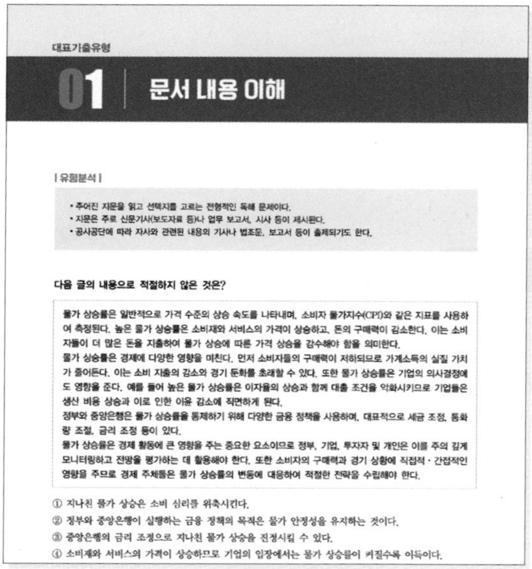
대표기출유형

01 | 문서 내용 이해

| 유형분석 |

- 주어진 지문을 읽고 선택지를 고르는 전형적인 독해 문제이다.
- 지문은 주로 신문기사(보도자료 등)나 업무 보고서, 시사 등이 제시된다.
- 공사공단에 따라 자사와 관련된 내용의 기사나 법조문, 보고서 등이 출제되기도 한다.

다음 글의 내용으로 적절하지 않은 것은?

물가 상승률은 일반적으로 가격 수준의 상승 속도를 나타내며, 소비자 물가지수(CPI)와 같은 지표를 사용하여 측정된다. 높은 물가 상승률은 소비재와 서비스의 가격이 상승하고, 돈의 구매력이 감소한다. 이는 소비자들이 더 많은 돈을 지출하여 물가 상승에 따른 가격 상승을 감수해야 함을 의미한다.
물가 상승률은 경제에 다양한 영향을 미친다. 먼저 소비자들의 구매력이 저하되므로 가계소득의 실질 가치가 줄어든다. 이는 소비 지출의 감소와 경기 둔화를 초래할 수 있다. 또한 물가 상승률은 기업의 의사결정에도 영향을 준다. 예를 들어 높은 물가 상승률은 이자율의 상승과 함께 대출 조건을 악화시키므로 기업들은 생산 비용 상승과 이로 인한 이윤 감소에 직면하게 된다.
정부와 중앙은행은 물가 상승률을 통제하기 위해 다양한 금융 정책을 사용하며, 대표적으로 세금 조정, 통화량 조절, 금리 조정 등이 있다.
물가 상승률은 경제 활동에 큰 영향을 주는 중요한 요소이므로 정부, 기업, 투자자 및 개인은 이를 주의 깊게 모니터링하고 전망을 평가하는 데 활용해야 한다. 또한 소비자의 구매력과 경기 상황에 직접적·간접적인 영향을 주므로 경제 주체들은 물가 상승률의 변동에 대응하여 적절한 전략을 수립해야 한다.

① 지나친 물가 상승은 소비 심리를 위축시킨다.
② 정부와 중앙은행이 실행하는 금융 정책의 목적은 물가 안정성을 유지하는 것이다.
③ 중앙은행의 금리 조정으로 지나친 물가 상승을 진정시킬 수 있다.
④ 소비재와 서비스의 가격이 상승하므로 기업의 입장에서는 물가 상승률이 커질수록 이득이다.

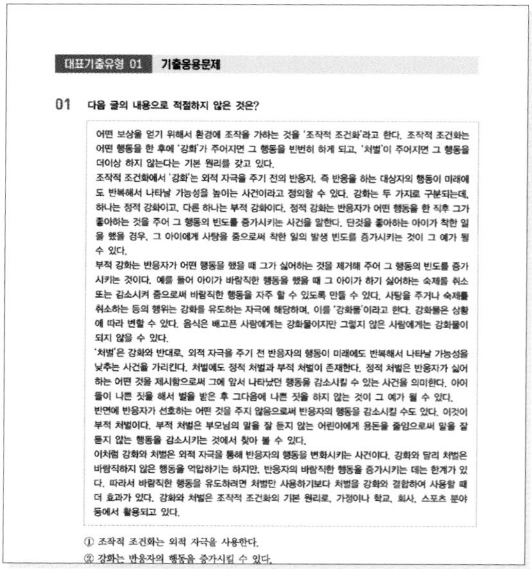
대표기출유형 01 기출응용문제

01 다음 글의 내용으로 적절하지 않은 것은?

어떤 보상을 얻기 위해서 환경에 조작을 가하는 것을 '조작적 조건화'라고 한다. 조작적 조건화는 어떤 행동을 한 후에 '강화'가 주어지면 그 행동을 빈번히 하게 되고, '처벌'이 주어지면 그 행동을 더이상 하지 않는다는 기본 원리를 갖고 있다.
조작적 조건화에서 '강화'는 외적 자극을 주기 전의 반응자, 즉 반응을 하는 대상자의 행동이 미래에도 반복해서 나타날 가능성을 높이는 사건이라고 정의할 수 있다. 강화는 두 가지로 구분되는데, 하나는 정적 강화이고, 다른 하나는 부적 강화이다. 정적 강화는 반응자가 어떤 행동을 한 직후 그가 좋아하는 것을 주어 그 행동의 빈도를 증가시키는 사건을 말한다. 단것을 좋아하는 아이가 착한 일을 했을 경우, 그 아이에게 사탕을 줌으로써 착한 일의 발생 빈도를 증가시키는 것이 그 예가 될 수 있다.
부적 강화는 반응자가 어떤 행동을 했을 때 그가 싫어하는 것을 제거해 주어 그 행동의 빈도를 증가시키는 것이다. 예를 들어 아이가 바람직한 행동을 했을 때 그 아이가 하기 싫어하는 숙제를 취소 또는 감소시켜 줌으로써 바람직한 행동을 자주 할 수 있도록 만들 수 있다. 사탕을 주거나 숙제를 취소하는 등의 행위는 강화를 유도하는 자극에 해당하며, 이를 '강화물'이라고 한다. 강화물은 상황에 따라 변할 수 있다. 음식은 배고픈 사람에게는 강화물이지만 그렇지 않은 사람에게는 강화물이 되지 않을 수 있다.
'처벌'은 강화와 반대로, 외적 자극을 주기 전 반응자의 행동이 미래에도 반복해서 나타날 가능성을 낮추는 사건을 가리킨다. 처벌에도 정적 처벌과 부적 처벌이 존재한다. 정적 처벌은 반응자가 싫어하는 어떤 것을 제시함으로써 그에 앞서 나타났던 행동을 감소시킬 수 있는 사건을 의미한다. 아이들이 나쁜 짓을 해서 벌을 받은 후 그다음에 나쁜 짓을 하지 않는 것이 그 예가 될 수 있다.
반면에 반응자가 선호하는 어떤 것을 주지 않음으로써 반응자의 행동을 감소시킬 수도 있다. 이것이 부적 처벌이다. 부적 처벌은 부모님의 말을 잘 듣지 않는 어린이에게 용돈을 줄임으로써 말을 잘 듣지 않는 행동을 감소시키는 것에서 찾아 볼 수 있다.
이처럼 강화와 처벌은 외적 자극을 통해 반응자의 행동을 변화시키는 사건이다. 강화와 달리 처벌은 바람직하지 않은 행동을 억압하기는 하지만, 반응자의 바람직한 행동을 증가시키는 데는 한계가 있다. 따라서 바람직한 행동을 유도하려면 처벌만 사용하기보다 처벌을 강화와 결합하여 사용할 때 더 효과가 있다. 강화와 처벌은 조작적 조건화의 기본 원리로, 가정이나 학교, 회사, 스포츠 분야 등에서 활용되고 있다.

① 조작적 조건화는 외적 자극을 사용한다.
② 강화는 반응자의 행동을 증가시킬 수 있다.

▸ NCS 출제 영역에 대한 대표기출유형과 기출응용문제를 수록하여 NCS 문제에 대한 접근 전략을 익히고 점검할 수 있도록 하였다.

3 적중예상문제로 상식까지 완벽 대비

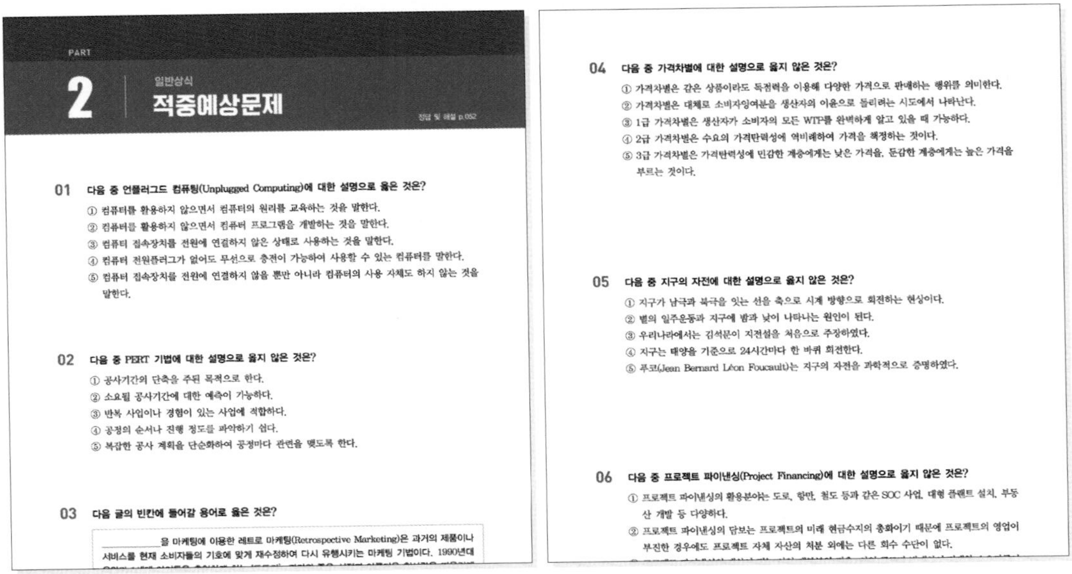

▸ 일반상식 적중예상문제를 수록하여 상식까지 효과적으로 학습할 수 있도록 하였다.

4 최종점검 모의고사 + OMR을 활용한 실전 연습

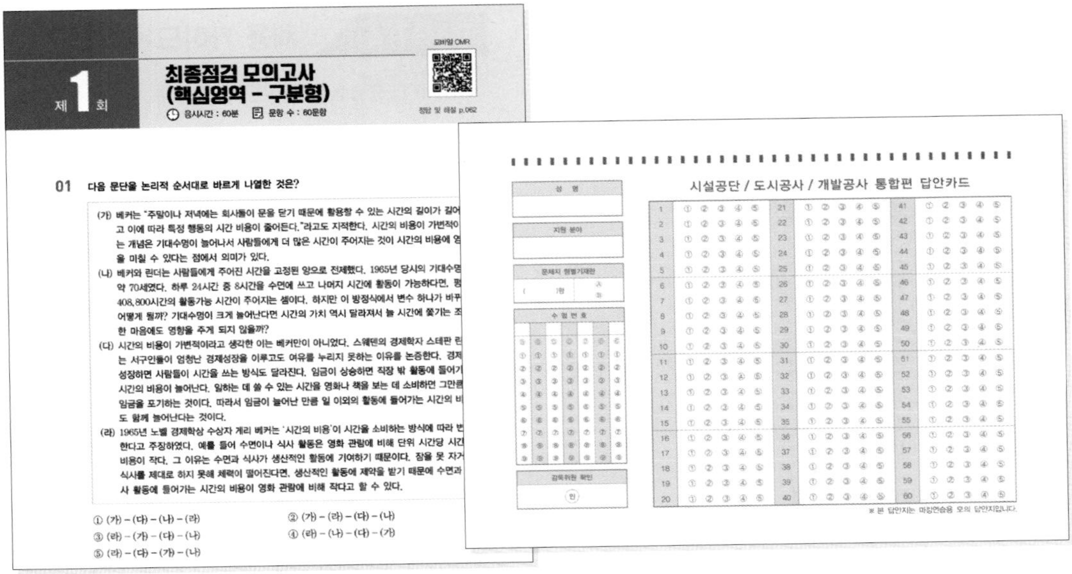

▸ 최종점검 모의고사와 OMR 답안카드를 수록하여 실제로 시험을 보는 것처럼 최종 마무리 연습을 할 수 있도록 하였다.
▸ 모바일 OMR 답안채점/성적분석 서비스를 제공하여 자동으로 점수를 채점하고 확인할 수 있도록 하였다.

이 책의 차례 CONTENTS

Add+

2024년 주요 공기업 NCS 기출복원문제

정답 및 해설 p.002

| 코레일 한국철도공사 / 의사소통능력

01 다음 글에서 화자의 태도로 가장 적절한 것은?

> 거친 밭 언덕 쓸쓸한 곳에
> 탐스러운 꽃송이 가지 눌렀네.
> 매화비 그쳐 향기 날리고
> 보리 바람에 그림자 흔들리네.
> 수레와 말 탄 사람 그 누가 보아 주리
> 벌 나비만 부질없이 엿보네.
> 천한 땅에 태어난 것 스스로 부끄러워
> 사람들에게 버림받아도 참고 견디네.
>
> – 최치원, 『촉규화』

① 임금에 대한 자신의 충성을 드러내고 있다.
② 사랑하는 사람에 대한 그리움을 나타내고 있다.
③ 현실에 가로막힌 자신의 처지를 한탄하고 있다.
④ 사람들과의 단절로 인한 외로움을 표현하고 있다.
⑤ 역경을 이겨내기 위한 자신의 노력을 피력하고 있다.

02 다음 글에 대한 설명으로 적절하지 않은 것은?

중국 연경(燕京)의 아홉 개 성문 안팎으로 뻗은 수십 리 거리에는 관청과 아주 작은 골목을 제외하고는 대체로 길 양옆으로 모두 상점이 늘어서 휘황찬란하게 빛난다.
우리나라 사람들은 중국 시장의 번성한 모습을 처음 보고서는 "오로지 말단의 이익만을 숭상하고 있군."이라고 말하였다. 이것은 하나만 알고 둘은 모르는 소리이다. 대저 상인은 사농공상(士農工商) 사민(四民)의 하나에 속하지만, 이 하나가 나머지 세 부류의 백성을 소통시키기 때문에 열에 셋의 비중을 차지하지 않으면 안 된다.
사람들은 쌀밥을 먹고 비단옷을 입고 있으면 그 나머지 물건은 모두 쓸모없는 줄 안다. 그러나 무용지물을 사용하여 유용한 물건을 유통하고 거래하지 않는다면, 이른바 유용하다는 물건은 거의 대부분이 한 곳에 묶여서 유통되지 않거나 그것만이 홀로 돌아다니니다 쉽게 고갈될 것이다. 따라서 옛날의 성인과 제왕께서는 이를 위하여 주옥(珠玉)과 화폐 등의 물건을 조성하여 가벼운 물건으로 무거운 물건을 교환할 수 있도록 하셨고, 무용한 물건으로 유용한 물건을 살 수 있도록 하셨다.
지금 우리나라는 지방이 수천 리이므로 백성들이 적지 않고, 토산품이 구비되어 있다. 그럼에도 산이나 물에서 생산되는 이로운 물건이 전부 세상에 나오지 않고, 경제를 윤택하게 하는 방법도 잘 모르며, 날마다 쓰는 것을 팽개친 채 그것에 대해 연구하지 않고 있다. 그러면서 중국의 거마, 주택, 단청, 비단이 화려한 것을 보고서는 대뜸 "사치가 너무 심하다."라고 말해 버린다.
그렇지만 중국이 사치로 망한다고 할 것 같으면, 우리나라는 반드시 검소함으로 인해 쇠퇴할 것이다. 왜 그러한가? 검소함이란 물건이 있음에도 불구하고 쓰지 않는 것이지, 자기에게 없는 물건을 스스로 끊어 버리는 것을 일컫지는 않는다. 현재 우리나라에는 진주를 캐는 집이 없고 시장에는 산호 같은 물건의 값이 정해져 있지 않다. 금이나 은을 가지고 점포에 들어가서는 떡과 엿을 사 먹을 수가 없다. 이런 현실이 정말 우리의 검소한 풍속 때문이겠는가? 이것은 그 재물을 사용할 줄 모르기 때문이다. 재물을 사용할 방법을 알지 못하므로 재물을 만들어 낼 방법을 알지 못하고, 재물을 만들어 낼 방법을 알지 못하므로 백성들의 생활은 날이 갈수록 궁핍해진다.
재물이란 우물에 비유할 수가 있다. 물을 퍼내면 우물에는 늘 물이 가득하지만, 물을 길어내지 않으면 우물은 말라 버린다. 이와 같은 이치로 화려한 비단옷을 입지 않으므로 나라에는 비단을 짜는 사람이 없고, 그로 인해 여인이 베를 짜는 모습을 볼 수 없게 되었다. 그릇이 찌그러져도 이를 개의치 않으며, 기교를 부려 물건을 만들려고 하지도 않아 나라에는 공장(工匠)과 목축과 도공이 없어져 기술이 전해지지 않는다. 더 나아가 농업도 황폐해져 농사짓는 방법이 형편없고, 상업을 박대하므로 상업 자체가 실종되었다. 사농공상 네 부류의 백성이 누구나 할 것 없이 다 가난하게 살기 때문에 서로를 구제할 길이 없다.
지금 종각이 있는 종로 네거리에는 시장 점포가 연이어 있다고 하지만 그것은 1리도 채 안 된다. 중국에서 내가 지나갔던 시골 마을은 거의 몇 리에 걸쳐 점포로 뒤덮여 있었다. 그곳으로 운반되는 물건의 양이 우리나라 곳곳에서 유통되는 것보다 많았는데, 이는 그곳 가게가 우리나라보다 더 부유해서 그러한 것이 아니고 재물이 유통되느냐 유통되지 못하느냐에 따른 결과인 것이다.

– 박제가, 『시장과 우물』

① 재물이 적절하게 유통되지 않는 현실을 비판하고 있다.
② 재물을 유통하기 위한 성현들의 노력을 근거로 제시하고 있다.
③ 경제의 규모를 늘리기 위한 소비의 중요성을 강조하고 있다.
④ 조선의 경제가 윤택하지 못한 이유를 생산량의 부족에서 찾고 있다.
⑤ 산업의 발전을 위해 적당한 사치가 있어야 함을 제시하고 있다.

03 **다음 중 한자성어와 그 뜻이 바르게 연결되지 않은 것은?**

① 水魚之交 : 아주 친밀하여 떨어질 수 없는 사이
② 結草報恩 : 죽은 뒤에라도 은혜를 잊지 않고 갚음
③ 靑出於藍 : 제자나 후배가 스승이나 선배보다 나음
④ 指鹿爲馬 : 윗사람을 농락하여 권세를 마음대로 함
⑤ 刻舟求劍 : 말로는 친한 듯 하나 속으로는 해칠 생각이 있음

04 **다음 중 밑줄 친 부분의 띄어쓰기가 옳지 않은 것은?**

① 운전을 어떻게 해야 <u>하는지</u> 알려 주었다.
② 오랫동안 <u>애쓴 만큼</u> 좋은 결과가 나왔다.
③ 모두가 떠나가고 남은 사람은 고작 <u>셋 뿐이다</u>.
④ 참가한 사람들은 누구의 키가 <u>큰지 작은지</u> 비교해 보았다.
⑤ 민족의 큰 명절에는 온 나라 방방곡곡에서 <u>씨름판이</u> 열렸다.

05 **다음 중 밑줄 친 부분의 표기가 옳지 않은 것은?**

① 늦게 온다던 친구가 <u>금세</u> 도착했다.
② 변명할 틈도 없이 그에게 일방적으로 <u>채였다</u>.
③ 못 본 사이에 그의 얼굴은 <u>핼쑥하게</u> 변했다.
④ 빠르게 변해버린 고향이 <u>낯설게</u> 느껴졌다.
⑤ 문제의 정답을 찾기 위해 <u>곰곰이</u> 생각해 보았다.

| 코레일 한국철도공사 / 의사소통능력

06 다음 중 단어와 그 발음법이 바르게 연결되지 않은 것은?

① 결단력 – [결딴녁]
② 옷맵시 – [온맵씨]
③ 몰상식 – [몰상씩]
④ 물난리 – [물랄리]
⑤ 땀받이 – [땀바지]

| 코레일 한국철도공사 / 수리능력

07 다음 식을 계산하여 나온 수의 백의 자리, 십의 자리, 일의 자리를 순서대로 바르게 나열한 것은?

$$865\times865+865\times270+135\times138-405$$

① 0, 0, 0
② 0, 2, 0
③ 2, 5, 0
④ 5, 5, 0
⑤ 8, 8, 0

| 코레일 한국철도공사 / 수리능력

08 길이가 200m인 A열차가 어떤 터널을 60km/h의 속력으로 통과하였다. 잠시 후 길이가 300m인 B열차가 같은 터널을 90km/h의 속력으로 통과하였다. A열차와 B열차가 이 터널을 완전히 통과할 때 걸린 시간의 비가 10 : 7일 때, 이 터널의 길이는?

① 1,200m
② 1,500m
③ 1,800m
④ 2,100m
⑤ 2,400m

※ 다음과 같이 일정한 규칙으로 수를 나열할 때, 빈칸에 들어갈 수를 고르시오. [9~10]

| 코레일 한국철도공사 / 수리능력

09

• 7	13	4	63
• 9	16	9	(　)

① 45
② 51
③ 57
④ 63
⑤ 69

| 코레일 한국철도공사 / 수리능력

10

−2　1　6　13　22　33　46　61　78　97　(　)

① 102
② 106
③ 110
④ 114
⑤ 118

| 코레일 한국철도공사 / 수리능력

11

K중학교 2학년 A～F 6개의 학급이 체육대회에서 줄다리기 경기를 다음과 같은 토너먼트로 진행하려고 한다. 이때, A반과 B반이 모두 두 번의 경기를 거쳐 결승에서 만나게 되는 경우의 수는?

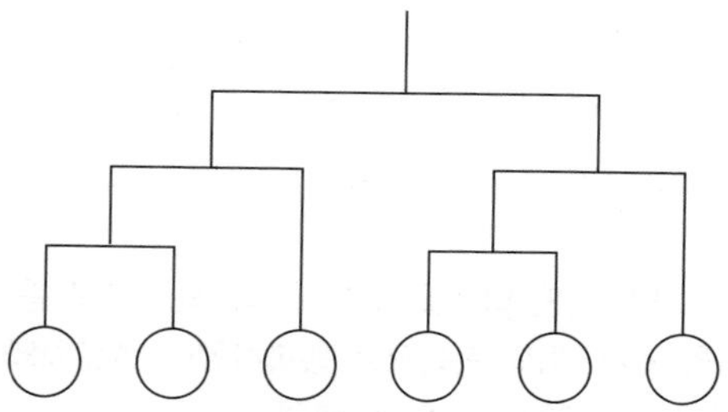

① 6가지
② 24가지
③ 120가지
④ 180가지
⑤ 720가지

| 코레일 한국철도공사 / 수리능력

12 다음은 연령대별로 도시와 농촌에서의 여가생활 만족도 평가 점수를 조사한 자료이다. 〈조건〉에 따라 빈칸 ㄱ ~ ㄹ에 들어갈 수를 순서대로 바르게 나열한 것은?

〈연령대별 도시·농촌 여가생활 만족도 평가〉

(단위 : 점)

구분	10대 미만	10대	20대	30대	40대	50대	60대	70대 이상
도시	1.6	ㄱ	3.5	ㄴ	3.9	3.8	3.3	1.7
농촌	1.3	1.8	2.2	2.1	2.1	ㄷ	2.1	ㄹ

※ 매우 만족 : 5점, 만족 : 4점, 보통 : 3점, 불만 : 2점, 매우 불만 : 1점

조건

- 도시에서 여가생활 만족도는 모든 연령대에서 같은 연령대의 농촌보다 높았다.
- 도시에서 10대의 여가생활 만족도는 농촌에서 10대의 2배보다 높았다.
- 도시에서 여가생활 만족도가 가장 높은 연령대는 40대였다.
- 농촌에서 여가생활 만족도가 가장 높은 연령대는 50대지만, 3점을 넘기지 못했다.

	ㄱ	ㄴ	ㄷ	ㄹ
①	3.8	3.3	2.8	3.5
②	3.5	3.3	3.2	3.5
③	3.8	3.3	2.8	1.5
④	3.5	4.0	3.2	1.5
⑤	3.8	4.0	2.8	1.5

| 코레일 한국철도공사 / 수리능력

13 가격이 500,000원일 때 10,000개가 판매되는 K제품이 있다. 이 제품의 가격을 10,000원 인상할 때마다 판매량은 160개 감소하고, 10,000원 인하할 때마다 판매량은 160개 증가한다. 이때, 총 판매금액이 최대가 되는 제품의 가격은?(단, 가격은 10,000원 단위로만 인상 또는 인하할 수 있다)

① 520,000원
② 540,000원
③ 560,000원
④ 580,000원
⑤ 600,000원

14 다음은 전자제품 판매업체 3사를 다섯 가지 항목으로 나누어 평가한 자료이다. 이를 토대로 3사의 항목별 비교 및 균형을 쉽게 파악할 수 있도록 나타낸 그래프로 옳은 것은?

〈전자제품 판매업체 3사 평가표〉

(단위 : 점)

구분	디자인	가격	광고 노출도	브랜드 선호도	성능
A사	4.1	4.0	2.5	2.1	4.6
B사	4.5	1.5	4.9	4.0	2.0
C사	2.5	4.5	0.6	1.5	4.0

①

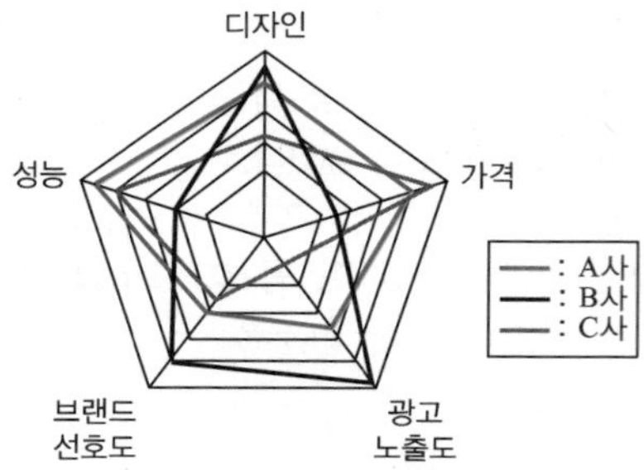

②

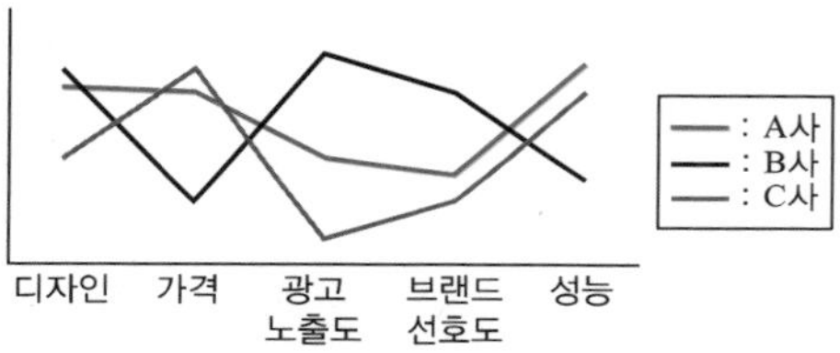

③

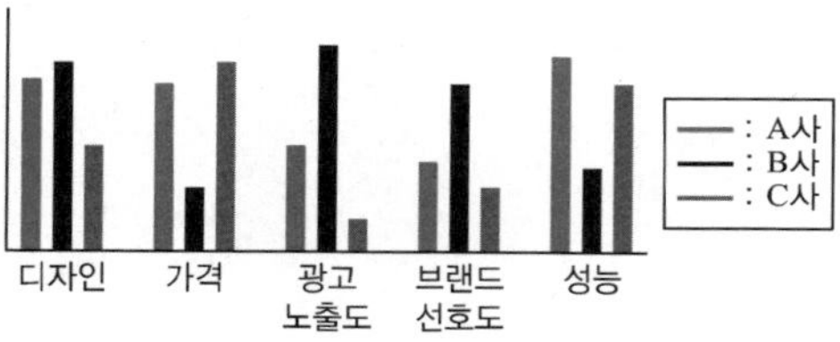

④

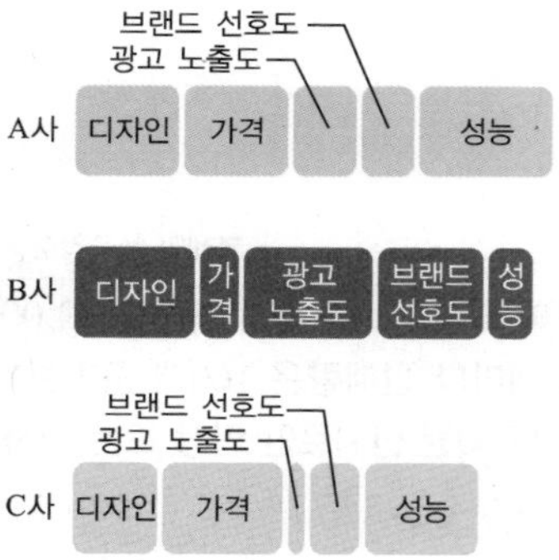

⑤

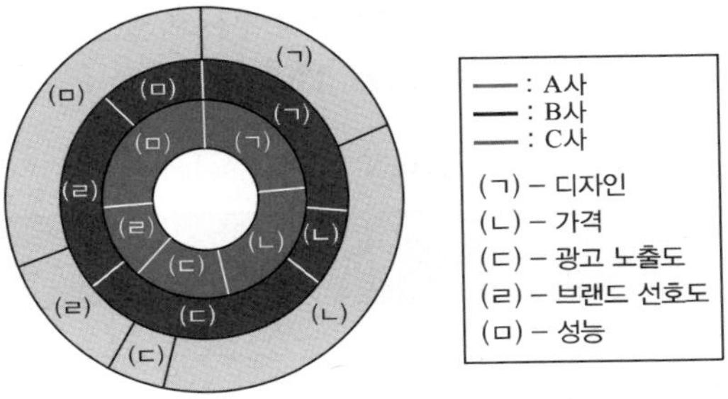

| 코레일 한국철도공사 / 수리능력

15 다음은 2023년 K톨게이트를 통과한 차량에 대한 자료이다. 이에 대한 설명으로 옳지 않은 것은?

〈2023년 K톨게이트 통과 차량〉

(단위 : 천 대)

구분	승용차			승합차			대형차		
	영업용	비영업용	합계	영업용	비영업용	합계	영업용	비영업용	합계
1월	152	3,655	3,807	244	2,881	3,125	95	574	669
2월	174	3,381	3,555	222	2,486	2,708	101	657	758
3월	154	3,909	4,063	229	2,744	2,973	139	837	976
4월	165	3,852	4,017	265	3,043	3,308	113	705	818
5월	135	4,093	4,228	211	2,459	2,670	113	709	822
6월	142	3,911	4,053	231	2,662	2,893	107	731	838
7월	164	3,744	3,908	237	2,721	2,958	117	745	862
8월	218	3,975	4,193	256	2,867	3,123	115	741	856
9월	140	4,105	4,245	257	2,913	3,170	106	703	809
10월	135	3,842	3,977	261	2,812	3,073	107	695	802
11월	170	3,783	3,953	227	2,766	2,993	117	761	878
12월	147	3,730	3,877	243	2,797	3,040	114	697	811

① 전체 승용차 수와 전체 승합차 수의 합이 가장 많은 달은 9월이고, 가장 적은 달은 2월이다.
② 4월을 제외하고 K톨게이트를 통과한 비영업용 승합차 수는 월별 300만 대 미만이었다.
③ 전체 대형차 수 중 영업용 대형차 수의 비율은 모든 달에서 10% 이상이다.
④ 영업용 승합차 수는 모든 달에서 영업용 대형차 수의 2배 이상이다.
⑤ 승용차가 가장 많이 통과한 달의 전체 승용차 수에 대한 영업용 승용차 수의 비율은 3% 이상이다.

※ 서울역 근처 K공사에 근무하는 A과장은 1월 10일에 팀원 4명과 함께 부산에 있는 출장지에 열차를 타고 가려고 한다. 다음 자료를 보고 이어지는 질문에 답하시오. **[16~17]**

〈서울역 → 부산역 열차 시간표〉

구분	출발시각	정차역	다음 정차역까지 소요시간	총주행시간	성인 1인당 요금
KTX	8:00	-	-	2시간 30분	59,800원
ITX-청춘	7:20	대전	40분	3시간 30분	48,800원
ITX-마음	6:40	대전, 울산	40분	3시간 50분	42,600원
새마을호	6:30	대전, 울산, 동대구	60분	4시간 30분	40,600원
무궁화호	5:30	대전, 울산, 동대구	80분	5시간 40분	28,600원

※ 위의 열차 시간표는 1월 10일 운행하는 열차 종류별로 승차권 구입이 가능한 가장 빠른 시간표이다.
※ 총주행시간은 정차・대기시간을 제외한 열차가 실제로 달리는 시간이다.

〈운행 조건〉

- 정차역에 도착할 때마다 대기시간 15분을 소요한다.
- 정차역에 먼저 도착한 열차가 출발하기 전까지 뒤에 도착한 열차는 정차역에 들어오지 않고 대기한다.
- 정차역에 먼저 도착한 열차가 정차역을 출발한 후, 5분 뒤에 대기 중인 열차가 정차역에 들어온다.
- 정차역에 2종류 이상의 열차가 동시에 도착하였다면, ITX-청춘 → ITX-마음 → 새마을호 → 무궁화호 순으로 정차역에 들어온다.
- 목적지인 부산역은 먼저 도착한 열차로 인한 대기 없이 바로 역에 들어온다.

| 코레일 한국철도공사 / 문제해결능력

16 다음 중 자료에 대한 설명으로 옳지 않은 것은?

① ITX-청춘보다 ITX-마음이 목적지에 더 빨리 도착한다.
② 부산역에 가장 늦게 도착하는 열차는 12시에 도착한다.
③ ITX-마음은 먼저 도착한 열차로 인한 대기시간이 없다.
④ 부산역에 가장 빨리 도착하는 열차는 10시 30분에 도착한다.
⑤ 무궁화호는 울산역, 동대구역에서 다른 열차로 인해 대기한다.

17 다음 〈조건〉에 따라 승차권을 구입할 때, A과장과 팀원 4명의 총요금은?

> 조건
>
> • A과장과 팀원 1명은 7시 30분까지 K공사에서 사전 회의를 가진 후 출발하며, 출장 인원 모두 같이 이동할 필요는 없다.
> • 목적지인 부산역에는 11시 30분까지 도착해야 한다.
> • 열차 요금은 가능한 한 저렴하게 한다.

① 247,400원
② 281,800원
③ 312,800원
④ 326,400원
⑤ 347,200원

18 다음 글에서 알 수 있는 논리적 사고의 구성요소로 가장 적절한 것은?

> A는 동업자 B와 함께 신규 사업을 시작하기 위해 기획안을 작성하여 논의하였다. 그러나 B는 신규 기획안을 읽고 시기나 적절성에 대해 부정적인 입장을 보였다. A가 B를 설득하기 위해 B의 의견들을 정리하여 생각해 보니 B는 신규 사업을 시작하는 데 있어 다른 경쟁사보다 늦게 출발하여 경쟁력이 부족하는 점 때문에 신규 사업에 부정적이라는 것을 알게 되었다. 이에 A는 경쟁력을 높이기 위한 다양한 아이디어를 추가로 제시하여 B를 다시 설득하였다.

① 설득
② 구체적인 생각
③ 생각하는 습관
④ 타인에 대한 이해
⑤ 상대 논리의 구조화

19 **면접 참가자 A ~ E 5명은 〈조건〉과 같이 면접장에 도착했다. 동시에 도착한 사람은 없다고 할 때, 다음 중 항상 참인 것은?**

> **조건**
> - B는 A 바로 다음에 도착했다.
> - D는 E보다 늦게 도착했다.
> - C보다 먼저 도착한 사람이 1명 있다.

① E는 가장 먼저 도착했다.
② B는 가장 늦게 도착했다.
③ A는 네 번째로 도착했다.
④ D는 가장 먼저 도착했다.
⑤ D는 A보다 먼저 도착했다.

20 **다음 논리에서 나타난 형식적 오류로 옳은 것은?**

> - 전제 1 : TV를 오래 보면 눈이 나빠진다.
> - 전제 2 : 철수는 TV를 오래 보지 않는다.
> - 결론 : 그러므로 철수는 눈이 나빠지지 않는다.

① 사개명사의 오류
② 전건 부정의 오류
③ 후건 긍정의 오류
④ 선언지 긍정의 오류
⑤ 매개념 부주연의 오류

21 **다음 글의 내용으로 적절하지 않은 것은?**

K공단은 의사와 약사가 협력하여 지역주민의 안전한 약물 사용을 돕는 의・약사 협업 다제약물 관리사업을 6월 26일부터 서울 도봉구에서 시작했다고 밝혔다.
지난 2018년부터 K공단이 진행 중인 다제약물 관리사업은 10종 이상의 약을 복용하는 만성질환자를 대상으로 약물의 중복 복용과 부작용 등을 예방하기 위해 의약전문가가 약물관리 서비스를 제공하는 사업이다. 지역사회에서는 K공단에서 위촉한 자문 약사가 가정을 방문하여 대상자가 먹고 있는 일반 약을 포함한 전체 약을 대상으로 약물의 복용상태, 부작용, 중복 등을 종합적으로 검토하고 그 결과를 바탕으로 상담, 교육 및 처방조정 안내를 실시함으로써 약물관리가 이루어지고, 병원에서는 입원 및 외래환자를 대상으로 의사, 약사 등으로 구성된 다학제팀(전인적인 돌봄을 위해 의사, 간호사, 약사, 사회복지사 등 다양한 전문가들로 이루어진 팀)이 약물관리 서비스를 제공한다.
다제약물 관리사업 효과를 평가한 결과, 지역사회에서는 약물관리를 받은 사람의 복약순응도가 56.3% 개선되었고, 효능이 유사한 약물을 중복해서 복용하는 환자가 40.2% 감소되었다. 또한, 병원에서 제공된 다제약물 관리사업으로 응급실 방문 위험이 47%, 재입원 위험이 18% 감소되는 등의 효과를 확인하였다.
다만, 지역사회에서는 약사의 약물 상담결과가 의사의 처방조정에까지 반영되는 다학제 협업 시스템이 미흡하다는 의견이 제기되었다. 이러한 문제점의 개선을 위해 K공단은 도봉구 의사회와 약사회, 전문가로 구성된 지역협의체를 구성하고, 지난 4월부터 3회에 걸친 논의를 통해 의・약사 협업 모형을 개발하고, 사업 참여 의・약사 선정, 서비스 제공 대상자 모집 및 정보공유 방법 등의 현장 적용방안을 마련했다. 의사나 K공단이 선정한 약물관리 대상자는 자문 약사의 약물점검(필요시 의사 동행)을 받게 되며, 그 결과가 K공단의 정보 시스템을 통해 대상자의 단골 병원 의사에게 전달되어 처방 시 반영될 수 있도록 하는 것이 주요 골자이다. 지역 의・약사 협업 모형은 2023년 12월까지 도봉구 지역의 일차의료 만성질환관리 시범사업에 참여하는 의원과 자문 약사를 중심으로 우선 실시한다. 이후 사업의 효과성을 평가하고 부족한 점은 보완하여 다른 지역에도 확대 적용할 예정이다.

① K공단에서 위촉한 자문 약사는 환자가 먹는 약물을 조사하여 직접 처방할 수 있다.
② 다제약물 관리사업으로 인해 환자는 복용하는 약물의 수를 줄일 수 있다.
③ 다제약물 관리사업의 주요 대상자는 10종 이상의 약을 복용하는 만성질환자이다.
④ 다제약물 관리사업은 지역사회보다 병원에서 더 활발히 이루어지고 있다.

22 다음 문단 뒤에 이어질 내용을 논리적 순서대로 바르게 나열한 것은?

> 아토피 피부염은 만성적으로 재발하는 양상을 보이며 심한 가려움증을 동반하는 염증성 피부 질환으로, 연령에 따라 특징적인 병변의 분포와 양상을 보인다.
>
> (가) 이와 같이 아토피 피부염은 원인을 정확히 파악할 수 없기 때문에 아토피 피부염의 진단을 위한 특이한 검사소견은 없으며, 임상 증상을 종합하여 진단한다. 기존에 몇 가지 국외의 진단기준이 있었으며, 2005년 대한아토피피부염학회에서는 한국인 아토피 피부염에서 특징적으로 관찰되는 세 가지 주진단 기준과 14가지 보조진단 기준으로 구성된 한국인 아토피 피부염 진단 기준을 정하였다.
>
> (나) 아토피 피부염 환자는 정상 피부에 비해 민감한 피부를 가지고 있으며 다양한 자극원에 의해 악화될 수 있으므로 앞의 약물치료와 더불어 일상생활에서도 이를 피할 수 있도록 노력해야 한다. 비누와 세제, 화학약품, 모직과 나일론 의류, 비정상적인 기온이나 습도에 대한 노출 등이 대표적인 피부 자극 요인들이다. 면제품 속옷을 입도록 하고, 세탁 후 세제가 남지 않도록 물로 여러 번 헹구도록 한다. 또한 평소 실내 온도, 습도를 쾌적하게 유지하는 것도 중요하다. 땀이나 자극성 물질을 제거하는 목적으로 미지근한 물에 샤워를 하는 것이 좋으며, 샤워 후에는 3분 이내에 보습제를 바르는 것이 좋다.
>
> (다) 아토피 피부염을 진단받아 치료하기 위해서는 보습이 가장 중요하고, 피부 증상을 악화시킬 수 있는 자극원, 알레르겐 등을 피하는 것이 필요하다. 국소 치료제로는 국소 스테로이드제가 가장 기본적인 치료제이다. 국소 칼시뉴린 억제제도 효과적으로 사용되는 약제이며, 국소 스테로이드제 사용으로 발생 가능한 피부 위축 등의 부작용이 없다. 아직 국내에 들어오지는 않았으나 국소 포스포디에스테라제 억제제도 있다. 이 외에는 전신치료로 가려움증 완화를 위해 사용할 수 있는 항히스타민제가 있고, 필요시 경구 스테로이드제를 사용할 수 있다. 심한 아토피 피부염 환자에서는 면역 억제제가 사용된다. 광선치료(자외선치료)도 아토피 피부염 치료로 이용된다. 최근에는 아토피 피부염을 유발하는 특정한 사이토카인 신호 전달을 차단할 수 있는 생물학적제제인 두필루맙(Dupilumab)이 만성 중증 아토피 피부염 환자를 대상으로 사용되고 있으며, 치료 효과가 뛰어나다고 알려져 있다.
>
> (라) 많은 연구에도 불구하고 아토피 피부염의 정확한 원인은 아직 밝혀지지 않았다. 현재까지는 피부 보호막 역할을 하는 피부장벽 기능의 이상, 면역체계의 이상, 유전적 및 환경적 요인 등이 복합적으로 상호작용한 결과 발생하는 것으로 보고 있다.

① (다) – (가) – (라) – (나)

② (다) – (나) – (라) – (가)

③ (라) – (가) – (나) – (다)

④ (라) – (가) – (다) – (나)

23 다음 글의 주제로 가장 적절한 것은?

> 한국인의 주요 사망 원인 중 하나인 뇌경색은 뇌혈관이 갑자기 폐쇄됨으로써 뇌가 손상되어 신경학적 이상이 발생하는 질병이다.
> 뇌경색의 발생 원인은 크게 분류하면 2가지가 있는데, 그중 첫 번째는 동맥경화증이다. 동맥경화증은 혈관의 중간층에 퇴행성 변화가 일어나서 섬유화가 진행되고 혈관의 탄성이 줄어드는 노화현상의 일종으로, 뇌로 혈류를 공급하는 큰 혈관이 폐쇄되거나 뇌 안의 작은 혈관이 폐쇄되어 발생하는 것이다. 두 번째는 심인성 색전으로, 심장에서 형성된 혈전이 혈관을 타고 흐르다 갑자기 뇌혈관을 폐쇄시켜 발생하는 것이다.
> 뇌경색이 발생하여 환자가 응급실에 내원한 경우, 폐쇄된 뇌혈관을 확인하기 위한 뇌혈관 조영 CT를 촬영하거나 손상된 뇌경색 부위를 좀 더 정확하게 확인해야 하는 경우에는 뇌 자기공명 영상(Brain MRI) 검사를 한다. 이렇게 시행한 검사에서 큰 혈관의 폐쇄가 확인되면 정맥 내에 혈전용해제를 투여하거나 동맥 내부의 혈전제거술을 시행하게 된다. 시술이 필요하지 않은 경우라면, 뇌경색의 악화를 방지하기 위하여 뇌경색 기전에 따라 항혈소판제나 항응고제 약물 치료를 하게 된다.
> 뇌경색의 원인 중 동맥경화증의 경우 여러 가지 위험 요인에 의하여 장시간 동안 서서히 진행된다. 고혈압, 당뇨, 이상지질혈증, 흡연, 과도한 음주, 비만 등이 위험 요인이며, 평소 이러한 원인이 있는 사람은 약물 치료 및 생활 습관 개선으로 위험 요인을 줄여야 한다. 특히 뇌경색이 한번 발병했던 사람은 재발 방지를 위한 약물을 지속적으로 복용하는 것이 필요하다.

① 뇌경색의 주요 증상
② 뇌경색 환자의 약물치료 방법
③ 뇌경색의 발병 원인과 치료 방법
④ 뇌경색이 발생했을 때의 조치사항

24 다음은 2019 ~ 2023년 건강보험료 부과 금액 및 1인당 건강보험 급여비에 대한 자료이다. 이에 대한 설명으로 옳지 않은 것은?

〈건강보험료 부과 금액 및 1인당 건강보험 급여비〉

구분	2019년	2020년	2021년	2022년	2023년
건강보험료 부과 금액 (십억 원)	59,130	63,120	69,480	76,775	82,840
1인당 건강보험 급여비(원)	1,300,000	1,400,000	1,550,000	1,700,000	1,900,000

① 건강보험료 부과 금액과 1인당 건강보험 급여비는 모두 매년 증가하였다.
② 2020 ~ 2023년 동안 전년 대비 1인당 건강보험 급여비가 가장 크게 증가한 해는 2023년이다.
③ 2020 ~ 2023년 동안 전년 대비 건강보험료 부과 금액의 증가율은 항상 10% 미만이었다.
④ 2019년 대비 2023년의 1인당 건강보험 급여비는 40% 이상 증가하였다.

※ 다음 명제가 모두 참일 때, 빈칸에 들어갈 명제로 가장 적절한 것을 고르시오. [25~27]

| 국민건강보험공단 / 문제해결능력

25

- 잎이 넓은 나무는 키가 크다.
- 잎이 넓지 않은 나무는 덥지 않은 지방에서 자란다.
- ______________________________
- 따라서 더운 지방에서 자라는 나무는 열매가 많이 맺힌다.

① 잎이 넓지 않은 나무는 열매가 많이 맺힌다.
② 열매가 많이 맺히지 않는 나무는 키가 작다.
③ 벌레가 많은 지역은 열매가 많이 맺히지 않는다.
④ 키가 작은 나무는 덥지 않은 지방에서 자란다.

| 국민건강보험공단 / 문제해결능력

26

- 풀을 먹는 동물은 몸집이 크다.
- 사막에서 사는 동물은 물속에서 살지 않는다.
- ______________________________
- 따라서 물속에서 사는 동물은 몸집이 크다.

① 몸집이 큰 동물은 물속에서 산다.
② 물이 있으면 사막이 아니다.
③ 사막에 사는 동물은 몸집이 크다.
④ 풀을 먹지 않는 동물은 사막에 산다.

| 국민건강보험공단 / 문제해결능력

27

- 모든 1과 사원은 가장 실적이 많은 2과 사원보다 실적이 많다.
- 가장 실적이 많은 4과 사원은 모든 3과 사원보다 실적이 적다.
- 3과 사원 중 일부는 가장 실적이 많은 2과 사원보다 실적이 적다.
- 따라서 ______________________________

① 모든 2과 사원은 4과 사원 중 일부보다 실적이 적다.
② 어떤 1과 사원은 가장 실적이 많은 3과 사원보다 실적이 적다.
③ 어떤 3과 사원은 가장 실적이 적은 1과 사원보다 실적이 적다.
④ 1과 사원 중 가장 적은 실적을 올린 사원과 같은 실적을 올린 사원이 4과에 있다.

28 **다음은 대한민국 입국 목적별 비자 종류의 일부이다. 외국인 A ~ D씨가 피초청자로서 입국할 때, 초청 목적에 따라 발급받아야 하는 비자의 종류를 바르게 짝지은 것은?(단, 비자면제 협정은 없는 것으로 가정한다)**

〈대한민국 입국 목적별 비자 종류〉

• 외교・공무
- 외교(A-1) : 대한민국 정부가 접수한 외국 정부의 외교사절단이나 영사기관의 구성원, 조약 또는 국제관행에 따라 외교사절과 동등한 특권과 면제를 받는 사람과 그 가족
- 공무(A-2) : 대한민국 정부가 승인한 외국 정부 또는 국제기구의 공무를 수행하는 사람과 그 가족

• 유학・어학연수
- 학사유학(D-2-2) : (전문)대학, 대학원 또는 특별법의 규정에 의하여 설립된 전문대학 이상의 학술기관에서 정규과정(학사)의 교육을 받고자 하는 자
- 교환학생(D-2-6) : 대학 간 학사교류 협정에 의해 정규과정 중 일정 기간 동안 교육을 받고자 하는 교환학생

• 비전문직 취업
- 제조업(E-9-1) : 외국인근로자의 고용에 관한 법률의 규정에 의한 국내 취업요건을 갖추어 제조업체에 취업하고자 하는 자
- 농업(E-9-3) : 외국인근로자의 고용에 관한 법률의 규정에 의한 국내 취업요건을 갖추어 농업, 축산업 등에 취업하고자 하는 자

• 결혼이민
- 결혼이민(F-6-1) : 한국에서 혼인이 유효하게 성립되어 있고, 우리 국민과 결혼생활을 지속하기 위해 국내 체류를 하고자 하는 외국인
- 자녀양육(F-6-2) : 국민의 배우자(F-6-1) 자격에 해당하지 않으나 출생한 미성년 자녀(사실혼 관계 포함)를 국내에서 양육하거나 양육하려는 부 또는 모

• 치료요양
- 의료관광(C-3-3) : 국내 의료기관에서 진료 또는 요양할 목적으로 입국하는 외국인 환자와 간병 등을 위해 동반입국이 필요한 동반가족 및 간병인(90일 이내)
- 치료요양(G-1-10) : 국내 의료기관에서 진료 또는 요양할 목적으로 입국하는 외국인 환자와 간병 등을 위해 동반입국이 필요한 동반가족 및 간병인(1년 이내)

〈피초청자 초청 목적〉

피초청자	국적	초청 목적
A	말레이시아	부산에서 6개월가량 입원 치료가 필요한 아들의 간병(아들의 국적 또한 같음)
B	베트남	경기도 소재 O제조공장 취업(국내 취업요건을 모두 갖춤)
C	사우디아라비아	서울 소재 K대학교 교환학생
D	인도네시아	대한민국 개최 APEC 국제기구 정상회의 참석

	A	B	C	D
①	C-3-3	D-2-2	F-6-1	A-2
②	G-1-10	E-9-1	D-2-6	A-2
③	G-1-10	D-2-2	F-6-1	A-1
④	C-3-3	E-9-1	D-2-6	A-1

❙ 건강보험심사평가원 / 수리능력

29 다음과 같이 일정한 규칙으로 수를 나열할 때 빈칸에 들어갈 수로 옳은 것은?

• 6	13	8	8	144
• 7	11	7	4	122
• 8	9	6	2	100
• 9	7	5	1	( )

① 75
② 79
③ 83
④ 87

❙ 건강보험심사평가원 / 수리능력

30 두 주사위 A, B를 던져 나온 수를 각각 a, b라고 할 때, $a \neq b$일 확률은?

① $\frac{2}{3}$
② $\frac{13}{18}$
③ $\frac{7}{9}$
④ $\frac{5}{6}$

❙ 건강보험심사평가원 / 수리능력

31 어떤 상자 안에 빨간색 공 2개와 노란색 공 3개가 들어 있다. 이 상자에서 공 3개를 꺼낼 때, 빨간색 공 1개와 노란색 공 2개를 꺼낼 확률은?(단, 꺼낸 공은 다시 넣지 않는다)

① $\frac{1}{2}$
② $\frac{3}{5}$
③ $\frac{2}{3}$
④ $\frac{3}{4}$

32 다음과 같이 둘레의 길이가 2,000m인 원형 산책로에서 오후 5시 정각에 A씨가 3km/h의 속력으로 산책로를 따라 걷기 시작했다. 30분 후 B씨는 A씨가 걸어간 반대 방향으로 7km/h의 속력으로 같은 산책로를 따라 달리기 시작했을 때, A씨와 B씨가 두 번째로 만날 때의 시각은?

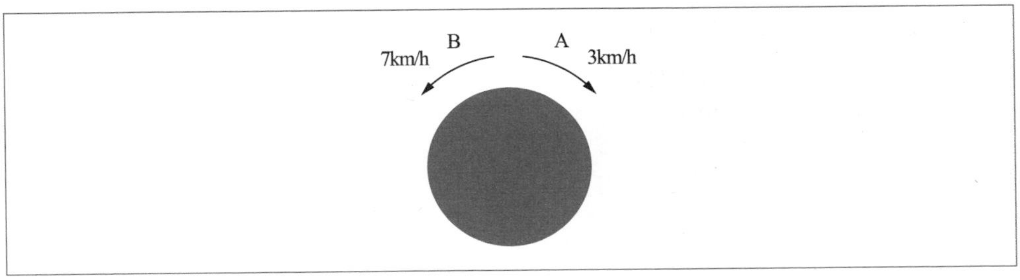

① 오후 6시 30분
② 오후 6시 15분
③ 오후 6시
④ 오후 5시 45분

33 폴더 여러 개가 열려 있는 상태에서 다음과 같이 폴더를 나란히 보기 위해 화면을 분할하고자 할 때, 입력해야 할 단축키로 옳은 것은?

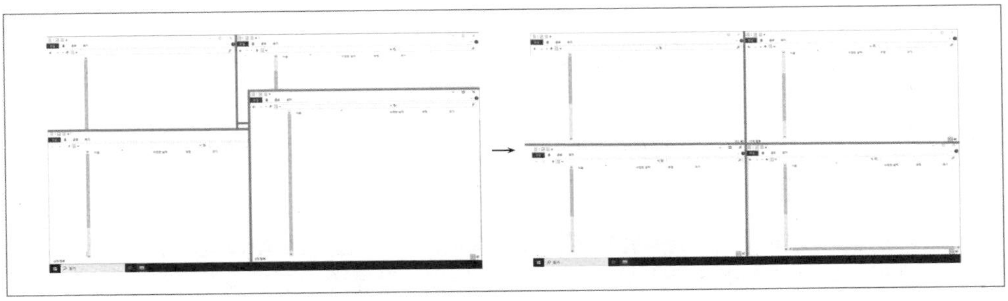

① 〈Shift〉+〈화살표 키〉
② 〈Ctrl〉+〈화살표 키〉
③ 〈Window 로고 키〉+〈화살표 키〉
④ 〈Alt〉+〈화살표 키〉

34 **다음 중 파일 여러 개가 열려 있는 상태에서 즉시 바탕화면으로 돌아가고자 할 때, 입력해야 할 단축키로 옳은 것은?**

① 〈Window 로고 키〉+〈R〉

② 〈Window 로고 키〉+〈I〉

③ 〈Window 로고 키〉+〈L〉

④ 〈Window 로고 키〉+〈D〉

35 **엑셀 프로그램에서 "서울특별시 영등포구 홍제동"으로 입력된 텍스트를 "서울특별시 서대문구 홍제동"으로 수정하여 입력하고자 할 때, 입력해야 할 함수식으로 옳은 것은?**

① =SUBSTITUTE("서울특별시 영등포구 홍제동","영등포","서대문")

② =IF("서울특별시 영등포구 홍제동"="영등포","서대문"," ")

③ =MOD("서울특별시 영등포구 홍제동","영등포","서대문")

④ =NOT("서울특별시 영등포구 홍제동","영등포","서대문")

※ 다음은 중학생 15명을 대상으로 한 달 용돈 금액을 조사한 자료이다. 이어지는 질문에 답하시오. [36~37]

	A	B
1	이름	금액(원)
2	강○○	30,000
3	권○○	50,000
4	고○○	100,000
5	김○○	30,000
6	김△△	25,000
7	류○○	75,000
8	오○○	40,000
9	윤○○	100,000
10	이○○	150,000
11	임○○	75,000
12	장○○	50,000
13	전○○	60,000
14	정○○	45,000
15	황○○	50,000
16	황△△	100,000

| 건강보험심사평가원 / 정보능력

36 다음 중 한 달 용돈이 50,000원 이상인 학생 수를 구하고자 할 때, 입력해야 할 함수식으로 옳은 것은?

① =MODE(B2:B16)

② =COUNTIF(B2:B16,">=50000")

③ =MATCH(50000,B2:B16,0)

④ =VLOOKUP(50000,$B$1:$B$16,1,0)

| 건강보험심사평가원 / 정보능력

37 다음 중 학생들이 받는 한 달 평균 용돈을 백 원 미만은 버림하여 구하고자 할 때, 입력해야 할 함수식으로 옳은 것은?

① =LEFT((AVERAGE(B2:B16)),2)

② =RIGHT((AVERAGE(B2:B16)),2)

③ =ROUNDUP((AVERAGE(B2:B16)),−2)

④ =ROUNDDOWN((AVERAGE(B2:B16)),−2)

| 서울교통공사 9호선 / 수리능력

38 S편의점을 운영하는 P씨는 개인사정으로 이번 주 토요일 하루만 오전 10시부터 오후 8시까지 직원들을 대타로 고용할 예정이다. 직원 A ~ D의 시급과 근무 가능 시간이 다음과 같을 때, 가장 적은 인건비는 얼마인가?

〈S편의점 직원 시급 및 근무 가능 시간〉

직원	시급	근무 가능 시간
A	10,000원	오후 12:00 ~ 오후 5:00
B	10,500원	오전 10:00 ~ 오후 3:00
C	10,500원	오후 12:00 ~ 오후 6:00
D	11,000원	오후 12:00 ~ 오후 8:00

※ 추가 수당으로 시급의 1.5배를 지급한다.

※ 직원 1명당 근무시간은 최소 2시간 이상이어야 한다.

① 153,750원 ② 155,250원

③ 156,000원 ④ 157,500원

⑤ 159,000원

| 서울교통공사 9호선 / 정보능력

39 다음은 S마트에 진열된 과일 7종의 판매량에 대한 자료이다. 30개 이상 팔린 과일의 개수를 구하기 위해 [C9] 셀에 입력해야 할 함수식으로 옳은 것은?

〈S마트 진열 과일 판매량〉

	A	B	C
1	번호	과일	판매량(개)
2	1	바나나	50
3	2	사과	25
4	3	참외	15
5	4	배	23
6	5	수박	14
7	6	포도	27
8	7	키위	32
9			

① =MID(C2:C8) ② =COUNTIF(C2:C8,">=30")

③ =MEDIAN(C2:C8) ④ =AVERAGEIF(C2:C8,">=30")

⑤ =MIN(C2:C8)

40 다음 〈보기〉 중 실무형 팔로워십을 가진 사람의 자아상으로 옳은 것을 모두 고르면?

보기

ㄱ. 기쁜 마음으로 과업을 수행
ㄴ. 판단과 사고를 리더에 의존
ㄷ. 조직의 운영 방침에 민감
ㄹ. 일부러 반대의견을 제시
ㅁ. 규정과 규칙에 따라 행동
ㅂ. 지시가 있어야 행동

① ㄱ, ㄴ
② ㄴ, ㄷ
③ ㄷ, ㅁ
④ ㄹ, ㅁ
⑤ ㅁ, ㅂ

41 다음 중 갈등의 과정 단계를 순서대로 바르게 나열한 것은?

ㄱ. 이성과 이해의 상태로 돌아가며 협상과정을 통해 쟁점이 되는 주제를 논의하고, 새로운 제안을 하고, 대안을 모색한다.
ㄴ. 설득보다는 강압적 · 위협적인 방법 등 극단적인 모습을 보이며 상대방의 생각이나 의견, 제안을 부정하고, 상대방은 그에 대한 반격으로 대응함으로써 자신들의 반격을 정당하게 생각한다.
ㄷ. 의견 불일치가 해소되지 않아 감정이 개입되어 상대방의 주장에 대한 문제점을 찾기 시작하고, 상대방의 입장은 부정하면서 자기주장만 하려고 한다.
ㄹ. 서로 간의 생각이나 신념, 가치관 차이로 인해 의견 불일치가 생겨난다.
ㅁ. 회피, 경쟁, 수용, 타협, 통합의 방법으로 서로 간의 견해를 일치하려 한다.

① ㄹ－ㄱ－ㄴ－ㄷ－ㅁ
② ㄹ－ㄴ－ㄷ－ㄱ－ㅁ
③ ㄹ－ㄷ－ㄴ－ㄱ－ㅁ
④ ㅁ－ㄱ－ㄴ－ㄷ－ㄹ
⑤ ㅁ－ㄹ－ㄴ－ㄷ－ㄱ

42 다음 〈보기〉 중 근로윤리의 덕목과 공동체윤리의 덕목을 바르게 구분한 것은?

보기

㉠ 근면
㉡ 봉사와 책임 의식
㉢ 준법
㉣ 예절과 존중
㉤ 정직
㉥ 성실

	근로윤리	공동체윤리
①	㉠, ㉡, ㉥	㉢, ㉣, ㉤
②	㉠, ㉢, ㉤	㉡, ㉣, ㉥
③	㉠, ㉤, ㉥	㉡, ㉢, ㉣
④	㉡, ㉣, ㉤	㉠, ㉢, ㉥
⑤	㉡, ㉤, ㉥	㉠, ㉢, ㉣

43 다음 중 B에 대한 A의 행동이 직장 내 괴롭힘에 해당하지 않는 것은?

① A대표는 B사원에게 본래 업무에 더해 개인적인 용무를 자주 지시하였고, B사원은 과중한 업무로 인해 근무환경이 악화되었다.
② A팀장은 업무처리 속도가 늦은 B사원만 업무에서 배제시키고 청소나 잡일만을 지시하였다. 이에 B사원은 고의적인 업무배제에 정신적 고통을 호소하였다.
③ A팀장은 기획의도와 맞지 않는다는 이유로 B사원에게 수차례 보완을 요구하였다. 계속해서 보완을 명령받은 B사원은 늘어난 업무량으로 인해 스트레스를 받아 휴직을 신청하였다.
④ A대리는 육아휴직 후 복직한 동기인 B대리를 다른 직원과 함께 조롱하고 무시하며 따돌렸다. 이에 B대리는 우울증을 앓았고 결국 퇴사하였다.
⑤ A대표는 실적이 부진하다는 이유로 B과장을 다른 직원이 보는 앞에서 욕설 등의 모욕감을 주었고 이에 B과장은 정신적 고통을 호소하였다.

| 서울교통공사 9호선 / 직업윤리

44 **다음 중 S의 사례에서 볼 수 있는 직업윤리 의식으로 옳은 것은?**

> 어릴 적부터 각종 기계를 분해하고 다시 조립하는 취미가 있던 S는 공대를 졸업한 뒤 로봇 엔지니어로 활동하고 있다. S는 자신의 직업이 적성에 꼭 맞는다고 생각하여 더 높은 성취를 위해 성실히 노력하고 있다.

① 소명 의식
② 봉사 의식
③ 책임 의식
④ 직분 의식
⑤ 천직 의식

| 서울교통공사 9호선 /자기개발능력

45 **다음 중 경력개발의 단계별 내용으로 적절하지 않은 것은?**

① 직업 선택 : 외부 교육 등 필요한 교육을 이수함
② 조직 입사 : 조직의 규칙과 규범에 대해 배움
③ 경력 초기 : 역량을 증대시키고 꿈을 추구해 나감
④ 경력 중기 : 이전 단계를 재평가하고 더 업그레이드된 꿈으로 수정함
⑤ 경력 말기 : 지속적으로 열심히 일함

| 한국남동발전 /수리능력

46 **다음 10개의 수의 중앙값이 8일 때, 빈칸에 들어갈 수로 옳은 것은?**

> 10 ( ) 6 9 9 7 8 7 10 7

① 6
② 7
③ 8
④ 9

❙ 한국남동발전 /수리능력

47 1 ~ 200의 자연수 중에서 2, 3, 5 중 어느 것으로도 나누어떨어지지 않는 수는 모두 몇 개인가?

① 50개 ② 54개

③ 58개 ④ 62개

❙ 한국동서발전 /수리능력

48 다음 그림과 같은 길의 A지점에서 출발하여 최단거리로 이동하여 B지점에 도착하는 경우의 수는?

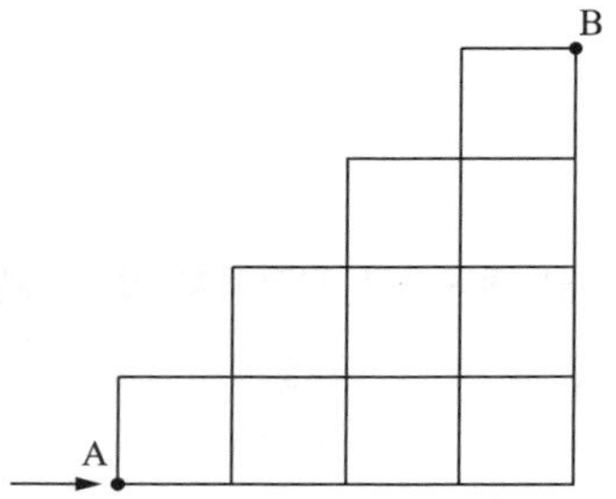

① 36가지 ② 42가지

③ 48가지 ④ 54가지

❙ 한국동서발전 /수리능력

49 어떤 원형 시계가 4시 30분을 가리키고 있다. 이 시계의 시침과 분침이 만드는 작은 부채꼴의 넓이와 전체 원의 넓이의 비는 얼마인가?

① $\frac{1}{8}$ ② $\frac{1}{6}$

③ $\frac{1}{4}$ ④ $\frac{1}{2}$

50 다음은 2019 ~ 2023년 발전설비별 발전량에 대한 자료이다. 이에 대한 설명으로 옳은 것은?

〈발전설비별 발전량〉

(단위 : GWh)

구분	수력	기력	원자력	신재생	기타	합계
2019년	7,270	248,584	133,505	28,070	153,218	570,647
2020년	6,247	232,128	145,910	33,500	145,255	563,040
2021년	7,148	200,895	160,184	38,224	145,711	552,162
2022년	6,737	202,657	158,015	41,886	167,515	576,810
2023년	7,256	199,031	176,054	49,285	162,774	594,400

① 2020 ~ 2023년 동안 기력 설비 발전량과 전체 설비 발전량의 전년 대비 증감 추이는 같다.

② 2019 ~ 2023년 동안 수력 설비 발전량은 항상 전체 설비 발전량의 1% 미만이다.

③ 2019 ~ 2023년 동안 신재생 설비 발전량은 항상 전체 설비 발전량의 5% 이상이다.

④ 2019 ~ 2023년 동안 원자력 설비 발전량과 신재생 설비의 발전량은 전년 대비 꾸준히 증가하였다.

⑤ 2020 ~ 2023년 동안 전년 대비 전체 설비 발전량의 증가량이 가장 많은 해와 신재생 설비 발전량의 증가량이 가장 적은 해는 같다.

아이들이 답이 있는 질문을 하기 시작하면 그들이 성장하고 있음을 알 수 있다.

-존 J. 플롬프-

PART 1

직업기초능력평가

CHAPTER 01

의사소통능력

합격 Cheat Key

의사소통능력은 평가하지 않는 공사·공단이 없을 만큼 필기시험에서 중요도가 높은 영역으로, 세부 유형은 문서 이해, 문서 작성, 의사 표현, 경청, 기초 외국어로 나눌 수 있다. 문서 이해·문서 작성과 같은 지문에 대한 주제 찾기, 내용 일치 문제의 출제 비중이 높으며, 문서의 특성을 파악하는 문제도 출제되고 있다.

1 문제에서 요구하는 바를 먼저 파악하라!

의사소통능력에서 가장 중요한 것은 제한된 시간 안에 빠르고 정확하게 답을 찾아내는 것이다. 의사소통능력에서는 지문이 아니라 문제가 주인공이므로 지문을 보기 전에 문제를 먼저 파악해야 하며, 문제에 따라 전략적으로 빠르게 풀어내는 연습을 해야 한다.

2 잠재되어 있는 언어 능력을 발휘하라!

세상에 글은 많고 우리가 학습할 수 있는 시간은 한정적이다. 이를 극복할 수 있는 방법은 다양한 글을 접하는 것이다. 실제 시험장에서 어떤 내용의 지문이 나올지 아무도 예측할 수 없으므로 평소에 신문, 소설, 보고서 등 여러 글을 접하는 것이 필요하다.

3 상황을 가정하라!

업무 수행에 있어 상황에 따른 언어 표현은 중요하다. 같은 말이라도 상황에 따라 다르게 해석될 수 있기 때문이다. 그런 의미에서 자신의 의견을 효과적으로 전달할 수 있는 능력을 평가하는 것이다. 업무를 수행하면서 발생할 수 있는 여러 상황을 가정하고 그에 따른 올바른 언어표현을 정리하는 것이 필요하다.

4 말하는 이의 입장에서 생각하라!

잘 듣는 것 또한 하나의 능력이다. 상대방의 이야기에 귀 기울이고 공감하는 태도는 업무를 수행하는 관계 속에서 필요한 요소이다. 그런 의미에서 다양한 상황에서 듣는 능력을 평가하는 것이다. 말하는 이가 요구하는 듣는 이의 태도를 파악하고, 이에 따른 판단을 할 수 있도록 언제나 말하는 사람의 입장이 되는 연습이 필요하다.

01 문서 내용 이해

| 유형분석 |

- 주어진 지문을 읽고 선택지를 고르는 전형적인 독해 문제이다.
- 지문은 주로 신문기사(보도자료 등)나 업무 보고서, 시사 등이 제시된다.
- 공사공단에 따라 자사와 관련된 내용의 기사나 법조문, 보고서 등이 출제되기도 한다.

다음 글의 내용으로 적절하지 않은 것은?

> 물가 상승률은 일반적으로 가격 수준의 상승 속도를 나타내며, 소비자 물가지수(CPI)와 같은 지표를 사용하여 측정된다. 높은 물가 상승률은 소비재와 서비스의 가격이 상승하고, 돈의 구매력이 감소한다. 이는 소비자들이 더 많은 돈을 지출하여 물가 상승에 따른 가격 상승을 감수해야 함을 의미한다.
> 물가 상승률은 경제에 다양한 영향을 미친다. 먼저 소비자들의 구매력이 저하되므로 가계소득의 실질 가치가 줄어든다. 이는 소비 지출의 감소와 경기 둔화를 초래할 수 있다. 또한 물가 상승률은 기업의 의사결정에도 영향을 준다. 예를 들어 높은 물가 상승률은 이자율의 상승과 함께 대출 조건을 악화시키므로 기업들은 생산 비용 상승과 이로 인한 이윤 감소에 직면하게 된다.
> 정부와 중앙은행은 물가 상승률을 통제하기 위해 다양한 금융 정책을 사용하며, 대표적으로 세금 조정, 통화량 조절, 금리 조정 등이 있다.
> 물가 상승률은 경제 활동에 큰 영향을 주는 중요한 요소이므로 정부, 기업, 투자자 및 개인은 이를 주의 깊게 모니터링하고 전망을 평가하는 데 활용해야 한다. 또한 소비자의 구매력과 경기 상황에 직접적·간접적인 영향을 주므로 경제 주체들은 물가 상승률의 변동에 대응하여 적절한 전략을 수립해야 한다.

① 지나친 물가 상승은 소비 심리를 위축시킨다.
② 정부와 중앙은행이 실행하는 금융 정책의 목적은 물가 안정성을 유지하는 것이다.
③ 중앙은행의 금리 조정으로 지나친 물가 상승을 진정시킬 수 있다.
④ 소비재와 서비스의 가격이 상승하므로 기업의 입장에서는 물가 상승률이 커질수록 이득이다.
⑤ 물가 상승률은 경제 활동에 큰 영향을 주는 중요한 요소이다.

정답 ④

높은 물가 상승률은 이자율의 상승과 함께 대출 조건을 악화시키므로 기업들은 생산 비용 상승과 이로 인한 이윤 감소에 직면하게 된다.

풀이 전략!

주어진 선택지에서 키워드를 체크한 후, 지문의 내용과 비교해 가면서 내용의 일치 유무를 빠르게 판단한다.

대표기출유형 01 기출응용문제

01 다음 글의 내용으로 적절하지 않은 것은?

어떤 보상을 얻기 위해서 환경에 조작을 가하는 것을 '조작적 조건화'라고 한다. 조작적 조건화는 어떤 행동을 한 후에 '강화'가 주어지면 그 행동을 빈번히 하게 되고, '처벌'이 주어지면 그 행동을 더이상 하지 않는다는 기본 원리를 갖고 있다.
조작적 조건화에서 '강화'는 외적 자극을 주기 전의 반응자, 즉 반응을 하는 대상자의 행동이 미래에도 반복해서 나타날 가능성을 높이는 사건이라고 정의할 수 있다. 강화는 두 가지로 구분되는데, 하나는 정적 강화이고, 다른 하나는 부적 강화이다. 정적 강화는 반응자가 어떤 행동을 한 직후 그가 좋아하는 것을 주어 그 행동의 빈도를 증가시키는 사건을 말한다. 단것을 좋아하는 아이가 착한 일을 했을 경우, 그 아이에게 사탕을 줌으로써 착한 일의 발생 빈도를 증가시키는 것이 그 예가 될 수 있다.
부적 강화는 반응자가 어떤 행동을 했을 때 그가 싫어하는 것을 제거해 주어 그 행동의 빈도를 증가시키는 것이다. 예를 들어 아이가 바람직한 행동을 했을 때 그 아이가 하기 싫어하는 숙제를 취소 또는 감소시켜 줌으로써 바람직한 행동을 자주 할 수 있도록 만들 수 있다. 사탕을 주거나 숙제를 취소하는 등의 행위는 강화를 유도하는 자극에 해당하며, 이를 '강화물'이라고 한다. 강화물은 상황에 따라 변할 수 있다. 음식은 배고픈 사람에게는 강화물이지만 그렇지 않은 사람에게는 강화물이 되지 않을 수 있다.
'처벌'은 강화와 반대로, 외적 자극을 주기 전 반응자의 행동이 미래에도 반복해서 나타날 가능성을 낮추는 사건을 가리킨다. 처벌에도 정적 처벌과 부적 처벌이 존재한다. 정적 처벌은 반응자가 싫어하는 어떤 것을 제시함으로써 그에 앞서 나타났던 행동을 감소시킬 수 있는 사건을 의미한다. 아이들이 나쁜 짓을 해서 벌을 받은 후 그다음에 나쁜 짓을 하지 않는 것이 그 예가 될 수 있다.
반면에 반응자가 선호하는 어떤 것을 주지 않음으로써 반응자의 행동을 감소시킬 수도 있다. 이것이 부적 처벌이다. 부적 처벌은 부모님의 말을 잘 듣지 않는 어린이에게 용돈을 줄임으로써 말을 잘 듣지 않는 행동을 감소시키는 것에서 찾아 볼 수 있다.
이처럼 강화와 처벌은 외적 자극을 통해 반응자의 행동을 변화시키는 사건이다. 강화와 달리 처벌은 바람직하지 않은 행동을 억압하기는 하지만, 반응자의 바람직한 행동을 증가시키는 데는 한계가 있다. 따라서 바람직한 행동을 유도하려면 처벌만 사용하기보다 처벌을 강화와 결합하여 사용할 때 더 효과가 있다. 강화와 처벌은 조작적 조건화의 기본 원리로, 가정이나 학교, 회사, 스포츠 분야 등에서 활용되고 있다.

① 조작적 조건화는 외적 자극을 사용한다.
② 강화는 반응자의 행동을 증가시킬 수 있다.
③ 자극은 상황에 관계없이 모두 강화물이 된다.
④ 처벌은 반응자의 부정적 행동 가능성을 낮춘다.
⑤ 강화와 처벌을 결합하면 바람직한 행동을 증가시키는 데 효과적이다.

02 **다음 글의 내용으로 가장 적절한 것은?**

> 그녀는 저녁 10시면 잠이 들었다. 퇴근하고 집에 돌아오면 아주 오랫동안 샤워를 했다. 한 달에 수도 요금이 5만 원 이상 나왔고, 생활비를 줄이기 위해 휴대폰을 정지시켰다. 일주일에 한 번씩 고향에 있는 어머니께 전화를 드렸고, 매달 말일에는 고시공부를 하는 동생에게 50만 원을 온라인으로 송금했다. 의사로부터 신경성 위염이라는 진단을 받은 후로는 밥을 먹을 때 꼭 백 번씩 씹었다. 밥을 먹고 30분 후에는 약을 먹었다. 그녀는 8년째 도서관에서 일했지만, 정작 자신은 책을 읽지 않았다.

① 그녀는 8년째 도서관에서 고시공부를 하고 있다.
② 그녀는 신경성 위염 때문에 식사 후에는 약을 먹는다.
③ 그녀는 휴대폰 요금이 한 달에 5만 원 이상 나오자 정지시켰다.
④ 그녀는 일주일에 한 번씩 어머니께 온라인으로 용돈을 보내드렸다.
⑤ 그녀는 생활비를 벌기 위해 아르바이트를 한다.

03 **다음은 스마트시티에 대한 기사이다. 스마트시티 전략의 사례로 적절하지 않은 것은?**

> 건설·정보통신기술 등을 융·복합하여 건설한 도시 기반시설을 바탕으로 다양한 도시서비스를 제공하는 지속가능한 도시를 스마트시티라고 한다.
> 최근 스마트시티에 대한 관심은 사물인터넷이나 만물인터넷 등 기술의 경이적인 발달이 제4차 산업혁명을 촉발하고 있는 것과 같은 선상에서, 정보통신기술의 발달이 도시의 혁신을 이끌고 도시 문제를 현명하게 해결할 수 있을 것이라는 기대로 볼 수 있다. 이처럼 정보통신기술을 적극적으로 활용하고자 하는 스마트시티 전략은 중국, 인도를 비롯하여 동남아시아, 남미, 중동 국가 등 전 세계 많은 국가와 도시들이 도시발전을 위한 전략적 수단으로 표방하고 추진 중이다.
> 국내에서도 스마트시티 사업으로 대전 도안, 화성 동탄 등 26개 도시가 준공되었으며, 의정부 민락, 양주 옥정 등 39개 도시가 진행 중에 있다. 스마트시티 관리의 일환으로 공공행정, 기상 및 환경감시 서비스, 도시 시설물 관리, 교통정보 및 대중교통 관리 등이 제공되고 스마트홈의 일환으로 단지관리, 통신 인프라, 홈 네트워크 시스템이 제공되며, 시민체감형 서비스의 일환으로 스마트 라이프 기반을 구현한다.

① 거리별 쓰레기통에 센서 장치를 활용하여 쓰레기 배출량 감소 효과
② 방범 CCTV 및 범죄 관련 스마트 앱 사용으로 범죄 발생률 감소 효과
③ 상하수도 및 지질정보 통합 시스템을 이용하여 시설 노후로 인한 누수 예방 효과
④ 교통이 혼잡한 도로의 확장 및 주차장 확대로 교통난 해결 효과
⑤ 거리마다 전자민원시스템을 설치하여 도시 문제의 문제해결력 상승 효과

04 다음 글의 내용으로 가장 적절한 것은?

감염에 대한 일반적인 반응은 열(熱)을 내는 것이다. 우리는 발열을 흔한 '질병의 증상'이라고만 생각하며, 아무런 기능도 없이 불가피하게 일어나는 수동적인 현상처럼 여긴다. 그러나 우리의 체온은 유전적으로 조절되는 것이며 아무렇게나 변하지 않는다. 병원체 중에는 우리의 몸보다 열에 더 예민한 것들도 있다. 체온을 높이면 그런 병원체들은 우리보다 먼저 죽게 되므로 발열 증상은 우리 몸이 병원체를 죽이기 위한 능동적인 행위가 되는 것이다.
또 다른 반응은 면역 체계를 가동시키는 것이다. 백혈구를 비롯한 우리의 세포들은 외부에서 침입한 병원체를 능동적으로 찾아내어 죽인다. 우리 몸은 침입한 병원체에 대항하는 항체를 형성하여 일단 치유된 뒤에는 다시 감염될 위험이 적어진다. 그러나 인플루엔자나 보통 감기 따위의 질병에 대한 우리의 저항력은 완전한 것이 아니어서 결국 다시 그 병에 걸릴 수도 있다. 어떤 질병에 대해서는 한 번의 감염으로 자극을 받아 생긴 항체가 평생 그 질병에 대한 면역성을 준다. 바로 이것이 예방접종의 원리이다. 죽은 병원체를 접종함으로써 질병을 실제로 경험하지 않고 항체 생성을 자극하는 것이다.
일부 영리한 병원체들은 인간의 면역성에 굴복하지 않는다. 어떤 병원체는 우리의 항체가 인식하는 병원체의 분자구조, 즉 항원을 바꾸어 우리가 그 병원체를 알아보지 못하게 한다. 가령 인플루엔자는 항원을 변화시키기 때문에 이전에 인플루엔자에 걸렸던 사람이라도 새로이 나타난 다른 균종으로부터 안전할 수 없는 것이다.
인간의 가장 느린 방어 반응은 자연선택에 의한 반응이다. 어떤 질병이든지 남들보다 유전적으로 저항력이 더 많은 사람들이 있기 마련이다. 어떤 전염병이 한 집단에서 유행할 때 그 특정 병원체에 저항하는 유전자를 가진 사람들은 그렇지 못한 사람들에 비해 생존 가능성이 높다. 따라서 역사적으로 특정 병원체에 자주 노출되었던 인구 집단에서는 그 병에 저항하는 유전자를 가진 개체의 비율이 높아질 수밖에 없다. 이 같은 자연선택의 예로 아프리카 흑인에게서 자주 발견되는 겸상(鎌狀) 적혈구 유전자를 들 수 있다. 겸상 적혈구 유전자는 적혈구의 모양을 정상적인 도넛 모양에서 낫 모양으로 바꾸어 빈혈을 일으키므로 생존에 불리함을 주지만, 말라리아에 대해서는 저항력을 가지게 한다.

① 발열 증상은 수동적인 현상이지만 감염병의 회복에 도움을 준다.
② 예방접종은 질병을 실제로 경험하게 하여 항체 생성을 자극한다.
③ 겸상 적혈구 유전자는 적혈구 모양을 도넛 모양으로 변화시켜 말라리아로부터 저항성을 가지게 한다.
④ 병원체의 항원이 바뀌면 이전에 형성된 항체가 존재하는 사람도 그 병원체가 일으키는 병에 걸릴 수 있다.
⑤ 어떤 질병이 유행한 적이 없는 집단에서는 그 질병에 저항력을 주는 유전자가 보존되는 방향으로 자연선택이 이루어졌다.

대표기출유형

02 글의 주제 · 제목

| 유형분석 |

- 주어진 지문을 파악하여 전달하고자 하는 핵심 주제를 고르는 문제이다.
- 정보를 종합하고 중요한 내용을 구별하는 능력이 필요하다.
- 설명문부터 주장, 반박문까지 다양한 성격의 지문이 제시되므로 글의 성격별 특징을 알아두는 것이 좋다.

다음 글의 주제로 가장 적절한 것은?

멸균이란 곰팡이, 세균, 박테리아, 바이러스 등 모든 미생물을 사멸시켜 무균 상태로 만드는 것을 의미한다. 멸균 방법에는 물리적, 화학적 방법이 있으며, 멸균 대상의 특성에 따라 적절한 멸균 방법을 선택하여 실시할 수 있다. 먼저 물리적 멸균법에는 열이나 화학약품을 사용하지 않고 여과기를 이용하여 세균을 제거하는 여과법, 병원체를 불에 태워 없애는 소각법, 100℃에서 10 ~ 20분간 물품을 끓이는 자비소독법, 미생물을 자외선에 직접 노출시키는 자외선 소독법, 160 ~ 170℃의 열에서 1 ~ 2시간 동안 건열 멸균기를 사용하는 건열법, 포화된 고압증기 형태의 습열로 미생물을 파괴시키는 고압증기 멸균법 등이 있다. 다음으로 화학적 멸균법은 화학약품이나 가스를 사용하여 미생물을 파괴하거나 성장을 억제하는 방법으로, E.O 가스, 알코올, 염소 등 여러 가지 화학약품이 사용된다.

① 멸균의 중요성
② 뛰어난 멸균 효과
③ 다양한 멸균 방법
④ 멸균 시 발생할 수 있는 부작용
⑤ 멸균 시 사용하는 약품의 종류

정답 ③

제시문에서는 멸균에 대해 언급하며, 멸균 방법을 물리적 · 화학적으로 구분하여 다양한 멸균 방법에 대해 설명하고 있다. 따라서 글의 주제로는 ③이 가장 적절하다.

풀이 전략!

'결국', '즉', '그런데', '그러나', '그러므로' 등의 접속어 뒤에 주제가 드러나는 경우가 많다는 것에 주의하면서 지문을 읽는다.

대표기출유형 02 기출응용문제

※ 다음 글의 주제로 가장 적절한 것을 고르시오. [1~2]

01

높은 유류세는 자동차를 사용함으로써 발생하는 다음과 같은 문제들을 줄이는 교정적 역할을 수행한다. 첫째, 유류세는 사람들의 대중교통수단 이용을 유도하고, 자가용 사용을 억제함으로써 교통혼잡을 줄여준다. 둘째, 교통사고 발생 시 대형 차량이나 승합차가 중소형 차량에 비해 치명적인 피해를 줄 가능성이 높다. 이와 관련해서 유류세는 유류를 많이 소비하는 대형 차량을 운행하는 사람에게 보다 높은 비용을 치르게 함으로써 교통사고 위험에 대한 간접적인 비용을 징수하는 효과를 가진다. 셋째, 유류세는 유류 소비를 억제함으로써 대기오염을 줄이는 데 기여한다.

① 유류세의 용도
② 높은 유류세의 정당성
③ 유류세의 지속적 인상
④ 에너지 소비 절약
⑤ 휘발유세의 감소 원인

02

통계는 다양한 분야에서 사용되며 막강한 위력을 발휘하고 있다. 그러나 모든 도구나 방법이 그렇듯이 통계 수치에도 함정이 있다. 함정에 빠지지 않으려면 통계 수치의 의미를 정확히 이해하고, 도구와 방법을 올바르게 사용해야 한다. 친구 5명이 만나서 이야기를 나누다가 연봉이 화제가 되었다. 2천만 원이 4명, 7천만 원이 1명이었는데, 평균을 내면 3천만 원이다. 이 숫자에 대해 4명은 "나는 봉급이 왜 이렇게 적을까?"라며 한숨을 내쉬었다. 그러나 이 평균값 3천만 원이 5명의 집단을 대표하는 데 아무 문제가 없을까? 물론 계산 과정에는 하자가 없지만, 평균을 집단의 대푯값으로 사용하는 데 어떤 한계가 있을 수 있는지 깊이 생각해 보지 않는다면, 우리는 잘못된 생각에 빠질 수도 있다. 평균은 극단적으로 아웃라이어(비정상적인 수치)에 민감하다. 집단 내에 아웃라이어가 하나만 있어도 평균이 크게 바뀐다는 것이다. 위의 예에서 1명의 연봉이 7천만 원이 아니라 100억 원이었다고 하자. 그러면 평균은 20억 원이 넘게 된다.
나머지 4명은 자신의 연봉이 평균치의 100분의 1밖에 안 된다며 슬퍼해야 할까? 연봉 100억 원인 사람이 아웃라이어이듯이 처음의 예에서 연봉 7천만 원인 사람도 아웃라이어인 것이다. 두드러진 아웃라이어가 있는 경우에는 평균보다는 최빈값이나 중앙값이 대푯값으로서 더 나을 수 있다.

① 평균은 집단을 대표하는 수치로서는 매우 부적당하다.
② 통계는 숫자 놀음에 불과하므로 통계 수치에 일희일비할 필요가 없다.
③ 평균보다는 최빈값이나 중앙값을 대푯값으로 사용해야 한다.
④ 통계 수치의 의미와 한계를 정확히 인식하고 사용할 필요가 있다.
⑤ 통계는 올바르게 활용하면 다양한 분야에서 사용할 수 있는 도구이다.

03 다음 글의 제목으로 가장 적절한 것은?

우리는 처음 만난 사람의 외모를 보고, 그를 어떤 방식으로 대우해야 할지를 결정할 때가 많다. 그가 여자인지 남자인지, 얼굴색이 흰지 검은지, 나이가 많은지 적은지 혹은 그의 스타일이 조금은 상류층의 모습을 띠고 있는지 아니면 너무나 흔해서 별 특징이 드러나 보이지 않는 외모를 하고 있는지 등을 통해 그들과 나의 차이를 재빨리 감지한다. 일단 감지가 되면 우리는 둘 사이의 지위 차이를 인식하고 우리가 알고 있는 방식으로 그를 대하게 된다. 한 개인이 특정 집단에 속한다는 것은 단순히 다른 집단의 사람과 다르다는 것뿐만 아니라, 그 집단이 다른 집단보다는 지위가 높거나 우월하다는 믿음을 갖게 한다. 모든 인간은 평등하다는 우리의 신념에도 불구하고 왜 인간들 사이의 이러한 위계화(位階化)를 당연한 것으로 받아들일까? 위계화란 특정 부류의 사람들은 자원과 권력을 소유하고 다른 부류의 사람들은 낮은 사회적 지위를 갖게 되는 사회적이며 문화적인 체계이다. 다음으로 이러한 불평등이 어떠한 방식으로 경험되고 조직화되는지를 살펴보기로 하자.

인간이 불평등을 경험하게 되는 방식은 여러 측면으로 나눌 수 있다. 산업 사회에서의 불평등은 계층과 계급의 차이를 통해서 정당화되는데, 이는 재산, 생산 수단의 소유 여부, 학력, 집안 배경 등등의 요소들의 결합에 의해 사람들 사이의 위계를 만들어 낸다. 또한 모든 사회에서 인간은 태어날 때부터 얻게 되는 인종, 성, 종족 등의 생득적 특성과 나이를 통해 불평등을 경험한다. 이러한 특성들은 단순히 생물학적인 차이를 지칭하는 것이 아니라, 개인의 열등성과 우등성을 가늠하게 만드는 사회적 개념이 되곤 한다.

한편 불평등이 재생산되는 다양한 사회적 기제들이 때로는 관습이나 전통이라는 이름 아래 특정 사회의 본질적인 문화적 특성으로 간주되고 당연시되는 경우가 많다. 불평등은 체계적으로 조직되고 개인에 의해 경험됨으로써 문화의 주요 부분이 되었고, 그 결과 같은 문화권 내의 구성원들 사이에 권력 차이와 그에 따른 폭력이나 비인간적인 행위들이 자연스럽게 수용될 때가 많다.

문화 인류학자들은 사회 집단의 차이와 불평등, 사회의 관습 또는 전통이라고 얘기되는 문화 현상에 대해 어떤 입장을 취해야 할지 고민을 한다. 문화 인류학자가 이러한 문화 현상은 고유한 역사적 산물이므로 나름대로 가치를 지닌다는 입장만을 반복하거나 단순히 관찰자로서의 입장에 안주한다면, 이러한 차별의 형태를 제거하는 데 도움을 줄 수 없다. 실제로 문화 인류학 연구는 기존의 권력 관계를 유지시켜주는 다양한 문화적 이데올로기를 분석하고, 인간 간의 차이가 우등성과 열등성을 구분하는 지표가 아니라 동등한 다름일 뿐이라는 것을 일깨우는 데 기여해 왔다.

① 차이와 불평등
② 차이의 감지 능력
③ 문화 인류학의 역사
④ 위계화의 개념과 구조
⑤ 관습과 전통의 계승과 창조

04 다음 기사의 제목으로 적절하지 않은 것은?

> 대·중소기업 간 동반성장을 위한 '상생'이 산업계의 화두로 조명 받고 있다. 4차 산업혁명 시대 도래 등 글로벌 시장에서의 경쟁이 날로 치열해지는 상황에서 대기업과 중소기업이 힘을 합쳐야 살아남을 수 있다는 위기감이 상생의 중요성을 부각하고 있다고 분석된다. 재계 관계자는 "그동안 반도체, 자동차 등 제조업에서 세계적인 경쟁력을 갖출 수 있었던 배경에는 대기업과 협력업체 간 상생의 역할이 컸다."라며 "고속 성장기를 지나 지속 가능한 구조로 한 단계 더 도약하기 위해 상생경영이 중요하다."라고 강조했다.
>
> 우리 기업들은 협력사의 경쟁력 향상이 곧 기업의 성장으로 이어질 것으로 보고 2·3차 중소 협력업체들과의 상생경영에 힘쓰고 있다. 단순히 갑을 관계에서 대기업을 서포트 해야 하는 존재가 아니라 상호 발전을 위한 동반자라는 인식이 자리 잡고 있다는 분석이다. 이에 따라 협력사들에 대한 지원도 거래대금 현금 지급 등 1차원적인 지원 방식에서 벗어나 경영 노하우 전수, 기술 이전 등을 통한 '상생 생태계' 구축에 도움을 주는 방향으로 초점이 맞춰지는 추세다.
>
> 특히 최근에는 상생 협력이 대기업이 중소기업에 주는 일시적인 시혜 차원의 문제가 아니라 경쟁에서 살아남기 위한 생존 문제와 직결된다는 인식이 강하다. 협약을 통해 협력업체를 지원해 준 대기업이 업체의 기술력 향상으로 더 큰 이득으로 보상받고 이를 통해 우리 산업의 경쟁력이 강화된다는 것이다.
>
> 경제 전문가는 "대·중소기업 간의 상생 협력이 강제 수단이 아니라 문화적으로 자리 잡아야 할 시기"라며 "대기업, 특히 오너 중심의 대기업들도 단기적인 수익이 아닌 장기적인 시각에서 질적 평가를 통해 협력업체의 경쟁력을 키울 방안을 고민해야 한다."라고 강조했다.
>
> 이와 관련해 국내 주요 기업들은 대기업보다 연구개발(R&D) 인력과 관련 노하우가 부족한 협력사들을 위해 각종 노하우를 전수하는 프로그램을 운영 중이다. A전자는 협력사들에 기술 노하우를 전수하기 위해 경영관리 제조 개발 품질 등 해당 전문 분야에서 20년 이상 노하우를 가진 A전자 임원과 부장급 100여 명으로 '상생컨설팅팀'을 구성했다. 지난해부터는 해외에 진출한 국내 협력사에도 노하우를 전수하고 있다.

① 지속 가능한 구조를 위한 상생 협력의 중요성

② 상생경영, 함께 가야 멀리 간다.

③ 대기업과 중소기업, 상호 발전을 위한 동반자로

④ 시혜적 차원에서의 대기업 지원의 중요성

⑤ 동반성장을 위한 상생의 중요성

03 | 문단 나열

| 유형분석 |

- 각 문단의 내용을 파악하고 논리적 순서에 맞게 배열하는 복합적인 문제이다.
- 전체적인 글의 흐름을 이해하는 것이 중요하며, 각 문장의 지시어나 접속어에 주의한다.

다음 문단을 논리적 순서대로 바르게 나열한 것은?

(가) 여기에 반해 동양에서는 보름달에 좋은 이미지를 부여한다. 예를 들어 우리나라의 처녀귀신이나 도깨비는 달빛이 흐린 그믐 무렵에나 활동하는 것이다. 그런데 최근에는 동서양의 개념이 마구 뒤섞여 보름달을 배경으로 악마의 상징인 늑대가 우는 광경이 동양의 영화에 나오기도 한다.

(나) 동양에서 달은 '음(陰)'의 기운을, 해는 '양(陽)'의 기운을 상징한다는 통념이 자리를 잡았다. 그래서 달을 '태음', 해를 '태양'이라고 불렀다. 동양에서는 해와 달의 크기가 같은 덕에 음과 양도 동등한 자격을 갖춘다. 즉, 음과 양은 어느 하나가 좋고 다른 하나는 나쁜 것이 아니라 서로 보완하는 관계를 이루는 것이다.

(다) 옛날부터 형성된 이러한 동서양 간의 차이는 오늘날까지 영향을 끼치고 있다. 동양에서는 달이 밝으면 달맞이를 하는데, 서양에서는 달맞이를 자살 행위처럼 여기고 있다. 특히 보름달은 서양인들에게 거의 공포의 상징과 같은 존재이다. 예를 들어 13일의 금요일에 보름달이 뜨게 되면 사람들이 외출조차 꺼린다.

(라) 하지만 서양의 경우는 다르다. 서양에서 낮은 신이, 밤은 악마가 지배한다는 통념이 자리를 잡았다. 따라서 밤의 상징인 달에 좋지 않은 이미지를 부여하게 되었다. 이는 해와 달의 명칭을 보면 알 수 있다. 라틴어로 해를 'Sol', 달을 'Luna'라고 하는데 정신병을 뜻하는 단어 'Lunacy'의 어원이 바로 'Luna'이다.

① (가) – (나) – (라) – (다)
② (나) – (라) – (가) – (다)
③ (나) – (라) – (다) – (가)
④ (다) – (가) – (나) – (라)
⑤ (다) – (나) – (라) – (가)

정답 ③

제시문은 동양과 서양에서 서로 다른 의미를 부여하고 있는 달에 대해 설명하고 있는 글이다. 따라서 (나) 동양에서 나타나는 해와 달의 의미 → (라) 동양과 상반되는 서양에서의 해와 달의 의미 → (다) 최근까지 지속되고 있는 달에 대한 서양의 부정적 의미 → (가) 동양에서의 변화된 달의 이미지의 순으로 나열하는 것이 적절하다.

풀이 전략!

상대적으로 시간이 부족하다고 느낄 때는 선택지를 참고하여 문장의 순서를 생각해 본다.

※ 다음 문단을 논리적 순서대로 바르게 나열한 것을 고르시오. [1~2]

01

(가) 그런데 음악이 대량으로 복제되는 현상에 대한 비판적인 시각도 생겨났다. 대량 생산된 복제품은 예술 작품의 유일무이(唯一無二)한 가치를 상실케 하고 예술적 전통을 훼손한다는 것이다.
(나) MP3로 대표되는 복제 기술이 어떻게 발전할 것이며 그에 따라 음악은 어떤 변화를 겪을지, 우리가 누릴 수 있는 새로운 전통이 우리 삶을 어떻게 변화시킬지 생각해 보는 것은 매우 흥미로운 일이다.
(다) 근래에는 음악을 컴퓨터 파일의 형태로 바꾸는 기술이 개발되어 작품을 나누고 섞고 변화시키는 것이 훨씬 자유로워졌다. 이에 따라 낯선 곡은 반복을 통해 친숙한 음악으로, 친숙한 곡은 디지털 조작을 통해 낯선 음악으로 변모시킬 수 있게 되었다.
(라) 그러나 복제품은 자신이 생겨난 환경에 매여 있지 않기 때문에, 새로운 환경에서 새로운 예술적 전통을 만들어 낸다. 최근 음악 환경은 IT 기술의 발달과 보급에 따라 매우 빠르게 변화하고 있다.

① (나) – (가) – (라) – (다)
② (다) – (가) – (라) – (나)
③ (다) – (라) – (가) – (나)
④ (라) – (가) – (나) – (다)
⑤ (라) – (다) – (가) – (나)

02

(가) 그런데 자연의 일양성은 선험적으로 알 수 있는 것이 아니라 경험에 기대어야 알 수 있는 것이다. 즉, '귀납이 정당한 추론이다.'라는 주장은 '자연은 일양적이다.'라는 다른 지식을 전제로 하는데, 그 지식은 다시 귀납에 의해 정당화되어야 하는 경험 지식이므로 귀납의 정당화는 순환 논리에 빠져 버린다는 것이다. 이것이 귀납의 정당화 문제이다.
(나) 귀납은 논리학에서 연역이 아닌 모든 추론, 즉 전제가 결론을 개연적으로 뒷받침하는 모든 추론을 가리킨다. 귀납은 기존의 정보나 관찰 증거 등을 근거로 새로운 사실을 추가하는 지식 확장적 특성을 지닌다.
(다) 이와 관련하여 흄은 과거의 경험을 근거로 미래를 예측하는 귀납이 정당한 추론이 되려면 미래의 세계가 과거에 우리가 경험해 온 세계와 동일하다는 자연의 일양성, 곧 한결같음이 가정되어야 한다고 보았다.
(라) 이 특성으로 인해 귀납은 근대 과학 발전의 방법적 토대가 되었지만, 한편으로 귀납 자체의 논리 한계를 지적하는 문제들에 부딪히기도 한다.

① (가) – (라) – (나) – (다)
② (가) – (나) – (다) – (라)
③ (가) – (다) – (나) – (라)
④ (나) – (다) – (라) – (가)
⑤ (나) – (라) – (다) – (가)

04 | 내용 추론

| 유형분석 |

- 주어진 지문을 바탕으로 도출할 수 있는 내용을 찾는 문제이다.
- 선택지의 내용을 정확하게 확인하고 지문의 정보와 비교하여 추론하는 능력이 필요하다.

다음 글을 읽고 추론한 내용으로 적절하지 않은 것은?

1977년 개관한 퐁피두 센터의 정식명칭은 국립 조르주 퐁피두 예술문화 센터로, 공공정보기관(BPI), 공업창작센터(CCI), 음악·음향의 탐구와 조정연구소(IRCAM), 파리 국립 근현대 미술관(MNAM) 등이 있는 종합문화예술 공간이다. 퐁피두라는 이름은 이 센터의 창설에 힘을 기울인 조르주 퐁피두 대통령의 이름을 딴 것이다.

1969년 당시 대통령이었던 퐁피두는 파리의 중심지에 미술관이면서 동시에 조형예술과 음악, 영화, 서적 그리고 모든 창조적 활동의 중심이 될 수 있는 문화 복합센터를 지어 프랑스 미술을 더욱 발전시키고자 했다. 요즘 미술관들은 미술관의 이러한 복합적인 기능과 역할을 인식하고 변화를 시도하는 곳이 많다. 미술관은 더 이상 전시만 보는 곳이 아니라 식사도 하고 영화도 보고 강연도 들을 수 있는 곳으로, 대중과의 거리 좁히기를 시도하고 있는 것도 그리 특별한 일은 아니다. 그러나 이미 40년 전에 21세기 미술관의 기능과 역할을 미리 내다볼 줄 아는 혜안을 가지고 설립된 퐁피두 미술관은 프랑스가 왜 문화강국이라 불리는지를 알 수 있게 해준다.

① 퐁피두 미술관의 모습은 기존 미술관의 모습과 다를 것이다.
② 퐁피두 미술관을 찾는 사람들의 목적은 다양할 것이다.
③ 퐁피두 미술관은 전통적인 예술작품들을 선호할 것이다.
④ 퐁피두 미술관은 파격적인 예술작품들을 배척하지 않을 것이다.
⑤ 퐁피두 미술관은 현대 미술관의 선구자라는 자긍심을 가지고 있을 것이다.

정답 ③

제시문에 따르면 퐁피두 미술관은 모든 창조적 활동을 위한 공간이므로, 퐁피두가 전통적인 예술작품을 선호할 것이라는 내용은 추론할 수 없다.

풀이 전략!

주어진 지문이 어떠한 내용을 다루고 있는지 파악한 후 선택지의 키워드를 확실하게 체크하고, 지문의 정보에서 도출할 수 있는 내용을 찾는다.

대표기출유형 04 기출응용문제

01 다음 글을 읽고 추론한 내용으로 적절하지 않은 것은?

> 태양 빛은 흰색으로 보이지만 실제로는 다양한 파장의 가시광선이 혼합되어 나타난 것이다. 프리즘을 통과시키면 흰색 가시광선은 파장에 따라 붉은빛부터 보랏빛까지의 무지갯빛으로 분해된다. 가시광선의 파장 범위는 390 ~ 780nm* 정도인데 보랏빛이 가장 짧고 붉은빛이 가장 길다. 빛의 진동수는 파장과 반비례하므로 진동수는 보랏빛이 가장 크고 붉은빛이 가장 작다. 태양 빛이 대기층에 입사하여 산소나 질소 분자와 같은 공기 입자(직경 0.1 ~ 1nm 정도), 먼지 미립자, 에어로졸**(직경 1 ~ 100,000nm 정도) 등과 부딪치면 여러 방향으로 흩어지는데 이러한 현상을 산란이라 한다. 산란은 입자의 직경과 빛의 파장에 따라 '레일리(Rayleigh) 산란'과 '미(Mie) 산란'으로 구분된다. 레일리 산란은 입자의 직경이 파장의 1/10보다 작을 경우에 일어나는 산란을 말하는데 그 세기는 파장의 네제곱에 반비례한다. 대기의 공기 입자는 직경이 매우 작아 가시광선 중 파장이 짧은 빛을 주로 산란시키며, 파장이 짧을수록 산란의 세기가 강하다. 따라서 맑은 날에는 주로 공기 입자에 의한 레일리 산란이 일어나서 보랏빛이나 파란빛이 강하게 산란되는 반면, 붉은빛이나 노란빛은 약하게 산란된다. 산란되는 세기로는 보랏빛이 가장 강하겠지만, 우리 눈은 보랏빛보다 파란빛을 더 잘 감지하기 때문에 하늘이 파랗게 보이는 것이다. 만약 태양 빛이 공기 입자보다 큰 입자에 의해 레일리 산란이 일어나면 공기 입자만으로는 산란이 잘되지 않던 긴 파장의 빛까지 산란되어 하늘의 파란빛은 상대적으로 엷어진다.
>
> 미 산란은 입자의 직경이 파장의 1/10보다 큰 경우에 일어나는 산란을 말하는데 주로 에어로졸이나 구름 입자 등에 의해 일어난다. 이때 산란의 세기는 파장이나 입자 크기에 따른 차이가 거의 없다. 구름이 흰색으로 보이는 것은 미 산란으로 설명된다. 구름 입자(직경 20,000nm 정도)처럼 입자의 직경이 가시광선의 파장보다 매우 큰 경우에는 모든 파장의 빛이 고루 산란된다. 이 산란된 빛이 우리 눈에 동시에 들어오면 모든 무지갯빛이 혼합되어 구름이 하얗게 보인다. 이처럼 대기가 없는 달과 달리 지구는 산란 효과에 의해 파란 하늘과 흰 구름을 볼 수 있다.
>
> *나노미터 : 물리학적 계량 단위($1nm=10^{-9}m$)
> **에어로졸 : 대기에 분산된 고체 또는 액체 입자

① 가시광선의 파란빛은 보랏빛보다 진동수가 작다.

② 프리즘으로 분해한 태양 빛을 다시 모으면 흰색이 된다.

③ 가시광선 중에서 레일리 산란의 세기는 파란빛이 가장 세다.

④ 빛의 진동수가 2배가 되면 레일리 산란의 세기는 16배가 된다.

⑤ 달의 하늘에서는 공기 입자에 의한 태양 빛의 산란이 일어나지 않는다.

PART 1

02 다음 글의 밑줄 친 시기에 대한 설명으로 가장 적절한 것은?

> 하나의 패러다임 형성은 애초에 불완전하지만 이후 연구의 방향을 제시하고 소수 특정 부분의 성공적인 결과를 약속할 수 있을 뿐이다. 그러나 패러다임의 정착은 연구의 정밀화, 집중화 등을 통하여 자기 지식을 확장해 가며 차츰 폭넓은 이론 체계를 구축한다.
> 이처럼 과학자들이 패러다임을 기반으로 하여 연구를 진척시키는 것을 쿤은 '정상 과학'이라고 부른다. 기초적인 전제가 확립되었으므로 과학자들은 이 시기에 상당히 심오한 문제의 작은 영역들에 집중함으로써 그렇지 않았더라면 상상조차 못했을 자연의 어느 부분을 깊이 있게 탐구하게 된다. 그에 따라 각종 실험 장치들도 정밀해지고 다양해지며, 문제를 해결해 가는 특정 기법과 규칙들이 만들어진다.
> 연구는 이제 혼란으로서의 다양성이 아니라, 이론과 자연 현상을 일치시켜 가는 지식의 확장으로서의 다양성을 이루게 된다.
> 그러나 정상 과학은 완성된 과학이 아니다. 과학적 사고방식과 관습, 기법 등이 하나의 기반으로 통일되어 있다는 것일 뿐 해결해야 할 과제는 무수하다. 패러다임이란 과학자들 사이의 세계관 통일이지 세계에 대한 해석의 끝은 아니다.
> 그렇다면 정상 과학의 시기에는 어떤 연구가 어떻게 이루어지는가? 정상 과학의 시기에는 이미 이론의 핵심 부분들은 정립되어 있다. 따라서 과학자들의 연구는 근본적인 새로움을 좇아가지는 않으며, 다만 연구의 세부 내용이 좀 더 깊어지거나 넓어질 뿐이다. 그렇다면 이러한 시기에 과학자들의 열정과 헌신성은 무엇으로 유지될 수 있을까? 연구가 고작 예측된 결과를 좇아갈 뿐이고, 예측된 결과가 나오지 않으면 실패라고 규정되는 상태에서 과학의 발전은 어떻게 이루어지는가?
> 쿤은 이 물음에 대하여 '수수께끼 풀이'라는 대답을 준비한다. 어떤 현상의 결과가 충분히 예측된다고 할지라도 정작 그 예측이 달성되는 세세한 과정은 대개 의문 속에 있기 마련이다. 자연 현상의 전 과정을 우리가 일목요연하게 알고 있는 것은 아니기 때문이다. 이론으로서의 예측 결과와 실제의 현상을 일치시키기 위해서는 여러 복합적인 기기적, 개념적, 수학적인 방법이 필요하다. 이것이 바로 수수께끼 풀이다.

① 패러다임을 기반으로 하여 연구를 진척하기 때문에 다양한 학설과 이론이 등장한다.
② 예측된 결과만을 좇을 수밖에 없기 때문에 과학자들의 열정과 헌신성은 낮아진다.
③ 기초적인 전제가 확립되었으므로 작은 범주의 영역에 대한 연구에 집중한다.
④ 과학자들 사이의 세계관이 통일된 시기이기 때문에 완성된 과학이라고 부를 수 있다.
⑤ 이 시기는 문제를 해결해 가는 과정보다는 기초 이론에 대한 발견이 주가 된다.

03 다음 글을 읽고 추론한 내용으로 적절한 것을 〈보기〉에서 모두 고르면?

> 우리가 현재 가지고 있는 믿음들은 추가로 획득된 정보에 의해서 수정된다. 뺑소니 사고의 용의자로 갑, 을, 병이 지목되었고 이 중 단 한 명만 범인이라고 하자. 수사관 K는 운전 습관, 범죄 이력 등을 근거로 각 용의자가 범인일 확률을 추측하여, '갑이 범인'이라는 것을 0.3, '을이 범인'이라는 것을 0.45, '병이 범인'이라는 것을 0.25만큼 믿게 되었다고 하자. 얼마 후 병의 알리바이가 확보되어 병은 용의자에서 제외되었다.
>
> 그렇다면 K의 믿음의 정도는 어떻게 수정되어야 할까? 믿음의 정도를 수정하는 두 가지 방법이 있다. 방법 A는 0.25를 다른 두 믿음에 동일하게 나누어 주는 것이다. 따라서 병의 알리바이가 확보된 이후 '갑이 범인'이라는 것과 '을이 범인'이라는 것에 대한 K의 믿음의 정도는 각각 0.425와 0.575가 된다. 방법 B는 기존 믿음의 정도에 비례해서 분배하는 것이다. '을이 범인'이라는 것에 대한 기존 믿음의 정도 0.45는 '갑이 범인'이라는 것에 대한 기존 믿음의 정도 0.3의 1.5배이다. 따라서 믿음의 정도 0.25도 이 비율에 따라 나누어주어야 한다. 즉, 방법 B는 '갑이 범인'이라는 것에는 0.1을, '을이 범인'이라는 것에는 0.15를 추가하는 것이다. 방법 B에 따르면 병의 알리바이가 확보된 이후 '갑이 범인'이라는 것과 '을이 범인'이라는 것에 대한 K의 믿음의 정도는 각각 0.4와 0.6이 된다.

보기

㉠ 만약 기존 믿음의 정도들이 위 사례와 달랐다면, 병이 용의자에서 제외된 뒤 '갑이 범인'과 '을이 범인'에 대한 믿음의 정도의 합은, 방법 A와 방법 B 중 무엇을 이용하는지에 따라 다를 수 있다.

㉡ 만약 기존 믿음의 정도들이 위 사례와 달랐다면, 병이 용의자에서 제외된 뒤 '갑이 범인'과 '을이 범인'에 대한 믿음의 정도의 차이는 방법 A를 이용한 결과가 방법 B를 이용한 결과보다 클 수 있다.

㉢ 만약 '갑이 범인'에 대한 기존 믿음의 정도와 '을이 범인'에 대한 기존 믿음의 정도가 같았다면, '병이 범인'에 대한 기존 믿음의 정도에 상관없이 병이 용의자에서 제외된 뒤 방법 A를 이용한 결과와 방법 B를 이용한 결과는 서로 같다.

① ㉡

② ㉢

③ ㉠, ㉡

④ ㉠, ㉢

⑤ ㉡, ㉢

05 | 빈칸 삽입

| 유형분석 |

- 주어진 지문을 바탕으로 빈칸에 들어갈 내용을 찾는 문제이다.
- 선택지의 내용을 정확하게 확인하고 빈칸 앞뒤 문맥을 파악하는 능력이 필요하다.

다음 글의 빈칸에 들어갈 내용으로 가장 적절한 것은?

미세먼지와 황사는 여러모로 비슷하면서도 뚜렷한 차이점을 지니고 있다. 삼국사기에도 기록되어 있는 황사는 중국 내륙 내몽골 사막에 강풍이 불면서 날아오는 모래와 흙먼지를 일컫는데, 장단점이 존재했던 과거와 달리 중국 공업지대를 지난 황사에 미세먼지와 중금속 물질이 더해지며 심각한 환경문제로 대두되었다. 이와 달리 미세먼지는 일반적으로는 대기오염물질이 공기 중에 반응하여 형성된 황산염이나 질산염 등 이온 성분, 석탄·석유 등에서 발생한 탄소화합물과 검댕, 흙먼지 등 금속화합물의 유해성분으로 구성된다. 미세먼지의 경우 통념적으로는 먼지를 미세먼지와 초미세먼지로 구분하고 있지만, 대기환경과 환경 보전을 목적으로 하는 환경정책기본법에서는 미세먼지를 PM(Particulate Matter)이라는 단위로 구분한다. 즉, 미세먼지(PM_{10})의 경우 입자의 크기가 $10\mu m$ 이하인 먼지이고, 미세먼지($PM_{2.5}$)는 입자의 크기가 $2.5\mu m$ 이하인 먼지로 정의하고 있다. 이에 비해 황사는 통념적으로는 입자 크기로 구분하지 않으나 주로 지름 $20\mu m$ 이하의 모래로 구분하고 있다. 때문에 ______________________

① 황사 문제를 해결하기 위해서는 근본적으로 황사의 발생 자체를 억제할 필요가 있다.
② 황사와 미세먼지의 차이를 입자의 크기만으로 구분 짓긴 어렵다.
③ 미세먼지의 역할 또한 분명히 존재함을 기억해야 할 것이다.
④ 황사와 미세먼지의 근본적인 구별법은 그 역할에서 찾아야 할 것이다.
⑤ 초미세먼지를 차단할 수 있는 마스크라 해도 황사와 초미세먼지를 동시에 차단하긴 어렵다.

정답 ②

미세먼지의 경우 최소 $10\mu m$ 이하의 먼지로 정의되고 있지만, 황사의 경우 주로 지름 $20\mu m$ 이하의 모래로 구분하되 통념적으로는 입자 크기로 구분하지 않는다. 따라서 $10\mu m$ 이하의 황사의 입자의 크기만으로 미세먼지와 구분 짓기는 어렵다.

오답분석

①·⑤ 제시문을 통해서 알 수 없는 내용이다.
③ 미세먼지의 역할에 대한 설명을 찾을 수 없다.
④ 제시문에서 설명하는 황사와 미세먼지의 근본적인 구별법은 구성성분의 차이다.

풀이 전략!

빈칸 앞뒤의 문맥을 파악한 후 선택지에서 가장 어울리는 내용을 찾는다. 빈칸 앞에 접속사가 있다면 이를 활용한다.

대표기출유형 05 기출응용문제

01 다음 글의 빈칸에 들어갈 접속사를 순서대로 바르게 나열한 것은?

> 각 시대에는 그 시대의 특징을 나타내는 문학이 있다고 한다. 우리나라도 무릇 사천 살이 넘는 생활의 역사를 가진 만큼 그 발전 시기마다 각각 특색을 가진 문학이 없을 수 없고, 문학이 있었다면 그 중추가 되는 것은 아무래도 시가문학이라고 볼 수밖에 없다. ________ 대개 어느 민족을 막론하고 인간 사회가 성립하는 동시에 벌써 각자의 감정과 의사를 표시하려는 욕망이 생겼을 것이며, 삼라만상의 대자연은 자연 그 자체가 율동적이고 음악적이라고 할 수 있기 때문이다. 다시 말하면 인간이 생활하는 곳에는 자연적으로 시가가 발생하였다고 할 수 있다. ________ 사람의 지혜가 트이고 비교적 언어의 사용이 능란해짐에 따라 종합 예술체의 한 부분으로 있었던 서정문학적 요소가 분화·독립되어 제요나 노동요 따위의 시가의 원형을 이루고 다시 이 집단적 가요는 개인적 서정시로 발전하여 갔으리라 추측된다. ________ 다른 나라도 마찬가지이겠지만, 우리 문학사상에서 시가의 지위는 상당히 중요한 몫을 지니고 있다.

① 왜냐하면 – 그리고 – 그러므로
② 그리고 – 왜냐하면 – 그러므로
③ 그러므로 – 그리고 – 왜냐하면
④ 왜냐하면 – 그러나 – 그럼에도 불구하고
⑤ 그러므로 – 그래서 – 그러나

02 다음 글의 빈칸에 들어갈 문장을 〈보기〉에서 찾아 순서대로 바르게 나열한 것은?

요즘에는 낯선 곳을 찾아갈 때 지도를 해석하며 어렵게 길을 찾지 않아도 된다. 이는 기술력의 발달에 따라 제공되는 공간 정보를 바탕으로 최적의 경로를 탐색할 수 있게 되었기 때문이다. ______________ 이처럼 공간 정보가 시간에 따른 변화를 반영할 수 있게 된 것은 정보를 수집하고 분석하는 정보 통신 기술의 발전과 밀접한 관련이 있다.

공간 정보의 활용은 '위치정보시스템(GPS)'과 '지리정보시스템(GIS)' 등의 기술적 발전과 휴대전화나 태블릿 PC 등 정보 통신 기기의 보급을 기반으로 한다. 위치정보시스템은 공간에 대한 정보를 수집하고, 지리정보시스템은 정보를 저장, 분류, 분석한다. 이렇게 분석된 정보는 사용자의 요구에 따라 휴대전화나 태블릿 PC 등을 통해 최적화되어 전달된다.

길 찾기를 예로 들어 이 과정을 살펴보자. 휴대전화 애플리케이션을 이용해 사용자가 가려는 목적지를 입력하고 이동 수단으로 버스를 선택하였다면, 우선 사용자의 현재 위치가 위치정보시스템에 의해 실시간으로 수집된다. 그리고 목적지와 이동 수단 등 사용자의 요구와 실시간으로 수집된 정보에 따라 지리정보시스템은 탑승할 버스 정류장의 위치, 다양한 버스 노선, 최단 시간 등을 분석하여 제공한다. ______________

______________ 예를 들어 여행지와 관련한 공간 정보는 여행자의 요구와 선호에 따라 선별적으로 분석되어 활용된다. 나아가 유동 인구를 고려한 상권 분석과 교통의 흐름을 고려한 도시 계획 수립에도 공간 정보 활용이 가능하게 되었다. 획기적으로 발전되고 있는 첨단 기술이 적용된 공간 정보가 국가 차원의 자연재해 예측 시스템에도 활발히 활용된다면 한층 정밀한 재해 예방 및 대비가 가능해질 것이다. 이로 인해 우리의 삶도 더 편리하고 안전해질 것으로 기대된다.

보기

㉠ 어떤 곳의 위치 좌표나 지리적 형상에 대한 정보뿐만 아니라 시간에 따른 공간의 변화를 포함한 공간 정보를 이용할 수 있게 되면서 가능해진 것이다.

㉡ 더 나아가 교통 정체와 같은 돌발 상황과 목적지에 이르는 경로의 주변 정보까지 분석하여 제공한다.

㉢ 공간 정보의 활용 범위는 계속 확대되고 있다.

① ㉠, ㉡, ㉢
② ㉠, ㉢, ㉡
③ ㉡, ㉠, ㉢
④ ㉡, ㉢, ㉠
⑤ ㉢, ㉠, ㉡

03 다음 글의 빈칸에 들어갈 내용으로 가장 적절한 것은?

탁월함은 어떻게 습득되는가, 그것을 가르칠 수 있는가? 이 물음에 대하여 아리스토텔레스는 지성의 탁월함은 가르칠 수 있지만, 성품의 탁월함은 비이성적인 것이어서 가르칠 수 없고, 훈련을 통해서 얻을 수 있다고 대답한다.

그는 좋은 성품을 얻는 것을 기술을 습득하는 것에 비유한다. 그에 따르면, 리라(Lyra)를 켬으로써 리라를 켜는 법을 배우며 말을 탐으로써 말을 타는 법을 배운다. 어떤 기술을 얻고자 할 때 처음에는 교사의 지시대로 행동한다. 그리고 반복 연습을 통하여 그 행동이 점점 더 하기 쉽게 되고 마침내 제2의 천성이 된다. 이와 마찬가지로 어린아이는 어떤 상황에서 어떻게 행동해야 진실되고 관대하며 예의를 차리게 되는지 일일이 배워야 한다. 훈련과 반복을 통하여 그런 행위들을 연마하다 보면 그것들을 점점 더 쉽게 하게 되고, 결국에는 스스로 판단할 수 있게 된다.

그는 올바른 훈련이란 강제가 아니고 그 자체가 즐거움이 되어야 한다고 지적한다. 또한 그렇게 훈련받은 사람은 일을 바르게 처리하는 것을 즐기게 되고, 일을 바르게 처리하고 싶어하게 되며, 올바른 일을 하는 것을 어려워하지 않게 된다. 이처럼 성품의 탁월함이란 사람들이 '하는 것'만이 아니라 사람들이 '하고 싶어 하는 것'과도 관련된다. 그리고 한두 번 관대한 행동을 한 것으로 충분하지 않으며, 늘 관대한 행동을 하고 그런 행동에 감정적으로 끌리는 성향을 갖고 있어야 비로소 관대함에 관하여 성품의 탁월함을 갖고 있다고 할 수 있다.

다음과 같은 예를 통해 아리스토텔레스의 견해를 생각해 보자. 갑돌이는 성품이 곧고 자신감이 충만하다. 그가 한 모임에 참석하였는데, 거기서 다수의 사람들이 옳지 않은 행동을 한다고 생각했을 때, 그는 다수의 행동에 대하여 비판의 목소리를 낼 것이며 그렇게 하는 데 별 어려움을 느끼지 않을 것이다. 한편, 수줍어하고 우유부단한 병식이도 한 모임에 참석하였는데, 그 역시 다수의 행동이 잘못되었다는 판단을 했다고 하자. 이런 경우에 병식이는 일어나서 다수의 행동이 잘못되었다고 말할 수 있겠지만, 그렇게 하려면 엄청난 의지를 발휘해야 할 것이고 자신과 힘든 싸움도 해야 할 것이다. 그런데도 병식이가 그렇게 행동했다면 우리는 병식이가 용기 있게 행동하였다고 칭찬할 것이다. 그러나 아리스토텔레스의 입장에서 성품의 탁월함을 가진 사람은 갑돌이다. 왜냐하면 ____________________ 우리가 어떠한 사람을 존경할 것인가가 아니라, 우리 아이를 어떤 사람으로 키우고 싶은가라는 질문을 받는다면 우리는 아리스토텔레스의 견해에 가까워질 것이다. 왜냐하면 우리는 우리 아이들을 갑돌이와 같은 사람으로 키우고 싶어 할 것이기 때문이다.

① 그는 내적인 갈등 없이 옳은 일을 하기 때문이다.

② 그는 옳은 일을 하는 천성을 타고났기 때문이다.

③ 그는 주체적 판단에 따라 옳은 일을 하기 때문이다.

④ 그는 자신이 옳다는 확신을 가지고 옳은 일을 하기 때문이다.

⑤ 그는 다른 사람들의 칭찬을 의식하지 않고 옳은 일을 하기 때문이다.

06 맞춤법 · 어휘

| 유형분석 |

- 맞춤법에 맞는 단어를 찾거나 주어진 지문의 내용에 어울리는 단어를 찾는 문제가 주로 출제된다.
- 단어 사이의 관계에 대한 문제가 출제되므로 뜻이 비슷하거나 반대되는 단어를 함께 학습하는 것이 좋다.
- 자주 출제되는 단어나 헷갈리는 단어에 대한 학습을 꾸준히 하는 것이 좋다.

다음 중 밑줄 친 부분의 맞춤법이 옳은 것은?

① 그는 손가락으로 북쪽을 가르켰다.
② 뚝배기에 담겨 나와서 시간이 지나도 식지 않았다.
③ 열심히 하는 것은 좋은데 촛점이 틀렸다.
④ 세영이는 몸이 너무 약해서 보약을 다려 먹어야겠다.
⑤ 벽을 가득 덮고 있는 덩쿨 덕에 여름 분위기가 난다.

정답 ②

'찌개 따위를 끓이거나 설렁탕 따위를 담을 때 쓰는 그릇'을 뜻하는 어휘는 '뚝배기'이다.

오답분석

① '손가락 따위로 어떤 방향이나 대상을 집어서 보이거나 말하거나 알리다.'의 의미를 가진 어휘는 '가리키다'이다.
③ '사람들의 관심이나 주의가 집중되는 사물의 중심 부분'의 의미를 가진 어휘는 '초점'이다.
④ '액체 따위를 끓여서 진하게 만들다, 약재 따위에 물을 부어 우러나도록 끓이다.'의 의미를 가진 어휘는 '달이다'이다(다려 → 달여).
⑤ '길게 뻗어 나가면서 다른 물건을 감기도 하고 땅바닥에 퍼지기도 하는 식물의 줄기'의 의미를 가진 어휘는 '넝쿨' 또는 '덩굴'이다.

풀이 전략!

문제에서 물어보는 단어를 정확히 확인해야 하고, 문제에서 다루고 있는 단어의 앞뒤 내용을 읽고 글의 전체적 흐름을 생각하며 문제에 접근해야 한다.

01 **다음 중 밑줄 친 부분의 맞춤법이 옳지 않은 것은?**

① 바리스타로서 자부심을 가지고 커피를 내렸다.
② 어제는 왠지 피곤한 하루였다.
③ 용감한 시민의 제보로 진실이 드러났다.
④ 점심을 먹은 뒤 바로 설겆이를 했다.
⑤ 그 나무는 밑동만 남아 있었다.

02 **다음 중 밑줄 친 부분의 띄어쓰기가 옳지 않은 것은?**

① 휴가철 비행기 값이 너무 비싼데 그냥 헤엄쳐 갈까 보다.
② 그 문제를 깊이 파고들어보면 다양한 조건들이 얽혀 있음을 알 수 있다.
③ 감독은 처음부터 그 선수를 마음에 들어 했다.
④ 지나가는 사람을 붙잡고 그를 보았는지 물어도 보았다.
⑤ 모르는 것을 아는체하지 말고, 아는 것에 만족해하지 마라.

03 **다음 밑줄 친 ㉠～㉤의 쓰임이 적절하지 않은 것은?**

> 현행 수입화물의 프로세스는 ㉠ 적하(積荷) 목록 제출, 입항, 하선, 보세운송, 보세구역 반입, 수입신고, 수입신고 수리, ㉡ 반출(搬出)의 절차를 이행하고 있다. 입항 전 수입신고는 5% 내외에 머무르고, 대부분의 수입신고가 보세구역 반입 후에 행해짐에 따라 보세운송 절차와 보세구역 반입 절차가 반드시 ㉢ 인도(引導)되어야 했다. 하지만 새로운 제도가 도입되면 해상화물의 적하 목록 제출 시기가 ㉣ 적재(積載) 24시간 전(근거리 출항 전)으로 앞당겨져 입항 전 수입신고가 일반화될 수 있는 여건이 조성될 것이다. 따라서 수입화물 프로세스가 적하 목록 제출, 수입신고, 수입신고 수리, 입항, 반출의 절차를 거침에 따라 화물반출을 위한 세관 절차가 입항 전에 종료되므로 보세운송, 보세구역 반입이 생략되어 수입화물을 신속하게 ㉤ 화주(貨主)에게 인도할 수 있게 된다.

① ㉠ 적하(積荷)
② ㉡ 반출(搬出)
③ ㉢ 인도(引導)
④ ㉣ 적재(積載)
⑤ ㉤ 화주(貨主)

07 | 한자성어

| 유형분석 |

- 실생활에서 활용되는 한자성어를 이해할 수 있는지 평가한다.
- 제시된 상황과 일치하는 한자성어를 고르거나 한자의 훈음・독음을 맞히는 등 다양한 유형이 출제된다.

다음 글과 가장 관련 있는 한자성어는?

사회 초년생인 A씨는 최근 많은 뉴스에서 주식으로 돈을 벌었다는 소식을 듣고 자신도 주식을 하면 돈을 벌 수 있다는 확신을 가졌다. 아무런 지식도 없지만 남들이 다 샀다는 주식을 산 이후 오르기만을 기다렸다. 하지만 주식가격은 점점 내려갔고, 주변에서도 그 주식은 처분해야 된다는 말을 들었지만 A는 오를 거라 확신하며 기다렸다. 하지만 이후에도 주가는 오르지 않고 계속 내려갔으며, A씨는 그래도 오를 거라 믿으면서 주변의 만류에도 불구하고 그 주식만 쳐다보고 있었다.

① 사필귀정(事必歸正)
② 조삼모사(朝三暮四)
③ 수주대토(守株待兎)
④ 새옹지마(塞翁之馬)
⑤ 호사다마(好事多魔)

정답 ③

'수주대토(守株待兎)'는 '그루터기를 지켜 토끼를 기다린다.'는 뜻으로, 요행만 기다리는 어리석은 사람을 일컫는다.

오답분석

① 사필귀정(事必歸正) : 결국 옳은 이치대로 된다는 의미이다.
② 조삼모사(朝三暮四) : '아침에 세 개, 저녁에 네 개'라는 뜻으로, 눈앞에 보이는 것만 알고 결과가 같은 것을 모르는 어리석음을 의미한다.
④ 새옹지마(塞翁之馬) : 세상만사는 변화가 많아 어느 것이 화(禍)가 되고, 어느 것이 복(福)이 될지 예측하기 어렵다는 것을 뜻한다.
⑤ 호사다마(好事多魔) : 좋은 일에는 방해가 되는 일이 많음을 뜻한다.

풀이 전략!

- 한자성어 문제의 경우 일정 수준 이상의 사전지식을 요구하므로, 지원 기업 관련 기사 및 이슈를 틈틈이 찾아보며 한자성어에 대입하는 연습을 하면 효과적으로 대처할 수 있다.
- 문제에 제시된 한자성어의 의미를 파악하기 어렵다면, 먼저 알고 있는 한자가 있는지 확인한 후 글의 문맥과 상황에 대입하며 선택지를 하나씩 소거해 나가는 것이 효율적이다.

대표기출유형 07 기출응용문제

※ 다음 글과 가장 관련 있는 한자성어를 고르시오. [1~2]

01

지난해 중국, 동남아, 인도, 중남미 등의 신흥국이 우리나라의 수출 시장에서 차지하는 비중은 57% 수준으로, 미국, 일본, 유럽 등의 선진국 시장을 앞섰다. 특히 최근 들어 중국이 차지하는 비중이 주춤하면서 다른 신흥 시장의 비중이 늘어나고 있다.
다양한 형태의 중국발 위험이 커짐에 따라 여타 신흥국으로의 수출 시장을 다변화할 필요성이 대두되고 있다. 이에 따라 정부에서도 기업의 새로운 수출 시장을 개척하기 위해 마케팅과 금융 지원을 강화하고 있다.
그러나 이러한 단기적인 대책으로는 부족하다. 신흥국과 함께하는 파트너십을 강화하는 노력이 병행되어야 한다. 신흥국과의 협력은 단기간 내에 성과를 거두기는 어렵지만, 일관성과 진정성을 갖고 꾸준히 추진한다면 해외 시장에서 어려움을 겪고 있는 우리 기업들에게 큰 도움이 될 수 있다.

① 안빈낙도(安貧樂道)
② 호가호위(狐假虎威)
③ 각주구검(刻舟求劍)
④ 우공이산(愚公移山)
⑤ 사면초가(四面楚歌)

02

서로 다른 산업 분야의 기업 간 협업이 그 어느 때보다 절실해진 상황에서 기업은 '협업'과 '소통'을 고민하지 않을 수 없다. 협업과 소통의 중요성은 기업의 경쟁력 강화를 위해 항상 강조되어 왔지만, 한 기업 내에서조차 성공적으로 운영하기가 쉽지 않았다. 그런데 이제는 서로 다른 산업 분야에서 기업 간의 원활한 협업과 소통까지 이뤄내야 하니 기업의 고민은 깊어질 수밖에 없다.
협업과 소통의 문화 및 환경을 성공적으로 정착시키는 길은 결코 쉽게 갈 수 없다. 하지만 그 길을 가기 위해 첫걸음을 내디딜 수만 있다면 성공의 절반은 담보할 수 있다. 우선 직원 개인에게 '혼자서 큰일을 할 수 있는 시대는 끝이 났음'을 명확하게 인지시키고, 협업과 소통을 통한 실질적 성공 사례들을 탐구하여 그 가치를 직접 깨닫게 해야 한다.
그런 다음에는 협업과 소통을 위한 시스템을 갖추는 데 힘을 쏟아야 한다. 당장 협업 시스템을 전사 차원에서 적용하라는 것은 결코 아니다. 작은 변화를 통해 직원들 간 또는 협력업체 간, 고객들 간의 협업과 소통을 조금이나마 도울 수 있는 노력을 시작하라는 것이다. 동시에 시스템을 십분 활용할 수 있도록 독려하는 노력도 간과하지 말아야 한다.

① 장삼이사(張三李四)
② 하석상대(下石上臺)
③ 등고자비(登高自卑)
④ 주야장천(晝夜長川)
⑤ 내유외강(內柔外剛)

CHAPTER 02

수리능력

합격 Cheat Key

수리능력은 사칙 연산 · 통계 · 확률의 의미를 정확하게 이해하고 이를 업무에 적용하는 능력으로, 기초 연산과 기초 통계, 도표 분석 및 작성의 문제 유형으로 출제된다. 수리능력 역시 채택하지 않는 공사 · 공단이 거의 없을 만큼 필기시험에서 중요도가 높은 영역이다.

특히, 난이도가 높은 공사 · 공단의 시험에서는 도표 분석, 즉 자료 해석 유형의 문제가 많이 출제되고 있고, 응용 수리 역시 꾸준히 출제하는 공사 · 공단이 많기 때문에 기초 연산과 기초 통계에 대한 공식의 암기와 자료 해석 능력을 기를 수 있는 꾸준한 연습이 필요하다.

1 응용 수리의 공식은 반드시 암기하라!

응용 수리는 공사 · 공단마다 출제되는 문제는 다르지만, 사용되는 공식은 비슷한 경우가 많으므로 자주 출제되는 공식을 반드시 암기하여야 한다. 문제에서 묻는 것을 정확하게 파악하여 그에 맞는 공식을 적절하게 적용하는 꾸준한 노력과 공식을 암기하는 연습이 필요하다.

2 자료의 해석은 자료에서 즉시 확인할 수 있는 지문부터 확인하라!

수리능력 중 도표 분석, 즉 자료 해석 능력은 많은 시간을 필요로 하는 문제가 출제되므로, 증가·감소 추이와 같이 눈으로 확인이 가능한 지문을 먼저 확인한 후 복잡한 계산이 필요한 지문을 확인하는 방법으로 문제를 풀이한다면 시간을 조금이라도 아낄 수 있다. 또한, 여러 가지 보기가 주어진 문제 역시 지문을 잘 확인하고 문제를 풀이한다면 불필요한 계산을 생략할 수 있으므로 항상 지문부터 확인하는 습관을 들여야 한다.

3 도표 작성에서 지문에 작성된 도표의 제목을 반드시 확인하라!

도표 작성은 하나의 자료 혹은 보고서와 같은 수치가 표현된 자료를 도표로 작성하는 형식으로 출제되는데, 대체로 표보다는 그래프를 작성하는 형태로 많이 출제된다. 지문을 살펴보면 각 지문에서 주어진 도표에도 소제목이 있는 경우가 대부분이다. 이때, 자료의 수치와 도표의 제목이 일치하지 않는 경우 함정이 존재하는 문제일 가능성이 높으므로 도표의 제목을 반드시 확인하는 것이 중요하다.

01 | 응용 수리

| 유형분석 |

- 문제에서 제공하는 정보를 파악한 뒤, 사칙연산을 활용하여 계산하는 전형적인 수리문제이다.
- 문제를 풀기 위한 정보가 산재되어 있는 경우가 많으므로 주어진 조건 등을 꼼꼼히 확인해야 한다.

세희네 가족의 올해 휴가비용은 작년 대비 교통비는 15%, 숙박비는 24% 증가하였고, 전체 휴가비용은 20% 증가하였다. 작년 전체 휴가비용이 36만 원일 때, 올해 숙박비는?(단, 전체 휴가비용은 교통비와 숙박비의 합이다)

① 160,000원
② 184,000원
③ 200,000원
④ 248,000원
⑤ 268,000원

정답 ④

작년 교통비를 x원, 숙박비를 y원이라 하자.

$1.15x+1.24y=1.2(x+y)$ ⋯ ㉠

$x+y=36$ ⋯ ㉡

㉠과 ㉡을 연립하면 $x=16$, $y=20$이다.

따라서 올해 숙박비는 $20\times1.24=24.8$만 원이다.

풀이 전략!

문제에서 묻는 바를 정확하게 확인한 후, 필요한 조건 또는 정보를 구분하여 신속하게 풀어 나간다. 단, 계산에 착오가 생기지 않도록 유의한다.

대표기출유형 01 기출응용문제

01 혜영이가 자전거를 타고 300m를 달리는 동안 지훈이는 자전거를 타고 400m를 달린다고 한다. 두 사람이 둘레가 1,800m인 원 모양의 연못 둘레를 같은 지점에서 같은 방향으로 동시에 출발하여 15분 후에 처음으로 만날 때 혜영이와 지훈이가 이동한 거리의 합은?

① 7,200m
② 8,800m
③ 9,400m
④ 12,600m
⑤ 16,800m

PART 1

02 A, B그릇에는 각각 농도 6%, 8%의 소금물 300g이 들어있다. A그릇에서 소금물 100g을 퍼서 B그릇에 옮겨 담고, 다시 B그릇에서 소금물 80g을 퍼서 A그릇에 옮겨 담았다. 이때, A그릇에 들어있는 소금물의 농도는 얼마인가?(단, 소수점 둘째 자리에서 반올림한다)

① 5%
② 5.6%
③ 6%
④ 6.4%
⑤ 7%

03 A수건공장은 판매하고 남은 재고로 선물세트를 만들기 위해 포장을 하기로 하였다. 이때 4개씩 포장하면 1개가 남고, 5개씩 포장하면 4개가 남고, 7개씩 포장하면 1개가 남고, 8개씩 포장하면 1개가 남는다고 한다. 다음 중 가능한 재고량의 최솟값은?

① 166개
② 167개
③ 168개
④ 169개
⑤ 170개

04 A사에서 파견 근무를 나갈 10명을 뽑아 팀을 구성하려 한다. 새로운 팀 내에서 팀장 한 명과 회계 담당 2명을 뽑으려고 할 때, 가능한 경우의 수는 모두 몇 가지인가?

① 300가지
② 320가지
③ 348가지
④ 360가지
⑤ 396가지

05 A, B가 서로 일직선상으로 20km 떨어져 마주보는 위치에 있고, A로부터 7.6km 떨어진 곳에는 400m 길이의 다리가 있다. A가 먼저 시속 6km로 출발하고, B가 x분 후에 시속 12km로 출발하여 A와 B가 다리 위에서 만났다고 할 때, x의 최댓값과 최솟값의 차는 얼마인가?(단, 다리와 일반 도로 사이의 경계는 다리에 포함한다)

① 4
② 5
③ 6
④ 7
⑤ 8

06 A가 혼자 컴퓨터를 조립하면 2시간이 걸리고, B가 혼자 조립하면 3시간이 걸린다. 먼저 A가 혼자 컴퓨터를 조립하다가 중간에 일이 생겨 나머지를 B가 완성했는데, 걸린 시간은 총 2시간 15분이었다. A가 혼자 일한 시간은 몇 시간인가?

① 1시간 25분
② 1시간 30분
③ 1시간 35분
④ 1시간 40분
⑤ 1시간 45분

07 **A공사에서 노후화된 컴퓨터 모니터를 교체하기 위해 부서별로 조사를 한 결과, 다음과 같이 교체하기로 하였다. 이때, 새로 구입할 모니터는 총 몇 대인가?(단, 부서는 인사부, 총무부, 연구부, 마케팅부 4개만 있다)**

> 새로 구입할 전체 모니터 중 $\frac{2}{5}$대는 인사부, $\frac{1}{3}$대는 총무부의 것이고, 인사부에서 교체할 모니터 개수의 $\frac{1}{3}$은 연구부에서 교체할 개수이며, 마케팅부는 400대를 교체할 것이다.

① 1,000대
② 1,500대
③ 2,500대
④ 3,000대
⑤ 3,500대

08 **희경이의 회사는 본사에서 A지점까지의 거리가 총 50km이다. 본사에서 근무하는 희경이가 A지점에서의 미팅을 위해 버스를 타고 60km/h의 속력으로 20km를 갔더니 미팅시간이 얼마 남지 않아 택시로 바꿔 타고 90km/h의 속력으로 갔더니 오후 3시에 도착할 수 있었다. 희경이가 본사에서 나온 시각은 언제인가?(단, 본사에서 나와 버스를 기다린 시간과 버스에서 택시로 바꿔 탄 시간은 고려하지 않는다)**

① 오후 1시 40분
② 오후 2시
③ 오후 2시 20분
④ 오후 2시 40분
⑤ 오후 3시

02 수열 규칙

| 유형분석 |

- 나열된 수의 규칙을 찾아 해결하는 문제이다.
- 등차 · 등비수열 등 다양한 수열 규칙에 대한 사전 학습이 요구된다.

다음과 같이 일정한 규칙으로 수를 나열할 때, 빈칸에 들어갈 수는 무엇인가?

0　3　5　10　17　29　48　(　)

① 55
② 60
③ 71
④ 79
⑤ 83

정답 ④

n을 자연수라 하면 $(n+1)$항에서 n항을 더하고 $+2$를 한 값인 $(n+2)$항이 되는 수열이다.
따라서 (　)$=48+29+2=79$이다.

풀이 전략!

- 수열을 풀이할 때는 다음과 같은 규칙이 적용되는지를 순차적으로 판단한다.
  1) 각 항에 일정한 수를 사칙연산(+, −, ×, ÷)하는 규칙
  2) 홀수 항, 짝수 항 규칙
  3) 피보나치 수열과 같은 계차를 이용한 규칙
  4) 군수열을 활용한 규칙
  5) 항끼리 사칙연산을 하는 규칙

주요 수열 규칙

구분	내용
등차수열	앞의 항에 일정한 수를 더해 이루어지는 수열
등비수열	앞의 항에 일정한 수를 곱해 이루어지는 수열
피보나치 수열	앞의 두 항의 합이 그 다음 항의 수가 되는 수열
건너뛰기 수열	두 개 이상의 수열 또는 규칙이 일정한 간격을 두고 번갈아가며 적용되는 수열
계차수열	앞의 항과 차가 일정하게 증가하는 수열
군수열	일정한 규칙성으로 몇 항씩 묶어 나눈 수열

대표기출유형 02 기출응용문제

※ 다음과 같이 일정한 규칙으로 수를 나열할 때, 빈칸에 들어갈 수를 고르시오. [1~2]

01

51 58 42 49 ( ) 40 24

① 31
② 33
③ 35
④ 36
⑤ 39

02

3 5 11 21 43 ( ) 171 341 683

① 85
② 90
③ 95
④ 100
⑤ 105

03 다음과 같이 일정한 규칙으로 수를 나열할 때, B−A를 구하면?

1 2 A 5 8 13 21 B

① 22
② 25
③ 28
④ 30
⑤ 31

03 | 자료 계산

| 유형분석 |

- 문제에 주어진 도표를 분석하여 각 선택지의 값을 계산해 정답 유무를 판단하는 문제이다.
- 주로 그래프와 표로 제시되며, 경영·경제·산업 등과 관련된 최신 이슈를 많이 다룬다.
- 자료 간의 증감률·비율·추세 등을 자주 묻는다.

다음은 K국의 부양인구비를 나타낸 자료이다. 2023년 15세 미만 인구 대비 65세 이상 인구의 비율은 얼마인가?(단, 비율은 소수점 둘째 자리에서 반올림한다)

〈부양인구비〉

구분	2019년	2020년	2021년	2022년	2023년
부양비	37.3	36.9	36.8	36.8	36.9
유소년부양비	22.2	21.4	20.7	20.1	19.5
노년부양비	15.2	15.6	16.1	16.7	17.3

※ (유소년부양비)$=\frac{(15세\ 미만\ 인구)}{(15\sim 64세\ 인구)}\times 100$

※ (노년부양비)$=\frac{(65세\ 이상\ 인구)}{(15\sim 64세\ 인구)}\times 100$

① 72.4% ② 77.6%
③ 81.5% ④ 88.7%

정답 ④

2023년 15세 미만 인구를 x명, 65세 이상 인구를 y명, 15 ~ 64세 인구를 a명이라 하면,

15세 미만 인구 대비 65세 이상 인구 비율은 $\frac{y}{x}\times 100$이므로

(2023년 유소년부양비)$=\frac{x}{a}\times 100=19.5 \rightarrow a=\frac{x}{19.5}\times 100 \cdots$ ㉠

(2023년 노년부양비)$=\frac{y}{a}\times 100=17.3 \rightarrow a=\frac{y}{17.3}\times 100 \cdots$ ㉡

㉠, ㉡을 연립하면 $\frac{x}{19.5}=\frac{y}{17.3} \rightarrow \frac{y}{x}=\frac{17.3}{19.5}$이므로, 15세 미만 인구 대비 65세 이상 인구의 비율은 $\frac{17.3}{19.5}\times 100 \fallingdotseq 88.7\%$이다.

풀이 전략!

선택지를 먼저 읽고 필요한 정보를 도표에서 확인하도록 하며, 계산이 필요한 경우에는 실제 수치를 사용하여 복잡한 계산을 하는 대신, 대소 관계의 비교나 선택지의 옳고 그름만을 판단할 수 있을 정도로 간소화하여 계산해 풀이시간을 단축할 수 있도록 한다.

대표기출유형 03 기출응용문제

01 A마트 물류팀에 근무하는 E사원은 9월 라면 입고량과 판매량을 확인하던 중 11일과 15일에 B, C업체의 기록이 누락되어 있는 것을 발견하였다. 동료직원인 K사원은 E사원에게 "9월 11일의 전체 라면 재고량 중 B업체는 10%, C업체는 9%를 차지하였고, 9월 15일의 B업체 라면 재고량은 C업체보다 500개가 더 많았다."라고 말했다. 이때 9월 11일의 전체 라면 재고량은 몇 개인가?

구분		9월 12일	9월 13일	9월 14일
B업체	입고량	300	–	200
	판매량	150	100	–
C업체	입고량	–	250	–
	판매량	200	150	50

① 10,000개
② 15,000개
③ 20,000개
④ 25,000개
⑤ 30,000개

02 A통신회사는 이동전화의 통화시간에 따라 월 2시간까지는 기본요금이 부과되고, 2시간 초과 3시간까지는 분당 a원, 3시간 초과부터는 $2a$원을 부과한다. 다음과 같이 요금이 청구되었을 때, a의 값은 얼마인가?

〈휴대전화 이용요금〉

구분	통화시간	요금
8월	3시간 30분	21,600원
9월	2시간 20분	13,600원

① 50
② 80
③ 100
④ 120
⑤ 150

03 서울에서 사는 A씨는 휴일에 가족들과 경기도 맛집에 가기 위해 오후 3시에 집 앞으로 중형 콜택시를 불렀다. 집에서 맛집까지의 거리는 12.56km이며, 집에서 맛집으로 출발하여 4.64km를 이동하면 경기도에 진입한다. 맛집에 도착할 때까지 신호로 인해 택시가 멈췄던 시간은 8분이며, 택시의 속력은 이동 시 항상 60km/h 이상이었다. 다음 자료를 참고할 때, A씨가 지불하게 될 택시요금은 얼마인가?(단, 콜택시의 예약 비용은 없으며, 신호로 인한 멈춘 시간은 모두 경기도 진입 후이다)

〈서울시 택시요금 계산표〉

구분			신고요금
중형택시	주간	기본요금	2km까지 3,800원
		거리요금	100원당 132m
		시간요금	100원당 30초
	심야	기본요금	2km까지 4,600원
		거리요금	120원당 132m
		시간요금	120원당 30초
	공통사항		– 시간·거리 부분 동시병산(15.33km/h 미만 시) – 시계외 할증 20% – 심야(00:00 ~ 04:00) 할증 20% – 심야·시계외 중복할증 40%

※ '시간요금'이란 속력이 15.33km/h 미만이거나 멈춰있을 때 적용된다.
※ 서울시에서 다른 지역으로 진입 후 시계외 할증(심야 거리 및 시간요금)이 적용된다.

① 13,800원
② 14,000원
③ 14,220원
④ 14,500원
⑤ 14,920원

04 다음은 2023년 연령별 인구수 현황을 나타낸 그래프이다. 연령대를 기준으로 남성 인구가 40% 이하인 연령대 ㉠과 여성 인구가 50% 초과 60% 이하인 연령대 ㉡이 바르게 연결된 것은?(단, 소수점 둘째 자리에서 반올림한다)

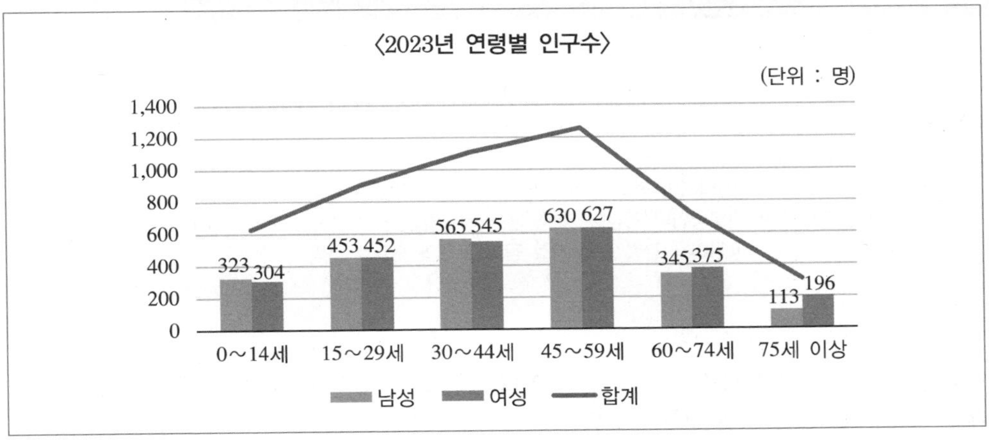

	㉠	㉡
①	0 ~ 14세	15 ~ 29세
②	30 ~ 44세	15 ~ 29세
③	45 ~ 59세	60 ~ 74세
④	75세 이상	60 ~ 74세
⑤	75세 이상	45 ~ 59세

04 자료 이해

| 유형분석 |

- 제시된 표를 분석하여 선택지의 정답 유무를 판단하는 문제이다.
- 표의 수치 등을 통해 변화량이나 증감률, 비중 등을 비교하여 판단하는 문제가 자주 출제된다.
- 지원하고자 하는 공사공단이나 관련 산업 자료 등이 문제의 자료로 많이 다뤄진다.

다음은 도시폐기물량 상위 10개국의 도시폐기물량지수와 한국의 도시폐기물량을 나타낸 자료이다. 이에 대한 〈보기〉 중 옳은 것을 모두 고르면?

〈도시폐기물량 상위 10개국의 도시폐기물량지수〉

순위	2020년		2021년		2022년		2023년	
	국가	지수	국가	지수	국가	지수	국가	지수
1	미국	12.05	미국	11.94	미국	12.72	미국	12.73
2	러시아	3.40	러시아	3.60	러시아	3.87	러시아	4.51
3	독일	2.54	브라질	2.85	브라질	2.97	브라질	3.24
4	일본	2.53	독일	2.61	독일	2.81	독일	2.78
5	멕시코	1.98	일본	2.49	일본	2.54	일본	2.53
6	프랑스	1.83	멕시코	2.06	멕시코	2.30	멕시코	2.35
7	영국	1.76	프랑스	1.86	프랑스	1.96	프랑스	1.91
8	이탈리아	1.71	영국	1.75	이탈리아	1.76	터키	1.72
9	터키	1.50	이탈리아	1.73	영국	1.74	영국	1.70
10	스페인	1.33	터키	1.63	터키	1.73	이탈리아	1.40

※ $(\text{도시폐기물량지수})=\frac{(\text{해당 연도 해당 국가의 도시폐기물량})}{(\text{해당 연도 한국의 도시폐기물량})}$

〈한국의 도시폐기물량〉

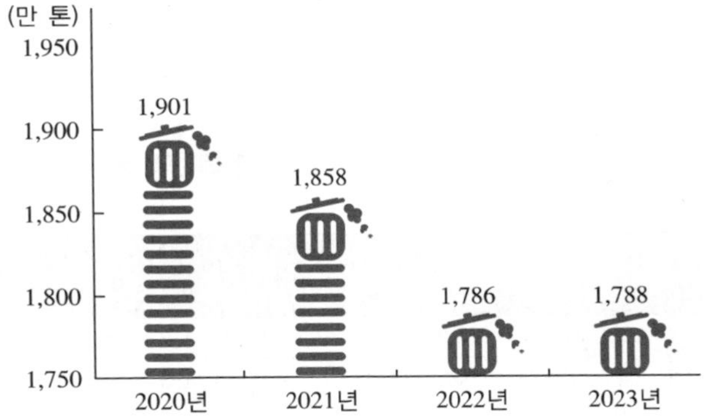

보기

㉠ 2023년 도시폐기물량은 미국이 일본의 4배 이상이다.
㉡ 2022년 러시아의 도시폐기물량은 8,000만 톤 이상이다.
㉢ 2023년 스페인의 도시폐기물량은 2020년에 비해 감소하였다.
㉣ 영국의 도시폐기물량은 터키의 도시폐기물량보다 매년 많다.

① ㉠, ㉢
② ㉠, ㉣
③ ㉡, ㉢
④ ㉡, ㉣
⑤ ㉢, ㉣

정답 ①

㉠ 제시된 자료의 각주에 의해 같은 해의 각국의 도시폐기물량지수는 그 해 한국의 도시폐기물량을 기준해 도출된다. 즉, 같은 해의 여러 국가의 도시폐기물량을 비교할 때 도시폐기물량지수로도 비교가 가능하다. 2023년 미국과 일본의 도시폐기물량지수는 각각 12.73, 2.53이며, 2.53×4=10.12<12.73이므로 옳은 설명이다.

㉢ 2020년 한국의 도시폐기물량은 1,901만 톤이므로 2020년 스페인의 도시폐기물량은 1,901×1.33=2,528.33만 톤이다. 도시폐기물량 상위 10개국의 도시폐기물량지수 자료를 보면 2023년 스페인의 도시폐기물량지수는 상위 10개국에 포함되지 않았음을 확인할 수 있다. 즉, 스페인의 도시폐기물량은 도시폐기물량지수 10위인 이탈리아의 도시폐기물량보다 적다. 2023년 한국의 도시폐기물량은 1,788만 톤이므로 이탈리아의 도시폐기물량은 1,788×1.40=2,503.2만 톤이다. 즉, 2023년 이탈리아의 도시폐기물량은 2020년 스페인의 도시폐기물량보다 적다. 따라서 2023년 스페인의 도시폐기물량은 2020년에 비해 감소했다.

오답분석

㉡ 2022년 한국의 도시폐기물량은 1,786만 톤이므로 2022년 러시아의 도시폐기물량은 1,786×3.87=6,911.82만 톤이다.
㉣ 2023년의 경우 터키의 도시폐기물량지수는 영국보다 높다. 따라서 2023년 영국의 도시폐기물량은 터키의 도시폐기물량보다 적다.

풀이 전략!

평소 변화량이나 증감률, 비중 등을 구하는 공식을 알아두고 있어야 하며, 지원하는 기업이나 산업에 관한 자료 등을 확인하여 비교하는 연습 등을 한다.

01 다음은 A시와 K시의 연도별 회계 예산액에 대한 자료이다. 이에 대한 설명으로 옳지 않은 것은?

〈A시와 K시의 연도별 회계 예산액 현황〉

(단위 : 백만 원)

구분	A시			K시		
	합계	일반회계	특별회계	합계	일반회계	특별회계
2019년	1,951,003	1,523,038	427,965	1,249,666	984,446	265,220
2020년	2,174,723	1,688,922	485,801	1,375,349	1,094,510	280,839
2021년	2,259,412	1,772,835	486,577	1,398,565	1,134,229	264,336
2022년	2,355,574	1,874,484	481,090	1,410,393	1,085,386	325,007
2023년	2,486,125	2,187,790	298,335	1,510,951	1,222,957	287,994

① A시의 전체 회계 예산액이 증가한 시기에는 K시의 전체 회계 예산액도 증가했다.
② A시의 일반회계 예산액은 항상 K시의 일반회계 예산액보다 1.5배 이상 더 많다.
③ 2021년 K시 특별회계 예산액의 A시 특별회계 예산액 대비 비중은 50% 이상이다.
④ 2022년 K시 전체 회계 예산액에서 특별회계 예산액의 비중은 25% 이상이다.
⑤ A시와 K시의 일반회계의 연도별 증감 추이는 다르다.

02 다음은 어느 해 개최된 올림픽에 참가한 6개국의 성적이다. 이에 대한 설명으로 옳지 않은 것은?

〈국가별 올림픽 성적〉

(단위 : 명, 개)

국가	참가선수	금메달	은메달	동메달	메달 합계
A	240	4	28	57	89
B	261	2	35	68	105
C	323	0	41	108	149
D	274	1	37	74	112
E	248	3	32	64	99
F	229	5	19	60	84

① 획득한 금메달 수가 많은 국가일수록 은메달 수는 적었다.
② 금메달을 획득하지 못한 국가가 가장 많은 메달을 획득했다.
③ 참가선수의 수가 많은 국가일수록 획득한 동메달 수도 많았다.
④ 획득한 메달의 합계가 큰 국가일수록 참가선수의 수도 많았다.
⑤ 참가선수가 가장 적은 국가의 메달 합계는 전체 6위이다.

03 A소비자단체는 현재 판매 중인 가습기의 표시지 정보와 실제 성능을 비교하기 위해 8개의 제품을 시험하였고, 다음과 같은 결과를 발표하였다. 이에 대한 설명으로 옳은 것은?

〈가습기 성능 시험 결과〉

모델	제조사	구분	가습기 성능					
			미생물 오염도	가습능력	적용 바닥면적 (아파트)	적용 바닥면적 (주택)	소비전력	소음
			CFU/m²	mL/h	m²	m²	W	dB(A)
A가습기	W사	표시지	14	262	15.5	14.3	5.2	26.0
		시험 결과	16	252	17.6	13.4	6.9	29.9
B가습기	L사	표시지	11	223	12.3	11.1	31.5	35.2
		시험 결과	12	212	14.7	11.2	33.2	36.6
C가습기	C사	표시지	19	546	34.9	26.3	10.5	31.5
		시험 결과	22	501	35.5	26.5	11.2	32.4
D가습기	W사	표시지	9	219	17.2	12.3	42.3	30.7
		시험 결과	8	236	16.5	12.5	44.5	31.0
E가습기	C사	표시지	9	276	15.8	11.6	38.5	31.8
		시험 결과	11	255	17.8	13.5	40.9	32.0
F가습기	C사	표시지	3	165	8.6	6.8	7.2	40.2
		시험 결과	5	129	8.8	6.9	7.4	40.8
G가습기	W사	표시지	4	223	14.9	11.4	41.3	31.5
		시험 결과	6	245	17.1	13.0	42.5	33.5
H가습기	L사	표시지	6	649	41.6	34.6	31.5	39.8
		시험 결과	4	637	45.2	33.7	30.6	41.6

① 시험 결과에 따르면 C사의 모든 가습기 소음은 W사의 모든 가습기의 소음보다 더 크다.
② W사와 L사 가습기의 소비전력은 표시지 정보보다 시험 결과가 더 많은 전력이 소모된다.
③ 표시지 정보에 따른 모든 가습기의 가습능력은 실제보다 과대 표시되었다.
④ W사의 모든 가습기는 표시지 정보보다 시험 결과의 미생물 오염도가 더 심한 것으로 나타났다.
⑤ L사의 모든 가습기는 표시지 정보와 시험 결과 모두 아파트 적용 바닥면적이 주택 적용 바닥면적보다 넓다.

※ 다음은 이산가족 교류 성사에 대한 자료이다. 이어지는 질문에 답하시오. [4~5]

〈이산가족 교류 성사 현황〉

(단위 : 건)

구분	3월	4월	5월	6월	7월	8월
접촉신청	18,193	18,200	18,204	18,205	18,206	18,221
생사확인	11,791	11,793	11,795	11,795	11,795	11,798
상봉	6,432	6,432	6,432	6,432	6,432	6,432
서신교환	12,267	12,272	12,274	12,275	12,276	12,288

04 다음 〈보기〉 중 이산가족 교류 성사 현황에 대한 설명으로 옳은 것을 모두 고르면?

보기

ㄱ. 접촉신청 건수는 4월부터 7월까지 매월 증가하였다.
ㄴ. 3월부터 8월까지 생사확인 건수와 서신교환 건수의 증감 추세는 동일하다.
ㄷ. 6월 생사확인 건수는 접촉신청 건수의 70% 이하이다.
ㄹ. 5월보다 8월에 상봉 건수 대비 서신교환 건수 비율은 감소하였다.

① ㄱ, ㄴ
② ㄱ, ㄷ
③ ㄴ, ㄷ
④ ㄴ, ㄹ
⑤ ㄷ, ㄹ

05 다음은 이산가족 교류 성사 현황을 토대로 작성한 보고서이다. 밑줄 친 부분 중 옳지 않은 것을 모두 고르면?

통일부는 올해 3월부터 8월까지 이산가족 교류 성사 현황을 발표하였다. 발표한 자료에 따르면 ㉠ 3월부터 생사확인 건수는 꾸준히 증가하였다. 그러나 상봉 건수는 남북 간의 조율 결과 매월 일정 수준을 유지하고 있다. ㉡ 서신교환의 경우 3월 대비 8월 증가율은 2%p 미만이나, 꾸준한 증가추세를 보이고 있다. ㉢ 접촉신청 건수는 7월 전월 대비 불변한 것을 제외하면 꾸준히 증가추세를 보이고 있다. 통일부는 접촉신청, 생사확인, 상봉, 서신교환 외에도 다른 형태의 이산가족 교류를 추진하고 특히 상봉을 확대할 계획이라고 밝혔다. ㉣ 전문가들은 총 이산가족 교류 건수가 증가추세에 있음을 긍정적으로 평가하고 있다.

① ㉠, ㉡
② ㉠, ㉢
③ ㉡, ㉢
④ ㉡, ㉣
⑤ ㉢, ㉣

06 다음은 A국의 인구성장률에 대한 그래프이다. 이에 대한 설명으로 옳은 것은?

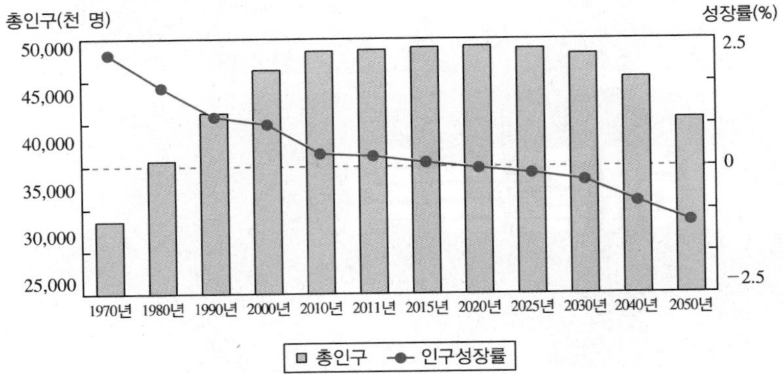

① 인구성장률은 2025년에 잠시 성장하다가 다시 감소할 것이다.

② 2011년부터 총인구는 감소할 것이다.

③ 2000 ~ 2010년 기간보다 2025 ~ 2030년 기간의 인구 증가가 덜할 것이다.

④ 2040년 총인구는 1990년 총인구보다 적을 것이다.

⑤ 총인구는 2000년부터 계속해서 감소하는 모습을 보이고 있다.

CHAPTER 03

문제해결능력

합격 Cheat Key

문제해결능력은 업무를 수행하면서 여러 가지 문제 상황이 발생하였을 때, 창의적이고 논리적인 사고를 통하여 이를 올바르게 인식하고 적절히 해결하는 능력으로, 하위 능력에는 사고력과 문제처리능력이 있다.

문제해결능력은 NCS 기반 채용을 진행하는 대다수의 공사·공단에서 채택하고 있으며, 다양한 자료와 함께 출제되는 경우가 많아 어렵게 느껴질 수 있다. 특히, 난이도가 높은 문제로 자주 출제되기 때문에 다른 영역보다 더 많은 노력이 필요할 수는 있지만 그렇기에 차별화를 할 수 있는 득점 영역이므로 포기하지 말고 꾸준하게 노력해야 한다.

1 질문의 의도를 정확하게 파악하라!

문제해결능력은 문제에서 무엇을 묻고 있는지 정확하게 파악하여 먼저 풀이 방향을 설정하는 것이 가장 효율적인 방법이다. 특히, 조건이 주어지고 답을 찾는 창의적·분석적인 문제가 주로 출제되고 있기 때문에 처음에 정확한 풀이 방향이 설정되지 않는다면 문제를 제대로 풀지 못하게 되므로 첫 번째로 출제 의도 파악에 집중해야 한다.

2 중요한 정보는 반드시 표시하라!

출제 의도를 정확히 파악하기 위해서는 문제의 중요한 정보를 반드시 표시하거나 메모하여 하나의 조건, 단서도 잊고 넘어가는 일이 없도록 해야 한다. 실제 시험에서는 시간의 압박과 긴장감으로 정보를 잘못 적용하거나 잊어버리는 실수가 많이 발생하므로 사전에 충분한 연습이 필요하다.

3 반복 풀이를 통해 취약 유형을 파악하라!

문제해결능력은 특히 시간관리가 중요한 영역이다. 따라서 정해진 시간 안에 고득점을 할 수 있는 효율적인 문제 풀이 방법을 찾아야 한다. 이때, 반복적인 문제 풀이를 통해 자신이 취약한 유형을 파악하는 것이 중요하다. 정확하게 풀 수 있는 문제부터 빠르게 풀고 취약한 유형은 나중에 푸는 효율적인 문제 풀이를 통해 최대한 고득점을 맞는 것이 중요하다.

01 명제 추론

| 유형분석 |

- 주어진 조건을 토대로 논리적으로 추론하여 참 또는 거짓을 구분하는 문제이다.
- 자료를 제시하고 새로운 결과나 자료에 주어지지 않은 내용을 추론해 가는 형식의 문제가 출제된다.

K공사는 공휴일 세미나 진행을 위해 인근의 가게 A ~ F에서 필요한 물품을 구매하고자 한다. 다음 〈조건〉을 참고할 때, 공휴일에 영업하는 가게의 수는?

조건

- C는 공휴일에 영업하지 않는다.
- B가 공휴일에 영업하지 않으면, C와 E는 공휴일에 영업한다.
- E 또는 F가 영업하지 않는 날이면, D는 영업한다.
- B가 공휴일에 영업하면, A와 E는 공휴일에 영업하지 않는다.
- B와 F 중 한 곳만 공휴일에 영업한다.

① 2곳　　② 3곳
③ 4곳　　④ 5곳
⑤ 6곳

정답 ①

주어진 조건을 순서대로 논리 기호화하면 다음과 같다.
- 첫 번째 조건 : ~C
- 두 번째 조건 : ~B → (C ∧ E)
- 세 번째 조건 : (~E ∨ ~F) → D
- 네 번째 조건 : B → (~A ∧ ~E)

첫 번째 조건이 참이므로 두 번째 조건의 대우[(~C ∨ ~E) → B]에 따라 B는 공휴일에 영업한다. 이때 네 번째 조건에 따라 A와 E는 영업하지 않고, 다섯 번째 조건에 따라 F도 영업하지 않는다. 마지막으로 세 번째 조건에 따라 D는 영업한다. 따라서 공휴일에 영업하는 가게는 B와 D 2곳이다.

풀이 전략!

조건과 관련한 기본적인 논법에 대해서는 미리 학습해 두며, 이를 바탕으로 각 문장에 있는 핵심단어 또는 문구를 기호화하여 정리한 후, 선택지와 비교하여 참 또는 거짓을 판단한다. 또한, 이를 바탕으로 문제에서 구하고자 하는 내용을 추론 및 분석한다.

대표기출유형 01 기출응용문제

01 취업준비생 A ~ E가 지원한 회사는 서로 다른 가 ~ 마 회사 중 한 곳이며, 다섯 회사는 서로 다른 곳에 위치하고 있다. 다섯 사람이 모두 서류에 합격하였고, 〈조건〉에 따라 지하철, 버스, 택시 중 하나를 이용하여 회사에 가려고 한다. 다음 중 옳지 않은 것은?(단, 한 가지 교통수단은 최대 두 명까지 이용할 수 있으며, 한 사람도 이용하지 않는 교통수단은 없다)

조건

- 택시를 타면 가, 나, 마 회사에 갈 수 있다.
- A는 다 회사에 지원했다.
- E는 어떤 교통수단을 선택해도 지원한 회사에 갈 수 있다.
- 지하철에는 D를 포함한 두 사람이 타며, 둘 중 한 사람은 라 회사에 지원했다.
- B가 탈 수 있는 교통수단은 지하철뿐이다.
- 버스와 택시로 갈 수 있는 회사는 가 회사를 제외하면 서로 겹치지 않는다.

① B와 D는 함께 지하철을 이용한다.
② C는 택시를 이용한다.
③ A는 버스를 이용한다.
④ E는 라 회사에 지원했다.
⑤ C는 나 또는 마 회사에 지원했다.

02 다음 〈조건〉에 근거하여 바르게 추론한 것은?

조건

- 수진이는 어제 밤 10시에 자서 오늘 아침 7시에 일어났다.
- 지은이는 어제 수진이보다 30분 늦게 자서 오늘 아침 7시가 되기 10분 전에 일어났다.
- 혜진이는 항상 9시에 자고, 8시간의 수면 시간을 지킨다.
- 정은이는 어제 수진이보다 10분 늦게 잤고, 혜진이보다 30분 늦게 일어났다.

① 지은이는 가장 먼저 일어났다.
② 정은이는 가장 늦게 일어났다.
③ 혜진이의 수면 시간이 가장 짧다.
④ 수진이의 수면 시간이 가장 길다.
⑤ 수진, 지은, 혜진, 정은 모두 수면 시간이 8시간 이상이다.

03 다음 〈조건〉이 모두 참일 때 항상 옳은 것은?

조건

- 수학 수업을 듣지 않는 학생들은 국어 수업을 듣지 않는다.
- 모든 학생들은 국어 수업을 듣는다.
- 수학 수업을 듣는 어떤 학생들은 영어 수업을 듣는다.

① 모든 학생들은 영어 수업을 듣는다.
② 모든 학생들은 국어, 수학, 영어 수업을 듣는다.
③ 어떤 학생들은 국어와 영어 수업만 듣는다.
④ 어떤 학생들은 국어, 수학, 영어 수업을 듣는다.
⑤ 모든 학생들은 국어와 영어 수업을 듣는다.

04 다음 〈조건〉을 토대로 〈보기〉에 대한 판단으로 옳은 것은?

조건

- 영업을 잘하면 기획을 못한다.
- 편집을 잘하면 영업을 잘한다.
- 디자인을 잘하면 편집을 잘한다.

보기

A : 디자인을 잘하면 기획을 못한다.
B : 편집을 잘하면 기획을 잘한다.

① A만 옳다.
② B만 옳다.
③ A, B 모두 옳다.
④ A, B 모두 틀리다.
⑤ A, B 모두 옳은지 틀린지 판단할 수 없다.

05 **K건설은 A공사의 건설사업과 관련한 입찰부정 의혹사건으로 감사원의 집중 감사를 받았다. 감사원에서는 이 사건에 연루된 윤부장, 이과장, 김대리, 박대리 및 입찰담당자 강주임을 조사하여 최종적으로 〈조건〉과 같은 결론을 내렸다. 다음 중 입찰부정에 실제로 가담한 사람을 모두 고르면?**

조건

- 입찰부정에 가담한 사람은 정확히 두 명이다.
- 이과장과 김대리는 함께 가담했거나 가담하지 않았다.
- 윤부장이 가담하지 않았다면, 이과장과 입찰담당자 강주임도 가담하지 않았다.
- 박대리가 가담하지 않았다면, 김대리도 가담하지 않았다.
- 박대리가 가담하였다면, 입찰담당자 강주임도 분명히 가담하였다.

① 윤부장, 이과장
② 이과장, 김대리
③ 김대리, 박대리
④ 윤부장, 강주임
⑤ 이과장, 박대리

PART 1

06 **A～D는 한 판의 가위바위보를 한 후 그 결과에 대해 각각 두 가지의 진술을 하였다. 두 가지의 진술 중 하나는 반드시 참이고, 하나는 반드시 거짓이라고 할 때, 다음 중 항상 참인 것은?**

A : C는 B를 이길 수 있는 것을 냈고, B는 가위를 냈다.
B : A는 C와 같은 것을 냈지만, A가 편 손가락의 수는 나보다 적었다.
C : B는 바위를 냈고, 그 누구도 같은 것을 내지 않았다.
D : A, B, C 모두 참 또는 거짓을 말한 순서가 동일하다. 이 판은 승자가 나온 판이었다.

① B와 같은 것을 낸 사람이 있다.
② 보를 낸 사람은 1명이다.
③ D는 혼자 가위를 냈다.
④ B가 기권했다면 가위를 낸 사람이 지는 판이다.
⑤ 바위를 낸 사람은 2명이다.

02 | SWOT 분석

| 유형분석 |

- 상황에 대한 환경 분석 결과를 통해 주요 과제를 도출하는 문제이다.
- 주로 3C 분석 또는 SWOT 분석을 활용한 문제들이 출제되고 있으므로 해당 분석도구에 대한 사전 학습이 요구된다.

다음은 한 분식점에 대한 SWOT 분석 결과이다. 이에 대한 대응 방안으로 가장 적절한 것은?

〈분식점의 SWOT 분석 결과〉

S(강점)	W(약점)
• 좋은 품질의 재료만 사용 • 청결하고 차별화된 이미지	• 타 분식점에 비해 한정된 메뉴 • 배달서비스를 제공하지 않음
O(기회)	**T(위협)**
• 분식점 앞에 곧 학교가 들어설 예정 • 최근 TV프로그램 섭외 요청을 받음	• 프랜차이즈 분식점들로 포화상태 • 저렴한 길거리 음식으로 취급하는 경향이 있음

① ST전략 : 비싼 재료들을 사용하여 가격을 올려 저렴한 길거리 음식이라는 인식을 바꾼다.
② WT전략 : 다른 분식점들과 차별화된 전략을 유지하기 위해 배달서비스를 시작한다.
③ SO전략 : TV프로그램에 출연해 좋은 품질의 재료만 사용한다는 점을 부각시킨다.
④ WO전략 : TV프로그램 출연용으로 다양한 메뉴를 일시적으로 개발한다.
⑤ WT전략 : 포화 상태의 시장에서 살아남기 위해 다른 가게보다 저렴한 가격으로 판매한다.

정답 ③

SO전략은 강점을 살려 기회를 포착하는 전략이므로 TV프로그램에 출연하여 좋은 품질의 재료만 사용한다는 점을 홍보하는 것이 적절하다.

풀이 전략!

문제에 제시된 분석도구를 확인한 후, 분석 결과를 종합적으로 판단하여 각 선택지의 전략 과제와 일치 여부를 판단한다.

대표기출유형 02 기출응용문제

01 A은행에 근무 중인 K사원은 국내 금융 시장에 대한 보고서를 작성하면서 A은행에 대한 SWOT 분석을 진행하였다. 다음 중 위협 요인에 들어갈 내용으로 옳지 않은 것은?

〈A은행의 SWOT 분석 결과〉

강점(Strength)	약점(Weakness)
• 지속적 혁신에 대한 경영자의 긍정적 마인드 • 고객만족도 1위의 높은 고객 충성도 • 다양한 투자 상품 개발	• 해외 투자 경험 부족으로 취약한 글로벌 경쟁력 • 소매 금융에 비해 부족한 기업 금융
기회(Opportunity)	**위협(Threat)**
• 국내 유동자금의 증가 • 해외 금융시장 진출 확대 • 정부의 규제 완화 정책	

① 정부의 정책 혼란으로 인한 시장의 불확실성
② 경기 침체 장기화
③ 부족한 리스크 관리 능력
④ 금융업의 경계 파괴에 따른 경쟁 심화
⑤ 글로벌 금융사의 국내 시장 진출

02 다음은 국내 화장품 제조 회사에 대한 SWOT 분석 결과이다. 〈보기〉 중 분석에 따른 대응 전략으로 옳은 것을 모두 고르면?

〈국내 화장품 제조 회사에 대한 SWOT 분석 결과〉

강점(Strength)	약점(Weakness)
• 신속한 제품 개발 시스템 • 차별화된 제조 기술 보유	• 신규 생산 설비 투자 미흡 • 낮은 브랜드 인지도
기회(Opportunity)	**위협(Threat)**
• 해외시장에서의 한국 제품 선호 증가 • 새로운 해외시장의 출현	• 해외 저가 제품의 공격적 마케팅 • 저임금의 개발도상국과 경쟁 심화

보기

ㄱ. 새로운 해외시장의 소비자 기호를 반영한 제품을 개발하여 출시한다.
ㄴ. 국내에 화장품 생산 공장을 추가로 건설하여 제품 생산량을 획기적으로 증가시킨다.
ㄷ. 차별화된 제조 기술을 통해 품질 향상과 고급화 전략을 추구한다.
ㄹ. 브랜드 인지도가 낮으므로 해외 현지 기업과의 인수·합병을 통해 해당 회사의 브랜드로 제품을 출시한다.

① ㄱ, ㄴ
② ㄱ, ㄷ
③ ㄴ, ㄷ
④ ㄴ, ㄹ
⑤ ㄷ, ㄹ

03 자료 해석

| 유형분석 |

- 주어진 자료를 해석하고 활용하여 풀어가는 문제이다.
- 꼼꼼하고 분석적인 접근이 필요한 다양한 자료들이 출제된다.

다음 중 정수장 수질검사 현황에 대해 바르게 설명한 사람은?

〈정수장 수질검사 현황〉

급수 지역	항목						검사결과	
	일반세균 100 이하 (CFU/mL)	대장균 불검출 (수/100mL)	NH3-N 0.5 이하 (mg/L)	잔류염소 4.0 이하 (mg/L)	구리 1 이하 (mg/L)	망간 0.05 이하 (mg/L)	적합	기준 초과
함평읍	0	불검출	불검출	0.14	0.045	불검출	적합	없음
이삼읍	0	불검출	불검출	0.27	불검출	불검출	적합	없음
학교면	0	불검출	불검출	0.13	0.028	불검출	적합	없음
엄다면	0	불검출	불검출	0.16	0.011	불검출	적합	없음
나산면	0	불검출	불검출	0.12	불검출	불검출	적합	없음

① A사원 : 함평읍의 잔류염소는 가장 낮은 수치를 보였고, 기준치에 적합하네.
② B사원 : 모든 급수지역에서 일반세균이 나오지 않았어.
③ C사원 : 기준치를 초과한 곳은 없었지만 적합하지 않은 지역은 있어.
④ D사원 : 대장균과 구리가 검출되면 부적합 판정을 받는구나.
⑤ E사원 : 구리가 검출되지 않은 지역은 세 곳이야.

정답 ②

오답분석

① 잔류염소에서 가장 낮은 수치를 보인 지역은 나산면(0.12mg/L)이고, 함평읍(0.14mg/L)은 세 번째로 낮다.
③ 기준치를 초과한 곳도 없고, 모두 적합 판정을 받았다.
④ 함평읍과 학교면, 엄다면은 구리가 검출되었지만 적합 판정을 받았다.
⑤ 구리가 검출되지 않은 지역은 이삼읍과 나산면으로 두 곳이다.

풀이 전략!

문제 해결을 위해 필요한 정보가 무엇인지 먼저 파악한 후, 제시된 자료를 분석적으로 읽고 해석한다.

01 A공사는 본사 근무환경개선을 위해 공사를 시행할 업체를 선정하고자 한다. 다음 선정방식에 따라 시행업체를 선정할 때, 최종 선정될 업체는?

〈공사 시행업체 선정방식〉

- 평가점수는 적합성 점수와 실적점수, 입찰점수를 1 : 2 : 1의 비율로 합산하여 도출한다.
- 평가점수가 가장 높은 업체 한 곳을 최종 선정한다.
- 적합성 점수는 각 세부항목의 점수를 합산하여 도출한다.
- 입찰점수는 입찰가격이 가장 낮은 곳부터 10점, 8점, 6점, 4점, 2점을 부여한다.
- 평가점수가 동일한 경우, 실적점수가 우수한 업체에 우선순위를 부여한다.

〈업체별 입찰정보 및 점수〉

평가항목 \ 업체		A	B	C	D	E
적합성 점수(30점)	운영 건전성(8점)	8	6	8	5	7
	근무 효율성 개선(10점)	8	9	6	7	8
	환경친화설계(5점)	2	3	4	5	4
	미적 만족도(7점)	4	6	5	3	7
실적점수(10점)	최근 2년 시공실적(10점)	6	9	7	8	7
입찰점수(10점)	입찰가격(억 원)	7	10	11	8	9

※ 미적 만족도 항목은 지난달에 시행한 내부 설문조사 결과에 기반한다.

① A업체
② B업체
③ C업체
④ D업체
⑤ E업체

02 다음은 A공사가 공개한 부패공직자 사건 및 징계에 대한 자료이다. 〈보기〉 중 이에 대한 설명으로 옳지 않은 것을 모두 고르면?

〈부패공직자 사건 및 징계 현황〉

구분	부패행위 유형	부패금액	징계종류	처분일	고발 여부
1	이권개입 및 직위의 사적 사용	23만 원	감봉 1월	2018. 06. 19.	미고발
2	직무관련자로부터 금품 및 향응수수	75만 원	해임	2019. 05. 20.	미고발
3	직무관련자로부터 향응수수	6만 원	견책	2020. 12. 22.	미고발
4	직무관련자로부터 금품 및 향응수수	11만 원	감봉 1월	2021. 02. 04.	미고발
5	직무관련자로부터 금품수수	40만 원가량	경고 (무혐의 처분, 징계시효 말소)	2022. 03. 06.	미고발
6	직권남용(직위의 사적이용)	–	해임	2022. 05. 24.	고발
7	직무관련자로부터 금품수수	526만 원	해임	2022. 09. 17.	고발
8	직무관련자로부터 금품수수 등	300만 원	해임	2023. 05. 18.	고발

보기

ㄱ. 공사에서 해당 사건의 부패금액이 일정 수준 이상인 경우에만 고발한 것으로 해석할 수 있다.
ㄴ. 해임당한 공직자들은 모두 고발되었다.
ㄷ. 직무관련자로부터 금품을 수수한 사건은 총 5건 있었다.
ㄹ. 동일한 부패행위 유형에 해당하더라도 다른 징계처분을 받을 수 있다.

① ㄱ, ㄴ
② ㄱ, ㄷ
③ ㄴ, ㄷ
④ ㄴ, ㄹ
⑤ ㄷ, ㄹ

03 다음은 아동수당에 대한 매뉴얼이다. 〈보기〉 중 고객의 문의에 대한 처리로 적절한 것을 모두 고르면?

〈아동수당〉

- 아동수당은 만 6세 미만 아동의 보호자에게 월 10만 원의 수당을 지급하는 제도이다.
- 아동수당은 보육료나 양육수당과는 별개의 제도로서 다른 복지급여를 받고 있어도 수급이 가능하지만, 반드시 신청을 해야 혜택을 받을 수 있다.
- 6월 20일부터 사전 신청 접수가 시작되고, 9월 21일부터 수당이 지급된다.
- 아동수당 수급대상 아동을 보호하고 있는 보호자나 대리인은 20일부터 아동 주소지 읍・면・동 주민센터에서 방문 신청 또는 복지로 홈페이지 및 모바일 앱에서 신청할 수 있다.
- 아동수당 제도 첫 도입에 따라 초기에 아동수당 신청이 한꺼번에 몰릴 것으로 예상되어 연령별 신청기간을 운영한다(연령별 신청기간은 만 0 ~ 1세는 20 ~ 25일, 만 2 ~ 3세는 26 ~ 30일, 만 4 ~ 5세는 7월 1 ~ 5일, 전 연령은 7월 6일부터이다).
- 아동수당은 신청한 달의 급여분(사전신청은 제외)부터 지급한다. 따라서 9월분 아동수당을 받기 위해서는 9월 말까지 아동수당을 신청해야 한다(단, 소급 적용은 되지 않는다).
- 아동수당 관련 신청서 작성요령이나 수급 가능성 등 자세한 내용은 아동수당 홈페이지에서 확인 가능하다.

보기

고객 : 저희 아이가 만 5세인데요. 아동수당을 지급받을 수 있나요?
(가) : 네, 만 6세 미만의 아동이면 9월 21일부터 10만 원의 수당을 지급받을 수 있습니다.
고객 : 제가 보육료를 지원받고 있는데, 아동수당도 받을 수 있는 건가요?
(나) : 아동수당은 보육료와는 별개의 제도로 신청만 하면 수당을 받을 수 있습니다.
고객 : 그럼 아동수당을 신청하려면 어떻게 해야 하나요?
(다) : 아동 주소지의 주민센터를 방문하거나 복지로 홈페이지 또는 모바일 앱에서 신청하시면 됩니다.
고객 : 따로 정해진 신청기간은 없나요?
(라) : 6월 20일부터 사전 신청 접수가 시작되고, 9월 말까지 아동수당을 신청하면 되지만 소급 적용이 되지 않습니다. 10월에 신청하시면 9월 아동수당은 지급받을 수 없으므로 9월 말까지 신청해 주시면 될 것 같습니다.
고객 : 네, 감사합니다.
(마) : 아동수당 관련 신청서 작성요령이나 수급 가능성 등의 자세한 내용은 메일로 문의해 주세요.

① (가), (나)
② (가), (다)
③ (가), (나), (다)
④ (나), (다), (라)
⑤ (나), (다), (마)

04 규칙 적용

| 유형분석 |

- 주어진 상황과 규칙을 종합적으로 활용하여 풀어 가는 문제이다.
- 일정, 비용, 순서 등 다양한 내용을 다루고 있어 유형을 한 가지로 단일화하기 어렵다.

A팀과 B팀은 보안등급 상에 해당하는 문서를 나누어 보관하고 있다. 이에 따라 두 팀은 보안을 위해 아래와 같은 규칙에 따라 각 팀의 비밀번호를 지정하였다. 다음 중 A팀과 B팀에 들어갈 수 있는 암호배열은?

〈규칙〉

- 1 ~ 9까지의 숫자로 (한 자릿수)×(두 자릿수)=(세 자릿수)=(두 자릿수)×(한 자릿수) 형식의 비밀번호로 구성한다.
- 가운데에 들어갈 세 자릿수의 숫자는 156이며 숫자는 중복 사용할 수 없다. 즉, 각 팀의 비밀번호에 1, 5, 6이란 숫자가 들어가지 않는다.

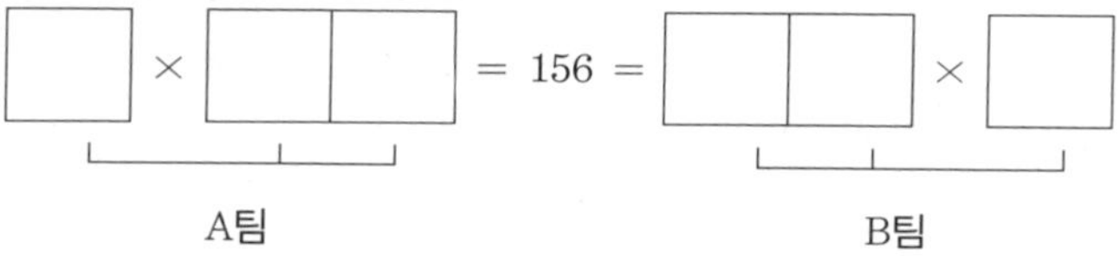

① 23
② 27
③ 29
④ 37
⑤ 39

정답 ⑤

규칙에 따라 사용할 수 있는 숫자는 1, 5, 6을 제외한 나머지 2, 3, 4, 7, 8, 9의 총 6개이다. (한 자릿수)×(두 자릿수)=156이 되는 수를 알기 위해서는 156의 소인수를 구해 보면 된다. 156의 소인수는 3, 2^2, 13으로 여기서 156이 되는 수의 곱 중에 조건을 만족하는 것은 2×78과 4×39이다. 따라서 선택지 중에 A팀 또는 B팀에 들어갈 수 있는 암호배열은 39이다.

풀이 전략!

문제에 제시된 조건이나 규칙을 정확히 파악한 후, 선택지나 상황에 적용하여 문제를 풀어 나간다.

대표기출유형 04 기출응용문제

01 A회사는 신제품의 품번을 다음 규칙에 따라 정한다고 한다. 제품에 설정된 임의의 영단어가 'INTELLECTUAL'이라면 이 제품의 품번으로 옳은 것은?

〈규칙〉

- 1단계 : 알파벳 A～Z를 숫자 1, 2, 3, …으로 변환하여 계산한다.
- 2단계 : 제품에 설정된 임의의 영단어를 숫자로 변환한 값의 합을 구한다.
- 3단계 : 임의의 영단어 속 자음의 합에서 모음의 합을 뺀 값의 절댓값을 구한다.
- 4단계 : 2단계와 3단계의 값을 더한 다음 4로 나누어 2단계의 값에 더한다.
- 5단계 : 4단계의 값이 정수가 아닐 경우에는 소수점 첫째 자리에서 버림한다.

① 120
② 140
③ 160
④ 180
⑤ 200

02 A～E 5명이 순서대로 퀴즈게임을 해서 벌칙을 받을 사람 1명을 선정하고자 한다. 다음 게임 규칙과 결과에 근거할 때, 〈보기〉 중 항상 옳은 것을 모두 고르면?

- 규칙
  - A → B → C → D → E 순서대로 퀴즈를 1개씩 풀고, 모두 한 번씩 퀴즈를 풀고 나면 한 라운드가 끝난다.
  - 퀴즈 2개를 맞힌 사람은 벌칙에서 제외되고, 다음 라운드부터는 게임에 참여하지 않는다.
  - 라운드를 반복하여 맨 마지막까지 남는 한 사람이 벌칙을 받는다.
  - 벌칙을 받을 사람이 결정되면 라운드 중이라도 더 이상 퀴즈를 출제하지 않는다.
  - 게임 중 동일한 문제는 출제하지 않는다.
- 결과

  3라운드에서 A는 참가자 중 처음으로 벌칙에서 제외되었고, 4라운드에서는 오직 B만 벌칙에서 제외되었으며, 벌칙을 받을 사람은 5라운드에서 결정되었다.

보기

ㄱ. 5라운드까지 참가자들이 정답을 맞힌 퀴즈는 총 9개이다.
ㄴ. 게임이 종료될 때까지 총 22개의 퀴즈가 출제되었다면, E는 5라운드에서 퀴즈의 정답을 맞혔다.
ㄷ. 게임이 종료될 때까지 총 21개의 퀴즈가 출제되었다면, 퀴즈를 푸는 순서가 벌칙을 받을 사람 선정에 영향을 미친 것으로 볼 수 있다.

① ㄱ
② ㄴ
③ ㄱ, ㄷ
④ ㄴ, ㄷ
⑤ ㄱ, ㄴ, ㄷ

05 창의적 사고

| 유형분석 |

- 창의적 사고에 대한 개념을 묻는 문제가 출제된다.
- 창의적 사고 개발 방법에 대한 암기가 필요한 문제가 출제되기도 한다.

다음 글에서 설명하고 있는 사고력은 무엇인가?

정보에는 주변에서 발견할 수 있는 지식인 내적 정보와 책이나 밖에서 본 현상인 외부 정보의 두 종류가 있다. 이러한 정보를 조합하고 그 조합을 최종적인 해답으로 통합해야 한다.

① 분석적 사고
② 논리적 사고
③ 비판적 사고
④ 창의적 사고
⑤ 개발적 사고

정답 ④

창의적 사고란 정보와 정보의 조합이다. 여기에서 말하는 정보에는 주변에서 발견할 수 있는 지식(내적 정보)과 책이나 밖에서 본 현상(외부 정보)의 두 종류가 있다. 이러한 정보를 조합하고 그 조합을 최종적인 해답으로 통합해야 하는 것이 창의적 사고의 첫걸음이다.

풀이 전략!

모듈이론에 대한 전반적인 학습을 미리 해두어야 하며, 이를 주어진 문제에 적용하여 빠르게 풀이한다.

01 다음 사례 속 최대리에게 해줄 수 있는 조언으로 적절하지 않은 것은?

> 최대리는 오늘도 기분이 별로다. 오전부터 팀장에게 싫은 소리를 들었기 때문이다. 늘 하던 일을 하던 방식으로 처리한 것이 빌미였다. 관행에 매몰되지 말고 창의적이고 발전적인 모습을 보여 달라는 게 팀장의 주문이었다. '창의적인 일처리'라는 말을 들을 때마다 주눅이 드는 자신을 발견할 때면 더욱 의기소침해지고 자신감이 없어진다. 어떻게 해야 창의적인 인재가 될 수 있을까 고민해 보지만 뾰족한 수가 보이지 않는다. 자기만 뒤처지는 것 같아 불안하기도 하고 남들은 어떤지 궁금하기도 하다.

① 창의적인 사람은 새로운 경험을 찾아 나서는 사람을 말하는 것 같아.
② 창의적인 사람의 독특하고 기발한 재능은 선천적으로 타고나는 것이라 할 수 있어.
③ 창의적인 사고는 후천적 노력에 의해서도 개발이 가능하다고 생각해.
④ 창의력은 본인 스스로 자신의 틀에서 벗어나도록 노력해야 한다고 생각해.
⑤ 창의적 사고는 전문지식이 필요하지 않으니 자신의 경험을 바탕으로 생각해 봐.

02 다음 글에서 설명하는 창의적 사고를 개발하는 방법으로 가장 적절한 것은?

> '신차 출시'라는 같은 주제에 대해서 판매방법, 판매대상 등의 힌트를 통해 사고 방향을 미리 정해서 발상한다. 이때, 판매방법이라는 힌트에 대해서는 '신규 해외 수출 지역을 물색한다.'라는 아이디어를 떠올릴 수 있을 것이다.

① 자유 연상법
② 강제 연상법
③ 비교 발상법
④ 비교 연상법
⑤ 자유 발상법

03 다음과 같은 특징을 가지고 있는 창의적 사고의 개발 방법은?

> 일정한 주제에 관하여 회의를 하고, 참가하는 인원이 자유발언을 통해 아이디어를 제시하는 것으로, 다른 사람의 발언에 비판하지 않는다.

① 스캠퍼 기법
② 여섯 가지 색깔 모자
③ 브레인스토밍
④ TRIZ
⑤ Logic Tree

04 다음 중 최근에 많이 사용되고 있는 퍼실리테이션의 문제해결에 대한 설명으로 옳지 않은 것은?

① 어떤 그룹이나 집단이 의사결정을 잘하도록 도와주는 일을 의미한다.
② 주제에 대한 공감을 이룰 수 있도록 능숙하게 도와주는 역할을 한다.
③ 구성원의 동기뿐만 아니라 팀워크도 한층 강화되는 특징을 보인다.
④ 제3자가 합의점이나 줄거리를 준비해놓고 예정대로 결론을 도출한다.
⑤ 깊이 있는 커뮤니케이션을 통해 서로의 문제점을 이해하고 공감함으로써 창조적인 문제해결을 도모한다.

05 **다음 중 문제를 해결할 때 필요한 분석적 사고에 대한 설명으로 옳은 것은?**

① 전체를 각각의 요소로 나누어 그 요소의 의미를 도출한 다음 우선순위를 부여하고 구체적인 문제해결 방법을 실행하는 것이 요구된다.

② 성과 지향의 문제는 일상업무에서 일어나는 상식, 편견을 타파하여 사고와 행동을 객관적 사실로부터 시작해야 한다.

③ 가설 지향의 문제는 기대하는 결과를 명시하고 효과적인 달성 방법을 사전에 구상하고 실행에 옮겨야 한다.

④ 사실 지향의 문제는 현상 및 원인분석 전에 지식과 경험을 바탕으로 일의 과정이나 결과, 결론을 가정한 다음 검증 후 사실일 경우 다음 단계의 일을 수행해야 한다.

⑤ 개별 요소가 나타나는 문제의 해결보다는 조직의 분위기에 부합하는 방향으로만 문제해결 방안을 수립해야 한다.

PART 1

06 **다음 중 문제해결절차에 따라 사용되는 문제해결 방법을 〈보기〉에서 골라 순서대로 바르게 나열한 것은?**

〈문제해결절차〉

문제 인식 → 문제 도출 → 원인 분석 → 해결안 개발 → 실행 및 평가

보기

㉠ 주요 과제를 나무 모양으로 분해·정리한다.
㉡ 자사, 경쟁사, 고객사에 대해 체계적으로 분석한다.
㉢ 부분을 대상으로 먼저 실행한 후 전체로 확대하여 실행한다.
㉣ 전체적 관점에서 방향과 방법이 같은 해결안을 그룹화한다.

① ㉠－㉡－㉢－㉣
② ㉠－㉡－㉣－㉢
③ ㉡－㉠－㉢－㉣
④ ㉡－㉠－㉣－㉢
⑤ ㉣－㉠－㉡－㉢

CHAPTER 04

자원관리능력

합격 Cheat Key

자원관리능력은 현재 NCS 기반 채용을 진행하는 많은 공사・공단에서 핵심영역으로 자리 잡아, 일부를 제외한 대부분의 시험에서 출제되고 있다.

세부 유형은 비용 계산, 해외파견 지원금 계산, 주문 제작 단가 계산, 일정 조율, 일정 선정, 행사 대여 장소 선정, 최단거리 구하기, 시차 계산, 소요시간 구하기, 해외파견 근무 기준에 부합하는 또는 부합하지 않는 직원 고르기 등으로 나눌 수 있다.

1 시차를 먼저 계산하라!

시간 자원 관리의 대표유형 중 시차를 계산하여 일정에 맞는 항공권을 구입하거나 회의시간을 구하는 문제에서는 각각의 나라 시간을 한국 시간으로 전부 바꾸어 계산하는 것이 편리하다. 조건에 맞는 나라들의 시간을 전부 한국 시간으로 바꾸고 한국 시간과의 시차만 더하거나 빼면 시간을 단축하여 풀 수 있다.

2 선택지를 잘 활용하라!

계산을 해서 값을 요구하는 문제 유형에서는 선택지를 먼저 본 후 자리 수가 몇 단위로 끝나는지 확인해야 한다. 예를 들어 412,300원, 426,700원, 434,100원인 선택지가 있다고 할 때, 제시된 조건에서 100원 단위로 나올 수 있는 항목을 찾아 그 항목만 계산하는 방법이 있다. 또한, 일일이 계산하는 문제가 많다. 예를 들어 640,000원, 720,000원, 810,000원 등의 수를 이용해 푸는 문제가 있다고 할 때, 만 원 단위를 절사하고 계산하여 64, 72, 81처럼 요약하는 방법이 있다.

3 최적의 값을 구하는 문제인지 파악하라!

물적 자원 관리의 대표유형에서는 제한된 자원 내에서 최대의 만족 또는 이익을 얻을 수 있는 방법을 강구하는 문제가 출제된다. 이때, 구하고자 하는 값을 x, y로 정하고 연립방정식을 이용해 x, y 값을 구한다. 최소 비용으로 목표생산량을 달성하기 위한 업무 및 인력 할당, 정해진 시간 내에 최대 이윤을 낼 수 있는 업체 선정, 정해진 인력으로 효율적 업무 배치 등을 구하는 문제에서 사용되는 방법이다.

4 각 평가항목을 비교하라!

인적 자원 관리의 대표유형에서는 각 평가항목을 비교하여 기준에 적합한 인물을 고르거나, 저렴한 업체를 선정하거나, 총점이 높은 업체를 선정하는 문제가 출제된다. 이런 유형은 평가항목에서 가격이나 점수 차이에 영향을 많이 미치는 항목을 찾아 $1\sim2$개의 선택지를 삭제하고, 남은 $3\sim4$개의 선택지만 계산하여 시간을 단축할 수 있다.

01 시간 계획

| 유형분석 |

- 시간 자원과 관련된 다양한 정보를 활용하여 풀어 가는 유형이다.
- 대체로 교통편 정보나 국가별 시차 정보가 제공되며, 이를 근거로 '현지 도착 시각 또는 약속된 시간 내에 도착하기 위한 방안'을 고르는 문제가 출제된다.

해외영업부 A대리는 B부장과 함께 샌프란시스코에 출장을 가게 되었다. 샌프란시스코의 시각은 한국보다 16시간 느리고, 비행시간은 10시간 25분일 때 샌프란시스코 현지 시각으로 11월 17일 오전 10시 35분에 도착하는 비행기를 타려면 한국 시각으로 인천공항에 몇 시까지 도착해야 하는가?

구분	날짜	출발 시각	비행 시간	날짜	도착 시각
인천 → 샌프란시스코	11월 17일		10시간 25분	11월 17일	10:35
샌프란시스코 → 인천	11월 21일	17:30	12시간 55분	11월 22일	22:25

※ 단, 비행기 출발 한 시간 전에 공항에 도착해 티켓팅을 해야 한다.

① 12:10
② 13:10
③ 14:10
④ 15:10
⑤ 16:10

정답 ④

인천에서 샌프란시스코까지 비행 시간은 10시간 25분이므로, 샌프란시스코 도착 시각에서 거슬러 올라가면 샌프란시스코 시각으로 00시 10분에 출발한 것이 된다. 이때 한국은 샌프란시스코보다 16시간 빠르기 때문에 한국 시각으로는 16시 10분에 출발한 것이다. 하지만 비행기 티켓팅을 위해 출발 한 시간 전에 인천공항에 도착해야 하므로 15시 10분까지 공항에 가야 한다.

풀이 전략!

문제에서 묻는 것을 정확히 파악한다. 특히 제한사항에 대해서는 빠짐없이 확인해 두어야 한다. 이후 제시된 정보(시차 등)에서 필요한 것을 선별하여 문제를 풀어 간다.

대표기출유형 01 기출응용문제

01 **청원경찰은 6층 회사건물을 층마다 모두 순찰한 후에 퇴근한다. 다음 〈조건〉에 따라 1층에서 출발하여 순찰을 완료하고 다시 1층으로 돌아오기까지 소요되는 최소 시간은?(단, 다른 요인은 고려하지 않는다)**

> **조건**
> - 층간 이동은 엘리베이터로만 해야 하며 엘리베이터가 한 개 층을 이동하는 데는 1분이 소요된다.
> - 엘리베이터는 한 번에 최대 세 개 층(예 1층 → 4층)을 이동할 수 있다.
> - 엘리베이터는 한 번 위로 올라갔으면, 그 다음에는 아래 방향으로 내려오고, 그 다음에는 다시 위 방향으로 올라가야 한다.
> - 하나의 층을 순찰하는 데는 10분이 소요된다.

① 1시간
② 1시간 10분
③ 1시간 16분
④ 1시간 22분
⑤ 1시간 30분

02 **해외로 출장을 가는 김대리는 다음 〈조건〉과 같이 이동하려고 계획하고 있다. 연착 없이 계획대로 출장지에 도착했을 때의 현지 시각은?**

> **조건**
> - 서울 시각으로 5일 오후 1시 35분에 출발하는 비행기를 타고, 경유지 한 곳을 거쳐 출장지에 도착한다.
> - 경유지는 서울보다 1시간 빠르고, 출장지는 경유지보다 2시간 느리다.
> - 첫 번째 비행은 3시간 45분이 소요된다.
> - 경유지에서 3시간 50분을 대기하고 출발한다.
> - 두 번째 비행은 9시간 25분이 소요된다.

① 오전 5시 35분
② 오전 6시
③ 오후 5시 35분
④ 오후 6시
⑤ 오전 7시

PART 1

02 비용 계산

| 유형분석 |

- 예산 자원과 관련된 다양한 정보를 활용하여 문제를 풀어간다.
- 대체로 한정된 예산 내에서 수행할 수 있는 업무 및 예산 가격을 묻는 문제가 출제된다.

연봉 실수령액을 구하는 식이 〈보기〉와 같을 때, 연봉이 3,480만 원인 A씨의 연간 실수령액은?(단, 원 단위는 절사한다)

보기

- (연봉 실수령액)=(월 실수령액)×12
- (월 실수령액)=(월 급여)−[(국민연금)+(건강보험료)+(고용보험료)+(장기요양보험료)+(소득세)+(지방세)]
- (국민연금)=(월 급여)×4.5%
- (건강보험료)=(월 급여)×3.12%
- (고용보험료)=(월 급여)×0.65%
- (장기요양보험료)=(건강보험료)×7.38%
- (소득세)=68,000원
- (지방세)=(소득세)×10%

① 30,944,400원
② 31,078,000원
③ 31,203,200원
④ 32,150,800원
⑤ 32,497,600원

정답 ①

A씨의 월 급여는 3,480만÷12=290만 원이다.
국민연금, 건강보험료, 고용보험료를 제외한 금액을 계산하면
290만−[290만×(0.045+0.0312+0.0065)]
→ 290만−(290만×0.0827)
→ 290만−239,830=2,660,170원
- 장기요양보험료 : (290만×0.0312)×0.0738≒6,670원(∵ 원 단위 이하 절사)
- 지방세 : 68,000×0.1=6,800원

따라서 A씨의 월 실수령액은 2,660,170−(6,670+68,000+6,800)=2,578,700원이고,
연간 실수령액은 2,578,700×12=30,944,400원이다.

풀이 전략!

제한사항인 예산을 고려하여 문제에서 묻는 것을 정확히 파악한 후, 제시된 정보에서 필요한 것을 선별하여 문제를 풀어간다.

대표기출유형 02 기출응용문제

01 다음 자료를 보고 A사원이 6월 출장여비로 받을 수 있는 총액을 바르게 구한 것은?

〈출장여비 계산기준〉

- 출장여비는 출장수당과 교통비의 합으로 계산한다.
- 출장수당의 경우 업무추진비 사용 시 1만 원을 차감하며, 교통비의 경우 관용차량 사용 시 1만 원을 차감한다.

〈출장지별 출장여비〉

출장지	출장수당	교통비
I시	10,000원	20,000원
I시 이외	20,000원	30,000원

※ I시 이외 지역으로 출장을 갈 경우 13시 이후 출장 시작 또는 15시 이전 출장 종료 시 출장수당에서 1만 원 차감된다.

〈A사원의 6월 출장내역〉

출장일	출장지	출장 시작 및 종료 시각	비고
6월 8일	I시	14 ~ 16시	관용차량 사용
6월 16일	S시	14 ~ 18시	–
6월 19일	B시	09 ~ 16시	업무추진비 사용

① 6만 원
② 7만 원
③ 8만 원
④ 9만 원
⑤ 10만 원

02 다음은 A기업의 여비규정이다. 대구로 출장을 다녀 온 B과장의 지출내역을 토대로 여비를 정산했을 때, B과장은 총 얼마를 받는가?

여비의 종류(제1조)

여비는 운임 · 숙박비 · 식비 · 일비 등으로 구분한다.

1. 운임 : 여행 목적지로 이동하기 위해 교통수단을 이용함에 있어 소요되는 비용을 충당하기 위한 여비
2. 숙박비 : 여행 중 숙박에 소요되는 비용을 충당하기 위한 여비
3. 식비 : 여행 중 식사에 소요되는 비용을 충당하기 위한 여비
4. 일비 : 여행 중 출장지에서 소요되는 교통비 등 각종 비용을 충당하기 위한 여비

운임의 지급(제2조)

1. 운임은 철도운임 · 선박운임 · 항공운임으로 구분한다.
2. 국내운임은 [별표 1]에 따라 지급한다.

일비 · 숙박비 · 식비의 지급(제3조)

1. 국내 여행자의 일비 · 숙박비 · 식비는 국내 여비 지급표에 따라 지급한다.
2. 일비는 여행일수에 따라 지급한다.
3. 숙박비는 숙박하는 밤의 수에 따라 지급한다. 다만, 출장 기간이 2일 이상인 경우의 지급액은 출장기간 전체의 총액 한도 내 실비로 계산한다.
4. 식비는 여행일수에 따라 지급한다.

〈국내 여비 지급표〉

철도운임	선박운임	항공운임	일비(1인당)	숙박비(1박당)	식비(1일당)
실비 (일반실)	실비 (2등급)	실비	20,000원	실비 (상한액 40,000원)	20,000원

〈B과장의 지출내역〉

(단위 : 원)

항목	1일 차	2일 차	3일 차	4일 차
KTX운임(일반실)	43,000	–	–	43,000
대구 시내 버스요금	5,000	4,000	–	2,000
대구 시내 택시요금	–	–	10,000	6,000
식비	15,000	45,000	35,000	15,000
숙박비	45,000	30,000	35,000	–

① 286,000원　② 304,000원

③ 328,000원　④ 356,000원

⑤ 366,000원

03 A구에서는 주택을 소유하고 해당 주택에 거주하는 가구를 대상으로 주택 노후도 평가를 시행하여 그 결과에 따라 주택보수비용을 지원하고 있다. 주택보수비용 지원 내용과 지원율, 상황을 근거로 판단할 때, A구에 사는 C씨가 지원받을 수 있는 주택보수비용의 최대 액수는 얼마인가?

〈주택보수비용 지원 내용〉

구분	경보수	중보수	대보수
보수항목	도배 혹은 장판	수도시설 혹은 난방시설	지붕 혹은 기둥
주택당 보수비용 지원한도액	350만 원	650만 원	950만 원

〈소득인정액별 주택보수비용 지원율〉

구분	중위소득 25% 미만	중위소득 25% 이상 35% 미만	중위소득 35% 이상 43% 미만
지원율	100%	90%	80%

※ 소득인정액에 따라 위 보수비용 지원한도액의 80 ~ 100%를 차등 지원

〈상황〉

C씨는 현재 거주하고 있는 B주택의 소유자이며, 소득인정액이 중위소득 40%에 해당한다. B주택의 노후도 평가 결과, 지붕의 수선이 필요한 주택보수비용 지원 대상에 선정되었다.

① 520만 원
② 650만 원
③ 760만 원
④ 855만 원
⑤ 950만 원

PART 1

03 | 품목 확정

| 유형분석 |

- 물적 자원과 관련된 다양한 정보를 활용하여 풀어 가는 문제이다.
- 주로 공정도·제품·시설 등에 대한 가격·특징·시간 정보가 제시되며, 이를 종합적으로 고려하는 문제가 출제된다.

K공사에 근무하는 김대리는 사내시험에서 2점짜리 문제를 8개, 3점짜리 문제를 10개, 5점짜리 문제를 6개를 맞혀 총 76점을 맞았다. 다음을 통해 최대리가 맞힌 문제의 총개수는 몇 개인가?

〈사내시험 규정〉

문제 수 : 43문제

만점 : 141점

- 2점짜리 문제 수는 3점짜리 문제 수보다 12문제 적다.
- 5점짜리 문제 수는 3점짜리 문제 수의 절반이다.

- 최대리가 맞힌 2점짜리 문제의 개수는 김대리와 동일하다.
- 최대리의 점수는 총 38점이다.

① 14개
② 15개
③ 16개
④ 17개
⑤ 18개

정답 ①

최대리는 2점짜리 문제를 김대리가 맞힌 개수만큼 맞혔으므로 8개, 즉 16점을 획득했다. 최대리가 맞힌 3점짜리와 5점짜리 문제를 합하면 38−16=22점이 나와야 한다. 3점과 5점의 합으로 22가 나오기 위해서는 3점짜리는 4문제, 5점짜리는 2문제를 맞혀야 한다.

따라서 최대리가 맞힌 문제의 총개수는 8개(2점짜리)+4개(3점짜리)+2개(5점짜리)=14개이다.

풀이 전략!

문제에서 묻고자 하는 바를 정확히 파악하는 것이 중요하다. 문제에서 제시한 물적 자원의 정보를 문제의 의도에 맞게 선별하면서 풀어 간다.

대표기출유형 03 기출응용문제

01 A씨는 밤도깨비 야시장에서 푸드 트럭을 운영하기로 계획하고 있다. 다음 자료를 참고하여 순이익이 가장 높은 메인 메뉴 한 가지를 선정하려고 할 때, A씨가 선정할 메뉴로 옳은 것은?

메뉴	예상 월간 판매량(개)	생산 단가(원)	판매 가격(원)
A	500	3,500	4,000
B	300	5,500	6,000
C	400	4,000	5,000
D	200	6,000	7,000
E	150	3,000	5,000

① A
② B
③ C
④ D
⑤ E

02 다음은 A기업의 재고 관리에 대한 자료이다. 금요일까지 부품 재고 수량이 남지 않게 완성품을 만들 수 있도록 월요일에 주문할 부품 A ~ C의 개수가 바르게 연결된 것은?(단, 주어진 조건 이외에는 고려하지 않는다)

〈부품 재고 수량과 완성품 1개당 소요량〉

부품명	부품 재고 수량	완성품 1개당 소요량
A	500	10
B	120	3
C	250	5

〈완성품 납품 수량〉

요일 항목	월	화	수	목	금
완성품 납품 개수	없음	30	20	30	20

※ 부품 주문은 월요일에 한 번 신청하며, 화요일 작업 시작 전에 입고된다.
※ 완성품은 부품 A, B, C를 모두 조립해야 한다.

	A	B	C
①	100	100	100
②	100	180	200
③	500	100	100
④	500	150	200
⑤	500	180	250

04 | 인원 선발

| 유형분석 |

- 인적 자원과 관련된 다양한 정보를 활용하여 풀어 가는 문제이다.
- 주로 근무명단, 휴무일, 업무할당 등의 주제로 다양한 정보를 활용하여 종합적으로 풀어 가는 문제가 출제된다.

어느 버스회사에서 (가)시에서 (나)시를 연결하는 버스 노선을 개통하기 위해 새로운 버스를 구매하려고 한다. 다음 〈조건〉과 같이 노선을 운행하려고 할 때, 최소 몇 대의 버스를 구매해야 하며 이때 필요한 운전사는 최소 몇 명인가?

조건

- 새 노선의 평균 왕복 시간은 2시간이다(승하차 시간을 포함).
- 배차시간은 15분 간격이다.
- 운전사의 휴식시간은 매 왕복 후 30분씩이다.
- 첫차는 05시 정각에, 막차는 23시에 (가)시를 출발한다.
- 모든 차는 (가)시에 도착하자마자 (나)시로 곧바로 출발하는 것을 원칙으로 한다.
  즉, (가)시에 도착하는 시간이 바로 (나)시로 출발하는 시간이다.
- 모든 차는 (가)시에서 출발해서 (가)시로 복귀한다.

	버스	운전사
①	6대	8명
②	8대	10명
③	10대	12명
④	12대	14명
⑤	14대	16명

정답 ②

왕복 시간이 2시간, 배차 간격이 15분이라면 첫차가 재투입되는 데 필요한 앞차의 수는 첫차를 포함해서 8대이다(∵ 15분×8대=2시간이므로 8대 버스가 운행된 이후 9번째에 첫차 재투입 가능).

운전사는 왕복 후 30분의 휴식을 취해야 하므로 첫차를 운전했던 운전사는 2시간 30분 뒤에 운전을 시작할 수 있다. 따라서 8대의 버스로 운행하더라도 운전자는 150분 동안 운행되는 버스 150÷15=10대를 운전하기 위해서는 10명의 운전사가 필요하다.

풀이 전략!

문제에서 신입사원 채용이나 인력배치 등의 주제가 출제될 경우에는 주어진 규정 혹은 규칙을 꼼꼼히 확인하여야 한다. 이를 근거로 각 선택지가 어긋나지 않는지 검토하며 문제를 풀어 간다.

대표기출유형 04 기출응용문제

01 A공사에서는 2개월 동안 근무할 인턴사원을 선발하고자 다음과 같은 공고를 게시하였다. A ~ E지원자 중 A공사의 인턴사원으로 가장 적절한 지원자는?

〈인턴사원 모집 공고〉

- 근무기간 : 2개월(8 ~ 10월)
- 자격 요건
  - 1개월 이상 경력자
  - 포토샵 가능자
  - 근무 시간(9 ~ 18시) 이후에도 근무가 가능한 자
- 기타사항
  - 경우에 따라서 인턴 기간이 연장될 수 있음

A지원자	• 경력 사항 : 출판사 3개월 근무 • 컴퓨터 활용 능력 中(포토샵, 워드 프로세서) • 대학 휴학 중(9월 복학 예정)
B지원자	• 경력 사항 : 없음 • 포토샵 능력 우수 • 전문대학 졸업
C지원자	• 경력 사항 : 마케팅 회사 1개월 근무 • 컴퓨터 활용 능력 上(포토샵, 워드 프로세서, 파워포인트) • 4년제 대학 졸업
D지원자	• 경력 사항 : 제약 회사 3개월 근무 • 포토샵 가능 • 저녁 근무 불가
E지원자	• 경력 사항 : 마케팅 회사 1개월 근무 • 컴퓨터 활용 능력 中(워드 프로세서, 파워포인트) • 대학 졸업

① A지원자
② B지원자
③ C지원자
④ D지원자
⑤ E지원자

02 A사에서는 A ~ N직원 중 면접위원을 선발하고자 한다. 면접위원의 구성 조건이 다음과 같을 때, 옳지 않은 것은?

〈면접위원 구성 조건〉

- 면접관은 총 6명으로 구성한다.
- 이사 이상의 직급으로 50% 이상 구성해야 한다.
- 인사팀을 제외한 모든 부서는 두 명 이상 선출할 수 없고, 인사팀은 반드시 두 명 이상을 포함한다.
- 모든 면접위원의 입사 후 경력은 3년 이상으로 한다.

직원	직급	부서	입사 후 경력
A	대리	인사팀	2년
B	과장	경영지원팀	5년
C	이사	인사팀	8년
D	과장	인사팀	3년
E	사원	홍보팀	6개월
F	과장	홍보팀	2년
G	이사	고객지원팀	13년
H	사원	경영지원	5개월
I	이사	고객지원팀	2년
J	과장	영업팀	4년
K	대리	홍보팀	4년
L	사원	홍보팀	2년
M	과장	개발팀	3년
N	이사	개발팀	8년

① L사원은 면접위원으로 선출될 수 없다.
② N이사는 반드시 면접위원으로 선출된다.
③ B과장이 면접위원으로 선출됐다면 K대리도 선출된다.
④ 과장은 두 명 이상 선출된다.
⑤ 모든 부서에서 면접위원이 선출될 수는 없다.

03 A구청은 주민들의 정보화 교육을 위해 정보화 교실을 동별로 시행하고 있고, 주민들은 각자 일정에 맞춰 정보화 교육을 수강하려고 한다. 다음 중 개인 일정상 신청과목을 수강할 수 없는 사람은?(단, 하루라도 수강을 빠진다면 수강이 불가능하다)

〈정보화 교육 일정표〉

교육 날짜	교육 시간	장소	과정명	장소	과정명
화, 목	09:30 ~ 12:00	A동	인터넷 활용하기	C동	스마트한 클라우드 활용
	13:00 ~ 15:30		그래픽 초급 픽슬러 에디터		스마트폰 SNS 활용
	15:40 ~ 18:10		ITQ한글2010(실전반)		–
수, 금	09:30 ~ 12:00		한글 문서 활용하기		Windows10 활용하기
	13:00 ~ 15:30		스마트폰 / 탭 / 패드(기본앱)		스마트한 클라우드 활용
	15:40 ~ 18:10		컴퓨터 기초(윈도우 및 인터넷)		–
월	09:30 ~ 15:30		포토샵 기초		사진 편집하기
화 ~ 금	09:30 ~ 12:00	B동	그래픽 편집 달인되기	D동	한글 시작하기
	13:00 ~ 15:30		한글 활용 작품 만들기		사진 편집하기
	15:40 ~ 18:10		–		엑셀 시작하기
월	09:30 ~ 15:30		Windows10 활용하기		스마트폰 사진 편집 & 앱 배우기

〈개인 일정 및 신청과목〉

구분	개인 일정	신청과목
D동의 홍길동 씨	• 매주 월 ~ 금 08:00 ~ 15:00 편의점 아르바이트 • 매주 월요일 16:00 ~ 18:00 음악학원 수강	엑셀 시작하기
A동의 이몽룡 씨	• 매주 화, 수, 목 09:00 ~ 18:00 학원 강의 • 매주 월 16:00 ~ 20:00 배드민턴 동호회 활동	포토샵 기초
C동의 성춘향 씨	• 매주 수, 금 17:00 ~ 22:00 호프집 아르바이트 • 매주 월 10:00 ~ 12:00 과외	스마트한 클라우드 활용
B동의 변학도 씨	• 매주 월, 화 08:00 ~ 15:00 카페 아르바이트 • 매주 수, 목 18:00 ~ 20:00 요리학원 수강	그래픽 편집 달인되기
A동의 김월매 씨	• 매주 월, 수, 금 10:00 ~ 13:00 필라테스 수강 • 매주 화 14:00 ~ 17:00 제빵학원 수강	인터넷 활용하기

① 홍길동 씨
② 이몽룡 씨
③ 성춘향 씨
④ 변학도 씨
⑤ 김월매 씨

CHAPTER 05

정보능력

합격 Cheat Key

정보능력은 업무를 수행함에 있어 기본적인 컴퓨터를 활용하여 필요한 정보를 수집, 분석, 활용하는 능력을 의미한다. 또한 업무와 관련된 정보를 수집하고, 이를 분석하여 의미 있는 정보를 얻는 능력이다. 국가직무능력표준에 따르면 정보능력의 세부 유형은 컴퓨터 활용・정보 처리로 나눌 수 있다.

1 평소에 컴퓨터 활용 스킬을 틈틈이 익혀라!

윈도우(OS)에서 어떠한 설정을 할 수 있는지, 응용프로그램(엑셀 등)에서 어떠한 기능을 활용할 수 있는지를 평소에 직접 사용해 본다면 문제를 보다 수월하게 해결할 수 있다. 여건이 된다면 컴퓨터 활용 능력에 관련된 자격증 공부를 하는 것도 이론과 실무를 익히는 데 도움이 될 것이다.

2 문제의 규칙을 찾는 연습을 하라!

일반적으로 코드체계나 시스템 논리체계를 제공하고 이를 분석하여 문제를 해결하는 유형이 출제된다. 이러한 문제는 문제해결능력과 같은 맥락으로 규칙을 파악하여 접근하는 방식으로 연습이 필요하다.

3 현재 보고 있는 그 문제에 집중하라!

정보능력의 모든 것을 공부하려고 한다면 양이 너무나 방대하다. 그렇기 때문에 수험서에서 본인이 현재 보고 있는 문제들을 집중적으로 공부하고 기억하려고 해야 한다. 그러나 엑셀의 함수 수식, 연산자 등 암기를 필요로 하는 부분들은 필수적으로 암기를 해서 출제가 되었을 때 오답률을 낮출 수 있도록 한다.

4 사진 · 그림을 기억하라!

컴퓨터 활용 능력을 파악하는 영역이다 보니 컴퓨터 속 옵션, 기능, 설정 등의 사진 · 그림이 문제에 같이 나오는 경우들이 있다. 그런 부분들은 직접 컴퓨터를 통해서 하나하나 확인을 하면서 공부한다면 더 기억에 잘 남게 된다. 조금 귀찮더라도 한 번씩 클릭하면서 확인을 해보도록 한다.

01 | 정보 이해

| 유형분석 |

- 정보능력 전반에 대한 이해를 확인하는 문제이다.
- 정보능력 이론이나 새로운 정보 기술에 대한 문제가 자주 출제된다.

다음 중 정보의 가공 및 활용에 대한 설명으로 옳지 않은 것은?

① 정보는 원형태 그대로 혹은 가공하여 활용할 수 있다.
② 수집된 정보를 가공하여 다른 형태로 재표현하는 방법도 가능하다.
③ 정적정보의 경우 이용한 이후에도 장래활용을 위해 정리하여 보존한다.
④ 비디오테이프에 저장된 영상정보는 동적정보에 해당한다.
⑤ 동적정보는 입수하여 처리 후에는 해당 정보를 즉시 폐기해도 된다.

정답 ④

저장매체에 저장된 자료는 시간이 지나도 언제든지 동일한 형태로 재생이 가능하므로 정적정보에 해당한다.

오답분석

① 정보는 원래 형태 그대로 활용하거나 분석, 정리 등 가공하여 활용할 수 있다.
② 정보를 가공하는 것뿐 아니라 일정한 형태로 재표현하는 것도 가능하다.
③ 시의성이 사라지면 정보의 가치가 떨어지는 동적정보와 달리, 정적정보의 경우 이용 후에도 장래에 활용을 하기 위해 정리하여 보존하는 것이 좋다.
⑤ 동적정보의 특징은 입수 후 처리한 경우에는 폐기하여도 된다는 것이다. 오히려 시간의 경과에 따라 시의성이 점점 떨어지는 동적정보를 축적하는 것은 비효율적이다.

풀이 전략!

자주 출제되는 정보능력 이론을 확인하고, 확실하게 암기해야 한다. 특히 새로운 정보 기술이나 컴퓨터 전반에 대해 관심을 가지는 것이 좋다.

대표기출유형 01 기출응용문제

01 **다음 글의 빈칸에 공통으로 들어갈 단어로 가장 적절한 것은?**

> ________은/는 '언제 어디에나 존재한다.'는 뜻의 라틴어로, 사용자가 컴퓨터나 네트워크를 의식하지 않고 장소에 상관없이 자유롭게 네트워크에 접속할 수 있는 환경을 말한다. 그리고 컴퓨터 관련 기술이 생활 구석구석에 스며들어 있음을 뜻하는 '퍼베이시브 컴퓨팅(Pervasive Computing)'과 같은 개념이다.
> ________화가 이루어지면 가정·자동차는 물론, 심지어 산 꼭대기에서도 정보기술을 활용할 수 있고, 네트워크에 연결되는 컴퓨터 사용자의 수도 늘어나 정보기술산업의 규모와 범위도 그만큼 커지게 된다. 그러나 ________ 네트워크가 이루어지기 위해서는 광대역통신과 컨버전스 기술의 일반화, 정보기술 기기의 저가격화 등 정보기술의 고도화가 전제되어야 한다. 그러나 ________은/는 휴대성과 편의성뿐 아니라 시간과 장소에 구애받지 않고도 네트워크에 접속할 수 있다는 장점 때문에 현재 세계적인 개발 경쟁이 일고 있다.

① 유비쿼터스(Ubiquitous)
② AI(Artificial Intelligence)
③ 딥 러닝(Deep Learning)
④ 블록체인(Block Chain)
⑤ P2P(Peer to Peer)

02 **다음 중 컴퓨터 바이러스에 대한 설명으로 옳지 않은 것은?**

① 소프트웨어뿐만 아니라 하드웨어의 성능에도 영향을 미칠 수 있다.
② 보통 소프트웨어 형태로 감염되나 메일이나 첨부파일은 감염의 확률이 매우 낮다.
③ 인터넷의 공개 자료실에 있는 파일을 다운로드하여 설치할 때 감염될 수 있다.
④ 온라인 채팅이나 인스턴트 메신저 프로그램을 통해서 전파되기도 한다.
⑤ 사용자가 인지하지 못한 사이 자가 복제를 통해 다른 정상적인 프로그램을 감염시켜 해당 프로그램이나 다른 데이터 파일 등을 파괴한다.

02 엑셀 함수

| 유형분석 |

- 컴퓨터 활용과 관련된 상황에서 문제를 해결하기 위한 행동이 무엇인지 묻는 문제이다.
- 주로 업무수행 중에 많이 활용되는 대표적인 엑셀 함수(COUNTIF, ROUND, MAX, SUM, COUNT, AVERAGE …)가 출제된다.
- 종종 엑셀시트를 제시하여 각 셀에 들어갈 함수식이 무엇인지 고르는 문제가 출제되기도 한다.

다음 시트에서 판매수량과 추가판매의 합계를 구하기 위해서 [B6] 셀에 들어갈 수식으로 옳은 것은?

	A	B	C
1	일자	판매수량	추가판매
2	06월19일	30	8
3	06월20일	48	
4	06월21일	44	
5	06월22일	42	12
6	합계	184	

① =SUM(B2,C2,C5)
② =LEN(B2:B5, 3)
③ =COUNTIF(B2:B5,">=12")
④ =SUM(B2:B5)
⑤ =SUM(B2:B5,C2,C5)

정답 ⑤

「=SUM(합계를 구할 처음 셀:합계를 구할 마지막 셀)」으로 표시해야 한다. 판매수량과 추가판매를 더하는 것은 비연속적인 셀을 더하는 것이므로 연속하는 영역을 입력하고 ','로 구분해 준 다음 영역을 다시 지정해야 한다. 따라서 [B6] 셀에 작성해야 할 수식으로는 「=SUM(B2:B5,C2,C5)」이 옳다.

풀이 전략!

제시된 상황에서 사용할 엑셀 함수가 무엇인지 파악한 후, 선택지에서 적절한 함수식을 골라 식을 만들어야 한다. 평소 대표적으로 문제에 자주 출제되는 몇몇 엑셀 함수를 익혀두면 풀이시간을 단축할 수 있다.

대표기출유형 02 기출응용문제

01 다음 시트의 [B9] 셀에 「=DSUM(A1:C7,C1,A9:A10)」 함수를 입력했을 때, 결괏값으로 옳은 것은?

	A	B	C
1	이름	직급	상여금
2	장기동	과장	1,200,000
3	이승연	대리	900,000
4	김영신	차장	1,300,000
5	공경호	대리	850,000
6	표나리	사원	750,000
7	한미연	과장	950,000
8			
9	상여금		
10	>=1,000,000		

① 5,950,000
② 2,500,000
③ 1,000,000
④ 3,450,000
⑤ 3,500,000

02 A중학교에서 근무하는 P교사는 반 학생들의 과목별 수행평가 제출 여부를 확인하기 위해 다음과 같이 자료를 정리하였다. P교사가 [D11] ~ [D13] 셀에 〈보기〉와 같이 함수를 입력하였을 때, [D11] ~ [D13] 셀에 나타날 결괏값이 바르게 연결된 것은?

	A	B	C	D
1	(제출했을 경우 '1'로 표시)			
2	이름	A과목	B과목	C과목
3	김혜진	1	1	1
4	이방숙	1		
5	정영교	재제출 요망	1	
6	정혜운		재제출 요망	1
7	이승준		1	
8	이혜진			1
9	정영남	1		1
10				
11				
12				
13				

보기

[D11] 셀에 입력한 함수 → =COUNTA(B3:D9)
[D12] 셀에 입력한 함수 → =COUNT(B3:D9)
[D13] 셀에 입력한 함수 → =COUNTBLANK(B3:D9)

	[D11]	[D12]	[D13]
①	12	10	11
②	12	10	9
③	10	12	11
④	10	12	9
⑤	10	10	9

※ 병원에서 근무하는 A씨는 건강검진 관리 현황을 정리하고 있다. 이어지는 질문에 답하시오. [3~4]

	A	B	C	D	E	F
1	〈건강검진 관리 현황〉					
2	이름	검사구분	주민등록번호	검진일	검사항목 수	성별
3	강민희	종합검진	960809-2******	2024-08-12	18	
4	김범민	종합검진	010323-3******	2024-02-13	17	
5	조현진	기본검진	020519-3******	2024-07-07	10	
6	최진석	추가검진	871205-1******	2024-08-06	6	
7	한기욱	추가검진	980232-1******	2024-04-22	3	
8	정소희	종합검진	001015-4******	2024-02-19	17	
9	김은정	기본검진	891025-2******	2024-06-14	10	
10	박미옥	추가검진	011002-4******	2024-07-21	5	

03 다음 중 2024년 상반기에 검진 받은 사람의 수를 확인하고자 할 때 사용해야 할 함수는?

① COUNT
② COUNTA
③ SUMIF
④ MATCH
⑤ COUNTIF

04 다음 중 주민등록번호를 통해 성별을 구분하려고 할 때, 각 셀에 필요한 함수식으로 옳은 것은?

① F3 : =IF(AND(MID(C3,8,1)="2",MID(C3,8,1)="4"),"여자","남자")
② F4 : =IF(AND(MID(C4,8,1)="2",MID(C4,8,1)="4"),"여자","남자")
③ F7 : =IF(OR(MID(C7,8,1)="2",MID(C7,8,1)="4"),"여자","남자")
④ F9 : =IF(OR(MID(C9,8,1)="1",MID(C9,8,1)="3"),"여자","남자")
⑤ F6 : =IF(OR(MID(C6,8,1)="2",MID(C6,8,1)="3"),"남자","여자")

03 프로그램 언어(코딩)

| 유형분석 |

- 프로그램의 실행 결과를 코딩을 통해 파악하여 이를 풀이하는 문제이다.
- 대체로 문제에서 규칙을 제공하고 있으며, 해당 규칙을 적용하여 새로운 코드번호를 만들거나 혹은 만들어진 코드번호를 해석하는 등의 문제가 출제된다.

다음 C 프로그램의 실행 결과에서 p의 값으로 옳은 것은?

```
#include <stdio.h>
int main()
{
    int x, y, p;
    x = 3;
    y = x++;
    printf("x = %d y = %d\n", x, y);
    x = 10;
    y = ++x;
    printf("x = %d y = %d\n", x, y);
    p = ++x++y++;
    printf("x = %d y = %d\n", x, y);
    printf("p = %d\n", p);
    return 0;
}
```

① p=22 ② p=23

③ p=24 ④ p=25

정답 ②

x값을 1 증가하여 x에 저장하고, 변경된 x값과 y값을 덧셈한 결과를 p에 저장한 후 y값을 1 증가하여 y에 저장한다. 따라서 x=10+1=11, y=x+1=12 → p=x+y=23이다.

풀이 전략!

문제에서 실행 프로그램 내용이 주어지면 핵심 키워드를 확인한다. 코딩 프로그램을 통해 요구되는 내용을 알아맞혀 정답 유무를 판단한다.

대표기출유형 03 기출응용문제

01 다음 중첩 반복문을 실행할 때 "Do all one can"이 출력되는 횟수는 총 몇 번인가?

```
for ( i = 0; i 〈 4; i++)
{
for ( j = 0; j 〈 6; j++)
{
printf("Do all one can₩n");
}
}
```

① 4번
② 6번
③ 12번
④ 18번
⑤ 24번

02 다음 프로그램의 실행 결과로 옳은 것은?

```
#include 〈stdio.h〉
void main() {
    int arr[10] = {1, 2, 3, 4, 5};
    int num = 10;
    int i;

    for (i = 0; i 〈 10; i++) {
      num += arr[i];
    }
    printf("%d₩n", num);
}
```

① 15
② 20
③ 25
④ 30
⑤ 35

CHAPTER 06

기술능력

합격 Cheat Key

기술능력은 업무를 수행함에 있어 도구, 장치 등을 포함하여 필요한 기술에 어떠한 것들이 있는지 이해하고, 실제 업무를 수행함에 있어 적절한 기술을 선택하여 적용하는 능력이다.

세부 유형은 기술 이해 · 기술 선택 · 기술 적용으로 나눌 수 있다. 제품설명서나 상황별 매뉴얼을 제시하는 문제 또는 명령어를 제시하고 규칙을 대입할 수 있는지 묻는 문제가 출제되기 때문에 이런 유형들을 공략할 수 있는 전략을 세워야 한다.

1 긴 지문이 출제될 때는 보기의 내용을 미리 보라!

기술능력에서 자주 출제되는 제품설명서나 상황별 매뉴얼을 제시하는 문제에서는 기술을 이해하고, 상황에 알맞은 원인 및 해결방안을 고르는 문제가 출제된다. 실제 시험장에서 문제를 풀 때는 시간적 여유가 없기 때문에 보기를 먼저 읽고, 그 다음 긴 지문을 보면서 동시에 보기와 일치하는 내용이 나오면 확인해 가면서 푸는 것이 좋다.

2 모듈형에도 대비하라!

모듈형 문제의 비중이 늘어나는 추세이므로 공기업을 준비하는 취업준비생이라면 모듈형 문제에 대비해야 한다. 기술능력의 모듈형 이론 부분을 학습하고 모듈형 문제를 풀어보고 여러 번 읽으며 이론을 확실히 익혀두면 실제 시험장에서 이론을 묻는 문제가 나왔을 때 단번에 답을 고를 수 있다.

3 전공 이론도 익혀 두어라!

지원하는 직렬의 전공 이론이 기술능력으로 출제되는 경우가 많기 때문에 전공 이론을 익혀두는 것이 좋다. 깊이 있는 지식을 묻는 문제가 아니더라도 출제되는 문제의 소재가 전공과 관련된 내용일 가능성이 크기 때문에 최소한 지원하는 직렬의 전공 용어는 확실히 익혀 두어야 한다.

4 쉽게 포기하지 말라!

직업기초능력에서 주요 영역이 아니면 소홀한 경우가 많다. 시험장에서 기술능력을 읽어 보지도 않고 포기하는 경우가 많은데 차근차근 읽어보면 지문만 잘 읽어도 풀 수 있는 문제들이 출제되는 경우가 있다. 이론을 모르더라도 풀 수 있는 문제인지 파악해보자.

01 기술 이해

| 유형분석 |

- 업무수행에 필요한 기술의 개념 및 원리, 관련 용어에 대한 문제가 자주 출제된다.
- 기술 시스템의 개념과 발전 단계에 대한 문제가 출제되므로 각 단계의 순서와 그에 따른 특징을 숙지하여야 하며, 단계별로 요구되는 핵심 역할이 다름에 유의한다.

다음 〈보기〉 중 기술선택에 대한 설명으로 옳지 않은 것을 모두 고르면?

보기

ㄱ. 상향식 기술선택은 기술경영진과 기술기획자들의 분석을 통해 기업이 필요한 기술 및 기술수준을 결정하는 방식이다.
ㄴ. 하향식 기술선택은 전적으로 기술자들의 흥미 위주로 기술을 선택하여 고객의 요구사항과는 거리가 먼 제품이 개발될 수 있다.
ㄷ. 수요자 및 경쟁자의 변화와 기술 변화 등을 분석해야 한다.
ㄹ. 기술능력과 생산능력, 재무능력 등의 내부 역량을 고려하여 기술을 선택한다.
ㅁ. 기술선택 시 최신 기술로 진부화될 가능성이 적은 기술을 최우선순위로 결정한다.

① ㄱ, ㄴ, ㄹ
② ㄱ, ㄴ, ㅁ
③ ㄴ, ㄷ, ㄹ
④ ㄴ, ㄹ, ㅁ
⑤ ㄷ, ㄹ, ㅁ

정답 ②

ㄱ. 하향식 기술선택에 대한 설명이다.
ㄴ. 상향식 기술선택에 대한 설명이다.
ㅁ. 기술선택을 위한 우선순위는 다음과 같다.
① 제품의 성능이나 원가에 미치는 영향력이 큰 기술
② 기술을 활용한 제품의 매출과 이익 창출 잠재력이 큰 기술
③ 쉽게 구할 수 없는 기술
④ 기업 간 모방이 어려운 기술
⑤ 기업이 생산하는 제품 및 서비스에 보다 광범위하게 활용할 수 있는 기술
⑥ 최신 기술로 진부화될 가능성이 적은 기술

풀이 전략!

문제에 제시된 내용만으로는 풀이가 어려울 수 있으므로, 사전에 관련 기술 이론을 숙지하고 있어야 한다. 자주 출제되는 개념을 확실하게 암기하여 빠르게 문제를 풀 수 있도록 하는 것이 좋다.

대표기출유형 01 기출응용문제

01 **다음 글에서 설명하고 있는 것은?**

> 농부는 농기계와 화학비료를 써서 밀을 재배하고 수확한다. 이렇게 생산된 밀은 보관업자, 운송업자, 제분회사, 제빵 공장을 거쳐 시장으로 판매된다. 보다 높은 생산성을 위해 화학비료를 연구하고, 공장을 가동하기 위해 공작기계와 전기를 생산한다. 보다 빠른 운송을 위해서 트럭이나 기차, 배가 개발되었고, 보다 효과적인 운송수단과 농기계를 운용하기 위해 증기기관에서 석유에너지로 발전하였다. 이렇듯 우리의 식탁에 올라오는 빵은 여러 기술이 네트워크로 결합하여 시너지를 내고 있다.

① 기술시스템
② 기술혁신
③ 기술경영
④ 기술이전
⑤ 기술경쟁

02 **다음 중 노하우(Know – How)와 노와이(Know – Why)에 대한 설명으로 옳은 것은?**

① 노와이는 과학자, 엔지니어 등이 가지고 있는 체화된 기술이다.
② 노하우는 이론적인 지식으로서 과학적인 탐구에 의해 얻어진다.
③ 노하우는 Technique 혹은 Art라고도 부른다.
④ 기술은 원래 노와이의 개념이 강했으나, 시간이 지나면서 노와이와 노하우가 결합하게 되었다.
⑤ 노와이는 기술을 설계하고, 생산하고, 사용하기 위해 필요한 정보, 기술, 절차 등을 갖는 데 필요하다.

03 **다음 중 상향식 기술선택과 하향식 기술선택에 대한 설명으로 옳지 않은 것은?**

① 상향식 기술선택은 연구자나 엔지니어들이 자율적으로 기술을 선택한다.
② 상향식 기술선택은 기술 개발자들의 창의적인 아이디어를 활용할 수 있다.
③ 상향식 기술선택은 기업 간 경쟁에서 승리할 수 없는 기술이 선택될 수 있다.
④ 하향식 기술선택은 단기적인 목표를 설정하고 달성하기 위해 노력한다.
⑤ 하향식 기술선택은 기업이 획득해야 하는 대상 기술과 목표 기술 수준을 결정한다.

02 | 기술 적용

| 유형분석 |

- 주어진 자료를 해석하고 기술을 적용하여 풀어가는 문제이다.
- 자료 등을 읽고 제시된 문제 상황에 적절한 해결 방법을 찾는 문제가 자주 출제된다.
- 지문의 길이가 길고 복잡하므로, 문제에서 요구하는 정보를 놓치지 않도록 주의해야 한다.

B사원은 다음 제품 설명서의 내용을 토대로 직원들을 위해 '사용 전 꼭 읽어야 할 사항'을 만들려고 한다. 이때, 작성할 내용으로 적절하지 않은 것은?

[사용 전 알아두어야 할 사항]

1. 물통 또는 제품 내부에 절대 의류 외에 다른 물건을 넣지 마십시오.
2. 제품을 작동시키기 전 문이 제대로 닫혔는지 확인하십시오.
3. 필터는 제품 사용 전후로 반드시 청소해 주십시오.
4. 제품의 성능유지를 위해서 물통을 자주 비워 주십시오.
5. 겨울철이거나 건조기가 설치된 곳의 기온이 낮을 경우 건조시간이 길어질 수 있습니다.
6. 과도한 건조물을 넣고 기계를 작동시키면 완벽하게 건조되지 않거나 의류에 구김이 생길 수 있습니다. 최대용량 5kg 이내로 의류를 넣어 주십시오.
7. 가죽, 슬립, 전기담요, 마이크로 화이바 소재 의류, 이불, 동·식물성 충전재 사용 제품은 사용을 피해 주십시오.

[동결 시 조치방법]

1. 온도가 낮아지게 되면 물통이나 호스가 얼 수 있습니다.
2. 동결 시 작동 화면에 'ER' 표시가 나타납니다. 이 경우 일시정지 버튼을 눌러 작동을 멈춰 주세요.
3. 물통이 얼었다면, 물통을 꺼내 따뜻한 물에 20분 이상 담가 주세요.
4. 호스가 얼었다면, 호스 안의 이물질을 모두 꺼내고, 호스를 따뜻한 물 또는 따뜻한 수건으로 20분 이상 녹여 주세요.

① 사용 전후로 필터는 꼭 청소해 주세요.
② 건조기에 넣은 의류는 5kg 이내로 해 주세요.
③ 사용이 불가한 의류 제품 목록을 꼭 확인해 주세요.
④ 화면에 ER 표시가 떴을 때는 전원을 끄고 작동을 멈춰 주세요.
⑤ 호스가 얼었다면, 호스를 따뜻한 물 또는 따뜻한 수건으로 20분 이상 녹여 주세요.

정답 ④

제시문의 동결 시 조치방법에서는 화면에 'ER' 표시가 나타나면 전원 버튼이 아닌 일시정지 버튼을 눌러 작동을 멈추라고 설명하고 있다.

오답분석

① 필터는 제품 사용 전후로 반드시 청소해 주라고 설명하고 있다.
② 과도한 건조물을 넣고 기계를 작동시키면 완벽하게 건조되지 않거나 의류에 구김이 생길 수 있으니 최대용량 5kg 이내로 의류를 넣어 주라고 설명하고 있다.
③ 건조기 사용이 불가한 제품 목록이 설명되어 있다.
⑤ 호스가 얼었다면, 호스 안의 이물질을 모두 꺼내고, 호스를 따뜻한 물 또는 따뜻한 수건으로 20분 이상 녹여 주라고 설명하고 있다.

풀이 전략!

문제에 제시된 자료 중 필요한 정보를 빠르게 파악하는 것이 중요하다. 질문을 먼저 읽고 문제 상황을 파악한 뒤 제시된 선택지를 하나씩 소거하며 문제를 푸는 것이 좋다.

대표기출유형 02 기출응용문제

※ 귀하는 사무실에서 사용 중인 기존 공유기에 새로운 공유기를 추가하여 무선 네트워크 환경을 개선하려고 한다. 다음 자료를 보고 이어지는 질문에 답하시오. **[1~2]**

〈공유기를 AP / 스위치(허브)로 변경하는 방법〉

[안내]

공유기 2대를 연결하기 위해서는 각각의 공유기가 다른 내부 IP를 사용하여야 하며, 이를 위해 스위치(허브)로 변경하고자 하는 공유기에 내부 IP 주소를 변경하고 DHCP 서버 기능을 중단해야 합니다.

[절차요약]

- 스위치(허브)로 변경하고자 하는 공유기의 내부 IP 주소 변경
- 스위치(허브)로 변경하고자 하는 공유기의 DHCP 서버 기능 중지
- 인터넷에 연결된 공유기에 스위치(허브)로 변경한 공유기를 연결

[세부절차 설명]

(1) 공유기의 내부 IP 주소 변경
 - 공유기의 웹 설정화면에 접속하여 [관리도구] – [고급설정] – [네트워크관리] – [내부 네트워크 설정]을 클릭합니다.
 - 내부 IP 주소의 끝자리를 임의적으로 변경한 후 [적용 후 시스템 다시 시작] 버튼을 클릭합니다.

(2) 공유기의 DHCP 서버 기능 중지
 - 변경된 내부 IP 주소로 재접속 후 [관리도구] – [고급설정] – [네트워크관리] – [내부 네트워크 설정]을 클릭합니다.
 - 하단의 [DHCP 서버 설정]을 [중지]로 체크한 후 [적용]을 클릭합니다.

(3) 스위치(허브)로 변경된 공유기의 연결

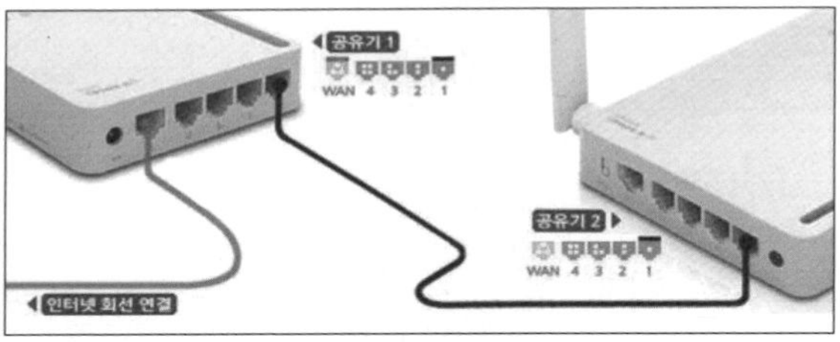

 - 위의 그림과 같이 스위치로 변경된 〈공유기 2〉의 LAN 포트 1 ~ 4 중 하나를 원래 인터넷에 연결되어 있던 〈공유기 1〉의 LAN 포트 1 ~ 4 중 하나에 연결합니다.
 - 〈공유기 2〉는 스위치로 동작하게 되므로 〈공유기 2〉의 WAN 포트에는 아무것도 연결하지 않습니다.

[최종점검]

이제 스위치(허브)로 변경된 공유기를 기존 공유기에 연결하는 모든 과정이 완료되었습니다. 설정이 완료된 상태에서 정상적으로 인터넷 연결이 되지 않는다면 상단 네트워크 〈공유기 1〉에서 IP 할당이 정상적으로 이루어지지 않는 경우입니다. 이와 같은 경우 PC에서 IP 갱신을 해야 하며 PC를 재부팅하거나 공유기를 재시작하시기 바랍니다.

[참고]

(1) Alpha3 / Alpha4의 경우는 간편설정이 가능하므로 (1) ~ (2) 과정을 쉽게 할 수 있습니다.

(2) 스위치(허브)로 변경되어 연결된 공유기가 무선 공유기로, 필요에 따라 무선 연결 설정이 필요한 경우 〈공유기 1〉 또는 〈공유기 2〉에 연결된 PC 어디에서나 〈공유기 2〉의 변경된 IP 주소를 인터넷 탐색기의 주소란에 입력하면 공유기 관리도구에 쉽게 접속할 수 있으며, 필요한 무선 설정을 진행할 수 있습니다.

[경고]

(1) 상단 공유기에도 "내부 네트워크에서 DHCP 서버 발견 시 공유기의 DHCP 서버 기능 중단" 설정이 되어 있을 경우 문제가 발생할 수 있으므로 상단 공유기의 설정을 해제하시기 바랍니다.

(2) 일부 환경에서 공유기를 스위치(허브)로 변경한 후, UPNP 포트포워딩 기능이 실행 중이라면 네트워크 장애를 유발할 수 있으므로 해당 기능을 중단해 주시기 바랍니다.

01 **귀하는 새로운 공유기를 추가로 설치하기 전 판매업체에 문의하여 위와 같은 설명서를 전달받았다. 다음 중 설명서를 이해한 내용으로 적절하지 않은 것은?**

① 새로 구매한 공유기가 Alpha3 또는 Alpha4인지 먼저 확인한다.

② 기존 공유기와 새로운 공유기를 연결할 때, 새로운 공유기의 LAN 포트에 연결한다.

③ 기존에 있는 공유기의 내부 IP 주소와 새로운 공유기의 내부 IP 주소를 서로 다르게 설정한다.

④ 네트워크를 접속할 때 IP를 동적으로 할당받을 수 있도록 하는 DHCP 서버 기능을 활성화한다.

⑤ 설명서와 동일하게 설정한 뒤에도 인터넷이 정상적으로 작동하지 않을 경우에는 PC를 재부팅하거나 공유기를 재시작한다.

02 **귀하는 설명서 내용을 토대로 새로운 공유기를 기존 공유기와 연결하고 설정을 마무리하였는데 제대로 작동하지 않았다. 귀하의 동료 중 IT기술 관련 능력이 뛰어난 A주임에게 문의를 한 결과 다음과 같은 답변을 받았을 때, 적절하지 않은 것은?**

① 기존 공유기와 새로운 공유기를 연결하는 LAN선이 제대로 연결되어 있지 않네요.

② PC에서 IP 갱신이 제대로 되지 않은 것 같습니다. 공유기와 PC 모두 재시작해 보는 게 좋을 것 같습니다.

③ 새로운 공유기를 설정할 때, UPNP 포트포워딩 기능이 중단되어 있지 않아서 오작동을 일으킨 것 같아요. 중단되도록 설정하면 될 것 같습니다.

④ 기존 공유기에서 DHCP 서버가 발견될 경우 DHCP 서버 기능을 중단하도록 설정되어 있어서 오작동한 것 같아요. 해당 설정을 해제하면 될 것 같습니다.

⑤ 기존 공유기로부터 연결된 LAN선이 새로운 공유기에 LAN 포트에 연결되어 있네요. 이를 WAN 포트에 연결하면 될 것 같습니다.

03 A정보통신회사에 입사한 K씨는 시스템 모니터링 및 관리 업무를 담당하게 되었다. 다음 자료를 참고할 때, 〈보기〉의 빈칸에 들어갈 코드로 옳은 것은?

다음 모니터에 나타나는 정보를 이해하고 시스템 상태를 판독하여 적절한 코드를 입력하는 방식을 파악하시오.

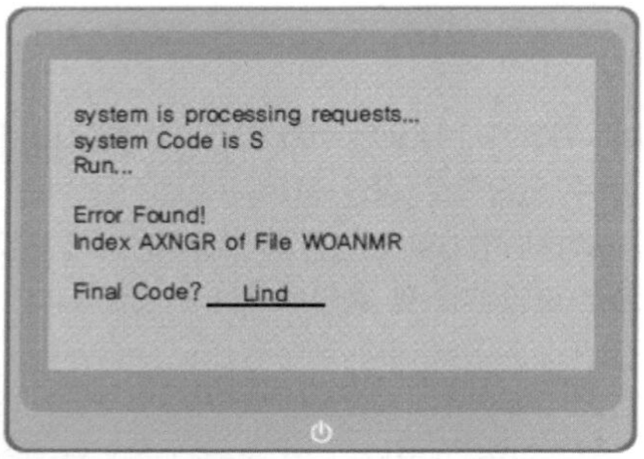

항목	세부사항
Index ◇◇◇ of File ◇◇◇	• 오류 문자 : Index 뒤에 나타나는 문자 • 오류 발생 위치 : File 뒤에 나타나는 문자
Error Value	• 오류 문자와 오류 발생 위치를 의미하는 문자에 사용된 알파벳을 비교하여 일치하는 알파벳의 개수를 확인
Final Code	• Error Value를 통하여 시스템 상태 판단

판단 기준	Final Code
일치하는 알파벳의 개수=0	Svem
0<일치하는 알파벳의 개수≤1	Atur
1<일치하는 알파벳의 개수≤3	Lind
3<일치하는 알파벳의 개수≤5	Nugre
일치하는 알파벳의 개수>5	Qutom

보기

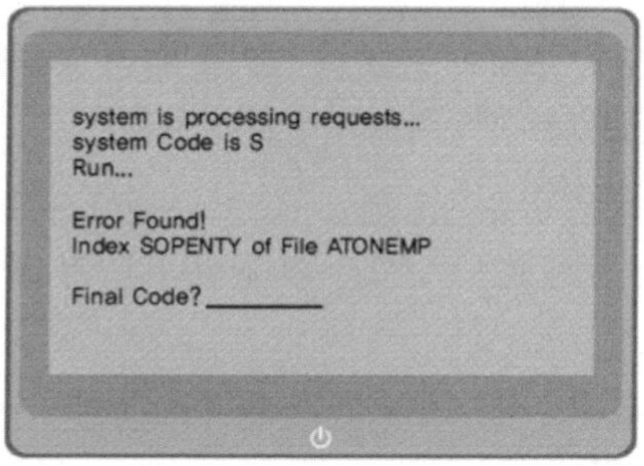

① Svem
② Atur
③ Lind
④ Nugre
⑤ Qutom

04 기술개발팀에서 근무하는 A씨는 차세대 로봇에 사용할 주행 알고리즘을 개발하고 있다. 다음 주행 알고리즘과 예시를 참고하였을 때, 로봇의 이동 경로로 옳은 것은?

〈주행 알고리즘〉

회전과 전진만이 가능한 로봇이 미로에서 목적지까지 길을 찾아가도록 구성하였다. 미로는 (4단위)×(4단위)의 정방형 단위구역(Cell) 16개로 구성되며 미로 중앙부에는 1단위구역 크기의 도착지점이 있다. 도착지점에 이르기 전 로봇은 각 단위구역과 단위구역 사이를 이동할 때 벽의 유무를 탐지하여 벽이 없음이 감지되는 방향으로 주행한다. 로봇은 주명령을 수행하고, 이에 따라 주행할 수 없을 때만 보조명령을 따른다.

- 주명령 : 현재 단위구역(Cell)에서 로봇은 왼쪽, 앞쪽, 오른쪽 순서로 벽의 유무를 탐지하여 벽이 없음이 감지되는 방향의 단위구역을 과거에 주행한 기록이 없다면 해당 방향으로 한 단위구역만큼 주행한다.
- 보조명령 : 현재 단위구역에서 로봇이 왼쪽, 앞쪽, 오른쪽, 뒤쪽 순서로 벽의 유무를 탐지하여 벽이 없음이 감지되는 방향의 단위구역에 벽이 없음이 감지되는 방향과 반대 방향의 주행기록이 있을 때만, 로봇은 그 방향으로 한 단위구역만큼 주행한다.

〈예시〉

로봇이 A → B → C → B → A로 이동한다고 가정할 때, A에서 C로의 이동은 주명령에 의한 것이고 C에서 A로의 이동은 보조명령에 의한 것이다.

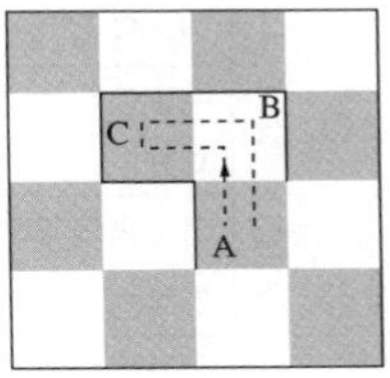

①
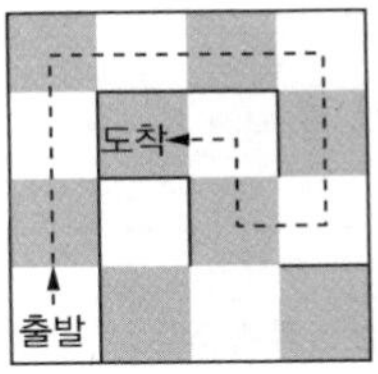

②
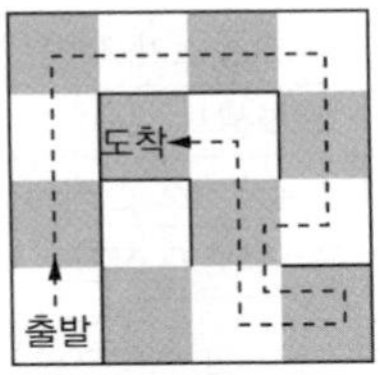

③
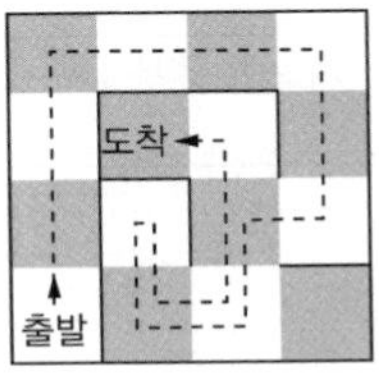

④
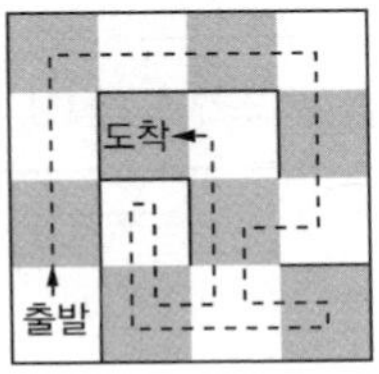

⑤
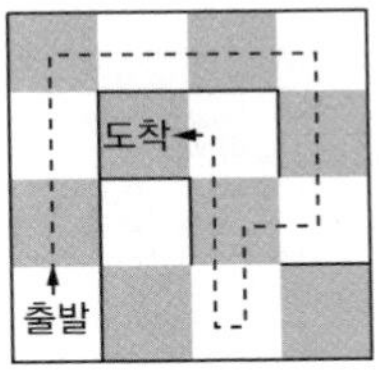

※ A회사에서는 화장실의 청결을 위해 비데를 구매하고 화장실과 가까운 곳에 위치한 귀하에게 비데를 설치하도록 지시하였다. 다음은 비데를 설치하기 위해 참고할 제품 설명서의 일부이다. 이어지는 질문에 답하시오. **[5~6]**

〈설치방법〉

1) 비데 본체의 변좌와 변기의 앞면이 일치되도록 전후로 고정하십시오.
2) 비데용 급수호스를 정수필터와 비데 본체에 연결한 후 급수밸브를 열어 주십시오.
3) 전원을 연결하십시오(반드시 전용 콘센트를 사용하십시오).
4) 비데가 작동하는 소리가 들린다면 설치가 완료된 것입니다.

〈주의사항〉

• 전원은 반드시 AC220V에 연결하십시오(반드시 전용 콘센트를 사용하십시오).
• 변좌에 걸터앉지 말고 항상 중앙에 앉고, 변좌 위에 어떠한 것도 놓지 마십시오(착좌센서가 동작하지 않을 수도 있습니다).
• 정기적으로 수도필터와 정수필터를 청소 또는 교환해 주십시오.
• 급수밸브를 꼭 열어 주십시오.

〈A/S 신청 전 확인 사항〉

현상	원인	조치방법
물이 나오지 않을 경우	급수밸브가 잠김	매뉴얼을 참고하여 급수밸브를 열어 주세요.
	정수필터가 막힘	매뉴얼을 참고하여 정수필터를 교체해 주세요(A/S상담실로 문의하세요).
	본체 급수호스 등이 동결	더운물에 적신 천으로 급수호스 등의 동결부위를 녹여 주세요.
기능 작동이 되지 않을 경우	수도필터가 막힘	흐르는 물에 수도필터를 닦아 주세요.
	착좌센서 오류	착좌센서에서 의류, 물방울, 이물질 등을 치워 주세요.
수압이 약할 경우	수도필터에 이물질이 낌	흐르는 물에 수도필터를 닦아 주세요.
	본체의 호스가 꺾임	호스의 꺾인 부분을 펴 주세요.
노즐이 나오지 않을 경우	착좌센서 오류	착좌센서에서 의류, 물방울, 이물질을 치워 주세요.
본체가 흔들릴 경우	고정 볼트가 느슨해짐	고정 볼트를 다시 조여 주세요.
비데가 작동하지 않을 경우	급수밸브가 잠김	매뉴얼을 참고하여 급수밸브를 열어 주세요.
	급수호스의 연결문제	급수호스의 연결상태를 확인해 주세요. 계속 작동하지 않는다면 A/S 상담실로 문의하세요.
변기의 물이 샐 경우	급수호스가 느슨해짐	급수호스 연결부분을 조여 주세요. 계속 샐 경우 급수밸브를 잠근 후 A/S상담실로 문의하세요.

05 귀하는 지시에 따라 비데를 설치하였다. 일주일이 지난 뒤, 동료 K사원으로부터 기능 작동이 되지 않는다는 사실을 접수하였다. 다음 중 귀하가 해당 문제점에 대한 원인을 파악하기 위해 확인해야 할 사항으로 가장 적절한 것은?

① 급수밸브의 잠김 여부
② 수도필터의 청결 상태
③ 정수필터의 청결 상태
④ 급수밸브의 연결 상태
⑤ 비데의 고정 여부

06 05번 문제에서 확인한 사항이 추가로 다른 문제를 일으킬 수 있는지 미리 점검하고자 할 때, 다음 중 가장 적절한 행동은?

① 수압이 약해졌는지 확인한다.
② 물이 나오지 않는지 확인한다.
③ 본체가 흔들리는지 확인한다.
④ 노즐이 나오지 않는지 확인한다.
⑤ 변기의 물이 새는지 확인한다.

CHAPTER 07

조직이해능력

합격 Cheat Key

조직이해능력은 업무를 원활하게 수행하기 위해 조직의 체제와 경영을 이해하고 국제적인 추세를 이해하는 능력이다. 현재 많은 공사·공단에서 출제 비중을 높이고 있는 영역이기 때문에 미리 대비하는 것이 중요하다. 실제 업무 능력에서 조직이해능력을 요구하기 때문에 중요도는 점점 높아질 것이다.

세부 유형은 조직 체제 이해, 경영 이해, 업무 이해, 국제 감각으로 나눌 수 있다. 조직도를 제시하는 문제가 출제되거나 조직의 체계를 파악해 경영의 방향성을 예측하고, 업무의 우선순위를 파악하는 문제가 출제된다.

1 문제 속에 정답이 있다!

경력이 없는 경우 조직에 대한 이해가 낮을 수밖에 없다. 그러나 문제 자체가 실무적인 내용을 담고 있어도 문제 안에는 해결의 단서가 주어진다. 부담을 갖지 않고 접근하는 것이 중요하다.

2 경영·경제학원론 정도의 수준은 갖추도록 하라!

지원한 직군마다 차이는 있을 수 있으나, 경영·경제이론을 접목시킨 문제가 꾸준히 출제되고 있다. 따라서 기본적인 경영·경제이론은 익혀 둘 필요가 있다.

3 지원하는 공사·공단의 조직도를 파악하라!

출제되는 문제는 각 공사·공단의 세부내용일 경우가 많기 때문에 지원하는 공사·공단의 조직도를 파악해 두어야 한다. 조직이 운영되는 방법과 전략을 이해하고, 조직을 구성하는 체제를 파악하고 간다면 조직이해능력에서 조직도가 나올 때 단기간에 문제를 풀 수 있을 것이다.

4 실제 업무에서도 요구되므로 이론을 익혀라!

각 공사·공단의 직무 특성상 일부 영역에 중요도가 가중되는 경우가 있어서 많은 취업준비생들이 일부 영역에만 집중하지만, 실제 업무 능력에서 직업기초능력 10개 영역이 골고루 요구되는 경우가 많고, 현재는 필기시험에서도 조직이해능력을 출제하는 기관의 비중이 늘어나고 있기 때문에 미리 이론을 익혀 둔다면 모듈형 문제에서 고득점을 노릴 수 있다.

01 | 경영 전략

| 유형분석 |

- 경영 전략에서 대표적으로 출제되는 문제는 마이클 포터(Michael Porter)의 본원적 경쟁전략이다.
- 경쟁전략의 기본적인 이해와 구조를 물어보는 문제가 자주 출제되므로 전략별 특징 및 개념에 대한 이론 학습이 요구된다.

다음 중 마이클 포터(Michael E. Porter)의 본원적 경쟁전략에 대한 설명으로 가장 적절한 것은?

① 해당 사업에서 경쟁우위를 확보하기 위한 전략이다.

② 차별화 전략은 특정 산업을 대상으로 한다.

③ 원가우위 전략에서는 연구개발이나 광고를 통하여 기술, 품질, 서비스 등을 개선할 필요가 있다고 본다.

④ 집중화 전략에서는 대량생산을 통해 단위 원가를 낮추거나 새로운 생산기술을 개발할 필요가 있다고 본다.

⑤ 집중화 전략은 1970년대 우리나라의 섬유업체나 신발업체, 가발업체 등이 미국시장에 진출할 때 취한 전략이다.

정답 ①

마이클 포터(Michael E. Porter)의 본원적 경쟁전략

- 원가우위 전략 : 원가절감을 통해 해당 산업에서 우위를 점하는 전략으로, 이를 위해서는 대량생산을 통해 단위 원가를 낮추거나 새로운 생산기술을 개발할 필요가 있다. 1970년대 우리나라의 섬유업체나 신발업체, 가발업체 등이 미국시장에 진출할 때 취한 전략이 여기에 해당한다.
- 차별화 전략 : 조직이 생산품이나 서비스를 차별화하여 고객에게 가치가 있고 독특하게 인식되도록 하는 전략이다. 이를 위해서는 연구개발이나 광고를 통하여 기술, 품질, 서비스, 브랜드 이미지를 개선할 필요가 있다.
- 집중화 전략 : 특정 시장이나 고객에게 한정된 전략으로, 원가우위나 차별화 전략이 산업 전체를 대상으로 하는 데 비해 집중화 전략은 특정 산업을 대상으로 한다. 즉, 경쟁조직들이 소홀히 하고 있는 한정된 시장을 원가우위나 차별화 전략을 써서 집중적으로 공략하는 방법이다.

풀이 전략!

대부분의 기업들은 마이클 포터의 본원적 경쟁전략을 사용하고 있다. 각 전략에 해당하는 대표적인 기업을 연결하고, 그들의 경영 전략을 상기하며 문제를 풀어보도록 한다.

대표기출유형 01 기출응용문제

01 **경영이 어떻게 이루어지냐에 따라 조직의 생사가 결정된다고 할 만큼 경영은 조직에 있어서 핵심이다. 다음 중 경영전략을 추진하는 과정에 대한 설명으로 적절하지 않은 것은?**

① 경영전략은 조직전략, 사업전략, 부문전략으로 분류된다.

② 환경 분석을 할 때는 조직의 내부환경뿐만 아니라 외부환경에 대한 분석도 필수이다.

③ 전략목표는 비전과 미션으로 구분되는데, 둘 다 있어야 한다.

④ 경영전략이 실행됨으로써 세웠던 목표에 대한 결과가 나오는데, 그것에 대한 평가 및 피드백 과정도 생략되어서는 안 된다.

⑤ '환경 분석 → 전략목표 설정 → 경영전략 도출 → 경영전략 실행 → 평가 및 피드백'의 과정을 거쳐 이루어진다.

PART 1

02 **A씨는 취업스터디에서 마이클 포터의 본원적 경쟁전략을 토대로 기업의 경영전략을 정리하고자 한다. 다음 중 〈보기〉의 내용이 바르게 분류된 것은?**

- 차별화 전략 : 가격 이상의 가치로 브랜드 충성심을 이끌어 내는 전략이다.
- 원가우위 전략 : 업계에서 가장 낮은 원가로 우위를 확보하는 전략이다.
- 집중화 전략 : 특정 세분시장만 집중공략하는 전략이다.

보기

㉠ I기업은 S/W에 집중하기 위해 H/W의 한글전용 PC분야를 한국계기업과 전략적으로 제휴하고 회사를 설립해 조직체에 위양하였으며 이후 고유분야였던 S/W에 자원을 집중하였다.

㉡ B마트는 재고 네트워크를 전산화하여 원가를 절감하고 양질의 제품을 최저가격에 판매하고 있다.

㉢ A호텔은 5성급 호텔로 하루 숙박비용이 상당히 비싸지만, 환상적인 풍경과 더불어 친절한 서비스를 제공하고 객실 내 제품이 모두 최고급으로 비치되어 있어 이용객들에게 높은 만족도를 준다.

	차별화 전략	원가우위 전략	집중화 전략
①	㉠	㉡	㉢
②	㉠	㉢	㉡
③	㉡	㉠	㉢
④	㉢	㉡	㉠
⑤	㉢	㉠	㉡

02 | 조직 구조

| 유형분석 |

- 조직 구조 유형에 대한 특징을 물어보는 문제가 자주 출제된다.
- 기계적 조직과 유기적 조직의 차이점과 사례 등을 숙지하고 있어야 한다.
- 조직 구조 형태에 따라 기능적 조직, 사업별 조직으로 구분하여 출제되기도 한다.

다음 〈보기〉 중 기계적 조직의 특징으로 옳은 것을 모두 고르면?

보기

㉠ 변화에 맞춰 쉽게 변할 수 있다.
㉡ 상하 간 의사소통이 공식적인 경로를 통해 이루어진다.
㉢ 대표적으로 사내 벤처팀, 프로젝트팀이 있다.
㉣ 구성원의 업무가 분명하게 규정되어 있다.
㉤ 다양한 규칙과 규제가 있다.

① ㉠, ㉡, ㉢
② ㉠, ㉣, ㉤
③ ㉡, ㉢, ㉣
④ ㉡, ㉣, ㉤
⑤ ㉢, ㉣, ㉤

정답 ④

오답분석

㉠·㉢ 유기적 조직에 대한 설명이다.

- 기계적 조직
  - 구성원의 업무가 분명하게 규정되어 있고, 많은 규칙과 규제가 있다.
  - 상하 간 의사소통이 공식적인 경로를 통해 이루어진다.
  - 대표적으로 군대, 정부, 공공기관 등이 있다.
- 유기적 조직
  - 업무가 고전되지 않아 업무 공유가 가능하다.
  - 규제나 통제의 정도가 낮아 변화에 맞춰 쉽게 변할 수 있다.
  - 대표적으로 권한위임을 받아 독자적으로 활동하는 사내 벤처팀, 특정한 과제 수행을 위해 조직된 프로젝트팀이 있다.

풀이 전략!

조직 구조는 유형에 따라 기계적 조직과 유기적 조직으로 나눌 수 있다. 기계적 조직과 유기적 조직은 서로 상반된 특징을 가지고 있으며, 기계적 조직이 관료제의 특징과 비슷함을 파악하고 있다면, 이와 상반된 유기적 조직의 특징도 수월하게 파악할 수 있다.

대표기출유형 02 기출응용문제

01 다음 글에 해당하는 조직체계 구성요소는 무엇인가?

> 조직의 목표나 전략에 따라 수립되며, 조직구성원들의 활동범위를 제약하고 일관성을 부여하는 기능을 한다.

① 조직목표
② 경영자
③ 조직문화
④ 조직구조
⑤ 규칙 및 규정

02 다음 중 조직문화의 특징으로 적절하지 않은 것은?

① 구성 요소에는 리더십 스타일, 제도 및 절차, 구성원, 구조 등이 있다.
② 조직구성원들에게 일체감과 정체성을 준다.
③ 조직의 안정성을 유지하는 데 기여한다.
④ 조직 몰입도를 향상시킨다.
⑤ 구성원들 개개인의 다양성을 강화해준다.

03 다음 중 조직목표의 기능에 대한 설명으로 적절하지 않은 것은?

① 조직이 나아갈 방향을 제시해 주는 기능을 한다.
② 조직구성원의 의사결정 기준의 기능을 한다.
③ 조직구성원의 행동에 동기를 유발시키는 기능을 한다.
④ 조직을 운영하는 데 융통성을 제공하는 기능을 한다.
⑤ 조직구조나 운영과정과 같이 조직체제를 구체화할 수 있는 기준이 된다.

04 **다음 중 조직변화의 과정을 순서대로 바르게 나열한 것은?**

ㄱ. 환경변화 인지	ㄴ. 변화결과 평가
ㄷ. 조직변화 방향 수립	ㄹ. 조직변화 실행

① ㄱ－ㄷ－ㄹ－ㄴ
② ㄱ－ㄹ－ㄷ－ㄴ
③ ㄴ－ㄷ－ㄹ－ㄱ
④ ㄹ－ㄱ－ㄷ－ㄴ
⑤ ㄹ－ㄷ－ㄱ－ㄴ

05 **다음 중 조직구조의 결정요인에 대한 설명으로 적절하지 않은 것은?**

① 급변하는 환경에서는 유기적 조직보다 원칙이 확립된 기계적 조직이 더 적합하다.
② 대규모 조직은 소규모 조직에 비해 업무의 전문화 정도가 높다.
③ 조직구조의 주요 결정요인은 4가지로 전략, 규모, 기술, 환경이다.
④ 조직 활동의 결과에 대한 만족은 조직의 문화적 특성에 따라 상이하다.
⑤ 일반적으로 소량생산기술을 가진 조직은 유기적 조직구조를, 대량생산기술을 가진 조직은 기계적 조직구조를 가진다.

06 **다음 〈보기〉 중 조직도에 대해 바르게 설명한 사람을 모두 고르면?**

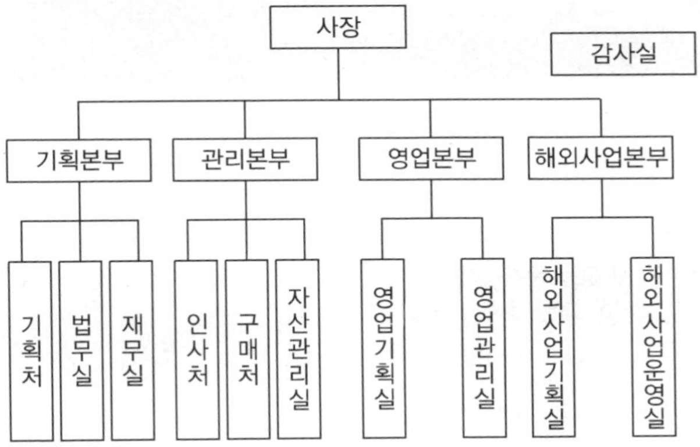

보기

A : 조직도를 보면 4개 본부, 3개의 처, 8개의 실로 구성되어 있어.

B : 사장 직속으로 4개의 본부가 있고, 그중 한 본부에서는 인사업무만을 전담하고 있네.

C : 감사실은 사장 직속이지만 별도로 분리되어 있구나.

D : 해외사업기획실과 해외사업운영실은 둘 다 해외사업과 관련이 있으니까 해외사업본부에 소속되어 있는 것이 맞아.

① A, B
② A, C
③ A, D
④ B, C
⑤ B, D

03 | 업무 종류

| 유형분석 |

- 부서별 주요 업무에 대해 묻는 문제이다.
- 부서별 특징과 담당 업무에 대한 이해가 필요하다.

다음 상황에서 팀장의 지시를 적절히 수행하기 위하여 오대리가 거쳐야 할 부서명을 순서대로 바르게 나열한 것은?

> 오대리, 내가 내일 출장 준비 때문에 무척 바빠서 그러는데 자네가 좀 도와줘야 할 것 같군. 우선 박비서한테 가서 오후 사장님 회의 자료를 좀 가져다 주게나. 오는 길에 지난주 기자단 간담회 자료 정리가 되었는지 확인해 보고 완료됐으면 한 부 챙겨 오고. 다음 주에 승진자 발표가 있을 것 같은데 우리 팀 승진 대상자 서류가 잘 전달되었는지 그것도 확인 좀 해 줘야겠어. 참, 오후에 바이어가 내방하기로 되어 있는데 공항 픽업 준비는 잘 해 두었지? 배차 예약 상황도 다시 한 번 점검해 봐야 할 거야. 그럼 수고 좀 해 주게.

① 기획팀 – 홍보팀 – 총무팀 – 경영관리팀
② 비서실 – 홍보팀 – 인사팀 – 총무팀
③ 인사팀 – 법무팀 – 총무팀 – 기획팀
④ 경영관리팀 – 법무팀 – 총무팀 – 인사팀
⑤ 회계팀 – 경영관리팀 – 인사팀 – 총무팀

정답 ②

우선 박비서에게 회의 자료를 받아 와야 하므로 비서실을 들러야 한다. 다음으로 기자단 간담회는 대회 홍보 및 기자단 상대 업무를 맡은 홍보팀에서 자료를 정리할 것이므로 홍보팀을 거쳐야 한다. 또한, 승진자 인사 발표 소관 업무는 인사팀이 담당한다고 볼 수 있으며, 회사의 차량 배차에 대한 업무는 총무팀과 같은 지원부서의 업무로 보는 것이 적절하다.

풀이 전략!

> 조직은 목적의 달성을 위해 업무를 효과적으로 분배하고 처리할 수 있는 구조를 확립해야 한다. 조직의 목적이나 규모에 따라 업무의 종류는 다양하지만, 대부분의 조직에서는 총무, 인사, 기획, 회계, 영업으로 부서를 나누어 업무를 담당하고 있다. 따라서 5가지 업무 종류에 대해서는 미리 숙지해야 한다.

대표기출유형 03 기출응용문제

01 **김부장과 박대리는 A공사의 고객지원실에서 근무하고 있다. 다음 상황에서 김부장이 박대리에게 지시할 사항으로 가장 적절한 것은?**

- 부서별 업무분장
  - 인사혁신실 : 신규 채용, 부서 / 직무별 교육계획 수립 / 시행, 인사고과 등
  - 기획조정실 : 조직문화 개선, 예산사용계획 수립 / 시행, 대외협력, 법률지원 등
  - 총무지원실 : 사무실, 사무기기, 차량 등 업무지원 등

〈상황〉

박대리 : 고객지원실에서 사용하는 A4 용지와 볼펜이 부족해서 비품을 신청해야 할 것 같습니다. 그리고 지난번에 말씀하셨던 고객 상담 관련 사내 교육 일정이 이번에 확정되었다고 합니다. 고객지원실 직원들에게 관련 사항을 전달하려면 교육 일정 확인이 필요할 것 같습니다.

① 박대리, 인사혁신실에 전화해서 비품 신청하고, 전화한 김에 교육 일정도 확인해서 나한테 알려줘요.
② 박대리, 총무지원실에 가서 교육 일정 확인하고, 간 김에 비품 신청도 하고 오세요.
③ 박대리, 기획조정실에 가서 교육 일정 확인하고, 인사혁신실에 가서 비품 신청하고 오도록 해요.
④ 박대리, 총무지원실에 전화해서 비품 신청하고, 기획조정실에 가서 교육 일정 확인하고 나한테 알려줘요.
⑤ 박대리, 총무지원실에 전화해서 비품 신청하고, 인사혁신실에 가서 교육 일정 확인하고 나한테 알려줘요.

02 **다음 지시사항에 대한 설명으로 적절하지 않은 것은?**

은경씨, 금요일 오후 2시부터 인·적성검사 합격자 10명의 1차 면접이 진행될 예정입니다. 5층 회의실 사용 예약을 지금 미팅이 끝난 직후 해 주시고, 2명씩 다섯 조로 구성하여 10분씩 면접을 진행하니 지금 드리는 지원 서류를 참고하여 수요일 오전까지 다섯 조를 구성한 보고서를 저에게 주십시오. 그리고 2명의 면접위원님께 목요일 오전에 면접진행에 대해 말씀드려 미리 일정 조정을 완료해 주시기 바랍니다.

① 면접은 10분씩 진행된다.
② 은경씨는 수요일 오전까지 보고서를 제출해야 한다.
③ 면접은 금요일 오후에 10명을 대상으로 실시된다.
④ 인·적성검사 합격자는 본인이 몇 조인지 알 수 있다.
⑤ 은경씨는 면접위원님께 면접진행에 대해 말씀드려야 한다.

※ 다음은 A공사 조직도의 일부이다. 이어지는 질문에 답하시오. [3~4]

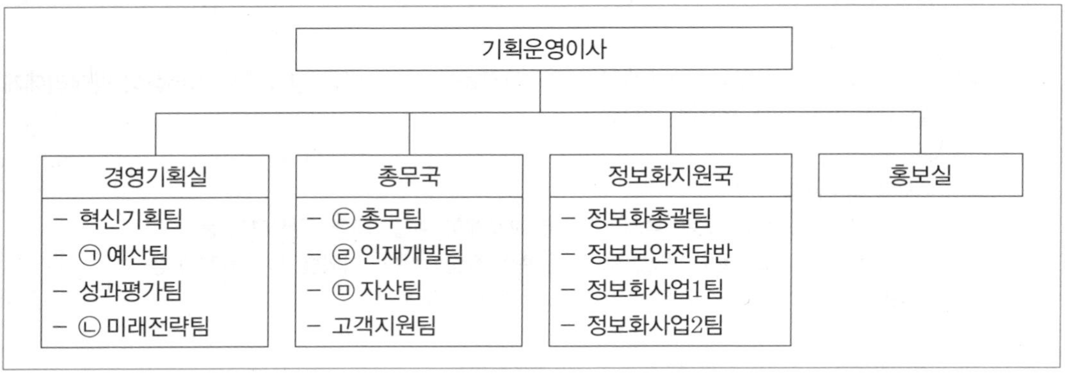

03 다음 중 A공사의 각 부서와 업무가 바르게 연결되지 않은 것은?

① ㉠ : 수입·지출 예산 편성 및 배정 관리
② ㉡ : 공단사업 관련 연구과제 개발 및 추진
③ ㉢ : 복무관리 및 보건·복리 후생
④ ㉣ : 임직원 인사, 상훈, 징계
⑤ ㉤ : 예산집행 조정, 통제 및 결산 총괄

04 다음 중 정보보안전담반의 업무로 적절하지 않은 것은?

① 정보보안기본지침 및 개인정보보호지침 제·개정 관리
② 직원 개인정보보호 의식 향상 교육
③ 개인정보종합관리시스템 구축·운영
④ 정보보안 및 개인정보보호 계획 수립
⑤ 전문자격 시험 출제정보시스템 구축·운영

※ 다음은 A공사 연구소의 주요 사업별 연락처이다. 이어지는 질문에 답하시오. [5~6]

〈주요 사업별 연락처〉

주요 사업	담당부서	연락처
고객지원	고객지원팀	044-410-7001
감사, 부패방지 및 지도점검	감사실	044-410-7011
국제협력, 경영평가, 예산기획, 규정, 이사회	전략기획팀	044-410-7023
인재개발, 성과평가, 교육, 인사, ODA사업	인재개발팀	044-410-7031
복무노무, 회계관리, 계약 및 시설	경영지원팀	044-410-7048
품질평가관리, 품질평가 관련 민원	평가관리팀	044-410-7062
가공품 유통 전반(실태조사, 유통정보), 컨설팅	유통정보팀	044-410-7072
대국민 교육, 기관 마케팅, 홍보관리, CS, 브랜드인증	고객홍보팀	044-410-7082
이력관리, 역학조사지원	이력관리팀	044-410-7102
유전자분석, 동일성검사	유전자분석팀	044-410-7111
연구사업 관리, 기준개발 및 보완, 시장조사	연구개발팀	044-410-7133
정부3.0, 홈페이지 운영, 대외자료제공, 정보보호	정보사업팀	044-410-7000

05 다음 중 A공사 연구소의 주요 사업별 연락처를 본 채용 지원자의 반응으로 적절하지 않은 것은?

① A공사 연구소는 1개 실과 11개 팀으로 이루어져 있구나.
② 예산기획과 경영평가는 같은 팀에서 종합적으로 관리하겠구나.
③ 평가업무라 하더라도 평가 특성에 따라 담당하는 팀이 달라지겠구나.
④ 홈페이지 운영은 고객홍보팀에서 마케팅과 함께 하겠구나.
⑤ 부패방지를 위해 부서를 따로 두었구나.

06 다음 민원인의 요청을 듣고 난 후 민원을 해결하기 위해 연결할 부서로 가장 적절한 것은?

민원인 : 얼마 전 신제품 관련 등급 신청을 했습니다. 신제품 품질에 대한 등급에 대해 이의가 있습니다. 관련 건으로 담당자분과 통화하고 싶습니다.
상담직원 : 불편을 드려서 죄송합니다. ________________ 연결해 드리겠습니다. 잠시만 기다려 주십시오.

① 지도점검 업무를 담당하고 있는 감사실로
② 연구사업을 관리하고 있는 연구개발팀으로
③ 기관의 홈페이지 운영을 전담하고 있는 정보사업팀으로
④ 이력관리 업무를 담당하고 있는 이력관리팀으로
⑤ 품질평가를 관리하는 평가관리팀으로

CHAPTER 08

대인관계능력

합격 Cheat Key

대인관계능력은 직장생활에서 접촉하는 사람들과 원만한 관계를 유지하고 조직구성원들에게 도움을 줄 수 있으며 조직 내부 및 외부의 갈등을 원만히 해결하고 고객의 요구를 충족할 수 있는 능력을 의미한다. 또한, 직장생활을 포함한 일상에서 스스로를 관리하고 개발하는 능력을 말한다. 세부 유형은 팀워크, 갈등 관리, 협상, 고객 서비스로 나눌 수 있다.

1 일반적인 수준에서 판단하라!

일상생활에서의 대인관계를 생각하면서 문제에 접근하면 어렵지 않게 풀 수 있다. 그러나 수험생들 입장에서 직장 내에서의 상황, 특히 역할(직위)에 따른 대인관계를 묻는 문제는 까다롭게 느껴질 수 있고 일상과는 차이가 있을 수 있기 때문에 이런 유형에 대해서는 따로 알아둘 필요가 있다.

2 이론을 먼저 익혀라!

대인관계능력 이론을 접목한 문제가 종종 출제된다. 물론 상식 수준에서도 풀 수 있지만 정확하고 신속하게 해결하기 위해서는 이론을 정독한 후 자주 출제되는 부분들은 암기를 필수로 해야 한다. 자주 출제되는 부분은 리더십과 멤버십의 차이, 단계별 협상 과정, 고객 불만 처리 프로세스 등이 있다.

3 실제 업무에 대한 이해를 높여라!

출제되는 문제의 수는 많지 않으나, 고객과의 접점에 있는 서비스직군 시험에 출제될 가능성이 높은 영역이다. 특히 상황 제시형 문제들이 많이 출제되므로 실제 업무에 대한 이해를 높여야 한다.

4 애매한 유형의 빈출 문제, 선택지를 파악하라!

대인관계능력의 출제 문제들을 보면 이것도 맞고, 저것도 맞는 것 같은 선택지가 많다. 하지만 정답은 하나이다. 출제자들은 대인관계능력이란 공부를 통해 얻는 것이 아닌 본인의 독립적인 성품으로부터 자연스럽게 나오는 것이라고 생각한다. 수험생들이 선택하는 보기로 그 수험생들을 파악한다. 그러므로 대인관계능력은 빈출 유형의 문제와 선택지를 파악하고 가는 것이 애매한 문제들의 정답률을 높이는 데 도움이 될 것이다. 내가 맞다고 생각하는 선택지가 답이 아닐 가능성이 있기 때문이다.

01 팀워크

| 유형분석 |

- 팀워크에 대한 이해를 묻는 문제가 자주 출제된다.
- 직장 내 상황 중에서 구성원으로서 팀워크를 위해 어떤 행동을 해야 하는지 묻는 문제가 출제되기도 한다.

다음 사례에서 알 수 있는 효과적인 팀의 특징으로 가장 적절한 것은?

A, B, C가 운영 중인 커피전문점은 현재 매출이 꾸준히 상승하고 있다. 매출 상승의 원인을 살펴보면 우선, A, B, C는 각자 자신이 해야 할 일이 무엇인지 정확하게 알고 있다. A는 커피를 제조하고 있으며, B는 디저트를 담당하고 있다. 그리고 C는 계산 및 매장관리를 전반적으로 맡고 있다. A는 고객들이 다시 생각나게 할 수 있는 독창적인 커피 맛을 위해 커피 블렌딩을 연구하고 있으며, B는 커피와 적합하고, 고객들의 연령에 맞는 다양한 디저트를 개발 중이다. 그리고 C는 A와 B가 자신의 업무에 집중할 수 있도록 적극적으로 지원하고 있다. 이처럼 A, B, C는 서로의 업무를 이해하면서 즐겁게 일하고 있으며, 이것이 매출 상승의 원인으로 작용하고 있는 것이다.

① 창조적으로 운영된다.
② 결과에 초점을 맞춘다.
③ 개인의 강점을 활용한다.
④ 역할을 명확하게 규정한다.
⑤ 의견의 불일치를 건설적으로 해결한다.

정답 ④

A, B, C는 각자 자신이 해야 할 일이 무엇인지 정확하게 알고 있으며, 서로의 역할도 이해하는 모습을 볼 수 있다. 이처럼 효과적인 팀은 역할을 명확하게 규정한다.

풀이 전략!

제시된 상황을 자신의 입장이라고 생각해 본 후, 가장 모범적이라고 생각되는 것을 찾아야 한다. 이때, 지나치게 자신의 생각만 가지고 문제를 풀지 않도록 주의하며, 팀워크에 대한 이론과 연관 지어 답을 찾도록 해야 한다.

대표기출유형 01 기출응용문제

01 **다음 중 팀워크에 효과적인 방법으로 적절하지 않은 것은?**

① 사소한 것에도 관심을 가진다.
② 결과보다 과정에 초점을 맞춘다.
③ 기대와 책임 등을 명확하게 한다.
④ 목표를 명확하게 한다.
⑤ 개인의 강점을 활용한다.

02 **다음 두 사례를 보고 팀워크에 대해 바르지 않게 분석한 사람은?**

〈A사의 사례〉

A사는 1987년부터 1992년까지 품질과 효율 향상은 물론 생산 기간을 50%나 단축시키는 성과를 내었다. 모든 부서에서 품질 향상의 경쟁이 치열했고, 그 어느 때보다 좋은 팀워크가 만들어졌다고 평가되었다. 가장 성과가 우수하였던 부서는 미국의 권위 있는 볼드리지(Baldrige) 품질대상을 수상하기도 하였다. 그런데 이러한 개별 팀의 성과가 회사 전체의 성과나 주주의 가치로 잘 연결되지 못했던 것으로 분석되었다. 시장의 PC 표준 규격을 반영하지 않은 새로운 규격으로 인해 호환성 문제가 대두되었고, 대중의 외면을 받아야만 했다. 한 임원은 "아무리 빨리, 제품을 잘 만들어도 고객의 가치를 반영하지 못하거나, 시장에서 고객의 접촉이 제대로 이루어지지 않으면 의미가 없다는 점을 배웠다."라고 말했다.

〈K병원의 사례〉

가장 정교하고 효과적인 팀워크가 요구되는 의료 분야에서 K병원은 최고의 의료 수준과 서비스로 명성을 얻고 있다. 이 병원의 조직 운영 기본 원칙에는 '우리 지역과 국가, 세계의 환자들의 니즈에 집중하는 최고의 의사, 연구원 및 의료 전문가의 협력을 기반으로 병원을 운영한다.'라고 명시되어 있다고 한다. 팀 간의 협력은 물론 전 세계의 고객을 지향하는 웅대한 가치를 공유하고 있는 것이다. K병원이 최고의 명성과 함께 노벨상을 수상하는 실력을 갖출 수 있었던 데는 이러한 팀워크가 중요한 역할을 하였다고 볼 수 있다.

① 재영 : 개별 팀의 팀워크가 좋다고 해서 반드시 조직의 성과로 이어지는 것은 아니군.
② 건우 : 팀워크는 공통된 비전을 공유하고 있어야 해.
③ 수정 : 개인의 특성을 이해하고 개인 간의 차이를 중시해야 해.
④ 유주 : 팀워크를 지나치게 강조하다 보면 외부에 배타적인 자세가 될 수 있어.
⑤ 바위 : 역시 팀워크는 성과를 만드는 데 중요한 역할을 하네.

02 리더십

| 유형분석 |

- 리더십의 개념을 비교하는 문제가 자주 출제된다.
- 리더의 역할에 대한 문제가 출제되기도 한다.

다음은 리더와 관리자의 차이점을 설명한 글이다. 리더의 행동을 이해한 내용으로 옳지 않은 것은?

> 리더와 관리자의 가장 큰 차이점은 비전이 있고 없음에 있다. 또한 관리자의 역할이 자원을 관리·분배하고, 당면한 과제를 해결하는 것이라면, 리더는 비전을 선명하게 구축하고, 그 비전이 팀원들의 협력 아래 실현되도록 환경을 만들어 주는 것이다.

① 리더는 자신다움을 소중히 하며, 자신의 브랜드 확립에 적극적으로 임한다.
② 리더는 매일 새로운 것을 익혀 변화하는 세계 속에서 의미를 찾도록 노력한다.
③ 리더는 목표의 실현에 관련된 모든 사람들을 중시하며, 약속을 지켜 신뢰를 쌓는다.
④ 리더는 변화하는 세계에서 현재의 현상을 유지함으로써 조직이 안정감을 갖도록 한다.
⑤ 리더는 멀리 있는 목표를 바라보며, 즉시 대가를 얻을 수 없어도 동기를 계속 유지한다.

정답 ④

리더는 혁신을 신조로 가지며, 일이 잘 될 때에도 더 좋아지는 방법이 있다면 변화를 추구한다. 반면, 관리자는 현재의 현상과 지금 잘하고 있는 것을 계속 유지하려 하는 모습을 보인다.

리더와 관리자의 차이점

리더	관리자
• 새로운 상황을 창조한다. • 혁신지향적이다. • 내일에 초점을 둔다. • 사람의 마음에 불을 지핀다. • 사람을 중시한다. • 정신적이다. • 계산된 리스크를 취한다. • '무엇을 할까?'를 생각한다.	• 상황에 수동적이다. • 유지지향적이다. • 오늘에 초점을 둔다. • 사람을 관리한다. • 체제나 기구를 중시한다. • 기계적이다. • 리스크를 회피한다. • '어떻게 할까?'를 생각한다.

풀이 전략!

리더십의 개념을 비교하는 문제가 자주 출제되기 때문에 관련 개념을 정확하게 암기해야 하고, 조직 내에서의 리더의 역할에 대한 이해가 필요하다.

대표기출유형 02 기출응용문제

01 다음은 리더십 유형 중 변혁적 리더에 대한 설명이다. 이를 참고할 때 변혁적 리더의 특징으로 적절하지 않은 것은?

> 변혁적 리더는 전체 조직이나 팀원들에게 변화를 가져오는 원동력이다. 즉, 변혁적 리더는 개개인과 팀이 유지해 온 이제까지의 업무수행 상태를 뛰어넘고자 한다.

① 카리스마
② 정보 독점
③ 풍부한 칭찬
④ 감화(感化)
⑤ 자기 확신

02 다음은 멤버십 유형별 특징에 대한 자료이다. 이를 참고하여 각 유형의 멤버십을 가진 사원에 대한 리더의 대처방안으로 가장 적절한 것은?

〈멤버십 유형별 특징〉

소외형	순응형
• 조직에서 자신을 인정해주지 않음 • 적절한 보상이 없음 • 업무 진행에 있어 불공정하고 문제가 있음	• 기존 질서를 따르는 것이 중요하다고 생각함 • 리더의 의견을 거스르는 것은 어려운 일임 • 획일적인 태도와 행동에 익숙함
실무형	**수동형**
• 조직에서 규정준수를 강조함 • 명령과 계획을 빈번하게 변경함	• 조직이 나의 아이디어를 원치 않음 • 노력과 공헌을 해도 아무 소용이 없음 • 리더는 항상 자기 마음대로 함

① 소외형 사원은 팀에 협조하는 경우에 적절한 보상을 주도록 한다.
② 소외형 사원은 팀을 위해 업무에서 배제시킨다.
③ 순응형 사원에 대해서는 조직을 위해 순응적인 모습을 계속 권장한다.
④ 실무형 사원에 대해서는 징계를 통해 규정 준수를 강조한다.
⑤ 수동형 사원에 대해서는 자신의 업무에 대해 자신감을 주도록 한다.

03 갈등 관리

| 유형분석 |

- 갈등의 개념이나 원인, 해결방법을 묻는 문제가 자주 출제된다.
- 실제 사례에 적용할 수 있는지를 확인하는 문제가 출제되기도 한다.
- 일반적인 상식으로 해결할 수 있는 문제가 출제되기도 하지만, 자의적인 판단에 주의해야 한다.

S사에 근무하는 사원 A씨는 최근 자신의 상사인 B대리 때문에 스트레스를 받고 있다. A씨가 공들여 작성한 기획서를 제출하면 B대리가 중간에서 매번 퇴짜를 놓기 때문이다. 이와 동시에 A씨는 자신에 대한 B대리의 감정이 좋지 않은 것 같아 마음이 더 불편하다. A씨가 직장 동료인 C씨에게 이러한 어려움을 토로했을 때, 다음 중 C씨가 A씨에게 해 줄 수 있는 조언으로 적절하지 않은 것은?

① 무엇보다 관계 갈등의 원인을 찾는 것이 중요하다.
② B대리님의 입장을 충분히 고려해 볼 필요가 있다.
③ B대리님과 마음을 열고 대화해 볼 필요가 있다.
④ B대리님과 누가 옳고 그른지 확실히 논쟁해 볼 필요가 있다.
⑤ 걱정되더라도 갈등 해결을 위해 피하지 말고 맞서야 한다.

정답 ④

갈등을 성공적으로 해결하기 위해서는 누가 옳고 그른지 논쟁하는 일은 피하는 것이 좋으며, 상대방의 양 측면을 모두 이해하고 배려하는 것이 중요하다.

풀이 전략!

문제에서 물어보는 내용을 정확하게 파악한 뒤, 갈등 관련 이론과 대조해 본다. 특히 자주 출제되는 갈등 해결방법에 대한 이론을 암기해 두면 문제 푸는 속도를 줄일 수 있다.

대표기출유형 03 기출응용문제

01 **다음은 갈등해결을 위한 6단계 프로세스이다. 3단계에 해당하는 대화의 예로 가장 적절한 것은?**

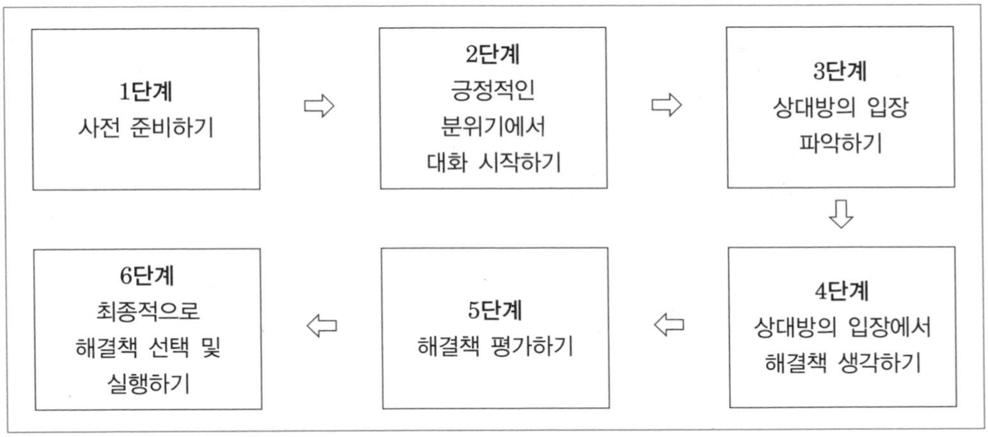

① 그럼 A씨의 생각대로 진행해 보시죠.
② 제 생각은 이런데, A씨의 생각은 어떠신지 말씀해 주시겠어요?
③ 저도 좋아요. 그것으로 결정해요.
④ 저는 모두가 만족하는 해결책을 찾고 싶어요.
⑤ A씨의 말은 아무리 들어도 이해가 안 되는데요.

02 **A사에 근무하는 귀하는 최근 매주 금요일 업무시간이 끝나고 한 번씩 진행해야 하는 바닥 청소 당번 문제를 두고 동료인 B사원과 갈등 중에 있다. 둘 중 한 명은 매주 바닥 청소를 해야 하는데, 금요일에 일찍 퇴근하기를 원하는 귀하와 B사원 모두 청소 당번에서 빠지고 싶어 하기 때문이다. 이러한 상황에서 갈등의 해결방법 중 하나인 '윈－윈(Win－Win) 관리법'으로 갈등을 해결하고자 할 때, 다음 중 B사원에게 제시할 수 있는 귀하의 제안으로 가장 적절한 것은?**

① 우리 둘 다 청소 당번을 피할 수는 없으니, 그냥 공평하게 같이 하죠.
② 제가 그냥 B사원 몫까지 매주 청소를 맡아서 할게요.
③ 저와 B사원이 번갈아가면서 청소를 맡도록 하죠.
④ 우선 금요일 업무시간 전에 청소를 할 수 있는지 확인해 보도록 하죠.
⑤ 저는 절대 양보할 수 없으니, B사원이 그냥 맡아서 해 주세요.

04 | 고객 서비스

| 유형분석 |

- 고객불만을 효과적으로 처리하기 위한 과정이나 방법에 대한 문제이다.
- 고객불만 처리 프로세스에 대한 숙지가 필요하다.

다음 글에서 알 수 있는 J씨의 잘못된 고객응대 자세는 무엇인가?

> 직원 J씨는 규모가 큰 대형 마트에서 육류제품의 유통 업무를 담당하고 있다. 전화벨이 울리고 신속하게 인사와 함께 전화를 받았는데 전화는 채소류에 관련된 업무 문의로 직원 J씨는 고객에게 자신은 채소류에 관련된 담당자가 아니라고 설명하고, "지금 거신 전화는 육류에 관련된 부서로 연결되어 있습니다. 채소류 관련 부서로 전화를 연결해드릴 테니 잠시만 기다려 주십시오."라고 말하고 다른 부서로 전화를 돌렸다.

① 신속하게 전화를 받지 않았다.
② 기다려 주신 데 대한 인사를 하지 않았다.
③ 고객의 기다림에 대해 양해를 구하지 않았다.
④ 전화를 다른 부서로 돌려도 괜찮은지 묻지 않았다.
⑤ 자신의 직위를 밝히지 않았다.

정답 ④

전화를 다른 부서로 연결할 때 양해를 구하지 않았으며, 다른 부서의 사람이 전화를 받을 수 있는 상황인지를 사전에 확인하지 않았다.

풀이 전략!

> 제시된 상황이나 고객 유형을 정확하게 파악해야 하고, 고객불만 처리 프로세스를 토대로 갈등을 해결해야 한다.

대표기출유형 04 기출응용문제

01 **K사원은 A공사에서 고객응대 업무를 맡고 있다. 다음과 같이 고객의 민원에 답변하였을 때, 적절하지 않은 것은?**

> 고객 : 저기요. 제가 너무 답답해서 이렇게 전화했습니다.
> K사원 : 안녕하세요. 고객님. 상담사 ○○○입니다. 무슨 문제로 전화해주셨나요? … ①
>
> 고객 : 아니, 아직 납부기한이 지나지도 않았는데, 홈페이지에 왜 '납부하지 않은 보험료'로 나오는 건가요? 일 처리를 왜 이렇게 하는 건가요?
> K사원 : 고객님, 이건 저희 실수가 아니라 고객님이 잘못 이해하신 부분 같습니다. … ②
>
> 고객 : 무슨 소리예요? 내가 지금 홈페이지에서 확인하고 왔는데.
> K사원 : 고객님, 홈페이지에서 '납부하지 않은 보험료'로 표시되는 경우는 고객님께서 다음 달 10일까지 납부하셔야 할 당월분 보험료라고 이해하시면 됩니다. … ③
>
> 고객 : 정말이에요? 나 참 왜 이렇게 헷갈리게 만든 건가요?
> K사원 : 죄송합니다, 고객님. 참고로 이미 보험료를 납부했는데도 '납부하지 않은 보험료'로 표시되는 경우에는 보험료 납부내역이 공단 전산에 반영되는 기준일이 '납부 후 최장 4일 경과한 시점'이기 때문임을 유의해 주시기 바랍니다. … ④
>
> 고객 : 알겠습니다. 수고하세요.
> K사원 : 감사합니다. 고객님 좋은 하루 보내세요. 상담사 ○○○이었습니다. … ⑤

02 **다음 중 불만족 고객에 대한 설명으로 적절하지 않은 것은?**

① 고객의 불평은 서비스를 개선하는 데 중요한 정보를 제공하기도 한다.
② 빨리빨리 유형을 상대할 경우 잠자코 고객의 의견을 경청하고 사과를 한다.
③ 거만형 유형을 상대할 경우 정중하게 대하는 것이 좋다.
④ 의심형 유형을 상대할 경우 분명한 증거나 근거를 제시한다.
⑤ 트집형 유형을 상대할 경우 이야기를 경청하고 맞장구치며 상대를 설득해 간다.

CHAPTER 09

자기개발능력

합격 Cheat Key

자기개발능력은 직업인으로서 자신의 능력, 적성, 특성 등의 객관적 이해를 기초로 자기 발전 목표를 스스로 수립하고 자기관리를 통하여 성취해 나가는 능력을 의미한다. 또한 직장 생활을 포함한 일상에서 스스로를 관리하고 개발하는 능력을 말한다. 국가직무능력표준에 따르면 세부 유형은 자아 인식 · 자기 관리 · 경력 개발로 나눌 수 있다.

1 개념을 정립하라!

자기개발능력의 문제들은 대부분 어렵거나 특별한 지식을 요구하지는 않는다. 그렇기 때문에 따로 시간을 할애해 학습하지 않아도 득점이 가능하다. 다만, 매슬로의 욕구 단계, 조하리의 창 등의 개념이나 키워드들은 정리해서 미리 알아 둘 필요가 있다.

2 개념과 상황에 대비하라!

자신에 대한 이해를 바탕으로 스스로를 관리하고 나아가 개발하는 것에 대한 문제가 대부분인데, 상식으로 풀 수 있는 내용뿐만 아니라 지식을 알아 두지 않으면 틀릴 수밖에 없는 내용도 많다. 그렇기 때문에 자주 출제되는 개념들은 분명히 정리해야 하고, 출제되는 유형이 지식 자체를 묻기보다는 대화나 예시와 함께 제시되기 때문에 상황과 함께 연결해서 정리해 두어야 한다.

3 업무 사례와 연관 지어라!

자기개발의 정의와 구성 요인을 파악하는 기본적인 이론도 중요하지만, 실제 업무 사례와 연관 짓거나 상황에 적용하는 등의 문제를 통해 자기개발 전략에 대해 이해할 필요가 있다. 스스로 자기개발 계획을 수립하여 실제 업무 수행 시 반영할 수 있어야 한다.

4 출제 이유를 생각하라!

이 영역은 굳이 공부를 하지 않아도 되는 영역이라고 생각하는 사람들이 많다. 그럼에도 공사·공단에서 자기개발능력을 시험으로 출제하는 근본적인 이유를 생각해 볼 필요가 있다. 대부분의 수험생들이 자기개발능력에 공부시간을 전혀 할애하지 않고 시험을 보러 간다. 그렇기 때문에 본인이 찍는 정답이 곧 본인의 가치관을 반영하는 것이라고 할 수 있다. 자기개발은 본인 스스로를 위해서 이루어지고, 직장생활에서의 자기개발은 업무의 성과를 향상시키기 위해 이루어진다. 출제자들은 그것을 파악하려고 하는 것이다. 이는 기본적인 개념을 암기해야 할 이유이다.

01 자기 관리

| 유형분석 |

- 자기개발과 관련된 개념 문제가 자주 출제된다.
- 다양한 상황에 이론을 대입하여 푸는 문제가 출제된다.

다음 사례에서 B사원이 자기개발에 어려움을 겪고 있는 이유로 가장 적절한 것은?

B사원은 국내 제조업체에서 근무하고 있지만 업무에 흥미를 느끼지 못하고 있다. 그래서 외국계 IT회사로 이직하기 위해 계획을 세우고 관련 자격증을 따기 위해서 인터넷 강의도 등록하였다. 그러나 강의를 들어보니 그동안 해왔던 업무와 전혀 다른 새로운 분야인데다가, 현재 근무 중인 회사를 벗어나 자신이 새로운 곳에 잘 적응할 수 있을지 두려움이 생겼다.

① 자기실현에 대한 욕구보다 다른 욕구가 더 강했기 때문에
② 자신을 객관적으로 파악하지 못했기 때문에
③ 자기개발 방법을 정확히 알지 못했기 때문에
④ 현재 익숙한 일과 환경을 지속하려는 습성 때문에
⑤ 시간에 비해 과도한 계획을 세웠기 때문에

정답 ④

B사원은 새로운 분야의 업무와 새로운 직장에 대한 두려움 때문에 자기개발에 어려움을 겪고 있다. 즉, 현재 익숙한 일과 환경을 지속하려는 습성으로 인해 자기개발의 한계에 직면한 것이다.

풀이 전략!

주로 상황과 함께 문제가 출제되기 때문에 제시된 상황을 정확하게 이해하는 것이 중요하다. 또한 자주 출제되는 개념을 반복 학습하여 빠르게 문제를 풀어야 한다.

대표기출유형 01 기출응용문제

01 **A사원은 자기개발을 위해 먼저 자신의 흥미·적성·특성 등을 파악했다. 다음 중 A사원이 얻을 수 있는 효과로 적절하지 않은 것은?**

① 자아정체감을 형성할 수 있다.
② 성장욕구가 증가하게 된다.
③ 자기개발 방법을 결정할 수 있다.
④ 직업생활에서 회사의 요구를 파악할 수 있다.
⑤ 객관적으로 자신을 인식할 수 있다.

02 **인사팀 부장 A씨는 올해 입사한 신입사원을 대상으로 자기개발을 해야 하는 이유에 대하여 이야기 하려고 한다. 다음 중 A씨가 해야 할 말로 적절하지 않은 것은?**

① 자기개발을 통해 자신의 장점을 유지하고, 한 분야에서 오랫동안 업무를 수행할 수 있어요.
② 직장생활에서의 자기개발은 업무의 성과를 향상시키는 데 도움이 됩니다.
③ 자기개발은 자신이 달성하고자 하는 목표를 설정하여 성취하는 데 큰 도움을 줄 수 있습니다.
④ 자기개발을 하게 되면 자신감이 상승하고, 삶의 질이 향상되어 보다 보람된 삶을 살 수 있어요.
⑤ 자기개발은 주변 사람들과 긍정적인 인간관계를 형성하는 데 도움이 됩니다.

03 **관리부에 근무 중인 A과장은 회사 사람들에게 자기개발 계획서를 작성해 제출하도록 하였다. 다음 중 자기개발 계획서를 잘못 작성한 사람은?**

① P사원 : 자신이 맡은 직무를 정확하게 파악하고 앞으로 개발해야 할 능력을 작성했다.
② T인턴 : 현재 부족한 점을 파악하고 단기, 장기적 계획을 모두 작성했다.
③ R사원 : 10년 이상의 계획은 모호하기 때문에 1년의 계획과 목표만 작성했다.
④ S인턴 : 자신이 속해 있는 환경과 인간관계를 모두 고려하며 계획서를 작성했다.
⑤ Q대리 : 자신이 현재 자기개발을 위해 하고 있는 활동을 적고 앞으로 어떤 부분을 보완해야 할지 작성했다.

02 | 경력 관리

| 유형분석 |

- 경력개발의 단계에 대한 문제가 자주 출제된다.
- 직장 내 상황에 경력개발의 단계를 대입하여 푸는 문제가 출제된다.

다음 사례의 L씨가 경력개발 계획을 수립하고 실행하는 과정에서 나타나지 않은 단계는?

> 자산관리회사에서 근무 중인 L씨는 투자 전문가가 되고자 한다. L씨는 주변의 투자 전문가를 보면서 그들이 높은 보수를 받고 있으며, 직업에 대한 만족도도 높다는 것을 알았다. 또한 얼마 전 실시했던 적성 검사 결과를 보니, 투자 전문가의 업무가 자신의 적성과 적합한 것 같았다. L씨는 투자 전문가가 되기 위해 본격적으로 알아본 결과 많은 경영학 지식과 관련 자격증이 필요하다는 것을 알게 되었다. 이를 위해 퇴근 후 저녁시간을 활용하여 공부를 해야겠다고 다짐하면서 투자 전문가 관련 자격증을 3년 내에 취득하는 것을 목표로 설정하였다.

① 직무정보 탐색
② 자기 탐색
③ 경력목표 설정
④ 경력개발 전략 수립
⑤ 환경 탐색

정답 ④

경력개발 전략 수립 단계는 경력목표를 수립한 이후 이를 달성하기 위한 구체적인 활동계획을 수립하는 것이다. L씨는 현재 경력목표만 설정한 상태이므로 그 이후 단계인 경력개발 전략 수립 단계는 사례에서 찾아볼 수 없다.

오답분석

① 직무정보 탐색 : 투자 전문가의 보수, 종사자의 직무만족도 등을 파악하였다.
② 자기 탐색 : 적성검사를 통해 자신의 적성을 파악하였다.
③ 경력목표 설정 : 3년 내에 투자 전문가 관련 자격증을 취득하는 것을 목표로 설정하였다.
⑤ 환경 탐색 : 자신이 경력개발을 위해 활용할 수 있는 시간을 파악하였다.

풀이 전략!

경력개발의 단계에 대한 암기를 확실하게 해야 하고, 문제에 제시된 상황을 꼼꼼하게 읽고 이론을 대입해야 한다.

01 **다음은 경력개발의 단계를 나타낸 자료이다. 빈칸 ㉠에 대한 설명으로 적절하지 않은 것은?**

〈경력개발의 단계〉

1단계 : 직무정보 탐색
↓
2단계 : 자신과 환경 이해
↓
3단계 : 경력목표 설정
↓
4단계 : ㉠
↓
5단계 : 실행 및 평가

① 자기인식 관련 워크숍에 참여하거나 특정 직무와 직업에 대한 설명 자료를 확인한다.
② 자신의 역량 개발을 위해 대학원, 교육프로그램 등의 활동에 참여한다.
③ 자신을 알리고 다른 사람과 상호작용할 수 있는 기회를 늘린다.
④ 직장에서 업무시간에 경력개발을 한다.
⑤ 현 직무를 기반으로 성장할 수 있도록 성공적으로 직무를 수행한다.

02 **다음 사례를 토대로 현재 A씨가 해당하는 경력개발 단계는 무엇인가?**

A씨는 33세에 건축회사에 취업하여 20년 가까이 직장생활을 하다가 문득 직장생활을 되돌아보고 창업을 결심하여 지난 달 퇴사하였다. 현재는 창업 관련 서적을 찾아 구입하기도 하고, 관련 박람회를 찾아 가기도 하며 많은 노력을 기울이고 있다.

① 경력 초기
② 경력 말기
③ 경력 중기
④ 직업 선택
⑤ 조직 입사

CHAPTER 10

직업윤리

합격 Cheat Key

직업윤리는 업무를 수행함에 있어 원만한 직업생활을 위해 필요한 태도, 매너, 올바른 직업관이다. 직업윤리는 필기시험뿐만 아니라 서류를 제출하면서 자기소개서를 작성할 때와 면접을 시행할 때도 포함되는 항목으로 들어가지 않는 공사·공단이 없을 정도로 필수 능력으로 꼽힌다.

직업윤리의 세부 능력은 근로 윤리·공동체 윤리로 나눌 수 있다. 구체적인 문제 상황을 제시하여 해결하기 위해 어떤 대안을 선택해야 할지에 관한 문제들이 출제된다.

1 오답을 통해 대비하라!

이론을 따로 정리하는 것보다는 문제에서 본인이 생각하는 모범답안을 선택하고 틀렸을 경우 그 이유를 정리하는 방식으로 학습하는 것이 효율적이다. 암기하기보다는 이해에 중점을 두고 자신의 상식으로 문제를 푸는 것이 아니라 해당 문제가 어느 영역 어떤 하위 능력의 문제인지 파악하는 훈련을 한다면 답이 보일 것이다.

2 직업윤리와 일반윤리를 구분하라!

일반윤리와 구분되는 직업윤리의 특징을 이해해야 한다. 통념상 비윤리적이라고 일컬어지는 행동도 특정한 직업에서는 허용되는 경우가 있다. 그러므로 문제에서 주어진 상황을 판단할 때는 우선 직업의 특성을 고려해야 한다.

3 직업윤리의 하위능력을 파악해 두어라!

직업윤리의 경우 직장생활 경험이 없는 수험생들은 조직에서 일어날 수 있는 구체적인 직업윤리와 관련된 내용에 흥미가 없고 이를 이해하는 데 어려움이 있을 수 있다. 그러나 문제에서는 구체적인 상황·사례를 제시하는 문제가 나오기 때문에 직장에서의 예절을 정리하고 문제 상황에서 적절한 대처를 선택하는 연습을 하는 것이 중요하다.

4 면접에서도 유리하다!

많은 공사·공단에서 면접 시 직업윤리에 관련된 질문을 하는 경우가 많다. 직업윤리 이론 학습을 미리 해 두면 본인의 가치관을 세우는 데 도움이 되고 이는 곧 기업의 인재상과도 연결되기 때문에 미리 준비해 두면 필기시험에서 합격하고 면접을 준비할 때도 수월할 것이다.

01 윤리 · 근면

| 유형분석 |

- 주어진 제시문 속의 비윤리적인 상황에 대하여 원인이나 대처법을 고르는 문제가 출제된다.
- 근면한 자세의 사례를 고르는 문제 또한 종종 출제된다.
- 직장생활 내에서 필요한 윤리적이고 근면한 태도에 대한 문제가 자주 출제된다.

다음 중 직업에서 근면의식의 표출로 적절하지 않은 것은?

① 직업의 현장에서는 능동적인 자세로 임해야 한다.
② 강요에 의한 근면은 노동 행위에 즐거움을 주지 못한다.
③ 즐거운 마음으로 시간을 보내면 궁극적으로 우리의 건강이 증진된다.
④ 노동 현장에서 보수나 진급이 보장되지 않으면 일을 적게 하는 것이 중요하다.
⑤ 일에 지장이 없도록 항상 건강관리에 유의하며, 주어진 시간 내에는 최선을 다한다.

정답 ④

노동 현장에서는 보수나 진급이 보장되지 않더라도 적극적인 노동 자세가 필요하다.

풀이 전략!

근로윤리는 우리 사회가 요구하는 도덕상에 기초하고 있다는 점을 유념하고, 다양한 사례를 익혀 문제에 적응한다.

대표기출유형 01 기출응용문제

01 **다음 중 기업 간 거래 관계에서 요구되는 윤리적 기초에 대한 설명으로 적절하지 않은 것은?**

① 배려의 도덕성은 의무이행을 위해 보상과 격려, 관용과 존경을 강조한다.
② 이해할 만한 거래상대방의 설명 등 쌍방 간 의사소통이 원활하면 분배 공정성이 달성된다.
③ 약속의 성실한 이행은 거래를 지속시키며, 갈등을 해소하는 토대가 된다.
④ 의무의 도덕성이란 불가조항을 일일이 열거하는 것을 말한다.
⑤ 힘이 강한 소매상이 힘이 약한 납품업체에 구매가격 인하를 요구하는 것은 거래의 평등성을 위배하는 행위이다.

02 **A대리는 B사원 때문에 스트레스를 받고 있다. 빠르게 처리해야 할 업무에 대해 B사원은 항상 꼼꼼하게 검토하고 A대리에게 늦게 보고하기 때문이다. A대리가 B사원의 업무방식에 불만을 표현하자 B사원은 자신의 소심한 성격 때문이라고 대답했다. 이때 A대리에게 가장 필요한 역량은 무엇인가?**

① 통제적 리더십
② 감사한 마음
③ 상호 인정
④ 헌신의 자세
⑤ 책임감

03 **다음 〈보기〉 중 (가)의 입장에서 (나)의 문제점을 해결하기 위해 제시할 수 있는 자세를 모두 고르면?**

> (가) 모든 사회구성원이 공정하게 대우받는 정의로운 공동체를 만들기 위해서는 부패 행위를 방지해야 한다. 우리 조상들은 전통적으로 청렴 의식을 중요하게 여겨, 청렴 의식을 강조하는 전통윤리를 지켜왔다.
> (나) 부패 인식 지수는 공무원과 정치인이 얼마나 부패해 있는지에 대한 정도를 비교하여 국가별로 순위를 매긴 것이다. 100점 만점을 기준으로 점수가 높을수록 청렴하다. 2023년 조사한 결과 우리나라의 부패 인식 지수는 100점 만점에 63점으로, 조사대상국 180개국 중 32위를 기록했다.

> **보기**
> ㉠ 공동체와 국가의 공사(公事)를 넘어서 개인의 일을 우선하는 정신을 기른다.
> ㉡ 공직자들은 개인적 이익과 출세만을 추구하지 않고 바른 마음과 정성을 가진다.
> ㉢ 부당한 방법으로 공익을 추구하려 하지 않고 개인의 이익을 가장 중요하게 여긴다.
> ㉣ 공직자들은 청빈한 생활 태도를 유지하면서 국가의 일에 충심을 다하려는 정신을 지닌다.

① ㉠, ㉡
② ㉠, ㉢
③ ㉡, ㉢
④ ㉡, ㉣
⑤ ㉢, ㉣

02 봉사 · 책임 의식

| 유형분석 |

- 개인이 가져야 하는 책임 의식과 기업의 사회적 책임으로 양분되는 문제이다.
- 봉사의 의미를 묻는 문제가 종종 출제된다.

다음 중 직업윤리의 덕목에 대한 설명으로 옳지 않은 것은?

① 소명 의식 : 자신이 맡은 일은 하늘에 의해 맡겨진 일이라고 생각하는 태도이다.
② 책임 의식 : 직업에 대한 사회적 역할과 책무를 충실히 수행하고 책임을 다하는 태도이다.
③ 천직 의식 : 자신의 일이 자신의 능력과 적성에 꼭 맞는다 여기고 그 일에 열성을 가지고 성실히 임하는 태도이다.
④ 직분 의식 : 자신이 하고 있는 일이 사회나 기업을 위해 중요한 역할을 하고 있다고 믿고 자신의 활동을 수행하는 태도이다.
⑤ 봉사 의식 : 자신의 일이 누구나 할 수 있는 것이 아니라 해당 분야의 지식과 교육을 밑바탕으로 성실히 수행해야만 가능한 것이라 믿고 수행하는 태도이다.

정답 ⑤

봉사 의식은 직업 활동을 통해 다른 사람과 공동체에 대하여 봉사하는 정신을 갖추고 실천하는 태도를 의미한다.

풀이 전략!

직업인으로서 요구되는 봉사 정신과 책임 의식에 관해 숙지하도록 한다.

대표기출유형 02 기출응용문제

01 **다음은 A사 사보에 올라온 영국 처칠 수상의 일화이다. 이에 대한 직장생활의 교훈으로 가장 적절한 것은?**

> 어느 날 영국의 처칠 수상은 급한 업무 때문에 그의 운전기사에게 차를 빠르게 몰 것을 지시하였다. 그때 교통 경찰관은 속도를 위반한 처칠 수상의 차량을 발견하고 차를 멈춰 세웠다. 처칠 수상은 경찰관에게 말했다. "이봐. 내가 누군지 알아?" 그러자 경찰관이 대답했다. "얼굴은 우리 수상 각하와 비슷하지만, 법을 지키지 않는 것을 보니 수상 각하가 아닌 것 같습니다." 경찰관의 답변에 부끄러움을 느낀 처칠은 결국 벌금을 지불했고, 교통 경찰관의 근무 자세에 감명을 받았다고 한다.

① 무엇보다 고객의 가치를 최우선으로 생각해야 한다.
② 업무에 대해서는 스스로 자진해서 성실하게 임해야 한다.
③ 모든 결과는 나의 선택으로 일어난 것으로 여긴다.
④ 조직의 운영을 위해서는 지켜야 하는 의무가 있다.
⑤ 직장동료와 신뢰를 형성하고 유지해야 한다.

02 **다음 중 직장에서 책임 있는 생활을 하고 있지 않은 사람은?**

① A사원은 몸이 아파도 맡은 임무는 다하려고 한다.
② B부장은 나쁜 상황이 일어났을 때 왜 그런 일이 일어났는지만 끊임없이 분석한다.
③ C대리는 자신과 상황을 최대한 객관적으로 판단한 뒤 책임질 수 있는 범위의 일을 맡는다.
④ D과장은 자신이 맡은 일이라면 개인적인 일을 포기하고 그 일을 먼저 한다.
⑤ E대리는 자신의 업무뿐만 아니라 자신이 속한 부서의 일은 자신의 일이라고 생각하고 다른 사원들을 적극적으로 돕는다.

03 **다음 중 직업윤리에 따른 직업인의 기본자세로 옳지 않은 것은?**

① 대체 불가능한 희소성을 갖추어야 한다.
② 봉사 정신과 협동 정신이 있어야 한다.
③ 소명 의식과 천직 의식을 가져야 한다.
④ 공평무사한 자세가 필요하다.
⑤ 책임 의식과 전문 의식이 있어야 한다.

우리가 해야 할 일은 끊임없이 호기심을 갖고
새로운 생각을 시험해 보고 새로운 인상을 받는 것이다.

- 월터 페이터 -

PART 2

일반상식

적중예상문제

정답 및 해설 p.052

01 다음 중 언플러그드 컴퓨팅(Unplugged Computing)에 대한 설명으로 옳은 것은?

① 컴퓨터를 활용하지 않으면서 컴퓨터의 원리를 교육하는 것을 말한다.
② 컴퓨터를 활용하지 않으면서 컴퓨터 프로그램을 개발하는 것을 말한다.
③ 컴퓨터 접속장치를 전원에 연결하지 않은 상태로 사용하는 것을 말한다.
④ 컴퓨터 전원플러그가 없어도 무선으로 충전이 가능하여 사용할 수 있는 컴퓨터를 말한다.
⑤ 컴퓨터 접속장치를 전원에 연결하지 않을 뿐만 아니라 컴퓨터의 사용 자체도 하지 않는 것을 말한다.

02 다음 중 PERT 기법에 대한 설명으로 옳지 않은 것은?

① 공사기간의 단축을 주된 목적으로 한다.
② 소요될 공사기간에 대한 예측이 가능하다.
③ 반복 사업이나 경험이 있는 사업에 적합하다.
④ 공정의 순서나 진행 정도를 파악하기 쉽다.
⑤ 복잡한 공사 계획을 단순화하여 공정마다 관련을 맺도록 한다.

03 다음 글의 빈칸에 들어갈 용어로 옳은 것은?

> ＿＿＿＿＿＿＿＿ 을 마케팅에 이용한 레트로 마케팅(Retrospective Marketing)은 과거의 제품이나 서비스를 현재 소비자들의 기호에 맞게 재수정하여 다시 유행시키는 마케팅 기법이다. 1990년대 음악과 1세대 아이돌을 추억하게 하는 '토토가', 과거의 좋은 시절과 아름다운 첫사랑을 떠올리게 하는 '응답하라' 시리즈 등이 대표적이다. 이를 본 중장년층은 과거를 아름답게 회상하고, 젊은 세대는 새로움을 느끼게 된다.

① 스톡홀름 증후군(Stockholm Syndrome)
② 므두셀라 증후군(Methuselah Syndrome)
③ 순교자 증후군(Martyr Syndrome)
④ 스마일 마스크 증후군(Smile Mask Syndrome)
⑤ 리마 증후군(Lima Syndrome)

04 다음 중 가격차별에 대한 설명으로 옳지 않은 것은?

① 가격차별은 같은 상품이라도 독점력을 이용해 다양한 가격으로 판매하는 행위를 의미한다.
② 가격차별은 대체로 소비자잉여분을 생산자의 이윤으로 돌리려는 시도에서 나타난다.
③ 1급 가격차별은 생산자가 소비자의 모든 WTP를 완벽하게 알고 있을 때 가능하다.
④ 2급 가격차별은 수요의 가격탄력성에 역비례하여 가격을 책정하는 것이다.
⑤ 3급 가격차별은 가격탄력성에 민감한 계층에게는 낮은 가격을, 둔감한 계층에게는 높은 가격을 부르는 것이다.

05 다음 중 지구의 자전에 대한 설명으로 옳지 않은 것은?

① 지구가 남극과 북극을 잇는 선을 축으로 시계 방향으로 회전하는 현상이다.
② 별의 일주운동과 지구에 밤과 낮이 나타나는 원인이 된다.
③ 우리나라에서는 김석문이 지전설을 처음으로 주장하였다.
④ 지구는 태양을 기준으로 24시간마다 한 바퀴 회전한다.
⑤ 프랑스의 물리학자 푸코(Foucault)는 지구의 자전을 과학적으로 증명하였다.

06 다음 중 프로젝트 파이낸싱(Project Financing)에 대한 설명으로 옳지 않은 것은?

① 프로젝트 파이낸싱의 활용분야는 도로, 항만, 철도 등과 같은 SOC 사업, 대형 플랜트 설치, 부동산 개발 등 다양하다.
② 프로젝트 파이낸싱의 담보는 프로젝트의 미래 현금수지의 총화이기 때문에 프로젝트의 영업이 부진한 경우에도 프로젝트 자체 자산의 처분 외에는 다른 회수 수단이 없다.
③ 프로젝트 파이낸싱의 대상이 되는 사업 대부분의 경우, 사업 규모가 방대하여 거대한 소요자금이 요구될 뿐만 아니라 계획사업에 내재하는 위험이 매우 크다.
④ 프로젝트 파이낸싱은 사업주 자신과는 법적, 경제적으로 독립된 프로젝트회사가 자금을 공여받아 프로젝트를 수행하게 되므로 사업주의 재무상태표에 관련 대출금이 계상되지 않아 사업주의 재무제표에 영향을 주지 않는 부외금융의 성격을 가진다.
⑤ 프로젝트 파이낸싱이란 특정한 프로젝트로부터 미래에 발생하는 현금흐름(Cash Flow)을 담보로 하여 당해 프로젝트를 수행하는 데 필요한 자금을 조달하는 금융기법을 총칭하는 개념으로, 금융비용이 적다는 특징이 있다.

07 다음 글에서 설명하는 용어는 무엇인가?

> 생산량 증대 또는 유통·가공상의 편의를 위하여 유전공학기술을 이용하여 기존의 육종 방법으로는 나타날 수 없는 형질이나 유전자를 지니도록 개발된 농산물로, 여기에 사용되는 기술을 유전자 재조합 기술이라 한다.
> 유전자 재조합 기술은 어떤 생물의 유전자 중 유용한 유전자(추위, 병충해, 살충제, 제초제 등에 강한 성질 등)만을 취하여 다른 생물체에 삽입하여 새로운 품종을 만드는 것을 말한다.

① GMO
② GMP
③ GDP
④ GNP
⑤ HACCP

08 다음은 통일신라의 관리 선발 방식에 대한 설명이다. 이 제도를 실시한 왕대에 일어난 사건으로 옳지 않은 것을 〈보기〉에서 모두 고르면?

> 국학의 기능을 강화하기 위하여 경전의 이해 정도에 따라 상품(上品), 중품(中品), 하품(下品)으로 등급을 나누어 관리를 선발하였다.

> **보기**
> ㉠ 발해를 외교적 대상 국가로 인식하여 사신을 보냈다.
> ㉡ 원종·애노의 난이 발생하였다.
> ㉢ 청해진의 반란을 제압하였다.
> ㉣ 처음으로 승관(僧官)을 두었다.

① ㉠, ㉡
② ㉠, ㉢
③ ㉡, ㉢
④ ㉢, ㉣
⑤ ㉠, ㉡, ㉣

09 다음 빈칸에 들어갈 단어의 첫 알파벳을 순서대로 조합하면 하나의 국제 협의 기구를 뜻하는 약칭이 만들어진다. 이 협의 기구에 속하지 않는 국가는?

> ㉠ ______ Current : 일정한 주기를 갖고 규칙적으로 크기와 방향을 바꾸는 전류이다.
> ㉡ ______ Effect : 약효가 전혀 없는 거짓 약을 진짜 약으로 가장하여 환자에게 복용토록 했을 때 환자의 병세가 호전되는 효과이다.
> ㉢ ______ : 일정 시점까지 보도금지를 뜻하는 매스컴 용어이다.
> ㉣ ______ Commons License : 저작권자가 자신의 저작물에 대한 이용방법과 조건을 표기하는 일종의 표준약관이자 저작물 이용에 대한 허락 표시이다.

① 인도
② 필리핀
③ 러시아
④ 멕시코
⑤ 캐나다

10 다음 글에서 설명하는 협동조합은 무엇인가?

> 미국에서 일어난 새로운 형태의 협동조합운동으로, 1인 1표 대신 사업 규모에 비례하여 의결권을 부여하거나 출자증권의 부분적인 거래를 허용하는 등 변화를 주도하기 위한 협동조합이다. 협동조합의 성패와 무관한 다수의 조합원들이 정치적인 목적으로 협동조합을 장악하는 것을 막기 위함으로, 대표적인 성공 사례로는 네덜란드의 '그리너리'가 있다.

① 소비자협동조합
② 노동자협동조합
③ 신세대협동조합
④ 사회적협동조합
⑤ 농업협동조합

11 다음 글에서 설명하는 제도는 무엇인가?

> 국내에서 사용되거나 수입식품에 사용되는 농약성분 등록과 잔류허용기준이 설정된 농약을 제외한 기타 농약에 대하여 잔류허용기준을 0.01mg/kg으로 일률적 관리하는 제도이다. 이는 다양한 농약의 개발과 함께 현장에서 농약의 사용이 증가됨에 따라 잔류기준이 없는 농약에 대한 안전관리 강화 방안의 요구가 증가되어 2019년부터 시행된 제도이다.

① CODEX
② IT
③ PLS
④ PPM
⑤ 유사농산물 최저기준

12 다음 중 셰익스피어의 5대 희극 작품이 아닌 것은?

① 십이야
② 맥베스
③ 한여름 밤의 꿈
④ 말괄량이 길들이기
⑤ 뜻대로 하세요

13 다음 중 앰비슈머(Ambisumer)에 대한 설명으로 옳은 것은?

① 친환경 유기농 제품을 선호한다.
② 복지의 사각지대에 놓여 있어 긴급한 정책을 마련하거나 대안이 필요한 계층이다.
③ 아름다움을 추구하는 경향이 강하여 주로 미용과 관련된 상품을 구매한다.
④ 관습이나 광고에 얽매이지 않고, 항상 새로운 무언가를 시도하는 체험적 소비를 한다.
⑤ 가치관의 우선순위에 있는 것에는 소비를 아끼지 않지만, 우선순위에 없는 것에는 소비를 아낀다.

14 다음 글에서 설명하는 용어는 무엇인가?

> 미국의 24시간 뉴스전문 방송망인 CNN은 걸프전쟁 당시 전 세계를 대상으로 실시간 뉴스를 내보내 빠른 보도로 세계의 주목을 받았으나, 미국의 편에 서서 방송함으로써 이 방송을 지켜본 사람들 역시 자연스럽게 미국에 동조하는 경향을 띠게 만들었다.

① 미디어 파사드
② 미디어 임페리얼리즘
③ 미디어크라시
④ 미디어 큐레이션
⑤ 미디어 리터러시

15 다음 글에서 설명하는 권리는 무엇인가?

> 타인의 물건 또는 유가증권을 점유한 자가 그 물건이나 유가증권에 관하여 생긴 채권(債權)을 가지는 경우, 그 채권의 변제를 받을 때까지 그 물건 또는 유가증권을 유치할 수 있는 권리이다. 예를 들어 시계수리상은 수리대금을 지급받을 때까지는 수리한 시계를 유치하여 그 반환을 거절할 수 있다.

① 점유권
② 저당권
③ 질권
④ 유치권
⑤ 소유권

16 다음 상황 이후에 전개된 사실로 옳은 것은?

> 거란이 군사를 돌려 연주·위주에 이르자 강감찬 등이 숨었다가 공격하여 500여 급을 베었다. 2월에 거란군이 귀주를 지날 때 강감찬 등이 동쪽 교외에서 맞서 싸웠다. … 아군이 기세를 타고 맹렬하게 공격하니 거란군이 패하여 달아났다. 아군이 쫓아가며 공격하니 석천을 건너 반령에 이르기까지 거란군의 시신이 들판에 널렸고, 사로잡은 포로와 획득한 말·낙타·갑옷·무기는 헤아릴 수 없이 많았다.
>
> –『고려사』

① 거란에 의해 발해가 멸망하였다.
② 외침에 대비하여 광군이 조직되었다.
③ 서희의 활약으로 강동 6주를 획득하였다.
④ 압록강에서 도련포까지 천리장성을 축조하였다.
⑤ 거란을 배척하여 만부교 사건이 일어났다.

17 다음 중 의료 기구에 대한 설명으로 옳지 않은 것은?

① 인공호흡장치 : 인공적으로 호흡을 조절하여 폐포(肺胞)에 산소를 불어 넣는 장치이다.
② 산소마스크 : 산소가 희박한 곳에 들어갈 때 착용하는 마스크이다.
③ 심전도(ECG) : 심장박동의 전위 변화를 증폭된 신호로 변화시켜 도형으로 나타내는 진단기기이다.
④ 제세동기 : 심실세동, 심방세동, 심방조동, 심실빈맥 등의 부정맥을 보이는 심장에 고압 전류를 극히 단시간 통하게 함으로써 정상적인 맥박으로 회복시키는 기기이다.
⑤ 에크모(ECMO) : 머리를 제외한 신체를 밀폐된 철제장치에 넣어 음압(陰壓)을 간헐적으로 걸어 줌으로써 폐를 부풀게 하여 호흡시키는 일종의 인공호흡 장치이다.

18 다음 글에서 설명하는 스마트폰의 등장으로 인해 나타난 현상은 무엇인가?

> 전화통화를 기피하는 현상으로, 통화보다는 문자나 모바일 메신저, 이메일로 소통하는 것을 선호하는 현상이다. 스마트폰의 등장 이후 손가락으로 버튼을 누르는 것만으로도 대화·배달 등이 해결되면서 전화 통화를 어색해 하거나 두려워하는 모습을 보인다.

① 네오 포비아
② 테크노 포비아
③ 파이낸셜 포비아
④ 제노 포비아
⑤ 콜 포비아

19 **다음 중 크리스마스 다음 날인 12월 26일, 미국과 유럽에서 연말 재고를 없애기 위해 파격적 할인가로 제품을 판매하는 날을 가리키는 용어는?**

① 데모 데이
② 박싱 데이
③ 블랙 먼데이
④ 블랙 프라이데이
⑤ 사이버 먼데이

20 **다음 중 르네상스에 대한 설명으로 옳은 것은?**

① 신 중심의 문화 현상이다.
② 그리스·로마 시대 고전 문화의 부흥·재생을 의미한다.
③ 중세 시대 문화에 대한 연구 학풍이다.
④ 종교와 교회의 부패에 대한 개혁 운동이다.
⑤ 신앙과 이성의 조화를 추구하였다.

21 **다음 중 파리 모터쇼와 함께 세계 5대 모터쇼에 포함되지 않는 모터쇼는?**

① 토리노 모터쇼
② 도쿄 모터쇼
③ 제네바 모터쇼
④ 북미 국제 오토쇼
⑤ 프랑크푸르트 모터쇼

22 **다음 글에서 설명하는 협약은 무엇인가?**

> 전 세계 온실가스 감축을 위해 2015년 12월 12일에 맺은 국제협약으로, 산업화 이전 시기 대비 지구 평균기온 상승폭을 2℃보다 상당히 낮은 수준으로 유지하는 것이 목표이다. 이 협약에는 중국을 포함해 총 195개 국가가 서명했지만, 2017년에 미국이 탈퇴했다.

① 교토 의정서
② 파리 기후변화협약
③ 몬트리올 의정서
④ 유엔 기후변화협약
⑤ 탄소배출권

23 다음 글에서 설명하는 음악은 무엇인가?

> 미국 흑인 음악에 유럽 백인의 음악적 요소가 결합되어 19세기 말 ~ 20세기 초부터 연주되기 시작한 음악이다. 독특한 리듬과 스윙감, 즉흥연주에서 나타나는 창조성, 연주자의 개성을 살린 사운드 등이 특징이다.

① 로큰롤(Rock'n'roll)
② 힙합(Hip Hop)
③ 블루스(Blues)
④ 재즈(Jazz)
⑤ 레게(Reggae)

24 다음 글의 빈칸에 들어갈 정부 기관에 대한 설명으로 옳지 않은 것은?

> 대사성 김익희가 상소하였다. "…(중략)… 그런데, 오늘에 와서는 큰일이건 작은 일이건 중요한 것으로 취급되지 않는 것이 없는데, 정부는 한갓 헛이름만 지니고 육조는 모두 그 직임을 상실하였습니다. 명칭은 '변방의 방비를 담당하는 것'이라고 하면서 과거에 대한 판하나 비빈을 간택하는 등의 일까지도 모두 여기를 경유하여 나옵니다.
> 명분이 바르지 못하고 말이 순하지 않음이 이보다 심할 수가 없습니다. 신의 어리석은 소견으로는 ______을/를 혁파하여 정당으로 개칭하는 것이 상책이라 생각합니다."

① 명종 때 을묘왜변을 계기로 처음 설치되었다.
② 19세기에는 세도 정치의 중심 기구가 되었다.
③ 의정부와 6조의 기능을 약화시켰다.
④ 흥선대원군에 의해 사실상 폐지되었다.
⑤ 조선 후기 문·무고관의 최고 합의기구이다.

25 다음 글에서 설명하는 용어는 무엇인가?

> 투표자가 자기의 소속 정당을 밝히지 아니하고 투표할 수 있는 예비 선거이다. 선거 후보자 선출을 위한 당내 경선제의 한 방식으로, 대선후보 선출권을 소속 당원에 국한하지 않고 일반 국민으로 확대한다. 정당의 대통령 후보를 당원이 아닌 국민들이 직접 선출한다는 데 있어 '국민형 경선제'로 불린다.

① 서브프라임 모기지
② 코커스
③ 아그레망
④ 오픈 프라이머리
⑤ 승자 독식제

26 1973년에 북한이 서해 5개 섬 주변 수역이 북한 연해라고 주장하면서 서해 5도라는 말이 사용되기 시작하였다. 오늘날 서해 5도는 국가 안보상 매우 중요한 요충지이다. 다음 중 서해 5도에 속하지 않는 섬은?

① 우도
② 백령도
③ 연평도
④ 덕적도
⑤ 대청도

27 다음 글의 빈칸에 공통으로 들어갈 용어로 옳은 것은?

> ＿＿＿＿＿은/는 1946년에 개발된 진공관을 사용한 최초의 컴퓨터이다. 계산 순서를 지시하는 프로그램을 배선반에 일일이 배선하여 놓고 부착된 스위치를 조작하여 계산을 수행시킨다. 트랜지스터는 코끼리 6마리의 무게에 해당하는 ＿＿＿＿＿의 진공관을 대신해 컴퓨터의 소형화를 이루어낸다.

① ABC컴퓨터
② 마크 – 원
③ 에니악
④ 에드삭
⑤ 콜로서스

28 다음 중 도로나 활주로 등의 포장 두께를 결정하기 위한 설계 시 필요한 시험은?

① 사운딩 시험
② CBR 시험
③ 표준관입 시험
④ 삼축압축 시험
⑤ 콘관입 시험

29 다음 〈보기〉 중 거시조직이론에 대한 설명으로 옳지 않은 것은 모두 몇 개인가?

> **보기**
> ㉠ 분석 수준에 따라 구분하면 조직군이론에는 조직군생태학이론, 조직경제학이론, 공동체생태학이론, 전략적 선택이론이 있다.
> ㉡ 구조적 상황이론과 조직경제학이론, 조직군생태론은 결정론이다.
> ㉢ 대리인이론은 조직경제학이론으로 본인과 대리인 간의 상충적인 이해관계로 대리손실이 발생한다.
> ㉣ 오우치는 여러 가지 조직구조 중 사업부제 조직모형인 M형 구조가 U형 구조보다 효율적이라고 주장한다.
> ㉤ 조직군이란 특정 환경에서 생존을 유지하는 동종의 집합, 즉 유사한 조직구조를 갖는 조직들을 의미한다.

① 1개
② 2개
③ 3개
④ 4개
⑤ 5개

30 다음 중 습지와 습지의 자원을 보전하기 위한 국제 환경 협약은?

① 바젤 협약
② 람사르 협약
③ 나고야 의정서
④ 생물다양성 협약
⑤ 몬트리올 의정서

31 다음 글의 빈칸에 들어갈 용어로 옳은 것은?

> 안창호 선생은 1908년에 평양에 대성 학교를 세우고 1913년에 ______을/를 결성하였다. 1919년에는 대한민국 임시 정부 내무총장 겸 국무총리 대리 등을 역임하면서 독립을 위해 힘썼다. 1932년에 일본 경찰에 체포되어 옥고를 치르다 병을 얻어 1938년에 순국하였다.

① 의열단
② 대한 광복회
③ 신민회
④ 한인 애국단
⑤ 흥사단

32 다음 대화의 빈칸에 공통으로 들어갈 용어로 옳은 것은?

> 김이사 : 이번에 우리 회사에서도 ______ 시스템을 도입하려고 합니다. ______는 기업 전체의 의사결정권자와 사용자 모두가 실시간으로 정보를 공유할 수 있게 합니다. 또한 제조, 판매, 유통, 인사관리, 회계 등 기업의 전반적인 운영 프로세스를 통합하여 자동화할 수 있지요.
> 박이사 : 맞습니다. ______ 시스템을 통하여 기업의 자원 관리를 보다 효율적으로 할 수 있겠지요. 조직 전체의 의사결정도 보다 신속하게 할 수 있을 거예요.

① JIT
② MRP
③ MPS
④ ERP
⑤ APP

33 다음 중 블록체인의 특성으로 옳지 않은 것은?

① 소스가 폐쇄되어 있기 때문에 네트워크에 참여하는 누구나 안전하게 거래가 가능하다.
② 승인된 블록들을 되돌리기가 무척 어려우며 모든 변경 기록을 추적할 수 있다.
③ 분산화된 네트워크 노드가 마이닝을 통해 거래를 검증하기 때문에 중개자가 필요 없다.
④ 블록체인 데이터는 수천 개의 분산화된 네트워크 노드에 저장되기 때문에 기술적 실패 또는 악의적 공격에 대한 저항력을 갖고 있다.
⑤ 각 네트워크 노드는 데이터베이스 사본을 복제하고 저장할 수 있어 한 노드가 오프라인으로 전환해도 보안과 네트워크 이용에 영향을 미치지 않는다.

34 다음 중 실업급여에 대한 설명으로 옳은 것은?

① 구직급여는 퇴직 다음 날로부터 12개월이 경과하면 더 이상 지급받을 수 없다.
② 자영업자의 경우 실업급여를 신청할 수 없다.
③ 본인의 중대한 귀책 사유로 해고된 경우에도 구직급여를 받을 수 있다.
④ 실업급여 신청 시 최소 240일 동안 급여를 받을 수 있다.
⑤ 구직급여는 이직일 이전 1년 동안의 피보험단위 기간이 통산 180일 이상이어야 지급받을 수 있다.

35 다음 글의 빈칸에 들어갈 용어로 옳은 것은?

> ______은/는 원래 보험시장에서 사용하던 용어로, 추후에 리스크 관리 분야에서도 사용하게 되었다. 정부가 뒤를 받쳐줄 것이라는 믿음 혹은 절대 망하지 않을 것이라는 믿음에서 정당한 리스크를 감수하지 않는 것을 뜻한다. 이는 윤리적으로나 법적으로 자신이 해야 할 최선의 의무를 다하지 않은 행위를 나타내는데, 점차 법 또는 제도적 허점을 이용하거나 자기 책임을 소홀히 하는 행동을 포괄하는 용어로 확대됐다.

① 포이즌 필
② 역선택
③ 내부자 거래
④ 도덕적 해이
⑤ 내쉬균형

PART 2

36 다음 중 성문법에 포함되지 않는 것은?

① 명령
② 조약
③ 조리
④ 법률
⑤ 조례

37 다음 중 ABS(자산유동화증권)에 대한 설명으로 옳지 않은 것은?

① 우리나라의 경우 자산유동화증권제도는 자산유동화에 관한 법률에 의해 도입되었다.
② 주택저당채권담보부채권(MBB)의 투자자는 대출금의 조기상환에 따른 위험을 부담한다.
③ 주택저당증권(MBS)의 주택소유자는 소자본으로 주택을 구입할 수 있는 이점이 있다.
④ 다계층저당증권은 하나의 저당집합에서 만기와 이자율을 다양화하여 발행한 여러 종류의 채권을 의미한다.
⑤ ABS 발행으로 인해 자산보유자의 경우 신용위험 및 금리위험에 따른 자산손실 등의 위험을 회피할 수 있다는 이점이 있다.

38 다음 중 중화 여부를 측정하는 방법으로 옳은 것은?

① 지시약을 사용하여 용액의 색깔 변화를 확인한다.
② 산과 염기를 중화시킬 때 온도가 내려가는지 확인한다.
③ 전류값이 증가했는지 확인한다.
④ 맛을 보아 신맛이 나는지 확인한다.
⑤ 만졌을 때 미끌거리는지 확인한다.

39 다음 〈보기〉 중 하위정부 모형에서 동맹이 형성되는 집단으로 옳은 것을 모두 고르면?

보기	
ㄱ. 대통령	ㄴ. 이익집단
ㄷ. 관료조직	ㄹ. 의회의 해당 위원회
ㅁ. 정당	

① ㄱ, ㄴ, ㄷ
② ㄱ, ㄹ, ㅁ
③ ㄴ, ㄷ, ㄹ
④ ㄴ, ㄹ, ㅁ
⑤ ㄷ, ㄹ, ㅁ

40 다음 중 기업이 글로벌 전략을 수행하는 이유로 옳지 않은 것은?

① 규모의 경제를 달성하기 위해
② 세계 시장에서의 협력 강화를 위해
③ 현지 시장으로의 효과적인 진출을 위해
④ 기업구조를 개편하여 경영의 효율성을 높이기 위해
⑤ 저임금 노동력을 활용하여 생산단가를 낮추기 위해

PART 3

최종점검 모의고사

제1회
최종점검 모의고사
(핵심영역 – 구분형)

※ 시설공단 / 도시공사 / 개발공사 최종점검 모의고사는 채용공고를 기준으로 구성한 것으로 실제 시험과 다를 수 있습니다.

※ 응시 직렬에 필요한 영역을 선택하여 해당 문항을 추가 학습하기 바랍니다.

■ 취약영역 분석

번호	O/×	영역	번호	O/×	영역	번호	O/×	영역
01		의사소통능력	21		수리능력	41		문제해결능력
02			22			42		
03			23			43		
04			24			44		
05			25			45		
06			26			46		
07			27			47		
08			28			48		
09			29			49		
10			30			50		
11			31			51		
12			32			52		
13			33			53		
14			34			54		
15			35			55		
16			36			56		
17			37			57		
18			38			58		
19			39			59		
20			40			60		

평가문항	60문항	평가시간	60분
시작시간	:	종료시간	:
취약영역			

모바일 OMR

제 1 회 최종점검 모의고사 (핵심영역 - 구분형)

응시시간 : 60분 문항 수 : 60문항

정답 및 해설 p.062

01 다음 문단을 논리적 순서대로 바르게 나열한 것은?

(가) 베커는 "주말이나 저녁에는 회사들이 문을 닫기 때문에 활용할 수 있는 시간의 길이가 길어지고 이에 따라 특정 행동의 시간 비용이 줄어든다."라고도 지적한다. 시간의 비용이 가변적이라는 개념은 기대수명이 늘어나서 사람들에게 더 많은 시간이 주어지는 것이 시간의 비용에 영향을 미칠 수 있다는 점에서 의미가 있다.

(나) 베커와 린더는 사람들에게 주어진 시간을 고정된 양으로 전제했다. 1965년 당시의 기대수명은 약 70세였다. 하루 24시간 중 8시간을 수면에 쓰고 나머지 시간에 활동이 가능하다면, 평생 408,800시간의 활동가능 시간이 주어지는 셈이다. 하지만 이 방정식에서 변수 하나가 바뀌면 어떻게 될까? 기대수명이 크게 늘어난다면 시간의 가치 역시 달라져서 늘 시간에 쫓기는 조급한 마음에도 영향을 주게 되지 않을까?

(다) 시간의 비용이 가변적이라고 생각한 이는 베커만이 아니었다. 스웨덴의 경제학자 스테판 린더는 서구인들이 엄청난 경제성장을 이루고도 여유를 누리지 못하는 이유를 논증한다. 경제가 성장하면 사람들이 시간을 쓰는 방식도 달라진다. 임금이 상승하면 직장 밖 활동에 들어가는 시간의 비용이 늘어난다. 일하는 데 쓸 수 있는 시간을 영화나 책을 보는 데 소비하면 그만큼의 임금을 포기하는 것이다. 따라서 임금이 늘어난 만큼 일 이외의 활동에 들어가는 시간의 비용도 함께 늘어난다는 것이다.

(라) 1965년 노벨 경제학상 수상자 게리 베커는 '시간의 비용'이 시간을 소비하는 방식에 따라 변화한다고 주장하였다. 예를 들어 수면이나 식사 활동은 영화 관람에 비해 단위 시간당 시간의 비용이 작다. 그 이유는 수면과 식사가 생산적인 활동에 기여하기 때문이다. 잠을 못 자거나 식사를 제대로 하지 못해 체력이 떨어진다면, 생산적인 활동에 제약을 받기 때문에 수면과 식사 활동에 들어가는 시간의 비용이 영화 관람에 비해 작다고 할 수 있다.

① (가) – (다) – (나) – (라)
② (가) – (라) – (다) – (나)
③ (라) – (가) – (다) – (나)
④ (라) – (나) – (다) – (가)
⑤ (라) – (다) – (가) – (나)

02 다음 글의 내용으로 적절하지 않은 것은?

> 한글이 만들어지면서 문자 세계에서 배제되었던 여성과 하층남성도 문자를 갖게 되고, 제한적이지만 읽고 쓰는 것이 가능하게 되었다. 비록 양반남성을 중심으로 한 지식층은 한자를 사용하고, 여성은 신분에 관계없이 한글을 써야 한다는 어문생활상의 차별이 있었지만 사용할 수 있는 문자가 주어졌다는 것은 여성의 삶에 여러 가지 변화를 가져왔다.
> 남녀의 차별적 위계가 공고했던 조선사회에서 여성의 문자 활동은 저평가되었다. 주류의 지식을 형성하고 전달하는 한자가 아니라 한글로 글을 써야 한다는 제약도 있었지만, 여성의 가장 중요한 일은 '술과 밥을 의논하는 것'이라고 가르치고 부인의 글이 규방 밖으로 나가게 해서는 안 된다고 규율했기 때문이다. 이처럼 글을 써서 드러내는 일이 제한되어 있었지만 여성들은 언해(諺解)를 통해 지식을 수용하고, 자신들의 지식을 생산했다. 지식이 반드시 문자를 통해서만 전수되는 것은 아니다. 지식은 구전으로, 그림으로, 노래로도 전달 가능하다. 그러나 가장 지속성을 갖는 것은 문자로 기록되거나 책으로 엮어서 소통되는 경우이다. 그런 점에서 여성들이 문자를 통해 자신들의 지식을 기록하고 소통했다는 것은 중요한 의미를 갖는다.
> 19세기에 이르러 여성이 자신들의 문자인 한글로 자신들을 위한 지식을 수집하여 체계적으로 구성한 책이 등장했다. 바로 빙허각 이씨(1759 ~ 1824년)의 『규합총서』, 『청규박물지』이다. '총명함이 둔한 붓만 못하다(聰明不如鈍筆).'고 믿은 빙허각 이씨는 여성들의 일상생활에 필요하다고 생각되는 지식들을 철저한 문헌 고증과 실증적 태도로 저술에 임했다. 친정과 시집의 가학의 영향을 받은 빙허각 이씨는 집안일을 하는 틈틈이 저술하여 이전에는 볼 수 없었던 여성 지식 총서를 저술하였다. 『규합총서』는 술과 음식, 바느질과 길쌈, 시골살림의 즐거움, 태교와 아이 기르기, 병 다스리기, 부적과 귀신 쫓는 민간의 방법 등 일상생활에 필요한 내용을 담고 있다.
> 빙허각 이씨의 다른 책 『청규박물지』에는 천문, 지리까지 포함되어 있어 그녀가 생각한 지식의 범주가 일상에 필요한 실용지식부터 인문, 천문, 지리에 이르기까지 방대했다는 것을 알 수 있다. 여기서 무엇보다 강조되어야 할 점은 빙허각 이씨가 책들을 한글로 저술했고, 여성들이 19세기 이후 20세기 초까지 필사, 전승하면서 읽었다는 사실이다.

① 여성들은 한글을 써야 한다는 어문사용의 차별이 있었다.
② 조선시대에는 부인의 글이 규방 밖으로 나가게 해서는 안 된다는 규제가 있었다.
③ 『규합총서』에는 일상생활에 필요한 실용적인 지식의 내용이 담겨 있다.
④ 『청규박물지』를 통해 빙허각 이씨가 천문과 지리를 시험보는 잡과에 관심이 있었음을 알 수 있다.
⑤ 『청규박물지』에는 천문, 지리의 내용까지 포함되어 있어 빙허각 이씨가 생각한 지식의 범주가 방대했음을 알 수 있다.

※ 다음 글을 읽고 이어지는 질문에 답하시오. [3~4]

> 인공지능을 면접에 활용하는 것은 바람직하지 않다. 인공지능 앞에서 면접을 보느라 진땀을 흘리는 인간의 모습을 생각하면 너무 안타깝다. 사람들은 미래에는 인공지능이 인간의 고유한 영역까지 대신할 것이라고 말하는데, ㉠ 인공지능이 인간을 대신할 수 있을까? 인간과 인공지능의 관계는 어떠해야 할까?
> 인공지능은 인간의 삶을 편리하게 돕는 도구일 뿐이다. 인간이 만든 도구인 인공지능이 인간을 평가할 수 있는지에 대해 생각해 볼 필요가 있다. 도구일 뿐인 기계가 인간을 평가하는 것은 정당하지 않다. 인간이 개발한 인공지능이 인간을 판단한다면 ㉡ 주체와 객체가 뒤바뀌는 상황이 발생할 것이다.
> 인공지능이 발전하더라도 인간과 같은 사고는 불가능하다. 인공지능은 겉으로 드러난 인간의 말과 행동을 분석하지만, 인간은 말과 행동 이면의 의미까지 고려하여 사고한다. 인공지능은 빅데이터를 바탕으로 결과를 도출해 내는 기계에 불과하므로 통계적 분석을 할 뿐 타당한 판단을 할 수 없다. 기계가 타당한 판단을 할 것이라는 막연한 기대를 한다면 머지않아 인간이 기계에 예속되는 상황이 벌어질지도 모른다.
> 또한, 인공지능은 사회적 관계를 맺을 수 없다. 반면 인간은 사회에서 의사소통을 통해 관계를 형성한다. 이 과정에서 축적된 인간의 경험이 바탕이 되어야 타인의 잠재력을 발견할 수 있다.

03 다음 중 윗글의 밑줄 친 ㉠에 대한 글쓴이의 주장으로 가장 적절한 것은?

① 인공지능은 인간을 대신하여 인간의 말과 행동을 분석하고, 통계적 분석을 바탕으로 판단을 내린다. 즉, 인공지능이 인간의 대리인 역할을 수행한다.

② 인공지능은 인간을 온전히 대신할 수 없다. 다만, 인공지능은 인간의 부족한 부분을 채워주며 인간과 상호 보완의 관계를 갖는다.

③ 현재의 인공지능은 인간을 대체할 수 없다. 그러나 기술이 계속 발전한다면 미래의 인공지능은 인간과 같은 사고를 하게 될 것이다.

④ 인공지능이 인간을 대신한다는 것은 어불성설이다. 인간과의 사회적 의사소통을 통해 경험을 충분히 쌓은 뒤에야 인간과 대등한 관계를 맺을 수 있다.

⑤ 인공지능은 인간을 대체할 수 없다. 인간의 삶을 결정하는 주체는 인간이고, 인공지능은 인간이 이용하는 객체일 뿐이다.

04 다음 중 윗글의 밑줄 친 ㉡에 해당하는 한자성어로 가장 적절한 것은?

① 괄목상대(刮目相對)
② 청출어람(靑出於藍)
③ 과유불급(過猶不及)
④ 당랑거철(螳螂拒轍)
⑤ 객반위주(客反爲主)

05 다음 중 ㉠~㉢에 들어갈 단어를 순서대로 바르게 나열한 것은?

> 약속은 시간과 장소가 정확해야 한다. 새내기 영업사원 시절의 일이다. 계약 문제로 고객을 만나기 위해 많은 차량으로 ㉠ 혼잡(混雜) / 요란(搖亂)한 회사 부근을 간신히 빠져나와 약속 장소로 갔다. 그러나 고객은 그곳에 없었다. 급히 휴대전화로 연락을 해 보니 다른 곳에서 기다리고 있다는 것이었다. 큰 실수였다. 약속 장소를 ㉡ 소동(騷動) / 혼동(混同)하여 고객을 기다리게 한 것이다. 약속을 정할 때 전에 만났던 곳에서 만나자는 말에 별생각 없이 그렇게 하겠다고 하는 바람에 이런 ㉢ 혼선(混線) / 갈등(葛藤)이 빚어졌던 것이다.

	㉠	㉡	㉢
①	요란	소동	갈등
②	요란	소동	혼선
③	요란	혼동	갈등
④	혼잡	혼동	혼선
⑤	혼잡	소동	혼선

PART 3

06 다음 글의 빈칸에 들어갈 내용으로 가장 적절한 것은?

> 어떻게 그 공이 세 가지가 있다고 말하는가. 그 하나는 직통(直通)이요, 다른 하나는 합통(合通)이요, 또 다른 하나는 추통(推通)이다. 직통(直通)이라는 것은 많은 여러 물건을 일일이 취하되 순수하고 섞이지 않는 것이다. 합통(合通)이라는 것은 두 물건을 화합하여 아울러서 거두되 그렇고 그렇지 않은 것을 분별한다. 추통(推通)이라는 것은 이 물건으로써 전 물건에 합하고 또 다른 물건에 유추하는 것이다. 직통(直通)은 모두 참되고 오류가 없으니, 하나의 사물이 스스로 하나의 사물이 되기 때문이다. 합통(合通)과 추통(推通)은 참도 있고 오류도 있으니, 이것으로써 저것에 합하고 맞는 것도 있고 맞지 않은 것도 있다. ________________, 더욱 많으면 맞지 않은 경우가 있기 때문이다.
>
> – 최한기, 『기학』

① 이것으로 저것에 합하는 것은 참이고, 이것으로 저것을 분별하는 것은 거짓이니
② 이것으로써 저것에 합하고 또 다른 것을 유추하는 데는 위험이 더욱 많으니
③ 이것으로써 저것에 합하는 것은 맞지 않는 것보다 맞는 것이 더욱 많으니
④ 무릇 추통은 다만 사람만이 가능하고 유추하는 데는 위험이 더욱 적으니
⑤ 무릇 추통은 다만 사람은 가능하지만 금수는 추통을 하지 못하니

07 다음 문단을 논리적 순서대로 바르게 나열한 것은?

(가) 이러한 특징은 구엘 공원에 잘 나타나 있는데, 산의 원래 모양을 최대한 유지하기 위해 지면을 받치는 돌기둥을 만드는가 하면, 건축물에 식물을 심어 그 뿌리로 하여금 무너지지 않게 했다.
(나) 스페인을 대표하는 천재 건축가 가우디가 만든 건축물의 대표적인 특징을 꼽자면, 먼저 곡선을 들 수 있다. 그의 여러 건축물 중 곡선미가 가장 잘 나타나는 것은 바로 1984년에 유네스코 세계문화유산으로 지정된 카사 밀라이다.
(다) 또 다른 특징으로는 자연과의 조화로, 그는 건축 역시 사람들이 살아가는 공간이자 자연의 일부라고 생각하여 가능한 자연을 훼손하지 않고 건축하는 것을 원칙으로 삼았다.
(라) 이 건축물의 겉 표면에는 일렁이는 파도를 연상시키는 곡선이 보이는데, 이는 당시 기존 건축 양식과는 거리가 매우 멀어 처음엔 조롱거리가 되었다. 하지만 훗날 비평가들은 그의 창의성을 인정하게 되었고 현대 건축의 출발점으로 지금까지 평가되고 있다.

① (가) – (나) – (라) – (다)
② (가) – (다) – (나) – (라)
③ (나) – (라) – (가) – (다)
④ (나) – (라) – (다) – (가)
⑤ (다) – (나) – (가) – (라)

08 다음 글의 빈칸에 들어갈 접속사를 순서대로 바르게 나열한 것은?

오늘날의 민주주의는 자본주의가 성숙함에 따라 함께 성장한 것이라고 볼 수 있다. ___㉠___ 자본주의가 발달함에 따라 민주주의가 함께 발달한 것이다. ___㉡___ 이러한 자본주의의 성숙을 긍정적으로만 해석할 수는 없다. ___㉢___ 자본주의의 성숙이 민주주의와 그 성장에 부정적 영향을 끼칠 수도 있기 때문이다. 자본주의가 발달하면 돈이 많은 사람이 그렇지 않은 사람보다 더 많은 권리 내지는 권력을 갖게 된다. ___㉣___ 시장에서의 권리나 권력뿐만 아니라 정치 영역에서도 그럴 수 있다는 것이 문제이다.

① 즉 – 그러나 – 왜냐하면 – 비단
② 그러나 – 즉 – 비단 – 왜냐하면
③ 비단 – 즉 – 그러나 – 왜냐하면
④ 즉 – 그러나 – 비단 – 왜냐하면
⑤ 왜냐하면 – 즉 – 그러나 – 비단

09 다음 글의 주제로 가장 적절한 것은?

> 우리는 주변에서 신호등 음성 안내기, 휠체어 리프트, 점자 블록 등의 장애인 편의 시설을 많이 볼 수 있다. 우리는 이러한 편의 시설을 장애인들이 지니고 있는 국민으로서의 기본 권리를 인정한 것이라는 시각에서 바라보고 있다. 물론, 장애인의 일상생활 보장이라는 측면에서 이 시각은 당연한 것이다. 하지만 또 다른 시각이 필요하다. 그것은 바로 편의 시설이 장애인만을 위한 것이 아니라 일상생활에서 활동에 불편을 겪는 모두를 위한 것이라는 시각이다. 편리하고 안전한 시설은 장애인뿐만 아니라 우리 모두에게 유용하기 때문이다. 예를 들어 건물의 출입구에 설치되어 있는 경사로는 장애인들의 휠체어만 다닐 수 있도록 설치해 놓은 것이 아니라, 몸이 불편해서 계단을 오르내릴 수 없는 노인이나 유모차를 끌고 다니는 사람들도 편하게 다닐 수 있도록 만들어 놓은 시설이다. 결국 이 경사로는 우리 모두에게 유용한 시설인 것이다.
>
> 그런 의미에서 근래에 대두되고 있는 '보편적 디자인', 즉 '유니버설 디자인(Universal Design)'이라는 개념은 우리에게 좋은 시사점을 제공해 준다. 보편적 디자인은 가능한 모든 사람이 이용할 수 있도록 제품, 건물, 공간을 디자인한다는 의미를 가지고 있다. 이러한 시각으로 바라본다면 장애인 편의 시설은 우리 모두에게 편리하고 안전한 시설로 인식될 것이다.

① 우리 주변에서는 장애인 편의 시설을 많이 볼 수 있다.
② 보편적 디자인은 근래에 대두되고 있는 중요한 개념이다.
③ 어떤 집단의 사람들이라도 이용할 수 있는 제품을 만들어야 한다.
④ 보편적 디자인이라는 관점에서 장애인 편의 시설을 바라볼 필요가 있다.
⑤ 장애인들의 기본 권리를 보장하기 위해 장애인 편의 시설을 확충해야 한다.

PART 3

10 다음 중 밑줄 친 부분의 띄어쓰기가 모두 옳은 것은?

① 일과 여가 두가지를 어떻게 조화시키느냐하는 문제는 항상 인류의 관심대상이 되어 왔다.
② 최선의 세계를 만들기 위해서 무엇 보다 이 세계에 있는 모든 대상이 지닌 성질을 정확하게 인식해야 만 한다.
③ 내로라하는 영화배우 중 내 고향 출신도 상당수 된다. 그래서 자연스럽게 영화배우를 꿈꿨고, 그러다 보니 영화는 내 생활의 일부가 되었다.
④ 실기시험은 까다롭게 심사하는만큼 준비를 철저히 해야 한다. 한 달 간 실전처럼 연습하면서 시험에 대비하자.
⑤ 우주의 삼라 만상은 우리에게 온갖 경험을 제공하지만 많은 경험의 결과들이 서로 모순 되는 때가 많다.

11 다음 글을 읽고 추론한 내용으로 가장 적절한 것은?

> 비자발적인 행위는 강제나 무지에서 비롯된 행위이다. 반면에 자발적인 행위는 그것의 실마리가 행위자 자신 안에 있다. 행위자 자신 안에 행위의 실마리가 있는 경우에는 행위를 할 것인지 말 것인지가 행위자 자신에게 달려 있다.
> 욕망이나 분노에서 비롯된 행위들을 모두 비자발적이라고 할 수는 없다. 그것들이 모두 비자발적이라면 인간 아닌 동물 중 어떤 것도 자발적으로 행위를 하는 게 아닐 것이며, 아이들조차 그럴 것이기 때문이다. 우리가 욕망하는 것 중에는 마땅히 욕망해야 할 것이 있는데, 그러한 욕망에 따른 행위는 비자발적이라고 할 수 없다. 실제로 우리는 어떤 것들에 대해서는 마땅히 화를 내야 하며, 건강이나 배움과 같은 것은 마땅히 욕망해야 한다. 따라서 욕망이나 분노에서 비롯된 행위를 모두 비자발적인 것으로 보아서는 안 된다.
> 합리적 선택에 따르는 행위는 모두 자발적인 행위지만 자발적인 행위의 범위는 더 넓다. 왜냐하면 아이들이나 동물들도 자발적으로 행위를 하긴 하지만 합리적 선택에 따라 행위를 하지는 못하기 때문이다. 또한 욕망이나 분노에서 비롯된 행위는 어떤 것도 합리적 선택을 따르는 행위가 아니다. 이성이 없는 존재는 욕망이나 분노에 따라 행위를 할 수 있지만, 합리적 선택에 따라 행위를 할 수는 없기 때문이다. 또 자제력이 없는 사람은 욕망 때문에 행위를 하지만 합리적 선택에 따라 행위를 하지는 않는다. 반대로 자제력이 있는 사람은 합리적 선택에 따라 행위를 하지, 욕망 때문에 행위를 하지는 않는다.

① 욕망에 따른 행위는 모두 자발적인 것이다.
② 자제력이 있는 사람은 자발적으로 행위를 한다.
③ 자제력이 없는 사람은 비자발적으로 행위를 한다.
④ 자발적인 행위는 모두 합리적 선택에 따른 것이다.
⑤ 마땅히 욕망해야 할 것을 하는 행위는 모두 합리적 선택에 따른 것이다.

12 다음 글의 내용으로 가장 적절한 것은?

> 조선 후기의 대표적인 관료 선발 제도 개혁론인 유형원의 공거제 구상은 능력주의적, 결과주의적 인재 선발의 약점을 극복하려는 의도와 함께 신분적 세습의 문제점도 의식한 것이었다. 중국에서는 17세기 무렵 관료 선발에서 세습과 같은 봉건적인 요소를 부분적으로 재도입하려는 개혁론이 등장했다. 고염무는 관료제의 상층에는 능력주의적 제도를 유지하되, 지방관인 지현들은 어느 정도의 검증 기간을 거친 이후 그 지위를 평생 유지시켜 주고 세습의 길까지 열어 놓는 방안을 제안했다. 황종희는 지방의 관료가 자체적으로 관리를 초빙해서 시험한 후에 추천하는 '벽소'와 같은 옛 제도를 되살리는 방법으로 과거제를 보완하자고 주장했다.
>
> 이러한 개혁론은 갑작스럽게 등장한 것이 아니었다. 과거제를 시행했던 국가들에서는 수백 년에 걸쳐 과거제를 개선하라는 압력이 있었다. 시험 방식이 가져오는 부작용들은 과거제의 중요한 문제였다. 치열한 경쟁은 학문에 대한 깊이 있는 학습이 아니라 합격만을 목적으로 하는 형식적 학습을 하게 만들었고, 많은 인재들이 수험 생활에 장기간 매달리면서 재능을 낭비하는 현상도 낳았다. 또한 학습 능력 이외의 인성이나 실무 능력을 평가할 수 없다는 이유로 시험의 익명성에 대한 회의도 있었다.
>
> 과거제의 부작용에 대한 인식은 과거제를 통해 임용된 관리들의 활동에 대한 비판적 시각으로 연결되었다. 능력주의적 태도는 시험뿐 아니라 관리의 업무에 대한 평가에도 적용되었다. 세습적이지 않으면서 몇 년의 임기마다 다른 지역으로 이동하는 관리들은 승진을 위해서 빨리 성과를 낼 필요가 있었기 때문에, 지역 사회를 위해 장기적인 전망을 가지고 정책을 추진하기보다 가시적이고 단기적인 결과만을 중시하는 부작용을 가져왔다. 개인적 동기가 공공성과 상충되는 현상이 나타났던 것이다. 공동체 의식의 약화 역시 과거제의 부정적 결과로 인식되었다. 과거제 출신의 관리들이 공동체에 대한 소속감이 낮고 출세 지향적이기 때문에 세습엘리트나 지역에서 천거된 관리에 비해 공동체에 대한 충성심이 약했던 것이다.

① 과거제 출신의 관리들은 공동체에 대한 소속감이 낮고 출세 지향적이었다.
② 과거제를 통해 임용된 관리들은 지역 사회를 위해 장기적인 전망을 가지고 정책을 추진하였다.
③ '벽소'는 과거제를 없애고자 등장한 새로운 제도이다.
④ 과거제는 학습 능력 이외의 인성이나 실무 능력까지 정확하게 평가할 수 있는 제도였다.
⑤ 고염무는 관료제의 상층에는 세습제를 실시하고, 지방관에게는 능력주의적 제도를 실시하자는 방안을 제안했다.

PART 3

13 다음 글의 빈칸에 들어갈 접속부사를 순서대로 바르게 나열한 것은?

> 세계 각국의 정부와 기업은 의사 결정 지원 시스템과 미래 예측 시스템을 지속적으로 개선하고 있다. ___㉠___ 빠른 변화와 복합적인 세계화로 미래에 대한 정보를 판단하는 것은 점점 어려워지고 있다. 그 결과, 기관은 컴퓨터 시스템에 더욱 의존하게 되었으며, 빅데이터와 연결된 인공지능을 의사 결정에 적극적으로 이용하게 되었다. 이러한 현상을 증폭시킨 것이 적시에 지식을 제공해 의사 결정에 도움을 주는 집단 지성 시스템이다. 이는 인간의 두뇌, 지식 정보 시스템 등의 개체들이 협력이나 경쟁을 통해 기존의 지적 수준을 뛰어넘는 새로운 지성을 얻는 시스템을 의미한다. ___㉡___ 집단 지성 시스템을 활용하면 재해 예방 및 대응에 관한 의사 결정 과정에서 재해를 예측하고, 재해에 대응하고, 재해로부터 회복하는 복원 시스템을 수립할 수 있다. 미래 전략을 수립하고 분별 있는 결정을 내리기 위해 의사 결정자들은 미래학자에게서 단순히 전망 보고나 브리핑을 받는 데서 그치지 않고, 그들과 정기적으로 장기적인 사안을 논의할 수 있어야 한다. ___㉢___ 장기적 관점의 논의 과정이야말로 빠르고 정확한 의사 결정 수립에 필수적이기 때문이다.

	㉠	㉡	㉢
①	그러므로	또한	그리고
②	그러므로	예를 들어	왜냐하면
③	그러나	예를 들어	왜냐하면
④	그러나	즉	그러나
⑤	게다가	즉	그러나

14 다음 중 밑줄 친 부분의 맞춤법이 옳지 않은 것은?

① 그는 목이 <u>메어</u> 한동안 말을 잇지 못했다.

② 어제는 종일 아이를 <u>치다꺼리</u>하느라 잠시도 쉬지 못했다.

③ <u>왠일로</u> 선물까지 준비했는지 모르겠다.

④ 노루가 나타난 것은 나무꾼이 도끼로 나무를 <u>베고</u> 있을 때였다.

⑤ 그는 입술을 <u>지그시</u> 깨물었다.

15 다음 글의 제목으로 가장 적절한 것은?

맥주의 주원료는 양조용수 · 보리 · 홉 등이다. 맥주를 양조하기 위해서는 일반적으로 맥주 생산량의 10 ~ 20배 정도 되는 물이 필요하며, 이것을 양조용수라고 한다. 양조용수는 맥주의 종류와 품질을 좌우하며, 무색 · 무취 · 투명해야 한다. 또한, 보리를 싹틔워 맥아로 만든 것을 사용하여 맥주를 제조하는데, 맥주용 보리로는 곡립이 고르고 녹말질이 많으며 단백질이 적은 것, 그리고 곡피(穀皮)가 얇으며 발아력이 왕성한 것이 좋다. 홉은 맥주 특유의 쌉쌀한 향과 쓴맛을 만들어 내는 주요 첨가물이며, 맥주를 맑게 하고 잡균의 번식을 막아주는 역할을 한다.

맥주의 제조공정을 살펴보면 맥아제조, 담금, 발효, 저장, 여과의 다섯 단계로 나눌 수 있다. 이 중 발효공정은 맥즙이 발효되어 술이 되는 과정을 말하는데, 효모가 발효탱크 속에서 맥즙에 있는 당분을 알코올과 탄산가스로 분해한다. 이 공정은 1주일간 이어지며, 그동안 맥즙 안에 있던 당분은 점점 줄어들고 알코올과 탄산가스가 늘어나 맥주가 되는 것이다. 이때 발효 중 맥즙의 온도 상승을 막기 위해 탱크를 냉각 코일로 감고 그 표면을 하얀 폴리우레탄으로 단열시키는데, 그 모습이 마치 남극의 이글루처럼 보이기도 한다.

맥주는 발효의 방법에 따라 하면발효 맥주와 상면발효 맥주로 구분되는데, 이는 어떤 온도에서 발효시키느냐에 달려 있다. 세계 맥주 생산량의 70%를 차지하는 하면발효 맥주는 발효 중 밑으로 가라앉는 효모를 사용해 저온에서 발효시킨 맥주를 말한다. 요즘 유행하는 드래프트 비어가 바로 여기에 속한다. 반면, 상면발효 맥주는 주로 영국, 미국, 캐나다, 벨기에 등에서 생산되며 발효 중 표면에 떠오르는 효모로 비교적 높은 온도에서 발효시킨 맥주를 말한다. 에일, 스타우트 등이 상면발효 맥주에 포함된다.

① 맥주의 제조공정
② 맥주의 발효 과정
③ 주원료에 따른 맥주의 발효 방법 분류
④ 홉과 발효 방법의 종류에 따른 맥주 구분법
⑤ 맥주의 주원료와 발효 방법에 따른 맥주의 종류

16 다음 글의 빈칸에 들어갈 내용으로 가장 적절한 것은?

중세 이전에는 예술가와 장인의 경계가 분명치 않았다. 화가들도 당시에는 왕족과 귀족의 주문을 받아 제작하는 일종의 장인 취급을 받아왔다. 근대에 접어들면서 예술은 독창적인 창조 활동으로 존중받게 되었고, 아름다움의 가치를 만들어 내는 예술가들의 독창성이 인정받게 된 것이다. 그리고 이 가치의 중심에 작가가 있다. 작가가 담으려 했던 의도, 그것이 바로 아름다움을 창조하는 예술의 가치인 셈이다. 예술작품은 작가의 의도를 담고 있고, 작가의 의도가 없다면 작품은 만들어질 수 없다. 이것이 작품에 포함된 작가의 권위를 인정해야 하는 이유이다.
또한, 예술은 예술가가 표현하고자 하는 것을 창작해 내는 그 과정 자체로 완성되는 것이지 독자의 해석으로 완성되는 게 아니다. 설사 작품을 감상하고 해석해 줄 독자가 없어도 예술은 그 자체로 가치 있는 법이다. 예술가는 독자를 위해 작품을 창작하는 것이 아니라 자신의 열정과 열망으로 표현하고자 하는 바를 표현해 내는 것이다. 물론 예술작품을 해석하고 이해하는 데 독자의 역할도 분명 존재하고 필요한 것이 사실이다. 하지만 그렇다고 해도 이는 예술적 가치가 있는 작품에서 파생된 2차적인 활동이지 작품을 새롭게 완성하는 창조적 활동이라고 보기 어렵다. 따라서 독자의 수용과 이해는 ____________________

① 독자가 가지고 있는 작품에 대한 사전 정보에 따라 다르게 나타날 것이다.
② 작품에 담긴 아름다움의 가치를 독자가 나름대로 해석하는 활동으로 볼 수 있다.
③ 권위가 높은 작가의 작품에서 더욱 다양하게 나타난다.
④ 작가의 의도와 작품을 왜곡하지 않는 범위에서 이루어져야 한다.
⑤ 작품이 만들어진 시대적 배경과 문화적 배경을 고려하여야 한다.

17 다음 글과 가장 관련 있는 한자성어는?

대규모 댐 건설 사업 공모에 A건설회사가 참여하였다. 해당 사업은 막대한 자금과 고도의 건설 기술이 필요했기에 A건설회사가 감당하기 어려운 것이었다. 많은 사람들은 무리하게 공모에 참여한 A건설회사에 대해 무모하다고 여겼다.

① 각골난망(刻骨難忘)
② 난공불락(難攻不落)
③ 빈천지교(貧賤之交)
④ 당랑거철(螳螂拒轍)
⑤ 파죽지세(破竹之勢)

18 다음 글에서 설명한 '즉흥성'과 관련 있는 내용을 〈보기〉에서 모두 고르면?

우리나라의 전통 음악은 대체로 크게 정악과 속악으로 나뉜다. 정악은 왕실이나 귀족들이 즐기던 음악이고, 속악은 일반 민중들이 가까이 하던 음악이다. 개성을 중시하고 자유분방한 감정을 표출하는 한국인의 예술 정신은 정악보다는 속악에 잘 드러나 있다. 우리 속악의 특징은 한 마디로 즉흥성이라는 개념으로 집약될 수 있다. 판소리나 산조에 '유파(流派)'가 자꾸 형성되는 것은 모두 즉흥성이 강하기 때문이다. 즉흥으로 나왔던 것이 정형화되면 그 사람의 대표 가락이 되는 것이고, 그것이 독특한 것이면 새로운 유파가 형성되기도 하는 것이다.
물론 즉흥이라고 해서 음악가가 제멋대로 하는 것은 아니다. 곡의 일정한 틀은 유지하면서 그 안에서 변화를 주는 것이 즉흥 음악의 특색이다. 판소리 명창이 무대에 나가기 전에 "오늘 공연은 몇 분으로 할까요?"라고 묻는 것이 그런 예이다. 이때 창자는 상황에 맞추어 얼마든지 곡의 길이를 조절할 수 있다. 이것은 서양 음악에서는 어림없는 일이다. 그나마 서양 음악에서 융통성을 발휘할 수 있다면 4악장 가운데 한 악장만 연주하는 것 정도이지 각 악장에서 조금씩 뽑아 한 곡을 만들어 연주할 수는 없다. 그러나 한국 음악에서는, 특히 속악에서는 연주 장소나 주문자의 요구 혹은 연주자의 상태에 따라 악기도 하나면 하나로만, 둘이면 둘로 연주해도 별문제가 없다. 거문고나 대금 하나만으로도 얼마든지 연주할 수 있다. 전혀 이상하지도 않다. 그렇지만 베토벤의 운명 교향곡을 바이올린이나 피아노만으로 연주하는 경우는 거의 없을 뿐만 아니라, 연주를 하더라도 어색하게 들릴 수밖에 없다.
즉흥과 개성을 중시하는 한국의 속악 가운데 대표적인 것이 시나위이다. 현재의 시나위는 19세기 말에 완성되었으나 원형은 19세기 훨씬 이전부터 연주되었을 것으로 추정된다. 시나위의 가장 큰 특징은 악보 없는 즉흥곡이라는 것이다. 연주자들이 모여 아무 사전 약속도 없이 "시작해 볼까."라고 연주하기 시작한다. 그러니 처음에는 불협음 일색이다. 그렇게 진행되다가 중간에 호흡이 맞아 떨어지면 협음을 낸다. 그러다가 또 각각 제 갈 길로 가서 혼자인 것처럼 연주한다. 이게 시나위의 묘미다. 불협음과 협음이 오묘하게 서로 들어맞는 것이다.
그런데 이런 음악은 아무나 하는 게 아니다. 즉흥곡이라고 하지만 '초보자(初步者)'들은 꿈도 못 꾸는 음악이다. 기량이 뛰어난 경지에 이르러야 가능한 음악이다. 그래서 요즈음은 시나위를 잘할 수 있는 사람이 별로 없다고 한다. 요즘에는 악보로 정리된 시나위를 연주하는 경우가 대부분인데, 이것은 시나위 본래의 취지에 어긋난다. 악보로 연주하면 박제된 음악이 되기 때문이다.
요즘 음악인들은 시나위 가락을 보통 '허튼 가락'이라고 한다. 이 말은 말 그대로 '즉흥 음악'으로 이해된다. 미리 짜 놓은 일정한 형식이 없이 주어진 장단과 연주 분위기에 몰입해 그때그때의 감흥을 자신의 음악성과 기량을 발휘해 연주하는 것이다. 이럴 때 즉흥이 튀어 나온다. 시나위는 이렇듯 즉흥적으로 흐드러져야 맛이 난다. 능청거림, 이것이 시나위의 음악적 모습이다.

보기

㉠ 주어진 상황에 따라 임의로 곡의 길이를 조절하여 연주한다.
㉡ 장단과 연주 분위기에 몰입해 새로운 가락으로 연주한다.
㉢ 연주자들 간에 사전 약속 없이 연주하지만 악보의 지시는 따른다.
㉣ 감흥을 자유롭게 표현하기 위해 일정한 틀을 철저히 무시한 채 연주한다.

① ㉠, ㉡
② ㉠, ㉢
③ ㉠, ㉣
④ ㉡, ㉢
⑤ ㉢, ㉣

19 다음 글을 통해 알 수 있는 내용으로 적절하지 않은 것은?

> 사물인터넷이 산업 현장에 적용되고, 디지털 관련 도구가 통합됨에 따라 일관된 전력 시스템의 필요성이 높아지고 있다. 다양한 산업시설 및 업무 현장에서의 예기치 못한 정전이나 낙뢰 등 급격한 전원 환경의 변화는 큰 손실과 피해로 이어질 수 있다. 이제 전원 보호는 데이터센터뿐만 아니라 반도체, 석유, 화학 및 기계 등 모든 분야에서 필수적인 존재가 되었다.
>
> UPS(Uninterruptible Power Supply : 무정전 전원 장치)는 일종의 전원 저장소로, 갑작스럽게 정전이 발생하더라도 전원이 끊기지 않고 계속해서 공급되도록 하는 장치이다. 갑작스러운 전원 환경의 변화로부터 기업의 핵심 인프라인 서버를 보호함으로써 기업의 연속성 유지에 도움을 준다.
>
> UPS를 구매할 때는 용량을 우선적으로 고려해야 한다. 너무 적은 용량의 UPS를 구입하면 설비 사용량이 초과되어 제대로 작동조차 하지 않는 상황이 나타날 수 있다. 따라서 설비에 필요한 용량의 1.5배 정도인 UPS를 구입해야 한다.
>
> 또한, UPS 사용 시에는 주기적인 점검이 필요하다. 특히 실질적으로 에너지를 저장하고 있는 배터리는 일정 시점마다 교체가 필요하다. 일반적으로 UPS에 사용되는 MF배터리의 수명은 1년 정도로, 납산배터리 특성상 방전 사이클을 돌 때마다 용량이 급감하기 때문이다.

① UPS 배터리 교체 방법
② UPS의 역할
③ UPS 구매 시 고려사항
④ UPS 배터리 교체 주기
⑤ UPS의 필요성

20 다음 빈칸에 들어갈 단어로 가장 적절한 것은?

> 정부는 선거와 관련하여 신고자에 대한 ________을/를 대폭 강화하기로 하였다.

① 보훈(報勳)
② 공훈(功勳)
③ 공로(功勞)
④ 포상(褒賞)
⑤ 공적(功績)

21 지혜와 주헌이가 함께 기숙사에서 나와 회사를 향해 분당 150m의 속력으로 출근하고 있다. 30분 정도 걸었을 때, 지혜는 집에 두고 온 중요한 서류를 가지러 분당 300m의 속력으로 집에 갔다가 같은 속력으로 다시 회사를 향해 뛰어간다고 한다. 주헌이가 그 속력 그대로 20분 뒤에 회사에 도착할 때, 지혜는 주헌이가 회사에 도착하고 나서 몇 분 후에 회사에 도착하는가?

① 20분
② 25분
③ 30분
④ 35분
⑤ 40분

PART 3

22 은경이는 태국 여행에서 A ~ D 네 종류의 손수건을 총 9장 구매했으며, 그중 B손수건은 3장, 나머지는 각각 같은 개수를 구매했다. 기념품으로 친구 3명에게 종류가 다른 손수건을 3장씩 나눠줬을 때, 가능한 경우의 수는?

① 5가지
② 6가지
③ 7가지
④ 8가지
⑤ 9가지

23 다음은 과일 종류별 무게에 따른 가격표이다. 이를 토대로 종류별 무게를 가중치로 적용하여 가격에 대한 가중평균을 구하면 42만 원이다. 이때, 빈칸 ㉠에 들어갈 수치로 옳은 것은?

〈과일 종류별 가격 및 무게〉

(단위 : 만 원, kg)

구분	(가)	(나)	(다)	(라)
가격	25	40	60	㉠
무게	40	15	25	20

① 40
② 45
③ 50
④ 55
⑤ 60

24 다음은 기술개발 투자 및 성과에 대한 자료이다. 이를 토대로 일본의 GDP 총액을 계산하면 얼마인가?(단, 소수점 이하는 버림한다)

〈기술개발 투자 및 성과〉

구분	한국	미국	일본
R&D 투자 총액(억 달러)	313	3,688	1,508
매율	1.0	11.78	4.82
GDP 대비(%)	3.37	2.68	3.44
(기술수출액)÷(기술도입액)	0.45	1.70	3.71

※ GDP 대비 : GDP 총액 대비 R&D 투자 총액의 비율

① 26,906억 달러
② 31,047억 달러
③ 37,208억 달러
④ 43,837억 달러
⑤ 45,326억 달러

25 다음은 A공사의 4년간 청렴도 측정결과 추세를 나타낸 그래프이다. 이에 대한 설명으로 옳지 않은 것은?(단, 소수점 둘째 자리에서 반올림한다)

〈A공사의 청렴도 측정결과 추세〉

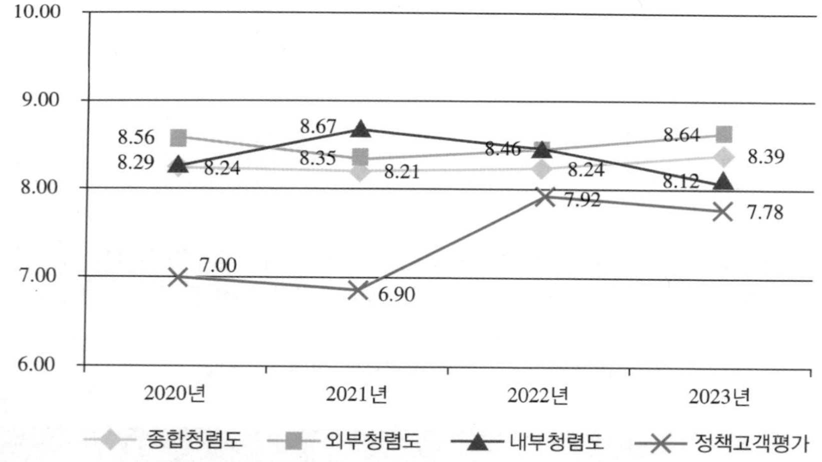

① 4년간 내부청렴도의 평균은 외부청렴도의 평균보다 낮다.
② 2021 ~ 2023년 외부청렴도와 종합청렴도의 증감 추이는 같다.
③ 정책고객평가에서 전년 대비 가장 높은 비율의 변화가 있던 것은 2022년이다.
④ 전년 대비 가장 크게 하락한 항목은 2022년의 내부청렴도이다.
⑤ 내부청렴도와 정책고객평가는 2023년에 하락하였다.

26 출장을 가는 A사원은 오후 2시에 출발하는 KTX를 타기 위해 오후 12시 30분에 역에 도착하였다. A사원은 남은 시간을 이용하여 음식을 포장해 오려고 한다. 역에서 음식점까지의 거리는 다음과 같으며, 음식을 포장하는 데 15분이 걸린다고 한다. A사원이 시속 3km로 걸어서 갔다 올 때, 구입할 수 있는 음식의 종류는?

음식점	G김밥	P빵집	N버거	M만두	B도시락
거리	2km	1.9km	1.8km	1.95km	1.7km

① 도시락
② 도시락, 햄버거
③ 도시락, 햄버거, 빵
④ 도시락, 햄버거, 빵, 만두
⑤ 도시락, 햄버거, 빵, 만두, 김밥

27 다음은 2023년 우리나라의 LPCD(Liter Per Capital Day)에 대한 자료이다. 1인 1일 사용량에서 영업용 사용량이 차지하는 비중과 1인 1일 가정용 사용량의 하위 두 항목이 차지하는 비중을 순서대로 바르게 나열한 것은?(단, 소수점 셋째 자리에서 반올림한다)

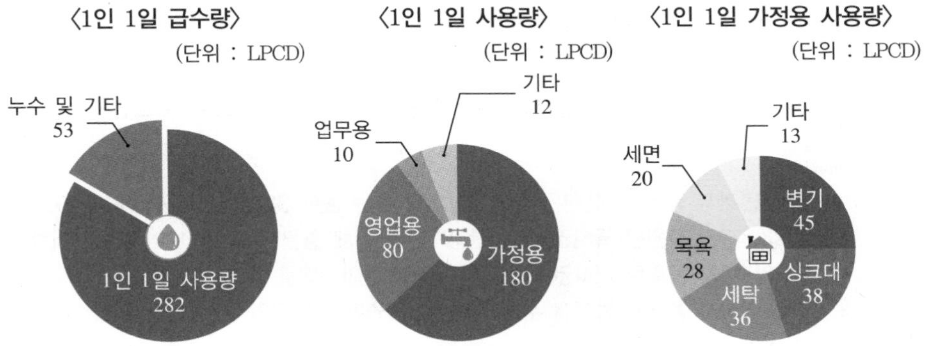

※ LPCD(Liter Per Capital Day) : 1인 1일 물 사용량으로 지역·국가 간 물 사용량을 비교할 수 있게 하고, 수자원을 효율적으로 활용할 수 있게 하는 지표

① 27.57%, 16.25%
② 27.57%, 19.24%
③ 28.37%, 18.33%
④ 28.37%, 19.24%
⑤ 30.56%, 20.78%

※ 다음은 A공사의 지식재산권 현황에 대한 자료이다. 이어지는 질문에 답하시오. [28~29]

〈2023년 지식재산권 현황(누적)〉

(단위 : 건)

구분	합계	산업재산권					SW권(컴퓨터 프로그램)	저작권
		소계	특허권(PCT 포함)	실용신안권	디자인권	상표권		
합계	385	100	66	0	24	10	71	214
출원	21	21	16	0	0	5	0	0
등록	364	79	50	0	24	5	71	214

〈2022년 지식재산권 현황(누적)〉

(단위 : 건)

구분	합계	산업재산권					SW권(컴퓨터 프로그램)	저작권
		소계	특허권(PCT 포함)	실용신안권	디자인권	상표권		
합계	386	104	70	0	24	10	68	214
출원	32	32	27	0	0	5	0	0
등록	354	72	43	0	24	5	68	214

〈2021년 지식재산권 현황(누적)〉

(단위 : 건)

구분	합계	산업재산권					SW권(컴퓨터 프로그램)	저작권
		소계	특허권(PCT 포함)	실용신안권	디자인권	상표권		
합계	361	90	52	0	28	10	57	214
출원	24	24	19	0	0	5	0	0
등록	337	66	33	0	28	5	57	214

28 다음 〈보기〉 중 지식재산권 현황에 대한 설명으로 옳은 것을 모두 고르면?

보기

ㄱ. 2023년까지 등록 및 출원된 산업재산권의 수는 등록 및 출원된 SW권보다 40% 이상 많다.
ㄴ. 2023년까지 출원된 특허권 수는 산업재산권 전체 출원 수의 80% 이상을 차지한다.
ㄷ. 2023년까지 등록된 저작권 수는 등록된 SW권의 3배를 초과한다.
ㄹ. 2023년까지 출원된 특허권 수는 등록 및 출원된 특허권의 50% 이상이다.

① ㄱ, ㄴ
② ㄱ, ㄷ
③ ㄴ, ㄷ
④ ㄴ, ㄹ
⑤ ㄷ, ㄹ

29 **다음 중 지식재산권 현황에 대한 설명으로 옳지 않은 것은?**

① 등록된 누적 특허권 수는 2022년과 2023년 모두 전년 대비 증가하였다.
② 전체 디자인권 수는 2021년 대비 2023년에 5% 이상 감소하였다.
③ 매년 모든 산업재산권에서 등록된 건수가 출원된 건수 이상이다.
④ 등록된 SW권 수는 2021년 대비 2023년에 20% 이상 증가하였다.
⑤ 등록된 지식재산권 중 2021년부터 2023년까지 건수에 변동이 없는 것은 2가지이다.

30 **다음은 외환위기 전후 한국의 경제 상황을 나타낸 자료이다. 이에 대한 설명으로 옳은 것은?**

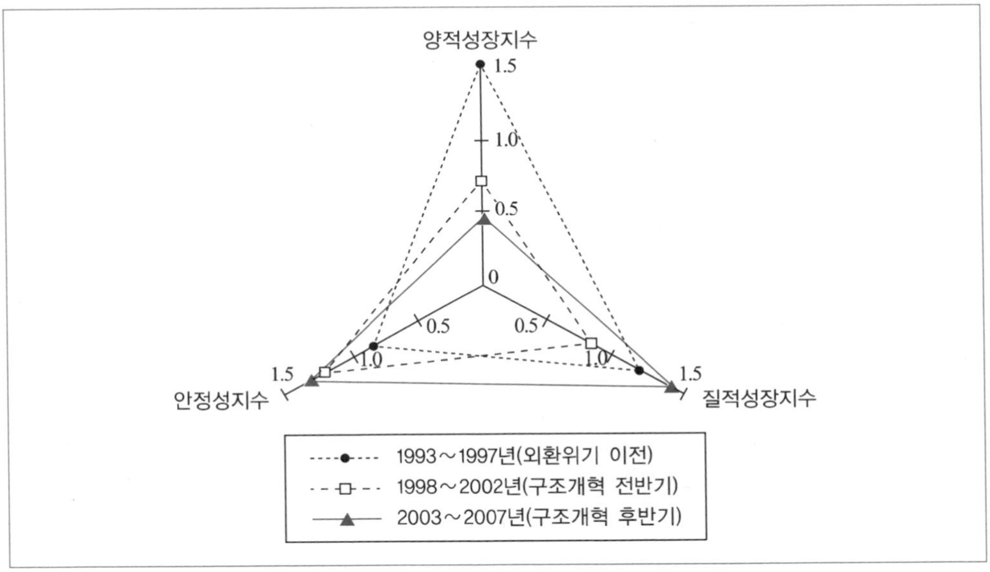

① 1993년 이후 양적성장지수가 감소함에 따라 안정성지수 또한 감소하였다.
② 안정성지수는 구조개혁 전반기와 구조개혁 후반기에 직전기간 대비 모두 증가하였으나, 구조개혁 후반기의 직전기간 대비 증가율은 구조개혁 전반기의 직전기간 대비 증가율보다 낮다.
③ 세 지수 모두에서 구조개혁 전반기의 직전기간 대비 증감폭보다 구조개혁 후반기의 직전기간 대비 증감폭이 크다.
④ 구조개혁 전반기와 후반기 모두 양적성장지수의 직전기간 대비 증감폭보다 안정성지수의 직전기간 대비 증감폭이 크다.
⑤ 외환위기 이전에 비해 구조개혁 전반기에는 양적성장지수와 질적성장지수 모두 50% 이상 감소하였다.

31 다음은 연도별 근로자 수 변화 추이에 대한 자료이다. 이에 대한 설명으로 옳지 않은 것은?

〈연도별 근로자 수 변화 추이〉

(단위 : 천 명)

구분	전체	남성		여성	
			비중		비중
2019년	14,290	9,061	63.4%	5,229	36.6%
2020년	15,172	9,467	62.4%	5,705	37.6%
2021년	15,536	9,633	62.0%	5,902	38.0%
2022년	15,763	9,660	61.3%	6,103	38.7%
2023년	16,355	9,925	60.7%	6,430	39.3%

① 매년 남성 근로자 수가 여성 근로자 수보다 많다.

② 2019년 대비 2023년 근로자 수의 증가율은 여성이 남성보다 높다.

③ 2019 ~ 2023년 동안 남성 근로자 수와 여성 근로자 수의 차이는 매년 증가한다.

④ 전체 근로자 중 여성 근로자 수의 비중이 가장 큰 해는 2023년이다.

⑤ 2023년 여성 근로자 수는 전년보다 약 5.4% 증가하였다.

32 다음과 같이 일정한 규칙으로 수를 나열할 때, 빈칸에 들어갈 수는 무엇인가?

1　1　2　3　5　8　13　21　34　(　)

① 52

② 53

③ 54

④ 55

⑤ 56

33 화창한 어느 날 낮에 농도 3%의 설탕물 400g이 들어있는 컵을 창가에 놓아두었다. 저녁에 살펴보니 물이 증발하여 농도가 5%가 되었다. 이때 남아있는 설탕물의 양은 몇 g인가?

① 220g
② 230g
③ 240g
④ 250g
⑤ 260g

34 다음은 A공사의 모집단위별 지원자 수 및 합격자 수를 나타낸 자료이다. 이에 대한 설명으로 옳지 않은 것은?(단, 경쟁률은 소수점 첫째 자리에서 반올림한다)

〈모집단위별 지원자 수 및 합격자 수〉

(단위 : 명)

모집단위	남성		여성		합계	
	합격자 수	지원자 수	합격자 수	지원자 수	모집정원	지원자 수
A집단	512	825	89	108	601	933
B집단	353	560	17	25	370	585
C집단	138	417	131	375	269	792
합계	1,003	1,802	237	508	1,240	2,310

※ [경쟁률(%)] $=\frac{\text{(지원자 수)}}{\text{(모집정원)}}\times 100$

① 세 개의 모집단위 중 총 지원자 수가 가장 많은 집단은 A집단이다.
② 세 개의 모집단위 중 합격자 수가 가장 적은 집단은 C집단이다.
③ A공사의 남성 합격자 수는 여성 합격자 수의 5배 이상이다.
④ B집단의 경쟁률은 158%이다.
⑤ C집단에서는 남성의 경쟁률이 여성의 경쟁률보다 높다.

PART 3

35 다음은 A기업의 콘텐츠 유형별 매출액을 나타낸 자료이다. 이에 대한 설명으로 옳은 것은?

〈콘텐츠 유형별 매출액〉

(단위 : 억 원)

구분	SNS	영화	음원	게임	전체
2016년	30	371	108	235	744
2017년	45	355	175	144	719
2018년	42	391	186	178	797
2019년	59	508	184	269	1,020
2020년	58	758	199	485	1,500
2021년	308	1,031	302	470	2,111
2022년	104	1,148	411	603	2,266
2023년	341	1,510	419	689	2,959

① 영화 매출액은 매년 전체 매출액의 30% 이상이다.
② 2017 ~ 2018년 게임과 음원의 전년 대비 매출액의 증감 추이는 같다.
③ 2016 ~ 2023년 동안 매년 음원 매출액은 SNS 매출액의 2배 이상이다.
④ 2018년에는 모든 콘텐츠 유형의 매출액이 전년에 비해 증가하였다.
⑤ 2021년에 전년 대비 매출액 증가율이 가장 큰 콘텐츠 유형은 영화이다.

※ 다음과 같이 일정한 규칙으로 수를 나열할 때, 빈칸에 들어갈 수를 고르시오. **[36~37]**

36

100　80　61　43　(　)　10　−5

① 22
② 24
③ 26
④ 28
⑤ 30

37

5　35　24　168　157　1,099　(　)　7,616

① 1,088
② 1,110
③ 1,190
④ 2,148
⑤ 2,450

38 출입국관리사무소에서는 우리나라에 입국한 외국인을 조사하고 있다. 당일 조사한 결과 외국인 100명 중 중국인은 30%였고, 관광을 목적으로 온 외국인은 20%였다. 또한, 중국인을 제외한 외국인 중 관광을 목적으로 온 사람은 20%였다. 임의로 중국인 1명을 조사할 때, 관광을 목적으로 온 사람일 확률은 얼마인가?

① $\frac{1}{2}$
② $\frac{1}{3}$
③ $\frac{1}{4}$
④ $\frac{1}{5}$
⑤ $\frac{1}{6}$

39 **다음은 지식경제부에서 2023년 11월에 발표한 산업경제지표 추이이다. 이에 대한 설명으로 옳지 않은 것은?**

〈산업경제지표 추이〉

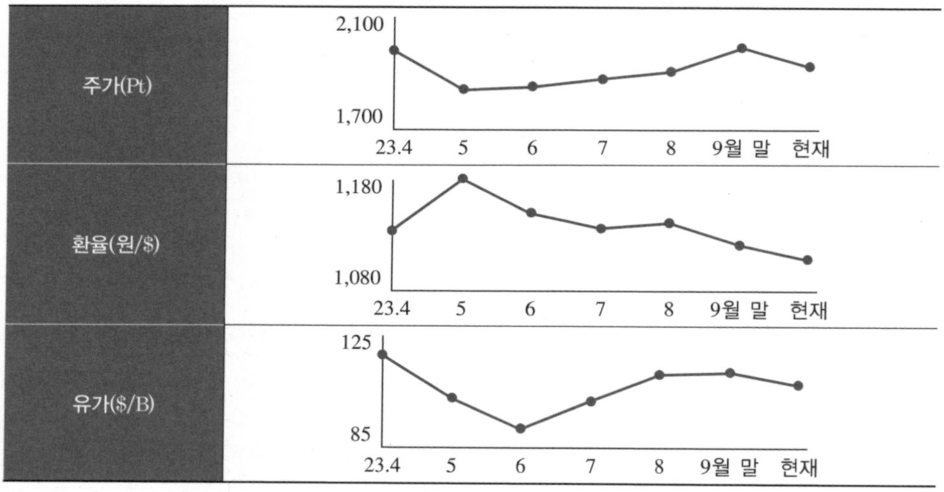

① 2023년 8월을 기점으로 위 세 가지 지표는 모두 하락세를 보이고 있다.

② 환율은 5월 이후 하락세에 있으므로 원화가치는 높아질 것이다.

③ 유가는 6월까지는 큰 폭으로 하락했으나, 그 이후 9월까지 서서히 상승세를 보이고 있다.

④ 숫자상의 변동 폭이 가장 작은 지표는 유가이다.

⑤ 주가는 5월에 급락했다가 9월 말까지 서서히 회복세를 보였으나, 현재는 다시 하락해서 2023년 4월선을 회복하지 못하고 있다.

40 다음은 권장 소비자 가격과 판매 가격 차이를 조사한 자료이다. 〈조건〉을 적용했을 때, 할인가 판매 시 괴리율이 가장 높은 품목은?(단, 괴리율은 소수점 둘째 자리에서 버림한다)

〈권장 소비자 가격 및 판매 가격 정보〉

(단위 : 원, %)

상품	판매 가격		권장 소비자 가격과의 괴리율	
	정상가	할인가	권장 소비자 가격	정상가 판매 시 괴리율
세탁기	600,000	580,000	640,000	6.2
무선전화기	175,000	170,000	181,000	3.3
오디오세트	470,000	448,000	493,000	4.6
골프채	750,000	720,000	786,000	4.5
운동복	195,000	180,000	212,500	8.2

조건

- [권장 소비자 가격과의 괴리율(%)] $=\frac{\text{(권장 소비자 가격)}-\text{(판매 가격)}}{\text{(권장 소비자 가격)}}\times 100$
- 정상가 : 할인 판매를 하지 않는 상품의 판매 가격
- 할인가 : 할인 판매를 하는 상품의 판매 가격

① 세탁기
② 무선전화기
③ 오디오세트
④ 골프채
⑤ 운동복

41 갑은 다음 규칙을 참고하여 알파벳 단어를 숫자로 변환하고자 한다. 규칙을 적용한 〈보기〉의 단어에서 알파벳 Z에 해당하는 자연수들을 모두 더한 값은?

〈규칙〉

① 알파벳 'A'부터 'Z'까지 순서대로 자연수를 부여한다.
  예 A=2라고 하면 B=3, C=4, D=5이다.
② 단어의 음절에 같은 알파벳이 연속되는 경우 ①에서 부여한 숫자를 알파벳이 연속되는 횟수만큼 거듭제곱한다.
  예 A=2이고 단어가 'AABB'이면 AA는 '2^2'이고, BB는 '3^2'이므로 '49'로 적는다.

보기

㉠ AAABBCC는 10000001020110404로 변환된다.
㉡ CDFE는 3465로 변환된다.
㉢ PJJYZZ는 1712126729로 변환된다.
㉣ QQTSR은 625282726으로 변환된다.

① 154
② 176
③ 199
④ 212
⑤ 234

42 다음 글의 빈칸에 들어갈 단어로 적절하지 않은 것은?

창의적 사고는 창조적인 가능성이다. 여기에는 '문제를 사전에 찾아내는 힘', '문제해결에 있어서 다각도로 힌트를 찾아내는 힘', 그리고 '문제해결을 위해 끈기 있게 도전하는 태도' 등이 포함된다. 다시 말해서 창의적 사고에는 사고력을 비롯하여 성격, 태도에 걸친 전인격적인 가능성까지도 포함된다. 이러한 창의적 사고는 창의력 교육훈련을 통해 개발할 수 있으며, ________ 일수록 높은 창의력을 보인다.

① 모험적
② 적극적
③ 예술적
④ 객관적
⑤ 자유분방적

43 김대리는 이번 분기의 판매동향에 대한 성과발표회 기획을 맡게 되었다. 성과발표회를 준비하는 과정에서 수행해야 될 업무를 모두 나열한 뒤 업무의 선후관계도를 만들었다. 다음 〈보기〉 중 옳은 것을 모두 고르면?

〈업무의 선후관계도〉

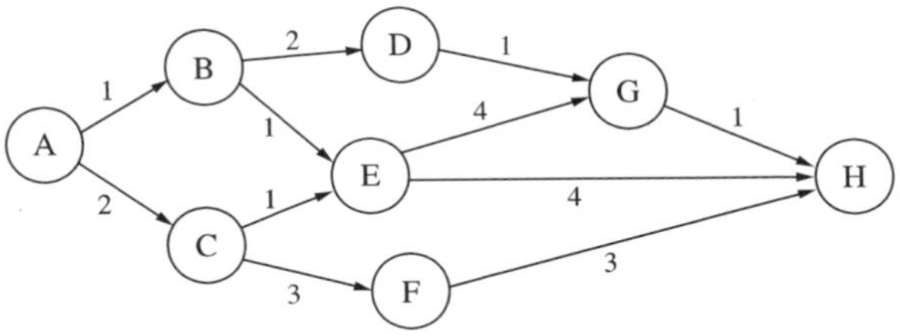

※ 화살표는 단위업무를 나타낸다.
※ 화살표 위의 숫자는 그 업무를 수행하는 데 소요되는 일수를 나타낸다.
※ 화살표 좌우의 알파벳은 각각 단위업무의 시작과 끝을 나타낸다.
※ 선행하는 화살표가 나타내는 업무는 후속하는 화살표가 나타내는 업무보다 먼저 수행되어야 한다.

보기

㉠ 성과발표 준비에는 최소 5일이 소요된다.
㉡ 단위작업 EH를 3일로 단축하면 전체 준비기간이 짧아진다.
㉢ 단위작업 AC를 1일로 단축하는 것은 전체 준비기간에 영향을 준다.
㉣ 단위작업 EG에 소요되는 시간을 3일로 단축하면 전체 준비기간이 짧아진다.
㉤ 성과발표 준비에는 적어도 8일이 소요된다.

① ㉠, ㉡
② ㉠, ㉢
③ ㉡, ㉣
④ ㉢, ㉤
⑤ ㉣, ㉤

PART 3

※ K부장은 A종합병원의 간호인력의 고용을 합리화하고자 한다. 병원이 24시간 운영된다고 할 때, 다음 자료를 참고하여 이어지는 질문에 답하시오. **[44~45]**

〈시간대별 필요 간호인력 수〉

시간대	2 ~ 6시	6 ~ 10시	10 ~ 14시	14 ~ 18시	18 ~ 22시	22 ~ 2시
필요인력(명)	5	20	30	15	50	10

〈근무 수칙〉

- 간호인력은 휴게 시간을 포함하여 8시간 동안 연속으로 근무한다.
- A종합병원 간호인력은 8시간마다 교대한다.
- 교대 시 인수인계 시간은 고려하지 않는다.

44 K부장이 필요 간호인력 수에 따라 최소 간호인력을 산정한다고 할 때, 필요한 최소 간호인력 수는 몇 명인가?

① 75명
② 85명
③ 95명
④ 105명
⑤ 110명

45 A종합병원에서는 2 ~ 6시 사이 중환자 및 응급환자의 수요가 증가함에 따라 필요 간호인력 수를 20명으로 확충하기로 하였다. 이때, 필요한 최소 간호인력 수는 몇 명인가?

① 95명
② 100명
③ 110명
④ 125명
⑤ 130명

46 다음은 A기업에 대한 SWOT 분석 결과이다. 〈보기〉 중 각 전략에 따른 대응으로 적절한 것을 모두 고르면?

〈A기업의 SWOT 분석 결과〉

강점(Strength)	약점(Weakness)
• 높은 브랜드 이미지 · 평판 • 훌륭한 서비스와 판매 후 보증수리 • 확실한 거래망, 딜러와의 우호적인 관계 • 막대한 R&D 역량 • 자동화된 공장 • 대부분의 차량 부품 자체 생산	• 한 가지 차종에만 집중 • 고도의 기술력에 대한 과도한 집중 • 생산설비에 막대한 투자 → 차량모델 변경의 어려움 • 한 곳의 생산 공장만 보유 • 전통적인 가족형 기업 운영
기회(Opportunity)	**위협(Threat)**
• 소형 레저용 차량에 대한 수요 증대 • 새로운 해외시장의 출현 • 저가형 레저용 차량에 대한 선호 급증	• 휘발유의 부족 및 가격의 급등 • 레저용 차량 전반에 대한 수요 침체 • 다른 회사들과의 경쟁 심화 • 차량 안전 기준의 강화

보기

ㄱ. ST전략 : 기술개발을 통하여 연비를 개선한다.
ㄴ. SO전략 : 대형 레저용 차량을 생산한다.
ㄷ. WO전략 : 규제 강화에 대비하여 보다 안전한 레저용 차량을 생산한다.
ㄹ. WT전략 : 생산량 감축을 고려한다.
ㅁ. WO전략 : 국내 다른 지역이나 해외에 공장들을 분산 설립한다.
ㅂ. ST전략 : 경유용 레저 차량 생산을 고려한다.
ㅅ. SO전략 : 해외 시장 진출보다는 내수 확대에 집중한다.

① ㄱ, ㄴ, ㅁ, ㅂ
② ㄱ, ㄹ, ㅁ, ㅂ
③ ㄴ, ㄷ, ㅂ, ㅅ
④ ㄴ, ㄹ, ㅁ, ㅅ
⑤ ㄷ, ㅁ, ㅂ, ㅅ

47 5층 건물인 A공사에는 A ~ E 5개의 부서가 있고, 각 부서는 한 층에 한 개씩 위치하고 있다. 다음 〈조건〉을 모두 만족시킬 때, 항상 옳은 것은?

조건

- A부서는 1층과 5층에 위치하고 있지 않다.
- B부서와 D부서는 인접하고 있다.
- A부서와 E부서 사이에 C부서가 위치하고 있다.
- A부서와 D부서는 인접하고 있지 않다.

① A부서는 3층에 있다.
② B부서는 2층에 있다.
③ D부서는 1층에 있다.
④ D부서는 5층에 있다.
⑤ E부서는 4층에 있다.

48 A공장에서 제조하는 볼트의 일련번호는 다음과 같이 구성된다. 일련번호는 형태 – 허용압력 – 직경 – 재질 – 용도 순서로 표시할 때, 다음 중 허용압력이 18kg/cm^{2}이고, 직경이 14mm인 자동차에 쓰이는 스테인리스 육각볼트의 일련번호로 옳은 것은?

형태	사각	육각	팔각	별
	SC	HX	OT	ST
허용압력(kg/cm^2)	10 ~ 20	21 ~ 40	41 ~ 60	61 이상
	L	M	H	P
직경(mm)	8	10	12	14
	008	010	012	014
재질	플라스틱	크롬 도금	스테인리스	티타늄
	P	CP	SS	Ti
용도	항공기	선박	자동차	일반
	A001	S010	M110	E100

① HXL014TiE100
② HXL014SSS010
③ HXL012CPM110
④ HXL012TiM110
⑤ HXL014SSM110

49 같은 해에 입사한 동기 A ~ E는 모두 A기업 소속으로 서로 다른 부서에서 일하고 있다. 다음은 근무 부서와 부서별 성과급에 대한 자료이다. 이를 참고했을 때 항상 옳은 것은?

〈부서별 성과급〉

비서실	영업부	인사부	총무부	홍보부
60만 원	20만 원	40만 원	60만 원	60만 원

※ 각 사원은 모두 각 부서의 성과급을 동일하게 받는다.

〈부서배치 조건〉

- A는 성과급이 평균보다 적은 부서에서 일한다.
- B와 D의 성과급을 더하면 나머지 세 명의 성과급 합과 같다.
- C의 성과급은 총무부보다는 적지만 A보다는 많다.
- C와 D 중 한 사람은 비서실에서 일한다.
- E는 홍보부에서 일한다.

〈휴가 조건〉

- 영업부 직원은 비서실 직원보다 휴가를 더 늦게 가야 한다.
- 인사부 직원은 첫 번째 또는 제일 마지막으로 휴가를 가야 한다.
- B의 휴가 순서는 이들 중 세 번째이다.
- E는 휴가를 반납하고 성과급을 2배로 받는다.

① A의 3개월 치 성과급은 C의 2개월 치 성과급보다 많다.
② C가 맨 먼저 휴가를 갈 경우, B가 맨 마지막으로 휴가를 가게 된다.
③ D가 C보다 성과급이 많다.
④ 휴가철이 끝난 직후, D와 E의 성과급 차이는 세 배이다.
⑤ B는 A보다 휴가를 먼저 출발한다.

PART 3

50 **어느 요리를 만들기 위해서는 준비된 7가지의 재료 가 ~ 사를 정해진 순서대로 넣어야 한다. 다음 〈조건〉을 참고하여 마지막에 넣는 재료가 가일 때, 두 번째 넣어야 할 재료는 무엇인가?**

> **조건**
>
> • 모든 재료는 차례로 한 번씩만 넣는다.
> • 가 바로 앞에 넣는 재료는 라이다.
> • 사는 라보다는 먼저 넣지만, 나보다 늦게 넣는다.
> • 마는 다와 나의 사이에 넣는 재료이다.
> • 다는 마보다 먼저 들어간다.
> • 바는 다보다 먼저 들어간다.

① 다
② 라
③ 마
④ 바
⑤ 아

51 **아마추어 야구 리그에서 활동하는 A ~ D팀은 빨간색, 노란색, 파란색, 보라색 중에서 매년 상징하는 색을 바꾸고 있다. 다음 〈조건〉을 참고할 때, 반드시 참인 것은?**

> **조건**
>
> • 하나의 팀은 하나의 상징색을 갖는다.
> • 이전에 사용했던 상징색을 다시 사용할 수는 없다.
> • A팀과 B팀은 빨간색을 사용한 적이 있다.
> • B팀과 C팀은 보라색을 사용한 적이 있다.
> • D팀은 노란색을 사용한 적이 있고, 올해는 파란색을 선택하였다.

① A팀은 파란색을 사용한 적이 있어 다른 색을 골라야 한다.
② A팀의 상징색은 노란색이 될 것이다.
③ C팀은 파란색을 사용한 적이 있다.
④ C팀의 상징색은 빨간색이 될 것이다.
⑤ D팀은 보라색을 사용한 적이 있다.

※ 다음은 A사 제품의 공정표와 공정에 따른 〈조건〉이다. 이어지는 질문에 답하시오. **[52~53]**

〈A사 공정표〉

공정	선행공정	소요시간(분)
가	준비단계	30
나	없음	15
다	가	60
라	나	35
마	다	20
바	라 또는 마	45

조건

- 준비단계는 공정을 시작하기 전 기계 점검 및 작동 예열 시간으로 20분이 소요된다(단, 가 공정을 할 때마다 준비단계를 먼저 시행한다).
- 나 공정은 준비단계 없이 바로 시작할 수 있다.
- 공정 사이 제품의 이동시간은 무시한다.
- 가, 나 공정은 동시 시작이 가능하고, 공정 과정은 두 가지이다.
- 가 공정으로 시작하는 제품은 7개, 나 공정으로 시작하는 제품은 3개 생산이 가능하다.
- 공정 과정은 선행공정에 따라 정해지고, 마지막 공정인 바 공정에서는 동시가동이 가능하다.

PART 3

52 공장에서 10시간 동안 기계를 작동했을 때, 가 공정으로 시작하는 공정 과정의 완제품 개수와 나 공정으로 시작하여 만들어지는 완제품 개수의 차이는 몇 개인가?

① 9개
② 7개
③ 5개
④ 3개
⑤ 1개

53 두 가지 공정과정을 동시에 가동시켜 150개의 제품을 생산한다고 할 때, 최소 소요시간은 몇 시간인가?

① 21시간
② 26시간
③ 28시간
④ 30시간
⑤ 35시간

54 A공사에 근무하는 K대리는 국내 자율주행자동차 산업에 대한 SWOT 분석 결과에 따라 국내 자율주행자동차 산업 발달을 위한 방안을 고안하는 중이다. K대리가 SWOT 분석에 의한 경영전략에 따라 판단하였다고 할 때, 다음 〈보기〉 중 SWOT 분석에 의한 경영전략에 따른 판단으로 적절하지 않은 것을 모두 고르면?

〈국내 자율주행자동차 산업에 대한 SWOT 분석 결과〉

구분	분석 결과
강점(Strength)	• 민간 자율주행기술 R&D지원을 위한 대규모 예산 확보 • 국내외에서 우수한 평가를 받는 국내 자동차기업 존재
약점(Weakness)	• 국내 민간기업의 자율주행기술 투자 미비 • 기술적 안전성 확보 미비
기회(Opportunity)	• 국가의 지속적 자율주행자동차 R&D 지원법안 본회의 통과 • 완성도 있는 자율주행기술을 갖춘 외국 기업들의 등장
위협(Threat)	• 자율주행차에 대한 국민들의 심리적 거부감 • 자율주행차에 대한 국가의 과도한 규제

〈SWOT 분석에 의한 경영전략〉

- SO전략 : 기회를 이용해 강점을 활용하는 전략
- ST전략 : 강점을 활용하여 위협을 최소화하거나 극복하는 전략
- WO전략 : 기회를 활용하여 약점을 보완하는 전략
- WT전략 : 약점을 최소화하고 위협을 회피하는 전략

보기

ㄱ. 자율주행기술 수준이 우수한 외국 기업과의 기술이전협약을 통해 국내 우수 자동차기업들의 자율주행기술 연구 및 상용화 수준을 향상시키려는 전략은 SO전략에 해당한다.

ㄴ. 민간의 자율주행기술 R&D를 적극 지원하여 자율주행기술의 안전성을 높이려는 전략은 ST전략에 해당한다.

ㄷ. 자율주행자동차 R&D를 지원하는 법률을 토대로 국내 기업의 기술개발을 적극 지원하여 안전성을 확보하려는 전략은 WO전략에 해당한다.

ㄹ. 자율주행기술개발에 대한 국내기업의 투자가 부족하므로 국가기관이 주도하여 기술개발을 추진하는 전략은 WT전략에 해당한다.

① ㄱ, ㄴ
② ㄱ, ㄷ
③ ㄴ, ㄷ
④ ㄴ, ㄹ
⑤ ㄱ, ㄴ, ㄹ

55 다음 〈조건〉에 따라 문항출제위원을 위촉하고자 할 때, 항상 참인 것은?

위촉하고자 하는 문항출제위원은 총 6명이다. 후보자는 논리학자 4명, 수학자 6명, 과학자 5명으로 추려졌다. 논리학자 2명은 형식논리를 전공했고 다른 2명은 비형식논리를 전공했다. 수학자 2명은 통계학을 전공했고 3명은 기하학을 전공했으며 나머지 1명은 대수학을 전공했다. 과학자들은 각각 물리학, 생명과학, 화학, 천문학, 기계공학을 전공했다.

조건

- 형식논리 전공자가 선정되면 비형식논리 전공자도 같은 인원만큼 선정된다.
- 수학자 중에서 통계학자만 선정되는 경우는 없다.
- 과학자는 최소 2명은 선정되어야 한다.
- 논리학자, 수학자는 최소 1명씩은 선정되어야 한다.
- 기하학 전공자는 천문학 전공자와 함께 선정되고, 기계공학 전공자는 통계학 전공자와 함께 선정된다.

① 형식논리 전공자와 비형식논리 전공자가 1명씩 선정된다.
② 서로 다른 전공을 가진 수학자가 2명 선정된다.
③ 과학자는 최대 4명까지 선정될 수 있다.
④ 통계학 전공자를 포함하면 수학자는 3명이 선정될 수 없다.
⑤ 논리학자가 3명이 선정되는 경우는 없다.

PART 3

56 A회사 직원 A ~ F 6명은 2인 1조로 나누어 외근을 나가려고 한다. 다음 〈조건〉에 따라 조를 구성할 때, 한 조가 될 수 있는 두 사람은 누구인가?

조건

- A는 C나 D와 함께 갈 수 없다.
- B는 반드시 D 아니면 F와 함께 가야 한다.
- C는 반드시 E 아니면 F와 함께 가야 한다.
- A가 C와 함께 갈 수 없다면, A는 반드시 F와 함께 가야 한다.

① A, E
② B, D
③ B, F
④ C, D
⑤ E, F

57 A기업은 현재 모든 사원과 연봉 협상을 하는 중이다. 연봉은 전년도 성과지표에 따라 결정되며 사원들의 성과지표 결과가 다음과 같을 때, 가장 많은 연봉을 받을 사람은 누구인가?

〈성과지표별 가중치〉

(단위 : 원)

성과지표	수익 실적	업무 태도	영어 실력	동료 평가	발전 가능성
가중치	3,000,000	2,000,000	1,000,000	1,500,000	1,000,000

〈사원별 성과지표 결과〉

(단위 : 점)

구분	수익 실적	업무 태도	영어 실력	동료 평가	발전 가능성
A사원	3	3	4	4	4
B사원	3	3	3	4	4
C사원	5	2	2	3	2
D사원	3	3	2	2	5
E사원	4	2	5	3	3

※ (당해 연도 연봉)=3,000,000원+(성과급)

※ 성과급은 각 성과지표와 그에 해당하는 가중치를 곱한 뒤 모두 더한다.

※ 성과지표의 평균이 3.5 이상인 경우 당해 연도 연봉에 1,000,000원이 추가된다.

① A사원
② B사원
③ C사원
④ D사원
⑤ E사원

58 A공사의 기획팀은 A팀장, B과장, C대리, D주임, E사원으로 구성되어 있다. 다음 〈조건〉에 따라 출근한다고 할 때, 기획팀 팀원들을 출근한 순서대로 바르게 나열한 것은?

> **조건**
> - E사원은 항상 A팀장보다 먼저 출근한다.
> - B과장보다 일찍 출근하는 팀원은 한 명뿐이다.
> - D주임보다 늦게 출근하는 직원은 두 명 있다.
> - C대리는 팀원 중 가장 일찍 출근한다.

① C대리 – B과장 – D주임 – E사원 – A팀장
② C대리 – B과장 – E사원 – D주임 – A팀장
③ D주임 – A팀장 – B과장 – E과장 – C대리
④ E사원 – A팀장 – B과장 – D주임 – C대리
⑤ E사원 – B과장 – D주임 – C대리 – A팀장

PART 3

59 A공사의 기획팀 B팀장은 C사원에게 A공사에 대한 마케팅 전략 보고서를 요청하였다. C사원이 B팀장에게 제출한 SWOT 분석 결과가 다음과 같을 때, 밑줄 친 ㉠~㉤ 중 적절하지 않은 것은?

〈A공사의 SWOT 분석 결과〉

강점(Strength)	• 새롭고 혁신적인 서비스 • ㉠ 직원들에게 가치를 더하는 A공사의 다양한 측면 • 특화된 마케팅 전문 지식
약점(Weakness)	• 낮은 품질의 서비스 • ㉡ 경쟁자의 시장 철수로 인한 새로운 시장 진입 가능성
기회(Opportunity)	• ㉢ 합작회사를 통한 전략적 협력 구축 가능성 • 글로벌 시장으로의 접근성 향상
위협(Threat)	• ㉣ 주력 시장에 나타난 신규 경쟁자 • ㉤ 경쟁 기업의 혁신적 서비스 개발 • 경쟁 기업과의 가격 전쟁

① ㉠ ② ㉡
③ ㉢ ④ ㉣
⑤ ㉤

60 **업무수행과정에서 발생하는 문제를 발생형, 탐색형, 설정형의 세 가지 문제 유형으로 분류한다고 할 때, 다음 〈보기〉를 문제 유형에 따라 바르게 분류한 것은?**

> **보기**
>
> ㉠ 제품을 배송하는 과정에서 고객의 개인정보를 잘못 기입하는 바람에 배송이 지연되고 있다.
> ㉡ 제약업계는 개발의 효율성 및 성과를 위해 매출액 가운데 상당 부분을 연구·개발에 투자하고 있으나, 기대만큼의 성과를 도출하지 못하고 있다.
> ㉢ 제품에서 기준치를 초과한 발암물질이 검출됨에 따라 회사는 전 제품에 대한 리콜을 고민하고 있다.
> ㉣ 연구팀은 제품 개발에 필수적인 제작 과정을 획기적으로 줄일 수 있는 기술을 개발할 것을 요청 받았다.
> ㉤ 회사는 10대 전략 과제를 선정하고 부서별 역할과 세부추진계획을 점검하기로 하였다.
> ㉥ 정부의 사업 허가 기준이 강화될 것이라는 예측에 따라 새로운 사업 계획서 작성 방향에 대한 기업의 고민도 커질 것으로 예상된다.

	발생형	탐색형	설정형
①	㉠, ㉢	㉡, ㉣	㉤, ㉥
②	㉡, ㉢	㉠, ㉣	㉤, ㉥
③	㉢, ㉣	㉠, ㉤	㉡, ㉥
④	㉣, ㉤	㉡, ㉥	㉠, ㉢
⑤	㉤, ㉥	㉢, ㉣	㉠, ㉡

작은 기회로부터 종종 위대한 업적이 시작된다.

– 데모스테네스 –

제2회
최종점검 모의고사
(전 영역 – 구분형)

※ 시설공단 / 도시공사 / 개발공사 최종점검 모의고사는 채용공고를 기준으로 구성한 것으로 실제 시험과 다를 수 있습니다.
※ 응시 직렬에 필요한 영역을 선택하여 해당 문항을 추가 학습하기 바랍니다.

■ 취약영역 분석

번호	O/×	영역	번호	O/×	영역	번호	O/×	영역
01		의사소통능력	21		자원관리능력	41		조직이해능력
02			22			42		
03			23			43		대인관계능력
04			24			44		
05			25		정보능력	45		
06			26			46		
07		수리능력	27			47		
08			28			48		
09			29			49		자기개발능력
10			30			50		
11			31		기술능력	51		
12			32			52		
13		문제해결능력	33			53		
14			34			54		
15			35			55		직업윤리
16			36			56		
17			37		조직이해능력	57		
18			38			58		
19		자원관리능력	39			59		
20			40			60		

평가문항	60문항	평가시간	60분
시작시간	:	종료시간	:
취약영역			

제 2 회 최종점검 모의고사 (전 영역 - 구분형)

응시시간 : 60분 문항 수 : 60문항

정답 및 해설 p.076

01 다음 글에서 추론할 수 없는 것은?

> 동물의 행동을 선하다거나 악하다고 평가할 수 없는 이유는 동물이 단지 본능적 욕구에 따라 행동할 뿐이기 때문이다. 오직 인간만이 욕구와 감정에 맞서서 행동할 수 있다. 인간만이 이성을 가지고 있다. 그러나 인간이 전적으로 이성적인 존재는 아니다. 다른 동물과 마찬가지로 인간 또한 감정과 욕구를 가진 존재이다. 그래서 인간은 이성과 감정의 갈등을 겪게 된다.
>
> 그러한 갈등에도 불구하고 인간이 도덕적 행위를 할 수 있는 까닭은 이성이 우리에게 도덕적인 명령을 내리기 때문이다. 도덕적 명령에 따를 때에야 비로소 우리는 의무에서 비롯된 행위를 한 것이다. 만약 어떤 행위가 이성의 명령에 따른 것이 아닐 경우 그것이 결과적으로 의무와 부합할지라도 의무에서 나온 행위는 아니다. 의무에서 나온 행위가 아니라면 심리적 성향에서 비롯된 행위가 되는데, 심리적 성향에서 비롯된 행위는 도덕성과 무관하다. 불쌍한 사람을 보고 마음이 아파서 도움을 주었다면 이는 결국 심리적 성향에 따라 행동한 것이다. 그것은 감정과 욕구에 따른 것이기 때문에 도덕적 행위일 수가 없다.
>
> 감정이나 욕구와 같은 심리적 성향에 따른 행위가 도덕적일 수 없는 또 다른 이유는 그것이 상대적이기 때문이다. 감정이나 욕구는 주관적이어서 사람마다 다르며, 같은 사람이라도 상황에 따라 변하기 마련이다. 때문에 이는 시공간을 넘어 모든 인간에게 적용될 수 있는 보편적인 도덕의 원리가 될 수 없다. 감정이나 욕구가 어떠하든지 간에 이성의 명령에 따르는 것이 도덕이다. 이러한 입장이 사랑이나 연민과 같은 감정에서 나온 행위를 인정하지 않는다거나 가치가 없다고 평가하는 것은 아니다. 단지 사랑이나 연민은 도덕적 차원의 문제가 아닐 뿐이다.

① 동물의 행위는 도덕적 평가의 대상이 아니다.
② 감정이나 욕구는 보편적인 도덕의 원리가 될 수 없다.
③ 심리적 성향에서 비롯된 행위는 도덕적 행위일 수 없다.
④ 이성의 명령에 따른 행위가 심리적 성향에 따른 행위와 일치하는 경우는 없다.
⑤ 인간의 행위 중에는 심리적 성향에서 비롯된 것도 있고 의무에서 나온 것도 있다.

02 다음 문단을 논리적 순서대로 바르게 나열한 것은?

(가) 여름에는 찬 음식을 많이 먹거나 냉방기를 과도하게 사용하는 경우가 많은데, 그렇게 되면 체온이 떨어져 면역력이 약해지기 때문이다.
(나) 만약 감기에 걸렸다면 탈수로 인한 탈진을 방지하기 위해 수분을 충분히 섭취해야 한다.
(다) 특히 감기로 인해 열이 나거나 기침을 할 때에는 따뜻한 물을 여러 번에 나누어 먹는 것이 좋다.
(라) 여름철 감기를 예방하기 위해서는 찬 음식을 적당히 먹어야 하고 냉방기에 장시간 노출되는 것을 피해야 하며, 충분한 휴식을 취하고, 집에 돌아온 후에는 손발을 꼭 씻어야 한다.
(마) 일반적으로 감기는 겨울에 걸린다고 생각하지만 의외로 여름에도 감기에 걸린다.

① (가) – (다) – (나) – (라) – (마)
② (가) – (다) – (라) – (나) – (마)
③ (가) – (라) – (다) – (마) – (나)
④ (마) – (가) – (라) – (나) – (다)
⑤ (마) – (라) – (가) – (나) – (다)

PART 3

03 다음 글의 빈칸 ㉠, ㉡에 들어갈 접속사를 순서대로 바르게 나열한 것은?

평화로운 시대에 시인의 존재는 문화의 비싼 장식일 수 있다. ___㉠___ 시인의 조국이 비운에 빠졌거나 통일을 잃었을 때 시인은 장식의 의미를 떠나 민족의 예언가가 될 수 있고, 민족혼을 불러일으키는 선구자적 지위에 놓일 수도 있다. 예를 들면 스스로 군대를 가지지 못한 채 제정 러시아의 가혹한 탄압 아래 있던 폴란드 사람들은 시인의 존재를 민족의 재생을 예언하고 굴욕스러운 현실을 탈피하도록 격려하는 예언자로 여겼다. ___㉡___ 통일된 국가를 가지지 못하고 이산되어 있던 이탈리아 사람들은 시성 단테를 유일한 '이탈리아'로 숭앙했고, 제1차 세계대전 때 독일군의 잔혹한 압제에 있었던 벨기에 사람들은 베르하렌을 조국을 상징하는 시인으로 추앙하였다.

	㉠	㉡
①	따라서	또한
②	즉	그럼에도 불구하고
③	그러나	또한
④	그래도	그래서
⑤	그래서	그러나

04 다음 글의 내용으로 가장 적절한 것은?

> 논리는 증명하지 않고도 참이라고 인정하는 명제, 즉 공리를 내세우면서 출발한다. 따라서 모든 공리는 그로부터 파생되는 수많은 논리체계의 기초를 이루고, 이들로부터 끌어낸 정리는 논리체계의 상부구조를 이룬다. 이때, 각각의 공리는 서로 모순이 없어야만 존재할 수 있다.
> 공리라는 개념은 고대 그리스의 수학자 유클리드로부터 출발한다. 유클리드는 그의 저서 『원론』에서 다음과 같은 5개의 공리를 세웠다. 첫째, 동일한 것의 같은 것은 서로 같다(A=B, B=C이면 A=C). 둘째, 서로 같은 것에 같은 것을 각각 더하면 그 결과는 같다(A=B이면 A+C=B+C). 셋째, 서로 같은 것에서 같은 것을 각각 빼면 그 결과는 같다(A=B이면 A−C=B−C). 넷째, 서로 일치하는 것은 서로 같다. 다섯째, 전체는 부분보다 더 크다. 수학이란 진실만을 다루는 가장 논리적인 학문이라고 생각했던 유클리드는 공리를 기반으로 명제들이 왜 성립될 수 있는가를 증명하였다.
> 공리를 정하고 이로부터 끌어낸 명제가 참이라는 믿음은 이후로도 2천 년이 넘게 이어졌다. 19세기 말 수학자 힐베르트는 유클리드의 이론을 보완하여 기하학의 5개 공리를 재구성하고 현대 유클리드 기하학의 체계를 완성하였다. 나아가 힐베르트는 모든 수학적 명제는 모순이 없고 독립적인 공리 위에 세워진 논리체계 안에 있으며, 이러한 공리의 무모순성과 독립성을 실제로 증명할 수 있다고 예상했다. 직관을 버리고 오로지 연역 논리에 의한 체계의 완성을 추구했던 것이다.
> 그러나 그로부터 30여 년 후, 괴델은 '수학은 자신의 무모순성을 스스로 증명할 수 없다.'라는 사실을 수학적으로 증명하기에 이르렀다. 그는 '참이지만 증명할 수 없는 명제가 존재한다.'와 '주어진 공리와 규칙만으로 일관성과 무모순성을 증명할 수 없다.'라는 형식체계를 명시하였다. 괴델의 이러한 주장은 힐베르트의 무모순성과 완전성의 공리주의를 부정하는 것이었기에 수학계를 발칵 뒤집어 놓았다. 기계적인 방식으로는 수학의 모든 사실을 만들어낼 수 없다는 괴델의 불완전성의 정리는 가장 객관적인 학문으로 인식됐던 수학의 체면을 구기는 오점처럼 보이기도 한다. 그러나 한편으로는 수학의 응용이 가능해지면서 다른 학문과의 융합이 이루어졌고, 이후 물리학, 논리학을 포함한 각계의 수많은 학자들에게 영감을 주었다.

① 공리의 증명 가능성을 인정하였다는 점에서 유클리드와 힐베르트는 공통점이 있다.
② 힐베르트는 유클리드와 달리 공리체계의 불완전성을 인정하였다.
③ 유클리드가 정리한 명제들은 괴델에 의해 참이 아닌 것으로 판명되었다.
④ 괴델은 공리의 존재를 인정했지만, 자체 체계만으로는 무모순성을 증명할 수 없다고 주장하였다.
⑤ 괴델 이후로 증명할 수 없는 수학적 공리는 참이 아닌 것으로 간주되었다.

05 다음 중 맞춤법이 옳지 않은 것은?

① 과녁에 화살을 맞추다.

② 오랜만에 친구를 만났다.

③ 그는 저기에 움츠리고 있었다.

④ 단언컨대 내 말이 맞다.

⑤ 저건 정말 희한하다.

PART 3

06 다음 글과 가장 관련 있는 한자성어는?

> 패스트푸드점 매장에서 새벽에 종업원을 폭행한 여성이 경찰에 붙잡혔다. 부산의 한 경찰서는 폭행 혐의로 30대 A씨를 현행범으로 체포해 조사 중이라고 밝혔다. 경찰에 따르면 A씨는 새벽 3시 반쯤 부산의 한 패스트푸드점 매장에서 술에 취해 "내가 2층에 있는데 왜 부르지 않았냐."라며 여성 종업원을 수차례 밀치고 뺨을 7 ~ 8차례 때리는 등 폭행한 혐의를 받고 있다. 보다 못한 매장 매니저가 경찰에 신고해 A씨는 현행범으로 체포되었다. A씨는 경찰에서 "기분이 나빠서 때렸다."라고 진술한 것으로 알려졌다. 경찰은 A씨를 상대로 폭행 경위를 조사한 뒤 신병을 처리할 예정이다. 지난해 11월 울산의 다른 패스트푸드점 매장에서도 손님이 햄버거를 직원에게 던지는 등 손님의 갑질 행태가 끊이지 않고 있다.

① 견마지심(犬馬之心)

② 빙청옥결(氷淸玉潔)

③ 소탐대실(小貪大失)

④ 호승지벽(好勝之癖)

⑤ 방약무인(傍若無人)

07 농도가 20%인 설탕물 400g에 각설탕 10개를 넣었더니 농도가 25%인 설탕물이 되었다. 이때 각설탕 3개의 무게는?

① 7g
② 8g
③ $\frac{5}{2}$g
④ $\frac{8}{3}$g
⑤ 10g

08 효인이가 속한 부서는 단합대회로 등산을 가기로 하였다. 등산 코스를 알아보기 위해 산악 관련 책자를 살펴보니 입구에서 각 지점까지의 거리를 다음과 같이 정리할 수 있었다. 오를 때는 시속 3km, 내려올 때는 시속 4km로 이동한다고 할 때, 2시간에서 3시간 사이에 왕복할 수 있는 코스로 옳은 것은?

구분	P지점	Q지점	R지점
거리	3.2km	4.1km	5.0km

① P지점
② Q지점
③ Q지점, R지점
④ P지점, Q지점
⑤ P지점, R지점

09 다음은 대형마트 이용자를 대상으로 소비자 만족도를 조사한 결과이다. 이에 대한 설명으로 옳은 것은?(단, 소수점 셋째 자리에서 반올림한다)

〈대형마트 업체별 소비자 만족도〉

(단위 : 점/5점 만점)

업체명	종합 만족도	서비스 품질					서비스 쇼핑 체험
		쇼핑 체험 편리성	상품 경쟁력	매장환경 / 시설	고객접점 직원	고객관리	
A마트	3.72	3.97	3.83	3.94	3.70	3.64	3.48
B마트	3.53	3.84	3.54	3.72	3.57	3.58	3.37
C마트	3.64	3.96	3.73	3.87	3.63	3.66	3.45
D마트	3.56	3.77	3.75	3.44	3.61	3.42	3.33

〈대형마트 인터넷·모바일쇼핑 소비자 만족도〉

(단위 : %, 점/5점 만점)

분야별 이용 만족도	이용률	A마트	B마트	C마트	D마트
인터넷쇼핑	65.4	3.88	3.80	3.88	3.64
모바일쇼핑	34.6	3.95	3.83	3.91	3.69

① 인터넷쇼핑과 모바일쇼핑의 소비자 만족도가 가장 큰 차이를 보이는 곳은 D마트이다.

② 종합만족도는 5점 만점에 평균 3.61점이며, 업체별로는 A마트가 가장 높고, C마트, B마트, D마트 순서로 나타났다.

③ 서비스 품질 부문에 있어 대형마트는 평균적으로 쇼핑 체험 편리성에 대한 만족도가 상대적으로 가장 높게 평가되었으며, 반대로 고객접점직원 서비스가 가장 낮게 평가되었다.

④ 대형마트를 이용하면서 느낀 감정이나 기분을 반영한 서비스 쇼핑 체험 부문의 만족도는 평균 3.41점으로 서비스 품질 부문들보다 낮았다.

⑤ 대형마트 인터넷쇼핑 이용률이 65.4%로 모바일쇼핑에 비해 높으나, 만족도에서는 모바일쇼핑이 평균 0.1점 더 높게 평가되었다.

10 **다음과 같이 일정한 규칙으로 수를 나열할 때, 빈칸에 들어갈 수는 무엇인가?**

2	12	32	72	152	312	632	( )

① 1,254
② 1,262
③ 1,264
④ 1,272
⑤ 1,274

11 **A씨는 유아용품 판매직영점을 추가로 개장하기 위하여 팀장으로부터 다음 자료를 받았다. 팀장은 직영점을 정할 때에는 영유아 수가 많은 곳이어야 하며, 향후 5년간 수요가 지속적으로 증가하는 지역으로 선정해야 한다고 설명하였다. 이를 토대로 할 때, 유아용품 판매직영점이 설치될 최적의 지역을 선정하라는 요청에 가장 적절한 답변은 무엇인가?**

지역	총 인구수(명)	영유아 비중	향후 5년간 영유아 수 변동률(전년 대비)				
			1년 차	2년 차	3년 차	4년 차	5년 차
A	3,460,000	3%	−0.5%	1.0%	−2.2%	2.0%	4.0%
B	2,470,000	5%	0.5%	0.1%	−2.0%	−3.0%	−5.0%
C	2,710,000	4%	0.5%	0.7%	1.0%	1.3%	1.5%
D	1,090,000	11%	1.0%	1.2%	1.0%	1.5%	1.7%

① 현재 시점에서 영유아 수가 가장 많은 B지역을 우선적으로 개장하는 것이 좋을 것 같습니다.
② 향후 5년간 영유아 변동률을 참고하였을 때, 영유아 인구 증가율이 가장 높은 A지역이 유력합니다.
③ 총인구수가 많은 A－C－B－D지역 순서로 직영점을 개장하면 충분한 수요로 인하여 영업이 원활할 것 같습니다.
④ 현재 시점에서 영유아 비중이 가장 높은 D－B－C－A지역 순서로 직영점을 설치하는 계획을 수립하는 것이 적절할 것 같습니다.
⑤ D지역은 현재 영유아 수가 두 번째로 많으나, 향후 5년간 지속적인 영유아 수 증가가 기대되는 지역으로 예상되므로 D지역이 가장 적절하다고 판단합니다.

12 다음은 OECD 국가의 대학졸업자 취업에 대한 자료이다. A～L국가 중 전체 대학졸업자 대비 대학졸업자 중 취업자 비율이 OECD 평균보다 높은 국가가 바르게 연결된 것은?

〈OECD 국가의 대학졸업자 취업률 및 경제활동인구 비중〉

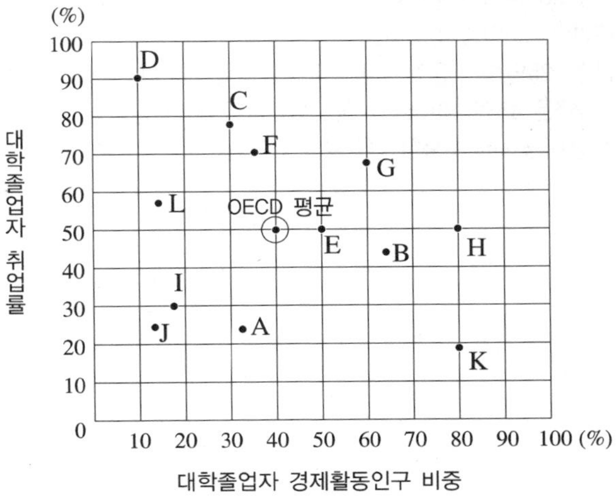

• [대학졸업자 취업률(%)] $= \frac{\text{(대학졸업자 중 취업자)}}{\text{(대학졸업자 중 경제활동인구)}} \times 100$

• [대학졸업자의 경제활동인구 비중(%)] $= \frac{\text{(대학졸업자 중 경제활동인구)}}{\text{(전체 대학졸업자)}} \times 100$

① A, D ② B, C

③ D, H ④ G, K

③ H, L

PART 3

13 A공사에서는 체육대회를 하기 위해 버스를 타고 K종합운동장으로 이동하고 있다. 다음 〈조건〉을 따를 경우, 45인승 버스는 몇 대를 이용하였는가?

조건

- 임직원은 총 268명이 이동한다.
- 버스는 45인승, 25인승이 있다.
- 버스 45인승, 25인승은 운전기사까지 포함된 인원이다.
- 버스 이용금액은 45인승이 45만 원, 25인승이 30만 원이다.
- 총 버스 이용대금으로 지불한 금액은 285만 원이다.

① 2대
② 3대
③ 4대
④ 5대
⑤ 6대

14 다음은 국내 A항공사에 대한 SWOT 분석 결과이다. 〈보기〉 중 빈칸 ㉠, ㉡에 들어갈 내용을 바르게 짝지은 것은?

〈국내 A항공사의 SWOT 분석 결과〉

강점(Strength)	• 국내 1위 LCC(저비용항공사) • 차별화된 기내 특화 서비스
약점(Weakness)	• 기반 지역과의 갈등 • ㉠
기회(Opportunity)	• 항공사의 호텔 사업 진출 허가 • ㉡
위협(Threat)	• LCC 시장의 경쟁 심화 • 대형 항공사의 가격 인하 전략

보기

ㄱ. 소비자의 낮은 신뢰도
ㄴ. IOSA(안전 품질 기준) 인증 획득
ㄷ. 해외 여행객의 증가
ㄹ. 항공사에 대한 소비자의 기대치 상승

	㉠	㉡
①	ㄱ	ㄴ
②	ㄱ	ㄷ
③	ㄴ	ㄷ
④	ㄴ	ㄹ
⑤	ㄷ	ㄹ

※ 다음 글을 읽고 이어지는 질문에 답하시오. [15~16]

당면한 문제를 해결하기 위해 개인이 가지고 있는 경험과 지식을 가치 있는 새로운 아이디어로 결합함으로써 참신한 아이디어를 산출하는 능력을 창의적 사고라고 한다.
이때 창의적 사고를 기를 수 있는 방법으로 어떤 생각에서 다른 생각을 계속해서 떠올리는 작용을 통해 어떤 주제에서 생각나는 것을 계속해서 열거해 나가는 발산적 사고 방법을 ________이라고 한다.

15 다음 중 윗글의 빈칸에 들어갈 단어로 가장 적절한 것은?

① 강제연상법
② 비교발상법
③ 자유연상법
④ 강제결합법
⑤ 자유발상법

16 다음 중 윗글에 예시로 제시된 브레인스토밍의 진행 과정에 대한 설명이 바르게 짝지어진 것은?

A
▼
구성원의 얼굴을 볼 수 있는 좌석 배치와 큰 용지를 준비
▼
B
▼
C
▼
D
▼
E

① A : 구성원들의 다양한 의견을 도출할 수 있는 리더 선출
② B : 주제를 구체적이고 명확하게 선정
③ C : 다양한 분야의 5～8명 정도의 사람으로 구성원 구성
④ D : 제시된 아이디어 비판 및 실현가능한 아이디어 평가
⑤ E : 구성원들의 자유로운 발언 및 발언 내용 기록 후 구조화

17 **남자 2명과 여자 2명이 다음 〈조건〉과 같이 원탁에 앉아 있다. 이를 토대로 옳은 것은?**

조건

- 네 사람의 직업은 각각 교사, 변호사, 자영업자, 의사이다.
- 네 사람은 각각 검은색 원피스, 파란색 재킷, 하얀색 니트, 밤색 티셔츠를 입고 있으며, 이 중 검은색 원피스는 여성용, 파란색 재킷은 남성용이다.
- 남자는 남자끼리, 여자는 여자끼리 인접해서 앉아 있다.
- 변호사는 하얀색 니트를 입고 있다.
- 자영업자는 남자이다.
- 의사의 왼쪽 자리에 앉은 사람은 검은색 원피스를 입었다.
- 교사는 밤색 니트를 입은 사람과 원탁을 사이에 두고 마주 보고 있다.

① 교사와 의사는 원탁을 사이에 두고 마주 보고 있다.

② 변호사는 남자이다.

③ 밤색 티셔츠를 입은 사람은 여자이다.

④ 의사는 파란색 재킷을 입고 있다.

⑤ 검은색 원피스를 입은 여자는 자영업자의 옆에 앉아 있다.

18 A중학교 백일장에 참여한 A ~ E학생에게 다음 〈조건〉에 따라 점수를 부여할 때, 점수가 가장 높은 학생은?

〈A중학교 백일장 채점표〉

학생	오탈자(건)	글자 수(자)	주제의 적합성	글의 통일성	가독성
A	33	654	A	A	C
B	7	476	B	B	B
C	28	332	B	B	C
D	25	572	A	A	A
E	12	786	C	B	A

조건

- 기본 점수는 80점이다.
- 오탈자가 10건 이상일 때 1점을 감점하고, 5건이 추가될 때마다 1점을 추가로 감점한다.
- 전체 글자 수가 350자 미만일 때 10점을 감점하고, 600자 이상일 때 1점을 부여하며, 25자가 추가될 때마다 1점을 추가로 부여한다.
- 주제의 적합성, 글의 통일성, 가독성을 A, B, C등급으로 나누며 등급 개수에 따라 추가점수를 부여한다.
  - A등급 3개 : 25점
  - A등급 2개, B등급 1개 : 20점
  - A등급 2개, C등급 1개 : 15점
  - A등급 1개, B등급 2개 또는 A등급, B등급, C등급 1개 : 10점
  - B등급 3개 : 5점

예 오탈자 46건, 전체 글자 수 626자, 주제의 적합성, 글의 통일성, 가독성이 각각 A, B, A일 때 점수는 80−8+2+20=94점이다.

① A
② B
③ C
④ D
⑤ E

19 다음은 임직원 출장여비 지급규정과 A차장의 출장비 지출 내역이다. 이번 출장을 통해 A차장이 받을 수 있는 출장여비는?

〈임직원 출장여비 지급규정〉

- 출장여비는 일비, 숙박비, 식비, 교통비로 구성된다.
- 일비는 출장일수에 따라 매일 10만 원씩 지급한다.
- 숙박비는 숙박일수에 따라 실비 지급한다. 다만, 항공 또는 선박 여행 시 항공기 내 또는 선박 내에서의 숙박은 숙박비를 지급하지 아니한다.
- 식비는 일수에 따라 식사 여부에 상관없이 1일 3식으로 지급하며, 1끼니당 1만 원씩 지급한다. 단, 항공 또는 선박 여행 시에는 기내식이 포함되지 않을 경우만 지급하며, 출장 마지막 날 저녁은 지급하지 않는다.
- 교통비는 교통편의 운임 혹은 유류비 산출액을 실비 지급한다.

〈A차장의 2박 3일 출장비 지출 내역〉

8월 8일	8월 9일	8월 10일
• 인천 – 일본 항공편 84,000원 (아침 기내식 포함 ×) • 점심 식사 7,500원 • 일본 J공항 – B호텔 택시비 10,000원 • 저녁 식사 12,000원 • B호텔 숙박비 250,000원	• 아침 식사 8,300원 • 호텔 – 거래처 택시비 16,300원 • 점심 식사 10,000원 • 거래처 – 호텔 택시비 17,000원 • B호텔 숙박비 250,000원	• 아침 식사 5,000원 • 일본 – 인천 항공편 89,000원 (점심 기내식 포함)

① 880,000원
② 1,053,000원
③ 1,059,100원
④ 1,086,300원
⑤ 1,106,300원

20 다음은 A회사의 당직 근무 규칙과 이번 주 당직 근무자들의 일정표이다. 당직 근무 규칙에 따라 이번 주에 당직 근무 일정을 추가해야 하는 사람으로 옳은 것은?

〈당직 근무 규칙〉

- 1일 당직 근무 최소 인원은 오전 1명, 오후 2명으로 총 3명이다.
- 1일 최대 6명을 넘길 수 없다.
- 같은 날 오전·오후 당직 근무는 서로 다른 사람이 해야 한다.
- 오전 또는 오후 당직을 모두 포함하여 당직 근무는 주당 3회 이상 5회 미만으로 해야 한다.

〈당직 근무 일정〉

성명	일정	성명	일정
공주원	월 오전 / 수 오후 / 목 오전	최민관	월 오후 / 화 오후 / 토 오전 / 일 오전
이지유	월 오후 / 화 오전 / 금 오전 / 일 오후	이영유	수 오전 / 화 오후 / 금 오후 / 토 오후
강리환	수 오전 / 목 오전 / 토 오후	지한준	월 오전 / 수 오후 / 금 오전
최유리	화 오전 / 목 오후 / 토 오후	강지공	수 오후 / 화 오후 / 금 오후 / 토 오전
이건율	월 오후 / 목 오전 / 일 오전	김민정	월 오전 / 수 오후 / 토 오전 / 일 오후

① 공주원
② 이건율
③ 최유리
④ 지한준
⑤ 김민정

21 다음 중 성격이 다른 비용은?

예산관리란 활동이나 사업에 소요되는 비용을 산정하고 예산을 편성하는 것뿐만 아니라 예산을 통제하는 것 또한 포함된다. 이러한 예산은 대부분 한정되어 있기 때문에, 정해진 예산을 얼마나 효율적으로 사용하는지는 매우 중요한 문제이다. 하지만 어떤 활동이나 사업의 비용을 추정하거나 예산을 잡는 작업은 결코 생각하는 것만큼 쉽지 않다. 무엇보다 추정해야 할 매우 많은 유형의 비용이 존재하기 때문이다. 이러한 비용은 크게 제품 생산 또는 서비스를 창출하기 위해 직접 소비되는 비용인 직접비용과 제품 생산 또는 서비스를 창출하기 위해 소비된 비용 중에서 직접비용을 제외한 비용으로, 제품 생산에 직접 관련되지 않은 비용인 간접비용으로 나눌 수 있다.

① 보험료
② 건물관리비
③ 잡비
④ 통신비
⑤ 광고비

22 A공사는 직원들의 교양 증진을 위해 사내 도서관에 도서를 추가로 구비하고자 한다. 새로 구매할 도서는 직원들을 대상으로 한 사전조사 결과를 바탕으로 선정점수를 결정한다. 〈조건〉에 따라 추가로 구매할 도서를 선정할 때, 다음 중 최종 선정될 도서가 바르게 연결된 것은?

〈후보 도서 사전조사 결과〉

도서명	저자	흥미도 점수(점)	유익성 점수(점)
재테크, 답은 있다	정우택	6	8
여행학개론	W. George	7	6
부장님의 서랍	김수권	6	7
IT혁명의 시작	정인성, 유오진	5	8
경제정의론	S. Collins	4	5
건강제일주의	임시학	8	5

조건

- A공사는 전 직원들을 대상으로 후보 도서들에 대한 사전조사를 하였다. 각 후보 도서에 대한 흥미도 점수와 유익성 점수는 전 직원들이 10점 만점으로 부여한 점수의 평균값이다.
- 흥미도 점수와 유익성 점수를 3 : 2의 가중치로 합산하여 1차 점수를 산정하고, 1차 점수가 높은 후보 도서 3개를 1차 선정한다.
- 1차 선정된 후보 도서 중 해외저자의 도서는 가점 1점을 부여하여 2차 점수를 산정한다.
- 2차 점수가 가장 높은 2개의 도서를 최종 선정한다. 만일 선정된 후보 도서들의 2차 점수가 모두 동일한 경우, 유익성 점수가 가장 낮은 후보 도서는 탈락시킨다.

① 재테크, 답은 있다 / 여행학개론
② 재테크, 답은 있다 / 건강제일주의
③ 여행학개론 / 부장님의 서랍
④ 여행학개론 / 건강제일주의
⑤ IT혁명의 시작 / 건강제일주의

23 A회사 재무팀에서는 주말 사무보조 직원을 채용하기 위해 공고문을 게재하였으며, 지원자 명단은 다음과 같다. 이를 참고하였을 때, 최소비용으로 가능한 많은 인원을 채용하고자 한다면 몇 명의 지원자를 채용할 수 있겠는가?(단, 급여는 지원자가 희망하는 금액으로 지급한다)

〈사무보조 직원 채용 공고문〉

- 업무내용 : 문서수발, 전화응대 등
- 지원자격 : 경력, 성별, 나이, 학력 무관
- 근무조건 : 장기(6개월 이상, 협의불가) / 주말 11:00 ~ 22:00(협의가능)
- 급여 : 협의결정
- 연락처 : 02-000-0000

〈지원자 명단〉

성명	희망근무기간	근무가능시간	최소근무시간(하루 기준)	희망 임금(시간당/원)
박소다	10개월	11:00 ~ 18:00	3시간	7,500
서창원	12개월	12:00 ~ 20:00	2시간	8,500
한승희	8개월	18:00 ~ 22:00	2시간	7,500
김병우	4개월	11:00 ~ 18:00	4시간	7,000
우병지	6개월	15:00 ~ 20:00	3시간	7,000
김래원	10개월	16:00 ~ 22:00	2시간	8,000
최지홍	8개월	11:00 ~ 18:00	3시간	7,000

※ 지원자 모두 주말 이틀 중 하루만 출근하기를 원함

※ 하루에 2회 이상 출근은 불가함

① 2명　　② 3명

③ 4명　　④ 5명

⑤ 6명

PART 3

24 **A사원의 팀은 출장근무를 마치고 서울로 복귀하고자 한다. 다음 자료를 참고할 때, 서울에 가장 일찍 도착할 수 있는 예정시각은 언제인가?**

〈상황〉

- A사원이 소속된 팀원은 총 4명이다.
- 대전에서 출장을 마치고 서울로 돌아가려고 한다.
- 고속버스터미널에는 은행, 편의점, 화장실, 패스트푸드점 등이 있다.

※ 시설별 소요 시간 : 은행 30분, 편의점 10분, 화장실 20분, 패스트푸드점 25분

〈대화 내용〉

S과장 : 긴장이 풀려서 그런가? 배가 출출하네. 햄버거라도 사서 먹어야겠어.
B대리 : 저도 출출하긴 한데 그것보다 화장실이 더 급하네요. 금방 다녀오겠습니다.
C주임 : 그럼 그사이에 버스표를 사야 하니 은행에 들러 현금을 찾아오겠습니다.
A사원 : 저는 그동안 버스 안에서 먹을 과자를 편의점에서 사 오겠습니다.
S과장 : 지금이 16시 50분이니까 다들 각자 볼일 보고 빨리 돌아와. 다 같이 타고 가야 하니까.

〈시외버스 배차정보〉

대전 출발	서울 도착	잔여 좌석수(개)
17:00	19:00	6
17:15	19:15	8
17:30	19:30	3
17:45	19:45	4
18:00	20:00	8
18:15	20:15	5
18:30	20:30	6
18:45	20:45	10
19:00	21:00	16

① 17:45
② 19:15
③ 19:45
④ 20:15
⑤ 20:45

25 다음 C 프로그램의 실행 결과로 옳은 것은?

```
#include <stdio.h>
int main()
{
    int sum = 0;
    int x;
    for(x = 1;x < = 100;x+ +)
       sum+=x;
    printf("1 + 2 + ... + 100 = %d\n", sum);
      return 0;
 }
```

① 5020
② 5030
③ 5040
④ 5050
⑤ 5060

26 다음 시트에서 [B9] 셀에 [B2:C8] 영역의 평균을 계산하고 올림하여 천의 자리까지 표시하는 함수식으로 옳은 것은?

	A	B	C
1	1분기	2분기	3분기
2	91,000	91,000	91,000
3	81,000	82,000	83,000
4	71,000	72,000	73,000
5	61,000	62,000	63,000
6	51,000	52,000	53,000
7	41,000	42,000	43,000
8	91,000	91,000	91,000
9			

① =ROUNDUP(AVERAGE(B2:C8), − 3)
② =ROUND(AVERAGE(B2:C8), − 3)
③ =ROUNDUP(AVERAGE(B2:C8), 3)
④ =ROUND(AVERAGE(B2:C8), 3)
⑤ =ROUND(AVERAGE(B2:C8), − 1)

27 **다음은 A회사 인트라넷에 올라온 컴퓨터의 비프음과 관련된 문제 해결에 대한 공지사항이다. 이에 대한 설명으로 옳지 않은 것은?**

> 안녕하십니까. 최근 사용하시는 컴퓨터를 켤 때 비프음 소리가 평소와 다르게 들리는 경우가 종종 있습니다. 해당 비프음 소리별 원인과 해결방법을 공지하오니 참고해 주시기 바랍니다.
>
> **〈비프음으로 진단하는 컴퓨터 상태〉**
>
> – 짧게 1번 : 정상
> – 짧게 2번 : 바이오스 설정이 올바르지 않은 경우, 모니터에 오류 메시지가 나타나게 되므로 참고하여 문제 해결
> – 짧게 3번 : 키보드가 불량이거나 올바르게 꽂혀 있지 않은 경우
> – 길게 1번+짧게 1번 : 메인보드 오류
> – 길게 1번+짧게 2번 : 그래픽 카드의 접촉 점검
> – 길게 1번+짧게 3번 : 쿨러의 고장 등 그래픽 카드 접촉 점검
> – 길게 1번+짧게 9번 : 바이오스의 초기화, A/S 점검
> – 아무 경고음도 없이 모니터가 켜지지 않을 때 : 전원 공급 불량 또는 합선, 파워서플라이의 퓨즈 점검, CPU나 메모리의 불량
> – 연속으로 울리는 경고음 : 시스템 오류, 메인보드 점검 또는 각 부품의 접촉 여부와 고장 확인

① 비프음이 짧게 2번 울릴 때는 모니터에 오류 메시지가 뜨니 원인을 참고해 해결할 수 있다.
② 비프음이 길게 1번, 짧게 1번 울렸을 때에는 CPU를 교체해야 한다.
③ 연속으로 울리는 경고음은 시스템 오류일 수 있다.
④ 키보드가 올바르게 꽂혀 있지 않은 경우 비프음은 짧게 3번 울린다.
⑤ 비프음이 길게 1번, 짧게 9번 울리면 바이오스 ROM 오류로 바이오스의 초기화 또는 A/S가 필요하다.

28 **다음 중 운영체제(OS)의 역할에 대한 설명으로 옳지 않은 것은?**

① 컴퓨터와 사용자 사이에서 시스템을 효율적으로 운영할 수 있도록 인터페이스 역할을 담당한다.
② 사용자가 시스템에 있는 응용 프로그램을 편리하게 사용할 수 있다.
③ 하드웨어의 성능을 최적화할 수 있도록 한다.
④ 운영체제의 기능에는 제어기능, 기억기능, 연산기능 등이 있다.
⑤ 프로그램의 오류나 부적절한 사용을 방지하기 위해 실행을 제어한다.

※ 다음 자료를 보고 이어지는 질문에 답하시오. **[29~30]**

	A	B	C	D	E	F	G
1							
2		구분	매입처수	매수	공급가액(원)	세액(원)	합계
3		전자세금계산서	12	8	11,096,174	1,109,617	12,205,791
4		수기종이계산서	1	0	69,180		76,098
5		합계	13	8	11,165,354	1,116,535	

29 A씨는 VAT(부가가치세) 신고를 준비하기 위해 엑셀 파일을 정리하고 있다. 세액은 공급가액의 10%이다. 다음 중 수기종이계산서의 '세액(원)'인 [F4] 셀을 채우려 할 때 필요한 수식은?

① =E3*0.1
② =E3*0.001
③ =E4+0.1
④ =E3*10%
⑤ =E4*0.1

30 다음 중 합계인 [G5] 셀을 채울 때 필요한 함수식과 그 결괏값이 바르게 연결된 것은?

① =AVERAGE(G3:G4) / 12,281,890
② =SUM(G3:G4) / 12,281,889
③ =AVERAGE(E5:F5) / 12,281,890
④ =SUM(E3:F5) / 12,281,889
⑤ =SUM(E5:F5) / 12,281,888

※ 다음은 제습기 사용과 보증기간에 대한 자료이다. 이어지는 질문에 답하시오. [31~32]

〈사용 전 알아두기〉

- 제습기의 적정 사용온도는 18 ~ 35℃입니다.
  - 18℃ 미만에서는 냉각기에 결빙이 시작되어 제습량이 줄어들 수 있습니다.
- 제습 운전 중에는 컴프레서 작동으로 실내 온도가 올라갈 수 있습니다.
- 설정한 희망 습도에 도달하면 운전을 멈추고 실내 습도가 높아지면 자동 운전을 다시 시작합니다.
- 물통이 가득 찰 경우 제습기 작동이 멈춥니다.
- 안전을 위하여 제습기 물통에 다른 물건을 넣지 마십시오.
- 제습기가 작동하지 않거나 아무 이유 없이 작동을 멈추는 경우 다음 사항을 확인하세요.
  - 전원플러그가 제대로 끼워져 있는지 확인하십시오.
  - 위의 사항이 정상인 경우, 전원을 끄고 10분 정도 경과 후 다시 전원을 켜세요.
  - 여전히 작동이 안 되는 경우, 판매점 또는 서비스 센터에 연락하시기 바랍니다.
- 현재 온도 / 습도는 설치장소 및 주위 환경에 따라 실제와 차이가 있을 수 있습니다.

〈보증기간 안내〉

- 품목별 소비자 피해 보상규정에 의거 아래와 같이 제품에 대한 보증을 실시합니다.
- 보증기간 산정 기준
  - 제품 보증기간이라 함은 제조사 또는 제품 판매자가 소비자에게 정상적인 상태에서 자연 발생한 품질 성능 기능 하자에 대하여 무료 수리해 주겠다고 약속한 기간을 말합니다.
  - 제품 보증기간은 구입일자를 기준으로 산정하며 구입일자의 확인은 제품보증서를 기준으로 합니다. 단, 보증서가 없는 경우는 제조일(제조번호, 검사필증)로부터 3개월이 경과한 날부터 보증기간을 계산합니다.
  - 중고품(전파상 구입, 모조품) 구입 시 보증기간은 적용되지 않으며 수리 불가의 경우 피해보상을 책임지지 않습니다.
- 당사와의 계약을 통해 납품되는 제품의 보증은 그 계약내용을 기준으로 합니다.
- 제습기 보증기간은 일반제품으로 1년으로 합니다.
  - 2017년 1월 이전 구입분은 2년 적용

〈제습기 부품 보증기간〉

- 인버터 컴프레서(2016년 1월 이후 생산 제품) : 10년
- 컴프레서(2018년 1월 이후 생산 제품) : 4년
- 인버터 컴프레서에 한해서 5년차부터 부품대만 무상 적용함

31 **제습기 구매자가 사용 전 알아두기에 대한 설명서를 읽고 나서 제습기를 사용했다. 다음 중 구매자가 서비스센터에 연락해야 할 작동 이상으로 가장 적절한 것은?**

① 실내 온도가 17℃일 때 제습량이 줄어들었다.
② 제습기 사용 후 실내 온도가 올라갔다.
③ 물통에 물이 $\frac{1}{2}$ 정도 들어있을 때 작동이 멈췄다.
④ 제습기가 갑자기 작동되지 않아 10분 정도 꺼두었다가 다시 켰더니 작동하였다.
⑤ 희망 습도에 도달하니 운전을 멈추었다.

32 **다음 중 보증기간 안내 및 제습기 부품 보증기간을 참고할 때, 제습기 사용자가 잘못 이해한 것은?**

① 제품 보증서가 없는 경우, 영수증에 찍힌 구입한 날짜부터 보증기간을 계산한다.
② 보증기간 무료 수리는 정상적인 상태에서 자연 발생한 품질 성능 기능 하자가 있을 때이다.
③ 제습기 보증기간은 구입일로부터 1년이다.
④ 2017년 1월 이전에 구입한 제습기는 보증기간이 2년 적용된다.
⑤ 2016년 1월 이후에 생산된 인버터 컴프레서는 보증기간이 10년이다.

※ A씨는 이번달 내로 모든 사무실의 복합기를 ★★복합기로 교체하라는 지시를 받았다. 모든 사무실의 복합기를 교체하였고, 추후 문제가 생길 것을 대비해 신형 복합기의 문제 해결법을 인트라넷에 게시하였다. 이어지는 질문에 답하시오. [33~34]

〈문제 해결법〉

Q. 복합기가 비정상적으로 종료됩니다.

A. 제품의 전원 어댑터가 전원 콘센트에 정상적으로 연결되었는지 확인하십시오.

Q. 제품에서 예기치 못한 소음이 발생합니다.

A. 복합기의 자동 서비스 기능으로 프린트 헤드의 수명을 관리할 때에 제품에서 예기치 못한 소음이 발생할 수 있습니다.

▲ 참고

- 프린트 헤드의 손상을 방지하려면, 복합기에서 인쇄하는 동안에는 복합기를 끄지 마십시오.
- 복합기의 전원을 끌 때에는 반드시 전원 버튼을 사용하고, 복합기가 정지할 때까지 기다린 후 전원을 끄십시오.
- 잉크 카트리지를 모두 올바르게 장착했는지 확인합니다.
- 잉크 카트리지가 하나라도 없을 경우, 복합기는 프린트 헤드를 보호하기 위해 자동으로 서비스 기능을 수행할 수 있습니다.

Q. 복합기가 응답하지 않습니다(인쇄되지 않음).

A. 1. 인쇄 대기열에 걸려 있는 인쇄 작업이 있는지 확인하십시오.
   - 인쇄 대기열을 열어 모든 문서 작업을 취소한 다음 PC를 재부팅합니다.
   - PC를 재부팅한 후 인쇄를 다시 시작합니다.

2. ★★소프트웨어 설치를 확인하십시오.
   - 인쇄 도중 복합기가 꺼지면 PC 화면에 경고 메시지가 나타납니다.
   - 메시지가 나타나지 않을 경우 ★★소프트웨어가 제대로 설치되지 않았을 수 있습니다.
   - ★★소프트웨어를 완전히 제거한 다음 다시 설치합니다. 자세한 내용은 [프린터 소프트웨어 삭제하기]를 참고하십시오.

3. 케이블 및 연결 상태를 확인하십시오.
   ① USB 케이블이 복합기와 PC에 제대로 연결되었는지 확인합니다.
   ② 복합기가 무선 네트워크에 연결되어 있을 경우 복합기와 PC의 네트워크 연결 상태를 확인합니다.
   ③ PC에 개인 방화벽 소프트웨어가 설치되어 있는지 확인합니다.
   ④ 개인 소프트웨어 방화벽은 외부 침입으로부터 PC를 보호하는 보안 프로그램입니다.
   ⑤ 방화벽으로 인해 PC와 복합기의 통신이 차단될 수 있습니다.
   ⑥ 복합기와 통신이 문제가 될 경우에는 방화벽을 일시적으로 해제하십시오. 해제 후에도 문제가 발생하면 방화벽에 의한 문제가 아니므로 방화벽을 다시 실행하십시오.

Q. 인쇄 속도가 느립니다.

A. 1. 인쇄 품질 설정을 확인하십시오.
- 인쇄 품질(해상도)이 최상 및 최대 DPI로 설정되었을 경우 인쇄 품질이 향상되나 인쇄 속도가 느려질 수 있습니다.

2. 잉크 카트리지의 잉크 잔량을 확인하십시오.
- 잉크 카트리지에 남아 있는 예상 잉크량을 확인합니다.
- 잉크 카트리지가 소모된 상태에서 인쇄를 할 경우 인쇄 속도가 느려질 수 있습니다.
- 위와 같은 방법으로 해결되지 않을 경우 복합기에 문제가 있을 수 있으므로, ★★서비스 센터에 서비스를 요청하십시오.

33 **S사원은 ★★복합기에서 소음이 발생하자 문제 해결법을 통해 복합기의 자동 서비스 기능으로 프린트 헤드의 수명을 관리할 때 소음이 발생할 수 있다는 것을 알았다. 다음 중 S사원이 숙지할 수 있는 참고 사항으로 옳지 않은 것은?**

① 프린트 헤드의 손상을 방지하려면, 복합기에서 인쇄하는 동안에는 복합기를 끄지 않는다.

② 잉크 카트리지를 모두 올바르게 장착했는지 확인한다.

③ 프린트 헤드 정렬 및 청소를 불필요하게 실시하면 많은 양의 잉크가 소모된다.

④ 복합기의 전원을 끌 때에는 반드시 전원 버튼을 사용하고, 복합기가 정지할 때까지 기다린 후 전원을 끈다.

⑤ 잉크 카트리지가 하나라도 없을 경우, 복합기는 프린트 헤드를 보호하기 위해 자동으로 서비스 기능을 수행하게 된다.

34 **팀장에게 보고서를 제출하기 위해 인쇄를 하려던 Z사원은 보고서가 인쇄되지 않는다는 것을 알았다. 다음 중 Z사원이 복합기 문제를 해결할 수 있는 방안으로 옳지 않은 것은?**

① 인쇄 작업이 대기 중인 문서가 있는지 확인한다.

② 복합기 소프트웨어를 완전히 제거한 다음 다시 설치한다.

③ USB 케이블이 복합기와 PC에 연결이 되어 있는지 확인한다.

④ 잉크 카트리지에 남아 있는 예상 잉크량을 확인한다.

⑤ 대기 문서를 취소한 후 PC를 재부팅한다.

35 다음 중 산업 재해에 해당되는 사례가 아닌 것은?

① 산업활동 중의 사고로 인해 사망하는 경우
② 근로자가 휴가 기간 중 사고로 부상당한 경우
③ 회사에 도보로 통근을 하는 도중 교통사고를 당하는 경우
④ 일용직, 계약직, 아르바이트생이 산업활동 중 부상당하는 경우
⑤ 유해 물질에 의한 중독 등으로 직업성 질환에 걸리거나 신체적 장애를 가져오는 경우

36 다음 뉴스 내용에서 볼 수 있는 기술경영자의 능력으로 가장 적절한 것은?

앵커 : 현재 국제 원유 값이 고공 행진을 계속하면서 석유자원에서 탈피하려는 기술 개발이 활발히 진행되고 있는데요. 석유자원을 대체하고 에너지의 효율성을 높일 수 있는 연구개발 현장을 이은경 기자가 소개합니다.

기자 : 네. 여기는 메탄올을 화학 산업에 많이 쓰이는 에틸렌과 프로필렌, 부탄 등의 경질 올레핀으로 만드는 공정 현장입니다. 석탄과 바이오매스, 천연가스를 원료로 만들어진 메탄올에서 촉매반응을 통해 경질 올레핀을 만들기 때문에 석유 의존도를 낮출 수 있는 기술을 볼 수 있는데요. 기존 석유 나프타 열분해 공정보다 수율이 높고, 섭씨 400도 이하에서 제조가 가능해 온실가스는 물론 에너지 비용을 50% 이상 줄일 수 있어 화제가 되고 있습니다.

① 기술을 효과적으로 평가할 수 있는 능력
② 기술 전문 인력을 운용할 수 있는 능력
③ 조직 내의 기술 이용을 수행할 수 있는 능력
④ 새로운 제품개발 시간을 단축할 수 있는 능력
⑤ 빠르고 효과적으로 새로운 기술을 습득하고 기존의 기술에서 탈피하는 능력

37 새로운 조직 개편 기준에 따라 다음에 제시된 조직도 (가)를 조직도 (나)로 변경하려 한다. 조직도 (나)의 빈칸에 들어갈 팀으로 적절하지 않은 것은?

(가)

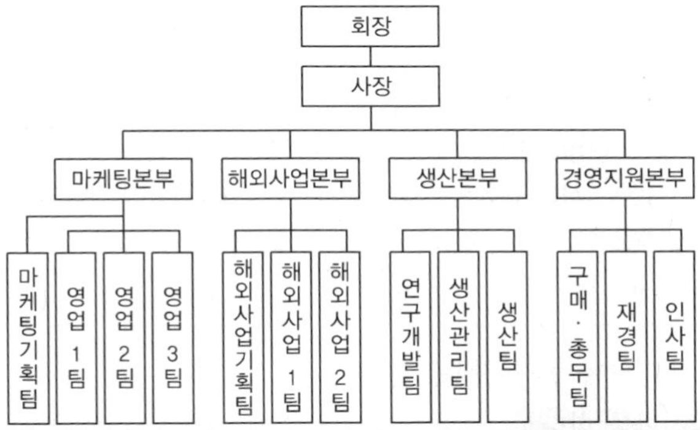

조직 개편 방향 및 기준

□ 명칭 변경 : 해외사업기획팀 → 해외마케팅기획팀
본부 이동 : 해외사업 1·2팀(해외사업본부 → 마케팅본부)

□ 기능중심의 조직 개편
- ○ 해외사업본부의 해외사업기획팀과 마케팅본부의 마케팅기획팀을 신설한 마케팅기획본부로 이동
- ○ 마케팅본부의 영업 1·2·3팀을 두 개의 팀으로 통합
- ○ 해외사업 1·2팀 통합 후 해외영업팀 신설
- ○ 구매·총무팀에서 구매팀과 총무팀으로 분리
- ○ 총무팀과 재경팀 통합 후 재무팀 신설

(나)

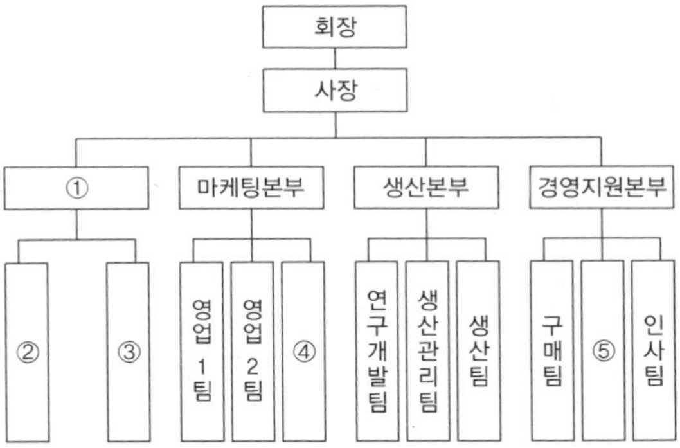

① 마케팅기획본부
② 해외마케팅기획팀
③ 영업 3팀
④ 해외영업팀
⑤ 재무팀

38 A팀장은 급하게 지방 출장을 떠나면서 B대리에게 다음과 같은 메모를 남겨두었다. 다음 중 B대리가 가장 먼저 처리해야 할 일은 무엇인가?

> B대리, 내가 지금 급하게 지방 출장을 가야 해서 오늘 처리해야 하는 것들 메모 남겨요. 오후 2시에 거래처와 미팅 있는 거 알고 있죠? 오전 내로 거래처에 전화해서 다음 주 중으로 다시 미팅날짜 잡아 줘요. 그리고 오늘 신입사원들과 점심 식사하기로 한 거 난 참석하지 못하니까 다른 직원들이 참석해서 신입사원들 고충도 좀 들어 주고 해요. 식당은 지난번 갔었던 한정식집이 좋겠네요. 점심 때 많이 붐비니까 오전 10시까지 예약전화하는 것도 잊지 말아요. 식비는 법인카드로 처리하도록 하고, 오후 5시에 진행할 회의 PPT는 거의 다 준비되었다고 알고 있는데 바로 나한테 메일로 보내 줘요. 확인하고 피드백할게요. 아, 그 전에 내가 중요한 자료를 안 가지고 왔어요. 그것부터 메일로 보내 줘요. 고마워요.

① 거래처에 미팅날짜 변경 전화를 한다.
② 점심 예약전화를 한다.
③ 회의 자료를 준비한다.
④ 메일로 회의 PPT를 보낸다.
⑤ 메일로 A팀장이 요청한 자료를 보낸다.

39 다음 중 조직의 변화에 대한 설명으로 옳은 것은?

① 조직의 변화와 관련된 환경의 변화는 조직에 영향이 없는 변화들도 모두 포함한다.
② 조직의 변화전략은 실현 가능할 뿐 아니라 구체적이어야 한다.
③ 조직구성원들이 현실에 안주하고 변화를 기피하는 경향이 약할수록 환경 변화를 인지하지 못한다.
④ 변화를 실행하고자 하는 조직은 기존의 규정 내에서 환경에 대한 최적의 적응방안을 모색해야 한다.
⑤ 조직의 변화는 '조직변화 방향 수립 – 조직변화 실행 – 변화결과 평가 – 환경변화 인지' 순으로 이루어진다.

40 다음은 개인화 마케팅에 대한 설명이다. 개인화 마케팅의 사례로 적절하지 않은 것은?

> 소비자들의 요구가 점차 다양해지고 복잡해짐에 따라 개인별로 맞춤형 제품과 서비스를 제공하며 '개인화 마케팅'을 펼치는 기업이 늘어나고 있다. 개인화 마케팅이란 각 소비자의 이름, 관심사, 구매이력 등의 데이터를 기반으로 특정 고객에 대한 개인화 서비스를 제공하는 활동을 의미한다. 이러한 개인화 마케팅은 개별적 커뮤니케이션 실현을 통한 효율성 증대 및 기업 이윤 창출을 목적으로 하고 있다.
> 개인화 마케팅은 기업들의 지속적인 투자를 통해 다양한 방식으로 계속되고 있다. 빠르게 변화하고 있는 마케팅 시장에서 개인화된 서비스 제공을 통해 소비자 만족도를 끌어낼 수 있다는 점은 충분히 매력적일 수 있기 때문이다.

① 고객들의 사연을 받아 지하철역 에스컬레이터 벽면에 광고판을 만든 A배달업체는 고객들로 하여금 자신의 사연이 뽑히지 않았는지 관심을 두게 함으로써 광고 효과를 톡톡히 보고 있다.

② 최근 B전시관은 시각적인 시원한 민트색 벽지와 그에 어울리는 시원한 음향, 상쾌한 민트 향기, 민트맛 사탕을 나눠주며 민트에 대한 다섯 가지 감각을 이용한 미술관 전시로 화제가 되었다.

③ C위생용품회사는 자사의 인기 상품에 대한 단종으로 사과의 뜻을 담은 뮤직비디오를 제작했다. 고객들은 뮤직비디오를 보기 전에 자신의 이름을 입력하면, 뮤직비디오에 자신의 이름이 노출되어 자신이 직접 사과를 받는 듯한 효과를 느낄 수 있다.

④ 참치캔을 생산하는 D사는 최근 소외계층에게 힘이 되는 응원 메시지를 댓글로 받아 77명을 추첨하여 댓글 작성자의 이름으로 소외계층에게 참치캔을 전달하는 이벤트를 진행하였다.

⑤ 커피전문점 E사는 고객이 자사 홈페이지에서 회원 가입 후 이름을 등록한 경우, 음료 주문 시 "○○○ 고객님, 주문하신 아메리카노 나왔습니다."와 같이 고객의 이름을 불러주는 서비스를 제공하고 있다.

41 **다음 중 업무상 미국인 C씨와 만나야 하는 B대리가 알아두어야 할 예절로 적절하지 않은 것은?**

> A부장 : B대리, A기업의 C씨를 만날 준비는 다 되었습니까?
> B대리 : 네, 부장님. 필요한 자료는 다 준비했습니다.
> A부장 : 그래요. 우리 회사는 해외 진출이 경쟁사에 비해 많이 늦었는데 A기업과 파트너만 된다면 큰 도움이 될 겁니다. 아, 그런데 업무 관련 자료도 중요하지만 우리랑 문화가 다르니까 실수하지 않도록 잘 준비하세요.
> B대리 : 네, 알겠습니다.

① 무슨 일이 있어도 시간은 꼭 지켜야 한다.
② 악수를 할 때 눈을 똑바로 보는 것은 실례이다.
③ 어떻게 부를 것인지 상대방에게 미리 물어봐야 한다.
④ 명함은 악수를 한 후 교환한다.
⑤ 인사를 하거나 이야기할 때 어느 정도의 거리(공간)를 두어야 한다.

42 **인사팀 채부장은 신입사원들을 대상으로 조직의 의미를 다음과 같이 설명하였다. 이에 근거할 때, 조직이라고 볼 수 없는 것은?**

> 조직은 특정한 목적을 추구하기 위하여 의도적으로 구성된 사람들의 집합체로서 외부 환경과 여러 가지 상호 작용을 하는 사회적 단위라고 말할 수 있지. 이러한 상호 작용이 유기적인 협력체제에서 행해지면서 조직이 추구하는 목적을 달성하기 위해서는 내부적인 구조가 있어야만 해. 업무와 기능의 분배, 권한과 위임을 통하여 어떤 특정한 조직구성원들의 공통된 목표를 달성하기 위하여 여러 사람의 활동을 합리적으로 조정한 것이야말로 조직의 정의를 가장 잘 나타내주는 말이라고 할 수 있다네.

① 영화 촬영을 위해 모인 스태프와 배우들
② 주말을 이용해 춘천까지 다녀오기 위해 모인 자전거 동호회원들
③ 열띤 응원을 펼치고 있는 야구장의 관중들
④ 야간자율학습을 하고 있는 K고등학교 3학년 2반 학생들
⑤ 미국까지 가는 비행기 안에 탑승한 기장과 승무원들

43 **다음 중 고객 만족도를 향상시키고 지속적인 상품 구매를 유도하기 위한 상담원의 고객 응대 자세로 적절하지 않은 것은?**

① 수익을 많이 올릴 수 있는 고부가가치의 상품을 중심으로 설명하고 판매하도록 노력한다.
② 상품의 장점과 지속구매 시 이점을 고객에게 충분히 이해시켜 고객의 니즈를 충족시킨다.
③ 자신 있는 태도와 음성으로 전문적인 상담을 진행해 고객의 신뢰를 획득해야 한다.
④ 설득력 있는 대화와 유용한 정보 제공을 통해 고객의 구매 결정에 도움을 주어야 한다.
⑤ 고객 관리를 위해 고객 정보나 취향을 데이터 시트에 기록하고, 지속적인 관계 유지를 위해 노력한다.

44 **다음은 헤밍웨이에 대한 일화이다. 위스키 회사 간부가 헤밍웨이와 협상을 실패한 이유로 가장 적절한 것은?**

> 어느 날 미국의 한 위스키 회사 간부가 헤밍웨이를 찾아왔다. 헤밍웨이의 비서를 따라 들어온 간부는 헤밍웨이의 턱수염을 보고서 매우 감탄하며 말했다.
> "선생님은 세상에서 가장 멋진 턱수염을 가지셨군요! 우리 회사에서 선생님의 얼굴과 이름을 빌려 광고하는 조건으로 4천 달러와 평생 마실 수 있는 술을 제공하려는데 허락해 주시겠습니까?"
> 그 말을 들은 헤밍웨이는 잠시 생각에 잠겼다. 그 정도 조건이면 훌륭하다고 판단했던 간부는 기다리기 지루한 듯 대답을 재촉했다.
> "무얼 그리 망설이십니까? 얼굴과 이름만 빌려주면 그만인데…."
> 그러자 헤밍웨이는 무뚝뚝하게 말했다.
> "유감이지만 그럴 수 없으니 그만 당신의 회사로 돌아가 주시기 바랍니다."
> 헤밍웨이의 완강한 말에 간부는 당황해하며 돌아가 버렸다. 그가 돌아가자 비서는 헤밍웨이에게 왜 허락하지 않았는지를 물었고, 헤밍웨이는 대답했다.
> "그의 무책임한 말을 믿을 수 없었지. 얼굴과 이름을 대수롭지 않게 생각하는 회사에 내 얼굴과 이름을 빌려준다면 어떤 꼴이 되겠나?"

① 잘못된 사람과 협상을 진행하였다.
② 자신의 특정 입장만을 고집하였다.
③ 상대방에 대해 너무 많은 염려를 하였다.
④ 협상의 통제권을 갖지 못하였다.
⑤ 협상의 대상을 분석하지 못하였다.

※ 다음 글과 상황을 읽고 이어지는 질문에 답하시오. [45~47]

A공사의 신사업개발팀은 최근 잦은 출장을 다니고 있다. A공사는 출장에 대해 직원별로 수당을 비롯하여 출장 중 발생한 교통비, 식비, 숙박료 등의 비용에 대해 증빙이 가능한 사항에 대해서 출장료를 지급하고 있다. 신사업개발팀 김성태 과장은 최근 지방 출장으로 발생한 왕복한 KTX 비용, 택시비, 호텔비, 식사비를 회계팀에 청구하였으나, 회계팀에서는 원칙상 택시비는 비용청구 대상이 되지 않는다며 지급을 거부한 상태이다. 김성태 과장은 회계팀 곽재우 과장에게 자신이 출장을 간 지역은 버스나 지하철 등 다른 대중교통이 다니지 않아 어쩔 수 없었다고 설명하였으나, 곽재우 과장은 규정대로 처리하겠다고 하였다. 이러한 상황에서 점심식사를 마치고 구내식당을 지나가던 곽재우 과장은 맞은편에서 걸어오고 있는 김성태 과장을 마주치게 되었다.

〈상황〉

- 상황 1 : 곽재우 과장은 멈칫했지만, 이내 김성태 과장을 피해 옆 복도로 향하였다.
- 상황 2 : 곽재우 과장을 마주친 김성태 과장은 불같이 화를 내며 곽과장을 닦달하기 시작했다. 하지만 곽과장도 지지 않고 맞받아쳐 두 사람은 10분간 말다툼을 하였다. 결국 김과장은 곽과장에게 '출장 중 특별한 경우에 이용한 택시비용을 지급할 수 있도록 규정을 바꿔달라고 회사에 함께 요구하자.'라고 제안하였고, 곽과장은 그렇게 하자고 대답하였다.
- 상황 3 : 조금이라도 자신이 손해를 입는 것을 견디지 못하고, 자신이 손해를 입었을 경우 보복을 하는 김성태 과장의 성격을 잘 아는 곽재우 과장은 '규정을 위반해서라도 택시비용을 지급해 줄 테니 기다려 달라.'라고 말하였다.
- 상황 4 : 곽재우 과장은 김성태 과장에게 '규정대로 처리할 것이니 그렇게 알라.'라며 자꾸 똑같은 일로 자신을 귀찮게 하면 인사팀에 정식으로 항의서를 제출할 것이라고 말하였다.
- 상황 5 : 김성태 과장은 본인도 절반은 손해를 볼 테니 택시비의 절반이라도 지급해달라고 재차 곽재우 과장에게 요청했다.

45 **다음 중 윗글에 제시된 상황 1 ~ 5에서 갈등해결 방법에 대한 설명으로 옳지 않은 것은?**

① 상황 1 : 갈등 상황에 대하여 상황이 나아질 때까지 문제를 덮어 두거나 피하려고 하는 경우이다.
② 상황 2 : 갈등 당사자들이 반대의 끝에서 시작하여 중간 정도 지점에서 타협하여 해결점을 찾는 경우이다.
③ 상황 3 : '나는 지고, 너는 이기는' 갈등해결 방법이다.
④ 상황 4 : 상대방의 목표 달성은 희생시키면서 자신의 목표를 위해 전력을 다하려는 경우이다.
⑤ 상황 5 : 자신과 상대방 의견의 중간 정도 지점에서 절충하는 경우이다.

46 다음 중 윗글과 상황에서 갈등의 쟁점이 되는 핵심 문제에 대한 설명으로 가장 적절한 것은?

① 자존심에 대한 위협
② 통제나 권력 확보를 위한 싸움
③ 공존할 수 없는 개인적 스타일
④ 절차에 대한 불일치
⑤ 절대 하나라도 손해 보지 않겠다는 이기심

47 다음 중 상황 2의 갈등해결 방법에 대한 설명으로 적절하지 않은 것은?

① 우선 나의 위치와 관심사는 배제한 채, 상대방의 입장과 관심사를 고려한다.
② 상대방이 필요로 하는 것에 대해 생각해 보았다는 점을 인정한다.
③ 갈등상태에 있는 두 사람의 입장을 명확히 하도록 한다.
④ 서로 기본적으로 다른 부분을 인정한다.
⑤ 먼저 자신의 위치와 관심사를 확인한다.

48 다음 중 훌륭한 팀워크를 유지하기 위한 기본요소로 적절하지 않은 것은?

① 팀원 간 공동의 목표 의식과 강한 도전 의식을 가진다.
② 팀원 간에 상호 신뢰하고 존중한다.
③ 서로 협력하면서 각자의 역할에 책임을 다한다.
④ 팀원 개인의 능력이 최대한 발휘되는 것이 핵심이다.
⑤ 강한 자신감으로 상대방의 사기를 드높인다.

49 **A사원은 현재 진행하는 업무가 자신의 흥미나 적성과 맞지 않아 고민이나, 현재까지 해왔던 일을 그만둘 수는 없는 상황이다. 다음 중 A사원이 취할 수 있는 방법으로 적절하지 않은 것은?**

① '나는 지금 주어진 일이 적성에 맞는다.'라고 지속적으로 자기암시를 한다.
② 일을 너무 큰 단위로 하지 않고 작은 단위로 나누어 수행해 본다.
③ 선천적으로 부여되는 흥미나 적성은 개발이 불가능하므로 적성검사를 다시 수행한다.
④ 하루의 일과가 끝나면 자신이 수행한 결과물을 점검해본다.
⑤ 회사의 문화와 풍토를 고려한다.

50 **다음 글에 따른 경력개발 방법으로 적절하지 않은 것을 〈보기〉에서 모두 고르면?**

> 경력개발이란 개인이 경력목표와 전략을 수립하고 실행하며 피드백 하는 과정으로 직업인은 한 조직의 구성원으로서 조직과 함께 상호작용하며, 자신의 경력을 개발해 나가는 것이다.

보기

㉠ 영업직에 필요한 것은 사교성일 수도 있지만, 무엇보다 사람에 대한 믿음과 성실함이 기본이어야 한다고 생각한다. 영업팀에서 10년째 근무 중인 나는 인맥을 쌓기 위해 오랜 기간 인연을 지속한 사람들을 놓치지 않으려고 노력하였다. 시대에 뒤떨어지지 않기 위해 최신 IT 기기 및 기술을 습득하고 있다.
㉡ 전략기획팀에서 근무하고 있는 나는 앞으로 회사의 나아갈 방향을 설정하는 업무를 주로 하고 있다. 따라서 시대의 흐름을 놓쳐서는 안 된다. 나의 이러한 감각을 배양하기 위해 전문 서적을 탐독하고, 경영환경 변화에 대한 공부를 끊임없이 하고 있다.
㉢ 나는 지난달부터 체력단련을 위해 헬스를 하고 있다. 자동차 동호회 활동을 통해 취미활동도 게을리 하지 않는다.
㉣ 직장 생활도 중요하지만, 개인적인 삶을 풍요롭게 할 필요가 있다. 회사는 내가 필요한 것과 내 삶을 윤택하게 하는 데 도움을 주는 요소이다. 그러므로 회사 내의 활동이나 모임 등에 집중하기보다는 나를 위한 투자(운동, 개인학습 등)에 소홀하지 않아야 한다.

① ㉠, ㉡
② ㉠, ㉢
③ ㉡, ㉢
④ ㉡, ㉣
⑤ ㉢, ㉣

51 다음은 인사팀 직원들이 경력개발을 하는 이유에 대해 나눈 대화 내용이다. 같은 이유를 이야기하고 있는 사람을 모두 고르면?

> Q사원 : 경력개발은 좋은 인간관계를 위해 꼭 필요한 것 같아요.
> R대리 : 현대사회는 빠르게 변화하고 있어. 지식정보사회에 적응하려면 경력을 개발해야 해.
> S과장 : 요즘 사회에는 평생직장이라는 개념이 사라졌잖아. 우리 나이 때에도 이직하는 사람들이 늘어났을 정도니까…. 이러한 이직을 준비하기 위해서라도 경력개발은 쉬지 않고 이뤄져야 해.
> T사원 : 전 자기 만족을 위해서 경력개발을 해야 한다고 생각해요. 한자리에 서 있지 않고 끊임없이 앞으로 나아간다는 기쁨이 있잖아요.

① R대리, S과장
② Q사원, S과장
③ R대리, T사원
④ Q사원, T사원
⑤ S과장, T사원

52 다음 〈보기〉 중 자기개발 계획 수립이 어려운 이유를 모두 고르면?

> **보기**
> ㉠ 자기정보의 부족
> ㉡ 직무 가능성에 대한 이해 부족
> ㉢ 재정적 문제
> ㉣ 의사결정 시 자신감 부족
> ㉤ 다른 직업에 대한 이해 부족

① ㉠, ㉣
② ㉠, ㉡, ㉣
③ ㉡, ㉢, ㉣
④ ㉠, ㉡, ㉢, ㉣
⑤ ㉠, ㉡, ㉢, ㉣, ㉤

53 개인과 조직의 진로개발 관련 역할을 파악했다고 했을 때, 다음 중 개인과 조직이 할 수 있는 진로개발 역할로 옳지 않은 것은?

① 개인적으로 진로상담에 참여한다.
② 조직에서 진로 관련 프로그램을 마련한다.
③ 개인적으로 진로와 관련된 자격증을 준비한다.
④ 조직에서 개인에게 맞는 경력설계를 해 준다.
⑤ 조직에서 경력설계를 체계적으로 지원한다.

54 다음 〈보기〉 중 자기개발의 특징에 대한 설명으로 옳은 것을 모두 고르면?

보기

ㄱ. 자기개발의 주체와 객체는 자신이므로 자기개발의 성공적 수행을 위해서는 자신에 대한 이해가 필요하다.
ㄴ. 자기개발은 가능한 환경과 시기적 필요성이 갖추어진 경우에 수행하여야 한다.
ㄷ. 타인의 방법보다 자신에게 알맞은 자기개발 방법을 추구하는 것이 바람직하다.
ㄹ. 완성도 있는 자기개발을 위해, 자기개발은 생활과 구분되어 이루어져야 한다.

① ㄱ, ㄴ
② ㄱ, ㄷ
③ ㄴ, ㄷ
④ ㄴ, ㄹ
⑤ ㄷ, ㄹ

55 다음 중 책임감이 결여된 경우로 가장 적절한 것은?

① 건우 : 회사에 입사한 이후로 정해진 퇴근시간을 넘긴 경우는 있어도 출근시간을 넘긴 적은 없어.
② 미선 : 업무 완성을 위해서는 야근을 할 수 있어.
③ 윤희 : 자신의 일은 자신이 해결해야 하기 때문에 옆 동료의 일에 간여하지 않아.
④ 예현 : 지난번 나 혼자 해결하기 힘든 업무를 동료의 도움을 받아 해결해서 감사의 뜻을 표했어.
⑤ 경오 : 오전 내로 빠르게 해야 될 일이 있다면 일찍 출근해서 일할 수 있어.

56 다음 글을 읽고 직장생활에 바르게 적용한 사람은?

정의는 선행이나 호의를 베푸는 것과 아주 밀접한 관련이 있다. 그러나 선행이나 호의에도 몇 가지 주의할 점이 있다. 첫째, 받는 자에게 피해가 되지 않도록 주의해야 하고 둘째, 베푸는 자는 자신이 감당할 수 있는 능력 내에서 베풀어야 하며 셋째, 각자 받을 만한 가치에 따라서 베풀어야 한다.

– 키케로 『의무론』

공자께서 말씀하시기를 "윗사람으로서 아랫사람을 너그럽게 관용할 줄 모르고, 예도를 행함에 있어 공경심이 없으며, 사람이 죽어 장례를 치르는 문상자리에서도 애도할 줄 모른다면 그런 인간을 어찌 더 이상 볼 가치가 있다 하겠느냐?"라고 하였다.

– 『논어』 팔일 3–26

① A사원 : 며칠 후에 우리 부장님 생신이라 비상금을 털어서 고급 손목시계 하나 해 드리려고.
② B사원 : 지난주에 장례식장에 갔는데 육개장이 그렇게 맛있더라고.
③ C사원 : 내가 준 김밥을 먹고 배탈이 났다고? 냉장보관을 안 하긴 했는데….
④ D부장 : G사원이 어제 회식자리에서 내 옷에 김칫국물을 흘렸으니 세탁비를 받아야겠어.
⑤ E과장 : 출근해서 사원들과 즐겁게 아침인사를 나누었어. 내가 먼저 반갑게 아침인사를 건네면 기분이 좋아져 좋은 하루를 보낼 수 있거든.

57 **최근 사회적으로 자주 등장하는 직장 내 문제로는 성희롱이 있다. 다음 중 성희롱으로 생각하기 어려운 말은?**

① 예쁘고 일도 잘해서 귀여워해 줬는데?
② 애가 아프다고 그랬지? 오늘은 일찍 들어가 봐요.
③ 오늘따라 치마가 짧고 좋은데?
④ 같이 일하는 사이라서 친밀감의 표시로 예뻐했는데 법정에까지 간다면 무서워서 어떻게 일을 하나?
⑤ 그런 것은 아무래도 여자가 해야 어울리지. 남자들만 있는 곳에서 한 번 분위기 좀 살려줄 수 있잖아?

58 **다음 중 업무상의 이유로 상대방 회사에 전화를 걸었을 때의 태도로 가장 적절한 것은?**

① 전화를 걸고 인사를 나눈 뒤에는 용건을 결론부터 이야기하고 나서 부연설명을 한다.
② 전화를 건 후 "○○회사, ○○님 맞습니까?"라고 상대방을 먼저 확인하고 자신의 신분을 밝힌다.
③ 통화 도중 필요한 자료를 찾기 위해 "잠시만요."라고 양해를 구하고 자료를 찾는다.
④ 다른 회사의 상사와 직접 통화를 한 후 끝날 때 먼저 수화기를 공손히 내려놓는다.
⑤ 상대방이 신원을 밝히지 않는 경우에는 상대가 누구인지 물어보아서는 안 된다.

59 **명함은 비즈니스맨에게는 없어서는 안 될 업무상 소도구의 하나라고 할 수 있다. 다음 중 명함을 교환하는 예절로 가장 적절한 것은?**

① 명함은 한 손으로 건네도 예의에 어긋나지 않는다.
② 명함은 고객이 바로 볼 수 있도록 건넨다.
③ 이름의 한자 발음을 물어보는 것은 실례이다.
④ 명함을 동시에 주고받을 때는 왼손으로 주고 오른손으로 받는다.
⑤ 정중하게 인사를 하고 나서 명함을 내밀 때는 회사명과 이름을 밝히지 않아도 된다.

60 **A사는 1년에 두 번씩 사원들에게 봉사 의식을 심어주기 위해 자원봉사 활동을 진행하고 있다. 자원봉사 활동 전에 사원들에게 봉사에 대한 마음가짐을 설명하고자 할 때, 적절하지 않은 것은?**

① 봉사는 적절한 보상에 맞춰 참여해야 한다.
② 봉사는 의도적이고 계획된 활동이 되어야 한다.
③ 봉사는 함께하는 공동체 의식에 바탕을 두어야 한다.
④ 봉사는 개인의 의지에 따라 이루어져야 한다.
⑤ 봉사는 상대방의 입장에서 생각하고 행동해야 한다.

제3회
최종점검 모의고사
(전 영역 – 통합형)

※ 시설공단 / 도시공사 / 개발공사 최종점검 모의고사는 채용공고를 기준으로 구성한 것으로 실제 시험과 다를 수 있습니다.

※ 응시 직렬에 필요한 영역을 선택하여 해당 문항을 추가 학습하기 바랍니다.

■ 취약영역 분석

번호	O/×	영역	번호	O/×	영역	번호	O/×	영역
01		의사소통능력	21		자기개발능력	41		문제해결능력
02			22		직업윤리	42		
03		수리능력	23			43		자원관리능력
04		문제해결능력	24			44		
05			25		의사소통능력	45		
06		자원관리능력	26			46		정보능력
07			27		수리능력	47		
08		정보능력	28			48		기술능력
09			29			49		
10		기술능력	30		문제해결능력	50		조직이해능력
11			31			51		
12			32		자원관리능력	52		
13			33		정보능력	53		대인관계능력
14		조직이해능력	34			54		
15			35		자기개발능력	55		
16			36			56		자기개발능력
17		대인관계능력	37		의사소통능력	57		
18			38			58		직업윤리
19			39		수리능력	59		
20		자기개발능력	40			60		

평가문항	60문항	평가시간	60분
시작시간	:	종료시간	:
취약영역			

제 3 회

최종점검 모의고사 (전 영역 – 통합형)

응시시간 : 60분 문항 수 : 60문항

모바일 OMR

정답 및 해설 p.088

01 다음 글의 제목으로 가장 적절한 것은?

> 중세 유럽에서는 토지나 자원을 왕실이 소유하고 있었다. 사람들은 이러한 토지나 자원을 이용하려면 일정한 비용을 지불해야 했다. 예를 들어 광산을 개발하거나 수산물을 얻는 사람들은 해당 자원의 이용에 대한 비용을 왕실에 지불하였고 이는 왕실의 권력과 부의 유지를 돕는 동시에 국가의 재정을 보충하는 역할을 하였는데, 이때 지불한 비용이 바로 로열티이다.
> 로열티의 개념은 산업 혁명과 함께 발전하였다. 산업 혁명을 통해 특허, 상표 등의 지적 재산권이 보호되기 시작하면서 기업들은 이러한 권리를 보유한 개인이나 조직에게 사용에 대한 보상을 지불하였다. 지적 재산권은 기업이 특정한 기술, 디자인, 상표 등을 보유하고 있을 때 그들에게 독점적인 권리를 제공하는데, 이러한 지적 재산권의 보호와 보상을 위해 로열티 제도가 도입되었다.
> 로열티는 기업과 지적 재산권 소유자 간의 계약에 의해 설정되는 형태로 발전하였다. 기업이 특정 제품을 판매하거나 특정 기술을 이용하는 경우 지적 재산권 소유자에게 계약에 따라 정해진 로열티를 지불한다. 이로써 지적 재산권을 보유한 개인이나 조직은 자신들의 창작물이나 기술의 사용에 대한 보상을 받을 수 있으며, 기업들은 이러한 지적 재산권의 이용을 허가받아 경쟁 우위를 확보할 수 있게 되었다.
> 현재 로열티는 제품 판매나 라이선스, 저작물의 이용 등 다양한 형태로 나타나며 지적 재산권의 보호와 경제적 가치를 확보하는 중요한 수단으로 작용하고 있다. 로열티는 지식과 창조성의 보상으로서의 역할을 수행하며 기업들의 연구 개발을 촉진하고 혁신을 격려한다. 이처럼 로열티 제도는 기업과 지적 재산권 소유자 간의 협력과 혁신적인 경제 발전에 기여하는 중요한 구조적 요소이다.

① 지적 재산권을 보호하는 방법
② 로열티 지급 시 유의사항
③ 지적 재산권의 정의
④ 로열티 제도의 유래와 발전
⑤ 로열티 제도의 모순

02 다음 글의 빈칸에 들어갈 문장을 〈보기〉에서 골라 순서대로 바르게 나열한 것은?

> ________________ 다시 말해서 현상학적 측면에서 볼 때 철학도 지식의 내용이 존재하는 어떤 것이라는 점에서는 과학적 지식의 구조와 다를 바가 없다. 존재하는 것과 그 존재하는 무엇으로 의식되는 것과의 사이에는 근본적인 구별이 선다. 백두산의 금덩어리는 누가 그것을 의식하든 말든 그대로 있고, 화성에서 일어나는 여러 가지 물리적 현상도 누가 의식하든 말든 그대로 존재한다. 존재와 의식과의 이와 같은 관계를 우리는 존재차원과 의미차원이란 말로 구별할 수 있을 것이다. 여기서 차원이란 말을 붙인 까닭은 의식 이전의 백두산과 의식 이후의 백두산은 순전히 관점의 문제, 즉 백두산을 생각할 수 있는 차원의 문제이기 때문이다.
> 현상학적 사고를 존재차원에서 이루어지는 것이라고 말할 수 있다면 분석철학에서 주장하는 사고는 의미차원에서 이루어진다. 바꿔 말하자면 현상학적 측면에서 볼 때 철학은 아무래도 어떤 존재를 인식하는 데 그 근본적인 기능이 있다고 보아야 하는 데 반해, 분석철학의 측면에서 볼 때 철학은 존재와는 아무런 직접적인 관계 없이 존재에 대한 이야기, 서술을 대상으로 한다. 구체적으로 말해서 철학은 그것이 서술할 존재의 대상을 갖고 있지 않고, 오직 어떤 존재를 서술한 언어만을 갖고 있다. 그러나 철학이 언어를 사고의 대상으로 삼는다고 해도 철학은 언어학과 다르다.
> ________________ 그래서 언어학은 한 언어의 기원이라든지, 한 언어가 왜 그러한 특정한 기호, 발음 혹은 문법을 갖게 되었는가, 또는 그것들이 각기 어떻게 체계화되는가 등을 알려고 한다.
> 이에 반해서 분석철학은 언어를 대상으로 하되, 그 언어의 구체적인 면에는 근본적인 관심을 두지 않고 그와 같은 구체적인 언어가 가진 의미를 밝히고자 한다. 여기서 철학의 기능은 한 언어가 가진 개념을 해명하고 이해하는 데 있다. 바꿔 말해서 철학의 기능은 언어가 서술하는 어떤 존재를 인식하는 데 있지 않고, 그와는 관계없이 한 언어가 무엇인가를 서술하는 경우, 무엇인가의 느낌을 표현하는 경우 또는 그 밖의 경우에 그 언어가 정확히 어떻게 의미가 있는가를 이해하는 데 있다.
> ________________ 개념은 어떤 존재하는 대상을 표상(表象)하는 경우도 많으므로 존재와 그것을 의미하는 개념과는 언뜻 보아서 어떤 인과적 관계가 있는 듯하다.

보기

㉠ 과학에서 말하는 현상과 현상학에서 말하는 현상은 다른 내용을 가지고 있지만, 그것들은 다 같이 어떤 존재, 즉 우주 안에서 일어나는 사건을 가리킨다.
㉡ 언어학은 과학의 한 분야로서 그 연구의 대상을 하나의 구체적 사물로 취급한다.
㉢ 따라서 분석철학자들이 흔히 말하기를, 철학은 개념의 분석에 지나지 않는다는 주장을 하게 되는 것이다.

① ㉠, ㉡, ㉢
② ㉠, ㉢, ㉡
③ ㉡, ㉠, ㉢
④ ㉡, ㉢, ㉠
⑤ ㉢, ㉡, ㉠

PART 3

03 다음은 지역별 지역총생산에 대한 자료이다. 이에 대한 설명으로 옳지 않은 것을 〈보기〉에서 모두 고르면?

〈지역별 지역총생산〉

(단위 : 십억 원, %)

구분	2019년	2020년	2021년	2022년	2023년
전국	869,305	912,926	983,030	1,028,500	1,065,665
서울	208,899	220,135	236,517	248,383	257,598
	(2.2)	(4.3)	(4.4)	(3.0)	(1.7)
부산	48,069	49,434	52,680	56,182	55,526
	(3.0)	(3.4)	(4.6)	(1.0)	(−3.0)
대구	28,756	30,244	32,261	32,714	32,797
	(0.6)	(3.9)	(4.5)	(1.5)	(−4.4)
인천	40,398	43,311	47,780	47,827	50,256
	(3.7)	(6.8)	(7.4)	(1.7)	(0.8)
광주	18,896	20,299	21,281	21,745	22,066
	(6.5)	(6.5)	(3.7)	(−0.6)	(0.3)
대전	20,030	20,802	22,186	23,218	24,211
	(2.6)	(3.4)	(3.2)	(1.5)	(0.5)
울산	41,697	43,214	48,059	52,408	51,271
	(4.6)	(1.9)	(4.6)	(0.2)	(−2.9)
경기	169,315	180,852	193,658	198,948	208,296
	(11.0)	(7.7)	(6.1)	(4.0)	(0.8)

※ ( )은 성장률이다.

보기

㉠ 2019년부터 2023년까지 지역총생산이 가장 많은 지역은 서울이고, 두 번째 지역은 경기이다.
㉡ 2023년 성장률이 감소한 지역의 수는 3개이다.
㉢ 2019년 성장률이 가장 높은 지역은 광주지역으로, 이때의 성장률은 6.5%이다.
㉣ 2021년 인천지역은 성장률이 가장 높았기 때문에 전년 대비 총생산 증가량도 가장 많다.

① ㉠, ㉡
② ㉢, ㉣
③ ㉠, ㉡, ㉣
④ ㉡, ㉢, ㉣
⑤ ㉠, ㉡, ㉢, ㉣

04 A회사에서는 영업용 차량을 구매하고자 한다. 영업용 차량의 연평균 주행거리는 30,000km이고 향후 5년간 사용할 계획이다. 현재 고려하고 있는 차량은 A ~ E자동차이다. 다음 중 경비가 가장 적게 드는 차량을 구매하고자 할 때 가장 적절한 것은?

〈자동차 리스트〉

구분	사용연료	연비(km/L)	연료탱크 용량(L)	신차구매가(만 원)
A자동차	휘발유	12	60	2,000
B자동차	LPG	8	60	2,200
C자동차	경유	15	50	2,700
D자동차	경유	20	60	3,300
E자동차	휘발유	15	80	2,600

〈연료 종류별 가격〉

종류	리터당 가격(원/L)
휘발유	1,400
LPG	900
경유	1,150

※ (경비)=(신차구매가)+(연료비)
※ 신차구매 결제는 일시불로 한다.
※ 향후 5년간 연료 가격은 변동이 없는 것으로 가정한다.

① A자동차
② B자동차
③ C자동차
④ D자동차
⑤ E자동차

05 A씨는 인터넷뱅킹 사이트에 가입하기 위해 가입절차에 따라 정보를 입력하는데, 패스워드를 만드는 과정이 까다로워 계속 실패하는 중이다. 사이트 가입 시 패스워드를 생성하는 〈조건〉이 다음과 같을 때, 적절한 패스워드는?

조건

- 패스워드는 7자리이다.
- 알파벳 대문자와 소문자, 숫자, 특수기호를 적어도 하나씩 포함해야 한다.
- 숫자 0은 다른 숫자와 연속해서 나열할 수 없다.
- 알파벳 대문자는 다른 알파벳 대문자와 연속해서 나열할 수 없다.
- 특수기호를 첫 번째로 사용할 수 없다.

① a?102CB
② 7!z0bT4
③ #38Yup0
④ ssng99&
⑤ 6LI◇234

06 A회사 B과장이 내년에 해외근무 신청을 위해서는 의무 교육이수 기준을 만족해야 한다. B과장이 지금까지 글로벌 경영교육 17시간, 해외사무영어교육 50시간, 국제회계교육 24시간을 이수하였다면 의무 교육이수 기준에 미달인 과목과 그 과목의 부족한 점수는 몇 점인가?

〈의무 교육이수 기준〉

(단위 : 점)

구분	글로벌 경영	해외사무영어	국제회계
이수 완료 점수	15	60	20
시간당 점수	1	1	2

※ 초과 이수 시간은 시간당 0.2점으로 환산하여 해외사무영어 점수에 통합한다.

	과목	점수
①	해외사무영어	6.8점
②	해외사무영어	7.0점
③	글로벌 경영	7.0점
④	국제회계	6.8점
⑤	국제회계	5.8점

07 대구에서 광주까지 편도운송을 하는 A사는 다음과 같이 화물차량을 운용한다. 수송비 절감을 통해 경영에 필요한 예산을 확보하기 위하여 적재효율을 기존 1,000상자에서 1,200상자로 높여 운행횟수를 줄인다면, A사가 얻을 수 있는 월 수송비 절감액은?

〈A사의 화물차량 운용 정보〉

- 차량 운행대수 : 4대
- 1대당 1일 운행횟수 : 3회
- 1대당 1회 수송비 : 100,000원
- 월 운행일 수 : 20일

① 3,500,000원
② 4,000,000원
③ 4,500,000원
④ 5,000,000원
⑤ 5,500,000원

08 A공사 인사부에 근무하는 김대리는 신입사원들의 교육점수를 다음과 같이 정리한 후 VLOOKUP 함수를 이용해 교육점수별 등급을 입력하려고 한다. [E2:F8]의 데이터 값을 이용해 (A) 셀에 함수식을 입력한 후 자동 채우기 핸들로 사원들의 교육점수별 등급을 입력할 때, (A) 셀에 입력해야 할 수식으로 옳은 것은?

	A	B	C	D	E	F
1	사원	교육점수	등급		교육점수	등급
2	최○○	100	(A)		100	A
3	이○○	95			95	B
4	김○○	95			90	C
5	장○○	70			85	D
6	정○○	75			80	E
7	소○○	90			75	F
8	신○○	85			70	G
9	구○○	80				

① =VLOOKUP(B2,E2:F8,2,1)
② =VLOOKUP(B2,E2:F8,2,0)
③ =VLOOKUP(B2,$E$2:$F$8,2,0)
④ =VLOOKUP(B2,$E$2:$F$8,1,0)
⑤ =VLOOKUP(B2,$E$2:$F$8,1,1)

09 짝수 행에만 배경색과 글꼴 스타일 '굵게'를 설정하는 조건부 서식을 지정하고자 한다. 다음 중 이를 위해 [새 서식 규칙] 대화상자에 입력할 수식으로 옳은 것은?

	A	B	C
1	사원번호	성명	직함
2	**101**	**구민정**	**과장**
3	102	강수영	부사장
4	**103**	**김진수**	**사원**
5	104	박영수	사원
6	**105**	**이민호**	**과장**
7			

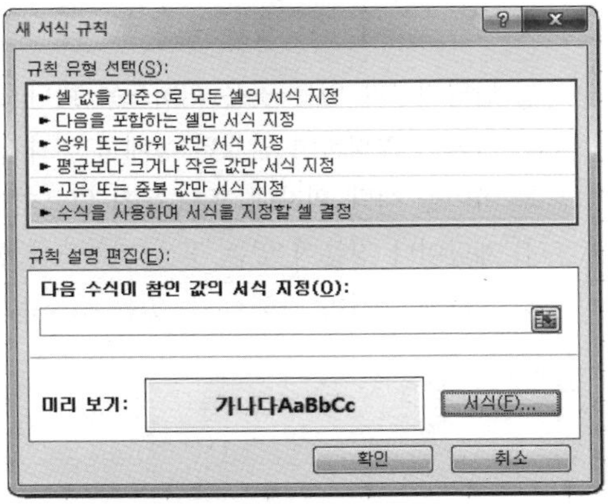

① =MOD(ROW(),2)=1
② =MOD(ROW(),2)=0
③ =MOD(COLUMN(),2)=1
④ =MOD(COLUMN(),2)=0
⑤ =MOD(COLUMN(),1)=1

※ A레스토랑에서는 영유아 손님들을 위해 유아용 식탁 의자를 구비하였다. 다음 자료를 보고 이어지는 질문에 답하시오. [10~11]

우리 회사의 유아용 식탁 의자는 아이가 도움 없이 혼자 앉을 수 있는 6 ~ 7개월부터 사용할 수 있습니다.

■ **안전에 대한 유의사항**

- 압사의 방지를 위해 사용 전 모든 플라스틱 커버를 제거하고, 유아 및 아동의 손이 닿지 않는 곳에 두세요.
- 항상 벨트를 채워 주세요.
- 아이가 혼자 있지 않도록 해 주세요.
- 모든 구성 요소가 제대로 장착되어 있지 않으면 의자 사용을 삼가세요.
- 부품이 망가지거나 부서지면 의자 사용을 삼가세요.
- 강한 열원이나 난로가 있는 곳에서는 의자 사용을 삼가세요.
- 아이가 의자 근처에서 놀거나 의자에 올라가지 못하도록 해 주세요.
- 의자가 항상 평평하고 안정된 상태에서 사용될 수 있도록 해 주세요.
- 식탁 의자는 계단, 층계, 창문, 벽과는 거리를 두고 비치해 주세요.
- 의자에 충격이 가해지면 안정성을 해칠 우려가 있고 의자가 뒤집어질 수 있습니다.
- 아이가 앉아 있는 동안에는 의자의 높낮이를 조정하지 마세요.

■ **청소 및 유지**

- 젖은 천이나 중성 세제로 유아용 의자나 액세서리를 청소할 수 있습니다.
- 재료를 손상시킬 수 있는 연마 세제나 용제는 사용하지 마세요.
- 알루미늄 식탁 다리는 부식이 되지 않지만, 충격이나 긁힘으로 손상될 수 있습니다.
- 햇빛에 지속적으로 장시간 노출되면 여러 부품의 색이 변할 수 있습니다.
- 손상을 파악하기 위해 정기적으로 검사하세요.

10 다음 중 레스토랑 내 유아용 식탁 의자를 비치할 장소 선정 시 고려해야 할 사항으로 옳지 않은 것은?

① 난방기구가 있는 곳은 피하도록 한다.
② 바닥이 평평하여 안정된 상태로 의자가 서 있을 수 있는지 확인한다.
③ 아이를 식탁 의자에 혼자 두지 않으며, 항상 벨트를 채워야 한다.
④ 계단이나 창문이 있는 곳은 피하도록 한다.
⑤ 의자에 충격이 가해질 수 있는 장소는 피하도록 한다.

11 다음 중 직원들에게 안내할 유아용 식탁 의자 청소 및 관리법으로 옳지 않은 것은?

① 식탁 의자 사용 후에는 햇볕이 들지 않는 곳에 보관한다.
② 사용 후 젖은 천을 사용해 깨끗하게 닦는다.
③ 이동 시 식탁 다리가 부딪히거나 긁히지 않도록 주의한다.
④ 더러운 부분은 연마 세제를 이용해서 닦는다.
⑤ 정기적인 검사를 통해 손상 여부를 파악한다.

PART 3

12 다음 글에서 나타나는 산업 재해의 원인으로 가장 적절한 것은?

A씨는 퇴근하면서 회사 엘리베이터를 이용하던 중 갑자기 엘리베이터가 멈춰 그 안에 20분 동안 갇히는 사고를 당하였다. 20분 후 A씨는 실신한 상태로 구조되었고 바로 응급실로 옮겨졌다. 이후 A씨는 응급실로 옮겨져 의식을 되찾았지만, 극도의 불안감과 공포감을 느껴 결국 병원에서는 A씨에게 공황장애 진단을 내렸다.

① 교육적 원인
② 기술적 원인
③ 작업 관리상 원인
④ 불안전한 행동
⑤ 불안전한 상태

13 다음 글에서 설명하는 기술혁신의 특성으로 가장 적절한 것은?

새로운 기술을 개발하기 위한 아이디어의 원천이나 신제품에 대한 소비자의 수요, 기술개발의 결과 등은 예측하기가 매우 어렵기 때문에 기술개발의 목표나 일정, 비용, 지출, 수익 등에 대한 사전계획을 세우기란 쉽지 않다. 또 이러한 사전계획을 세운다고 하더라도 모든 기술혁신의 성공이 사전 의도나 계획대로 이루어지진 않는다. 때로는 그러한 성공들은 우연한 기회에 이루어지기도 하기 때문이다.

① 장기간의 시간을 필요로 한다.
② 매우 불확실하다.
③ 지식 집약적인 활동이다.
④ 기업 내에서 많은 논쟁을 유발한다.
⑤ 부서 단독으로 수행되지 않으며, 조직의 경계를 넘나든다.

14 **경영참가제도는 근로자를 경영과정에 참가하게 하여 공동으로 문제를 해결하고 이를 통해 노사 간의 균형을 이루며, 상호 신뢰로 경영의 효율을 향상시키는 제도이다. 경영참가제도의 유형은 자본참가, 성과참가, 의사결정참가로 구분되는데, 다음 중 자본참가에 해당하는 사례는?**

① 임직원들에게 저렴한 가격으로 일정 수량의 주식을 매입할 수 있게 권리를 부여한다.
② 위원회제도를 활용하여 근로자의 경영참여와 개선된 생산의 판매가치를 기초로 성과를 배분한다.
③ 부가가치의 증대를 목표로 하여 이를 노사협력체제를 통해 달성하고, 이에 따라 증가된 생산성 향상분을 노사 간에 배분한다.
④ 천재지변의 대응, 생산성 하락, 경영성과 전달 등과 같이 단체교섭에서 결정되지 않은 사항에 대하여 노사가 서로 협력할 수 있도록 한다.
⑤ 노동자 또는 노동조합의 대표가 기업의 최고결정기관에 직접 참가해서 기업경영의 여러 문제를 노사 공동으로 결정한다.

15 **다음 글에 제시된 조직의 특징으로 가장 적절한 것은?**

A공사의 사내 봉사 동아리에 소속된 70여 명의 임직원이 연탄 나르기 봉사활동을 펼쳤다. 이날 임직원들은 지역 주민들이 보다 따뜻하게 겨울을 날 수 있도록 연탄 총 3,000장과 담요를 직접 전달했다. 사내 봉사 동아리에 소속된 김대리는 “매년 진행하는 연말 연탄 나눔 봉사활동을 통해 지역사회에 도움의 손길을 전할 수 있어 기쁘다.”라며 “오늘의 작은 손길이 큰 불씨가 되어 많은 분들이 따뜻한 겨울을 보내길 바란다.”라고 말했다.

① 인간관계에 따라 형성된 자발적인 조직
② 이윤을 목적으로 하는 조직
③ 규모와 기능 그리고 규정이 조직화되어 있는 조직
④ 조직구성원들의 행동을 통제할 장치가 마련되어 있는 조직
⑤ 공익을 요구하지 않는 조직

16 **다음 중 국제동향을 파악하기 위한 행동으로 적절하지 않은 것은?**

① 해외사이트를 방문하여 최신이슈를 확인한다.
② 매일 아침 신문의 국제면을 읽는다.
③ 업무와 관련된 분야의 국제잡지를 정기 구독한다.
④ 업무와 관련된 국내의 법률, 법규 등을 공부한다.
⑤ 업무와 관련된 주요 용어의 외국어를 공부한다.

※ 다음 글을 읽고 이어지는 질문에 답하시오. [17~18]

귀하는 새로 추진하고 있는 중요한 프로젝트의 팀장을 맡았다. 그런데 어느 날부턴가 점점 사무실 분위기가 심상치 않다. 귀하는 프로젝트의 원활한 진행을 위해 동료 간 화합이 무엇보다 중요하다고 생각하기 때문에 팀원들의 업무 행태를 관심 있게 지켜보기 시작했다. 그 결과, A사원이 사적인 약속 등을 핑계로 업무를 미루거나 주변의 눈치를 살피며 불성실한 자세로 근무하는 모습을 발견하였다. 또한, 발생한 문제에 대해 변명만 늘어놓는 태도로 일관해 프로젝트를 함께 진행하는 동료 직원들의 불만은 점점 쌓여만 가고 있다.

17 '썩은 사과의 법칙'에 의하면, 팀 리더는 팀워크를 무너뜨리는 썩은 사과가 있을 때는 먼저 문제 상황에 대해 대화를 나누어 스스로 변화할 기회를 주어야 한다. 하지만 그 후로도 변화하지 않는다면 결단력을 가지고 썩은 사과를 내보내야 한다. 다음 중 귀하가 팀장으로서 취해야 할 행동을 썩은 사과의 법칙의 관점에서 설명한 내용으로 적절하지 않은 것은?

① A사원의 업무 행태가 끝내 변화하지 않을 경우 A사원을 팀에서 내보내야 한다.
② 팀장으로서 먼저 A사원과 문제 상황에 대하여 대화를 나눠야 한다.
③ 직원의 문제에 대해 명확한 지적보다는 간접적으로 인지하게 하여 스스로 변화할 기회를 준다.
④ A사원은 조직의 비전이나 방향은 생각하지 않고 자기중심적으로 행동하며 조직에 방해가 되는 사람이다.
⑤ 성실하지 못한 A사원의 행동으로 인해 업무에 상당한 지장이 발생하고 있다고 할지라도 A사원에게 변화할 기회를 주어야 한다.

18 멤버십의 유형은 마인드를 나타내는 독립적 사고 축과 행동을 나타내는 적극적 실천 축으로 나누어진다. 이에 따라 멤버십 유형은 수동형 · 실무형 · 소외형 · 순응형 · 주도형으로 구분된다. 다음 중 직장 동료와 팀장의 시각으로 볼 때, A사원의 업무 행태가 속하는 멤버십 유형으로 가장 적절한 것은?

① 소외형
② 순응형
③ 실무형
④ 수동형
⑤ 주도형

19 **다음은 고객불만 처리 프로세스 8단계를 나타낸 자료이다. B사원의 고객불만 처리 대응을 볼 때, 고객불만 처리 프로세스 8단계에서 B사원이 빠뜨린 항목은?**

〈고객 불만 처리 프로세스〉

경청 → 감사와 공감 표시 → 사과 → 해결 약속 → 정보 파악 → 신속 처리 → 처리 확인과 사과 → 피드백

B사원 : 안녕하세요. A쇼핑몰입니다. 무엇을 도와드릴까요?

고객 : 아, 정말, 제가 고른 옷 사이즈랑 다른 사이즈가 왔는데 이거 어떻게 해결할 건가요? 3일 후에 이 옷 입고 소개팅 나가려고 했는데 정말 답답하네요. 당장 보상하세요!

B사원 : 고객님, 주문하신 옷이 잘못 배송되었나 보군요. 화내시는 점 충분히 이해합니다. 정말 죄송합니다.

고객 : 아니, 그래서 어떻게 해결할 건데요.

B사원 : 네, 고객님. 우선 최대한 빠른 시일 내로 교환해드릴 수 있도록 최선을 다하겠습니다. 우선 제가 고객님의 구매 내역과 재고 확인을 해 보고 등록하신 번호로 다시 연락드리겠습니다. 전화 끊고 잠시만 기다려 주시기 바랍니다.

(B사원은 구매 내역과 재고를 확인하고, 10분 후 고객에게 다시 전화를 건다)

고객 : 여보세요.

B사원 : 고객님, 안녕하세요. A쇼핑몰입니다. 재고 확인 결과 다행히 사이즈가 남아 있어서 오늘 바로 배송해드릴 예정입니다. 오늘 배송 시 내일 도착 예정이어서 말씀하셨던 약속 날짜 전에 옷을 받으실 수 있을 겁니다. 잘못 보내드린 옷은 택배를 받으실 때 반송 처리해 주시면 되겠습니다. 정말 죄송합니다.

고객 : 다행이네요. 일단 알겠습니다. 앞으로 조심 좀 해 주세요.

(B사원은 통화를 끝내고, 배송이 잘못된 원인과 자신의 응대에 잘못이 없었는지 확인한다)

① 감사와 공감 표시
② 사과
③ 해결 약속
④ 정보 파악
⑤ 처리 확인과 사과

20 **다음은 경력개발의 단계를 연령을 기준으로 나타낸 자료이다. 각 단계에 대한 설명으로 옳지 않은 것은?**

〈경력개발의 단계〉

직업 선택 → 조직 입사 → 경력 초기 → 경력 중기 → 경력 말기

① 직업 선택 단계에서는 자신에 대한 탐색과 직업에 대한 탐색이 동시에 이루어져야 한다.
② 조직 입사 단계는 자신의 특성을 통해 직무를 선택하는 과정이다.
③ 경력 초기 단계는 자신이 그동안 성취한 것을 재평가하는 단계이다.
④ 경력 중기 단계에서는 다른 직업으로 이동하는 경력변화가 일어나기도 한다.
⑤ 경력 말기 단계에서는 조직에 있어 자신의 가치를 지속적으로 유지하기 위해 노력하는 동시에 퇴직을 고려하기도 하는 단계이다.

PART 3

21 **다음은 교육팀에서 근무하는 A사원이 직장동료에게 자신에 대한 평가 결과를 이야기하는 내용이다. A사원의 자기개발 실패 원인으로 가장 적절한 것은?**

> 이번 회사에서 사원평가를 했는데 나보고 자기개발능력이 부족하다고 하네. 6시 퇴근시각에 바로 퇴근을 하더라도 집이 머니까 도착하면 8시고, 바로 씻고 저녁 먹고 잠깐 쉬면 금방 10시야. 방 정리하고 설거지하면 어느새 11시가 되는데, 어느 틈에 자기개발을 하라는 건지 이해도 잘 안 되고 답답하기만 해.

① 자기중심적이고 제한적인 사고
② 현재하고 있는 일을 지속하려는 습성
③ 자신의 주장과 반대되는 주장에 대한 배척
④ 자기개발 방법에 대한 정보 부족
⑤ 인간의 욕구와 감정의 작용

22 **A회사에서는 사내 공모전을 시행하였다. 팀 회식 중 C팀장은 옆 팀 B사원이 낸 아이디어가 참신하다고 이야기하였다. S사원은 그 이야기를 듣고 자신의 아이디어와 너무 비슷하다고 생각하여 당황하였다. 생각해 보니 입사 동기인 B사원과 점심 식사 중 공모전 아이디어에 대해 이야기를 나누며 의견을 물은 적이 있었다. 이때 S사원이 취해야 할 행동은 무엇인가?**

① 회식 중에 사실 관계에 대해 정확히 이야기한다.
② 다음 날 B사원과 어떻게 된 일인지 이야기한다.
③ 다음 날 감사팀에 바로 이의제기를 한다.
④ 다른 입사 동기들에게 B사원이 아이디어를 따라 했다고 이야기한다.
⑤ 공모전 주최 부서에 연락해 자신이 제안한 아이디어는 폐기 처리해달라고 한다.

23 **근면에는 외부로부터 강요당한 근면과 스스로 자진해서 하는 근면 두 가지가 있다. 다음 〈보기〉 중 스스로 자진해서 하는 근면을 모두 고르면?**

보기

㉠ 생계를 유지하기 위해 기계적으로 작업장에서 하는 일
㉡ 승진을 위해 외국어를 열심히 공부하는 일
㉢ 상사의 명령에 의해 하는 야근
㉣ 영업사원이 실적향상을 위해 노력하는 일

① ㉠, ㉡
② ㉠, ㉢
③ ㉡, ㉢
④ ㉡, ㉣
⑤ ㉢, ㉣

24 **다음 중 직장에서의 전화예절로 적절하지 않은 것은?**

① 목소리에 미소를 띠고 말한다.
② 말을 할 때 상대방의 이름을 함께 사용한다.
③ 주위의 소음을 최소화한다.
④ 용건을 간결하고 정확하게 전달한다.
⑤ 자신이 누구인지 밝히기 전에 상대방이 누구인지 확인한다.

25 다음 글을 이해한 내용으로 가장 적절한 것은?

> 아파트를 분양받을 경우 전용면적, 공용면적, 공급면적, 계약면적, 서비스면적이라는 용어를 자주 접하게 된다.
> 전용면적은 아파트의 방이나 거실, 주방, 화장실 등을 모두 포함한 면적으로, 개별 세대 현관문 안쪽의 전용 생활공간을 말한다. 다만, 발코니 면적은 전용면적에서 제외된다.
> 공용면적은 주거공용면적과 기타공용면적으로 나뉜다. 주거공용면적은 세대가 거주를 위하여 공유하는 면적으로, 세대가 속한 건물의 공용계단, 공용복도 등의 면적을 더한 것을 말한다. 기타공용면적은 주거공용면적을 제외한 지하층, 관리사무소, 노인정 등의 면적을 더한 것이다.
> 공급면적은 통상적으로 분양에 사용되는 용어로 전용면적과 주거공용면적을 더한 것이다. 계약면적은 공급면적과 기타공용면적을 더한 것이다. 서비스면적은 발코니 같은 공간의 면적으로, 전용면적과 공용면적에서 제외된다.

① 발코니 면적은 계약면적에 포함된다.
② 관리사무소 면적은 공급면적에 포함된다.
③ 계약면적은 전용면적, 주거공용면적, 기타공용면적을 더한 것이다.
④ 공용계단과 공용복도의 면적은 공급면적에 포함되지 않는다.
⑤ 개별 세대 내 거실과 주방의 면적은 주거공용면적에 포함된다.

26 다음 중 밑줄 친 부분과 같은 의미로 쓰인 것은?

> 고통을 <u>나누면</u> 반이 되고, 즐거움을 <u>나누면</u> 배가 된다.

① 일이 마무리되면 수익금을 공정하게 <u>나누기로</u> 하였다.
② 이번에 마련한 자리를 통해 매장을 운영하면서 겪은 어려움을 함께 <u>나누었다</u>.
③ 감독님, 이렇게 팀을 <u>나눈</u> 기준이 무엇인가요?
④ 나는 피를 <u>나눈</u> 가족을 지구 반대편에 두고 이민을 왔다.
⑤ 자, 그럼 서로 인사를 <u>나누기</u> 바랍니다.

27

서울에 위치한 A회사는 거래처인 B, C회사에 소포를 보냈는데, 서울에 위치한 B회사에는 800g의 소포를, 인천에 위치한 C회사에는 2.4kg의 소포를 보냈다. 두 회사로 보낸 소포의 총중량은 16kg 이하이고, 택배요금의 합계는 6만 원이었다. S택배회사의 요금표가 다음과 같을 때, A회사는 800g 소포와 2.4kg 소포를 각각 몇 개씩 보냈는가?(단, 소포는 각 회사로 1개 이상 보낸다)

〈요금표〉

구분	~ 2kg	~ 4kg	~ 6kg	~ 8kg	~ 10kg
동일지역	4,000원	5,000원	6,500원	8,000원	9,500원
타지역	5,000원	6,000원	7,500원	9,000원	10,500원

	800g	2.4kg
①	12개	2개
②	12개	4개
③	9개	2개
④	9개	4개
⑤	6개	6개

28

A회사의 사우회에서는 참석자들에게 과자를 1인당 8개씩 나누어 주려고 한다. 10개씩 들어 있는 과자 17상자를 준비하였더니 과자가 남았고, 남은 과자를 1인당 1개씩 더 나누어 주려고 하니 부족했다. 만약 지금보다 9명이 더 참석한다면 과자 6상자를 추가해야 참석자 모두에게 과자를 1인당 8개 이상씩 나누어 줄 수 있다. 처음 사우회에 참석한 사람의 수는?

① 18명
② 19명
③ 20명
④ 21명
⑤ 22명

29 다음은 주택용 태양광 발전시스템 도입량 예측에 대한 자료이다. 이에 대한 설명으로 옳은 것을 〈보기〉에서 모두 고르면?(단, 소수점 셋째 자리에서 반올림한다)

〈주택용 태양광 발전시스템 도입량 예측〉

(단위 : 천 건, MW)

구분		2020년		2023년			
				현재 성장을 유지할 경우		도입을 촉진할 경우	
		건수	도입량	건수	도입량	건수	도입량
기존주택	10kW 미만	94.1	454	145.4	778	165	884
	10kW 이상	23.3	245	4.6	47	5	51
신축주택	10kW 미만	86.1	407	165.3	1,057	185.2	1,281
	10kW 이상	9.2	98	4.7	48	4.2	49
합계		212.7	1,204	320	1,930	359.4	2,265

보기

가. 2023년에 10kW 이상의 설비를 사용하는 신축주택은 도입을 촉진할 경우, 현재 성장을 유지했을 때보다 건수당 도입량이 크다.

나. 2020년 기존주택의 건수당 도입량은 10kWh 이상이 10kWh 미만보다 더 적다.

다. 2023년에 태양광 설비 도입을 촉진할 경우, 전체 신축주택 도입량에서 10kW 이상이 차지하는 비중은 유지했을 경우보다 0.5%p 이상 하락한다.

라. 2023년에 태양광 설비 도입 촉진 시 10kW 미만 기존주택의 도입 건수는 현재 성장을 유지할 경우보다 15% 이상 높다.

① 가, 나
② 가, 다
③ 가, 라
④ 나, 다
⑤ 가, 다, 라

PART 3

30 **안전본부 사고분석 개선처에 근무하는 A대리는 혁신우수 연구대회에 출전하여 첨단장비를 활용한 차종별 보행자 사고 모형개발을 발표했다. SWOT 분석을 통해 추진방향을 도출하기 위해 다음 자료를 작성했을 때, 주어진 분석 결과에 대응하는 전략과 그 내용이 옳지 않은 것은?**

강점(Strength)	약점(Weakness)
10년 이상 지속적인 교육과 연구로 신기술 개발을 위한 인프라 구축	보행자 사고 모형개발을 위한 예산 및 실차 실험을 위한 연구소 부재
기회(Opportunity)	**위협(Threat)**
첨단 과학장비(3D스캐너, MADYMO) 도입으로 정밀 시뮬레이션 분석 가능	교통사고에 대한 국민의 관심과 분석수준 향상으로 공단의 사고분석 질적 제고 필요

① WT전략 : 신기술 개발을 위한 연구대회를 개최해 인프라를 더욱 탄탄히 구축
② WT전략 : 보행자 사고 실험을 위한 연구소를 만들어 사고 분석 데이터를 축적
③ WO전략 : 실차 실험 대신 과학장비를 통한 시뮬레이션 연구로 모형개발
④ SO전략 : 과학장비를 통한 정밀 시뮬레이션 분석을 토대로 국내 차량의 전면부 형상을 취득하고 보행자 사고를 분석해 신기술 개발에 도움
⑤ ST전략 : 지속적 교육과 연구로 쌓아온 데이터를 바탕으로 사고분석 프로그램 신기술 개발을 통해 사고분석 질적 향상에 기여

31 **6명의 학생이 아침, 점심, 저녁을 먹으려고 하는데 메뉴가 김치찌개와 된장찌개뿐이다. 다음 〈조건〉이 모두 참일 때, 옳지 않은 것은?**

조건

- 아침과 저녁은 다른 메뉴를 먹는다.
- 점심과 저녁에 같은 메뉴를 먹은 사람은 4명이다.
- 아침에 된장찌개를 먹은 사람은 3명이다.
- 하루에 된장찌개를 한 번만 먹은 사람은 3명이다.

① 아침에 된장찌개를 먹은 사람은 모두 저녁에 김치찌개를 먹었다.
② 된장찌개는 총 9그릇이 필요하다.
③ 저녁에 된장찌개를 먹은 사람들은 모두 아침에 김치찌개를 먹었다.
④ 점심에 된장찌개를 먹은 사람은 아침이나 저녁 중 한 번은 된장찌개를 먹었다.
⑤ 김치찌개는 총 10그릇이 필요하다.

32 A공사는 사내 요리대회를 진행하고 있다. 최종 관문인 협동심 평가는 이전 평가에서 통과한 참가자 A ~ D 4명이 한 팀이 되어 역할을 나누고, 주방에서 제한시간 내에 하나의 요리를 만드는 것이다. 재료손질, 요리보조, 요리, 세팅 및 정리 4개의 역할이 있고, 협동심 평가 후 참가자별 기존 점수에 가산점을 더하여 최종 점수를 계산하고자 할 때, 〈조건〉을 토대로 참가자의 역할이 바르게 연결된 것은?

〈참가자별 점수 분포〉

(단위 : 점)

구분	A참가자	B참가자	C참가자	D참가자
기존 점수	90	95	92	97

〈역할 수행 시 가산점〉

(단위 : 점)

구분	재료손질	요리보조	요리	세팅 및 정리
가산점	5	3	7	9

※ 협동심 평가의 각 역할은 한 명만 수행할 수 있다.

조건

- C참가자는 주부습진이 있어 재료손질 역할을 원하지 않는다.
- A참가자는 깔끔한 성격으로 세팅 및 정리 역할을 원한다.
- D참가자는 손재주가 없어 재료손질 역할을 원하지 않는다.
- B참가자는 적극적인 성격으로 어떤 역할이든지 자신 있다.
- 최종점수는 100점을 넘을 수 없다.

	재료손질	요리보조	요리	세팅 및 정리
①	A	D	C	B
②	B	C	D	A
③	B	D	C	A
④	C	A	D	B
⑤	D	C	A	B

PART 3

33 **귀하는 주변 동료로부터 컴퓨터 관련 능력이 우수하다고 평가받고 있다. 최근 옆 부서의 A대리로부터 "곧 신입사원이 들어와요. 그래서 컴퓨터 설치를 했는데, 프린터 연결은 어떻게 해야 하는지 몰라서 설정을 못했어요. 좀 부탁드립니다."라는 요청을 받았다. 다음 중 윈도우 운영체제에서 프린터를 연결할 때, 옳지 않은 것은?**

① 한 대의 프린터를 네트워크로 공유하면 여러 대의 PC에서 사용할 수 있다.
② 네트워크 프린터를 사용할 때, 프린터의 공유 이름과 프린터가 연결된 PC 이름을 알아야 한다.
③ [프린터 추가 마법사]를 실행하면 로컬 프린터와 네트워크 프린터로 구분하여 새로운 프린터를 설치할 수 있다.
④ 한 대의 PC에는 로컬 프린터를 한 대만 설치할 수 있으며, 여러 대의 프린터가 설치되면 충돌이 일어나 올바르게 작동하지 못한다.
⑤ 네트워크 프린터를 설치하면 다른 PC에 연결된 프린터를 내 PC에 연결된 것과 같이 사용할 수 있다.

34 **다음 프로그램의 실행 결과로 옳은 것은?**

```
#include <stdio.h>
void main() {
  int a = 10;
  float b = 1.3;
  double c;
  c = a + b;
  printf("%.2lf", c);
}
```

① 11
② 11.3
③ 11.30
④ .30
⑤ .3

35 다음 중 A사원의 고민에 대해서 해 줄 수 있는 조언으로 가장 적절한 것은?

> 거절을 분명하게 결정하고 이를 표현하는 것은 너무 어려운 것 같아. 사람들이 내가 거절을 할 때, 능력이 없다고 보거나 예의가 없다고 보지는 않을까 걱정되기도 하고, 대인관계가 깨지지 않을까 하는 고민도 있어. 이렇게 고민하다 보니 거절을 제대로 하지 못하는 점도 고민이야.

① 거절을 결정했다면 상대방의 말을 더 들을 필요는 없어. 시간 낭비일 뿐이야.
② 거절을 할 때에는 신중하고 천천히 표현하는 것이 좋아.
③ 거절을 할 때에는 이유를 제시할 필요는 없어. 핑계라고 생각할 뿐이야.
④ 거절을 하고, 상대방이 납득할 수 있는 대안을 제시하는 것이 좋아.
⑤ 문제의 본질보다는 너의 판단에 따라 거절하는 것이 중요해.

36 다음 〈보기〉 중 자기개발이 필요한 이유가 같은 사람끼리 바르게 연결된 것은?

> **보기**
> ㉠ IT회사에 재직 중인 A사원은 새로운 기술이 도입됨에 따라 자신의 업무 방식에 변화가 필요하다는 것을 깨달았다.
> ㉡ 반도체 회사에 근무 중인 B사원은 올해 안에 새로운 제품을 개발하고, 이를 출시하는 것을 목표로 삼았다.
> ㉢ 의류업체에 다니고 있는 C사원은 업무 처리 과정에서의 잦은 실수로 인해 본인의 능력에 대한 자신감을 잃었다.
> ㉣ 자동차 공장에서 일하고 있는 D사원은 본인이 수행하던 작업을 점차 기계가 대신하는 모습을 보면서 심각한 고민에 빠졌다.

① ㉠, ㉡
② ㉠, ㉣
③ ㉡, ㉢
④ ㉡, ㉣
⑤ ㉢, ㉣

37 다음 글에 이어질 문단을 논리적 순서대로 바르게 나열한 것은?

우리는 살아가면서 얼마나 많은 것들을 알고 배우는가? 우리는 주로 우리가 '아는 것'들에 초점을 맞추지만, 사실상 살아가면서 알고 있고, 알 수 있는 것보다는 알지 못하는 것들이 훨씬 더 많다. 그러나 대부분의 사람들이 평소에 자신이 얼마나 많은 것들을 모르고 있는지에 대해서는 그다지 의식하지 못한 채 살아가고 있다. 일상생활에서는 자신의 주변과 관련하여 아는 바와 이미 습득한 지식에 대해서 의심하는 일은 거의 없을 뿐더러, 그 지식체계에 변화를 주어야 할 계기도 거의 주어지지 않기 때문이다.

(가) 그러므로 어떤 지식을 안다는 것은 어떤 지식을 알지 못하는 것에서 출발하는 것이며, 때로는 '어떤 부분에 대하여 잘 알지 못한다는 것을 앎' 자체가 하나의 지식이 될 수도 있다. 『논어』 위정편에서 공자는 "아는 것을 아는 것이라 하고, 알지 못하는 것을 알지 못하는 것이라고 하는 것이 곧 안다는 것이다(知之爲知之 不知爲不知 是知也)."라고 하였다. 비슷한 시기에 서양의 소크라테스는 무지(無知)를 아는 것이 신으로부터 받은 가장 큰 지혜라고 주장하였다. '무지에 대한 지'의 중요성을 인식한 것은 동서양의 학문이 크게 다르지 않았던 것이다.

(나) 우리는 더 발전된 미래로 나아가는 힘이 '무지에 대한 지'에 있음을 자각해야 한다. 무엇을 잘못 알고 있지는 않은지, 더 알아야 할 것은 무엇인지, 끊임없이 우리 자신의 지식에 대하여 질문하고 도전해야 한다. 아는 것과 모르는 것을 구분하고, '무지에 대한 지'를 통해 얻은 것들을 단순히 지식으로 아는 데 그치지 않고 아는 것들을 실천하는 것, 그것이 성공하는 사람이 되고 성공하는 사회로 나아가는 길일 것이다.

(다) 이러한 학문적 소견과 달리 역사는 때때로 '무지에 대한 지'를 철저히 배제하는 방향으로 흘러가기도 했다. 그리하여 제대로 검증되지도 않은 어떤 신념이나 원칙을 맹목적으로 좇은 결과, 불특정다수의 사람들이나 특정 집단을 희생시키고 발전을 저해한 사례들은 역사 가운데 수도 없이 많다. 가까운 과거에는 독재와 전체주의가 그랬고, 학문과 예술 분야에서 암흑의 시기였던 중세 시대가 그랬다.

(라) 그러나 예상하지 못했던 일이 발생하거나 낯선 곳에 가는 등 일상적이지 않은 상황에 놓이게 되면, 이전에는 궁금하지 않았던 것들에 대하여 알고자 하는 욕구가 커진다. 또한, 공부를 하거나 독서를 하는 경우 자신이 몰랐던 많은 것들을 알게 되고 이를 해결하기 위해 치열하게 몰입한다. 이 과정에서 자신이 잘못 알고 있던 것들을 깨닫기도 한다.

(마) 오늘날이라고 해서 크게 다르지는 않다. 정보의 홍수라고 할 만큼 사람들은 과거에 비하여 어떤 정보에 대해 접근하기가 쉬워졌지만, 쉽게 얻을 수 있는 만큼 깊게 알려고 하지 않는다. 사람들은 보거나 들은 것을 마치 자신이 알고 있는 것으로 생각하는 경향이 크다.

① (가) – (다) – (라) – (나) – (마)
② (가) – (다) – (마) – (라) – (나)
③ (가) – (마) – (라) – (다) – (나)
④ (라) – (가) – (다) – (마) – (나)
⑤ (라) – (마) – (가) – (나) – (다)

38 다음 글에서 ㉠ ~ ㉤의 수정 방안으로 적절하지 않은 것은?

요즘은 안심하고 야외 활동을 즐기기가 어려워졌다. 초미세먼지로 인한 우리나라의 대기 오염이 부쩍 ㉠ 심각해졌다. 공기의 질은 우리 삶의 질과 직결되어 있다. 그렇기 때문에 초미세먼지가 어떤 것이며 얼마나 위험한지를 알아야 한다. 또한 초미세먼지에 대응하는 방안을 알고 생활 속에서 그 방안을 실천할 수 있어야 한다.

초미세먼지란 입자의 크기가 매우 작은 먼지를 말한다. 입자가 큰 일반적인 먼지는 코나 기관지에서 걸러지지만, 초미세먼지는 걸러지지 않는다. 그래서 초미세먼지가 인체에 미치는 유해성이 매우 크다. ㉡ 초미세먼지는 호흡기의 가장 깊은 곳까지 침투해 혈관으로 들어간다.

우리나라의 초미세먼지는 중국에서 ㉢ 날라온 것들도 있지만 국내에서 발생한 것들도 많다. 화석 연료를 사용해 배출된 공장 매연이 초미세먼지의 주요한 국내 발생원이다. 현재 정부에서는 매연을 통한 오염 물질의 배출 총량을 규제하고 대체 에너지원 개발을 장려하는 등 초미세먼지를 줄이기 위한 노력을 하고 있다. 초미세먼지를 줄이기 위해서는 우리의 노력도 필요하다. 과도한 난방을 자제하고, ㉣ 주・정차시 불필요하게 자동차 시동을 걸어 놓는 공회전을 줄이기 위한 캠페인 활동에 참여하는 것 등이 우리가 할 수 있는 일이다.

생활 속에서 초미세먼지에 적절히 대응하기 위해서는 매일 알려 주는 초미세먼지에 대한 기상 예보를 확인하는 것을 습관화해야 한다. 특히 초미세먼지가 나쁨 단계 이상일 때는 외출을 삼가고 부득이 외출할 때는 특수 마스크를 착용해야 한다. ㉤ 그리고 초미세먼지로부터 우리 몸을 보호하기 위해 물을 충분히 마시고, 항산화 식품을 자주 섭취하는 것이 좋다. 항산화 식품으로는 과일과 채소가 대표적이다. 자신의 건강도 지키고 깨끗한 공기도 만들기 위한 실천을 시작해 보자.

① ㉠ : 호응 관계를 고려하여 '심각해졌기 때문이다.'로 고친다.
② ㉡ : 문장의 연결 관계를 고려하여 앞의 문장과 위치를 바꾼다.
③ ㉢ : 맞춤법에 어긋나므로 '날아온'으로 고친다.
④ ㉣ : 띄어쓰기가 올바르지 않으므로 '주・정차 시'로 고친다.
⑤ ㉤ : 앞 문장과의 관계를 고려하여 '그러므로'로 고친다.

39 서로 다른 인터넷 쇼핑몰 A, B에서 상품을 주문했다. A쇼핑몰의 상품은 오늘 오전에 도착할 예정이고, B쇼핑몰의 상품은 내일 오전에 도착할 예정이다. 택배가 정시에 도착할 확률은 $\frac{1}{3}$, 늦게 도착할 확률은 $\frac{1}{2}$이라고 할 때, A쇼핑몰의 상품은 정시에 도착하고, B쇼핑몰의 상품은 예정보다 늦게 도착할 확률은?

① $\frac{1}{6}$
② $\frac{1}{3}$
③ $\frac{2}{3}$
④ $\frac{5}{6}$
⑤ $\frac{3}{5}$

40 다음과 같이 일정한 규칙으로 수를 나열할 때, 빈칸에 들어갈 수는 무엇인가?

12.3	15	7.5	10.2	( )	7.8	3.9

① 4.2
② 5.1
③ 6.3
④ 7.2
⑤ 8.4

41 다음은 의류 생산공장의 생산 코드 부여 방식에 대한 자료이다. 〈보기〉에 해당하지 않는 생산 코드는?

〈의류 생산 코드〉

• 생산 코드 부여 방식
[종류] – [색상] – [제조일] – [공장지역] – [수량] 순으로 16자리이다.

• 종류

티셔츠	스커트	청바지	원피스
OT	OH	OJ	OP

• 색상

검정색	붉은색	푸른색	노란색	흰색	회색
BK	RD	BL	YL	WH	GR

• 제조일

해당연도	월	일
마지막 두 자리 숫자 예 2024 → 24	01 ~ 12	01 ~ 31

• 공장지역

서울	수원	전주	창원
475	869	935	753

• 수량

100벌 이상 150벌 미만	150장 이상 200벌 미만	200장 이상 250벌 미만	250장 이상	50벌 추가 생산
aaa	aab	aba	baa	ccc

〈예시〉

– 2024년 5월 16일에 수원 공장에서 검정 청바지 170벌을 생산하였다.
– 청바지 생산 코드 : OJBK – 240516 – 869aab

보기

㉠ 2022년 12월 4일에 붉은색 스커트를 창원 공장에서 120벌 생산했다.
㉡ 회색 티셔츠를 추가로 50벌을 서울 공장에서 2023년 1월 24일에 생산했다.
㉢ 생산날짜가 2022년 7월 5일인 푸른색 원피스는 창원 공장에서 227벌 생산되었다.
㉣ 흰색 청바지를 전주 공장에서 265벌을 납품일(2023년 7월 23일) 전날에 생산했다.
㉤ 티셔츠와 스커트를 노란색으로 178벌씩 수원 공장에서 2023년 4월 30일에 생산했다.

① OPGR – 230124 – 475ccc
② OJWH – 230722 – 935baa
③ OHRD – 221204 – 753aaa
④ OHYL – 230430 – 869aab
⑤ OPBL – 220705 – 753aba

PART 3

42 다음은 A공사의 고객의 소리 운영 규정의 일부이다. 고객서비스 업무를 담당하고 있는 1년 차 사원인 B씨는 9월 18일 월요일에 어느 한 고객으로부터 질의 민원을 접수받았다. 그러나 부득이한 사유로 기간 내 처리가 불가능할 것으로 보여 본사 총괄부서장의 승인을 받고 지연하였다. 해당 민원은 늦어도 언제까지 처리가 완료되어야 하는가?

> **목적(제1조)**
> 이 규정은 A공사에서 고객의 소리 운영에 필요한 사항에 대하여 규정함을 목적으로 한다.
>
> **정의(제2조)**
> "고객의 소리(Voice Of Customer)"라 함은 A공사 직무와 관련된 행정 처리에 대한 이의신청, 진정 등 민원과 A공사의 제도, 서비스 등에 대하여 불만이나 불편사항, 건의·단순 질의 등 모든 고객의 의견을 말한다.
>
> **처리기간(제7조)**
> ① 고객의 소리는 다른 업무에 우선하여 처리하여야 하며 처리기간이 남아있음 등의 이유로 처리를 지연시켜서는 아니 된다.
> ② 고객의 소리 처리기간은 24시간으로 한다. 다만, 서식민원은 별도로 한다.
>
> **처리기간의 연장(제8조)**
> ① 부득이한 사유로 기간 내에 처리하기 곤란한 경우 중간 답변을 하여야 하며, 이 경우 처리기간은 48시간으로 한다.
> ② 중간 답변을 하였음에도 기간 내에 처리하기 어려운 사항은 1회에 한하여 본사 총괄부서장의 승인을 받고 추가로 연장할 수 있다. 이 경우 추가되는 연장시간은 48시간으로 한다.
> ③ 업무의 성격이나 중요도, 본사 총괄부서의 처리시간에 임박한 재배정 등으로 제1항 내지 제2항의 기간 내에 처리할 수 없는 사항은 부서장 또는 소속장이 본사 총괄부서장에게 특별 기간연장을 요구할 수 있다.

① 9월 19일
② 9월 20일
③ 9월 21일
④ 9월 22일
⑤ 9월 23일

43 다음 자료를 근거로 판단할 때, 연구모임 A ~ E 중 두 번째로 많은 지원금을 받는 모임은?

〈지원계획〉

- 지원을 받기 위해서는 한 모임당 6명 이상 9명 미만으로 구성되어야 한다.
- 기본지원금은 모임당 1,500천 원을 기본으로 지원한다. 단, 상품개발을 위한 모임의 경우는 2,000천 원을 지원한다.
- 추가지원금

등급	상	중	하
추가지원금(천 원/명)	120	100	70

※ 추가지원금은 연구 계획 사전평가 결과에 따라 달라진다.

- 협업 장려를 위해 협업이 인정되는 모임에는 위의 두 지원금을 합한 금액의 30%를 별도로 지원한다.

〈연구모임 현황 및 평가 결과〉

모임	상품개발 여부	구성원 수	연구 계획 사전평가 결과	협업 인정 여부
A	○	5	상	○
B	×	6	중	×
C	×	8	상	○
D	○	7	중	×
E	×	9	하	×

① A모임　　② B모임
③ C모임　　④ D모임
⑤ E모임

※ A회사 직원인 정민, 혜정, 진선, 기영, 보람, 민영, 선호 일곱 사람은 오후 2시에 시작할 회의에 참석하기 위해 대중교통을 이용하여 거래처 내 회의장에 가고자 한다. 다음 〈조건〉을 참고하여 이어지는 질문에 답하시오. [44~45]

조건

- 이용가능한 대중교통은 버스, 지하철, 택시만 있다.
- 이용가능한 모든 대중교통의 A회사에서부터 거래처까지의 노선은 A, B, C, D지점을 거치는 직선 노선이다.
- A회사에서 대중교통을 기다리는 시간은 고려하지 않는다.
- 택시의 기본요금은 2,000원이다.
- 택시 기본요금의 기본거리는 2km이고, 이후에는 2km마다 100원씩 추가요금이 발생하며, 2km를 간다.
- 버스는 2km를 3분에 가고, 지하철은 2km를 2분에 간다.
- 버스와 지하철은 A회사, A, B, C, D 각 지점, 그리고 거래처에 있는 버스정류장 및 지하철역을 경유한다.
- 버스 요금은 500원, 지하철 요금은 700원이며 추가요금은 없다.
- 버스와 지하철 간에는 무료 환승이 가능하다.
- 환승할 경우 소요시간은 2분이다.
- 환승할 때 느끼는 번거로움 등을 비용으로 환산하면 1분당 400원이다.
- 거래처에 도착하여 회의장까지 가는 데는 2분이 소요된다.
- 회의가 시작되기 전에 먼저 회의장에 도착하여 대기하는 동안의 긴장감 등을 비용으로 환산하면 1분당 200원이다.
- 회의에 지각할 경우 회사로부터 당하는 불이익 등을 비용으로 환산하면 1분당 10,000원이다.

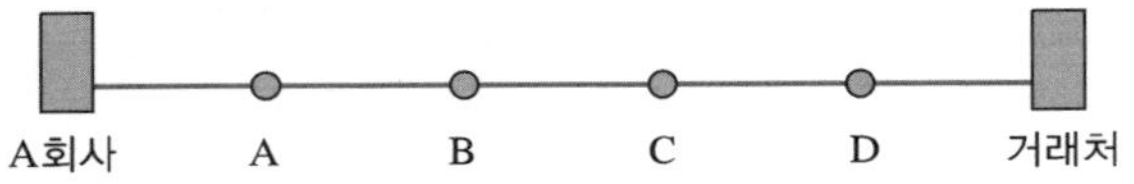

※ 각 구간의 거리는 모두 2km이다.

44 거래처에 도착한 이후의 비용을 고려하지 않을 때, A회사에서부터 거래처까지 최단시간으로 가는 방법과 최소비용으로 가는 방법 간의 비용 차는 얼마인가?

① 1,900원
② 2,000원
③ 2,100원
④ 2,200원
⑤ 2,300원

45 정민이는 A회사에서부터 B지점까지 버스를 탄 후, 택시로 환승하여 거래처의 회의장에 도착하고자 한다. 어느 시각에 출발하는 것이 비용을 최소화할 수 있는가?

① 오후 1시 42분
② 오후 1시 45분
③ 오후 1시 47분
④ 오후 1시 50분
⑤ 오후 1시 52분

46 A공사에서 근무하고 있는 S사원은 2024년 8월 발전소별 생산실적을 엑셀을 이용해 정리하려고 한다. 다음 (A) ~ (E) 셀에 S사원이 입력해야 할 함수로 옳지 않은 것은?

	A	B	C	D	E	F	G
1							
2		2024년 8월 발전소별 생산실적					
3							
4		구분	열용량(Gcal)	전기용량(MW)	열생산량(Gcal)	발전량(MWh)	발전량의 순위
5		파주	404	516	144,600	288,111	(B)
6		판교	172	146	94,657	86,382	
7		광교	138	145	27,551	17	
8		수원	71	43	42,353	321,519	
9		화성	407	512	141,139	6,496	
10		청주	105	61	32,510	4,598	
11		대구	71	44	46,477	753	
12		삼송	103	99	2,792	4,321	
13		평균		(A)	(E)		
14							
15					열용량의 최댓값(Gcal)	열생산량 중 세 번째로 높은 값(Gcal)	
16					(C)	(D)	

① (A) : =AVERAGE(D5:D12)

② (B) : =RANK(F5,$F$5:$F$12,1)

③ (C) : =MAX(C5:C12)

④ (D) : =LARGE(E5:E12,3)

⑤ (E) : =AVERAGE(E5:E12)

47 다음 중 Windows에서 인터넷 익스플로러의 작업 내용과 바로가기가 바르게 연결되지 않은 것은?

① 현재 창 닫기 : 〈Ctrl〉+〈Q〉

② 홈페이지로 이동 : 〈Alt〉+〈Home〉

③ 현재 웹 페이지를 새로 고침 : 〈F5〉

④ 브라우저 창의 기본 보기와 전체 화면 간 전환 : 〈F11〉

⑤ 현재 창에서 단어나 문장 찾기 : 〈Ctrl〉+〈F〉

48 A사에는 직원들의 편의를 위해 휴게실에 전자레인지가 구비되어 있고, E사원은 회사의 기기를 관리하는 업무를 맡고 있다. 어느 날 전자레인지를 사용할 때 가끔씩 불꽃이 튀고 음식이 잘 데워지지 않는다는 이야기를 들었다. 다음 중 서비스를 접수하기 전에 점검할 사항으로 옳지 않은 것은?

증상	원인	조치 방법
전자레인지가 작동하지 않는다.	• 전원 플러그가 콘센트에 바르게 꽂혀 있습니까? • 문이 확실히 닫혀 있습니까? • 배전판 퓨즈나 차단기가 끊어지지 않았습니까? • 조리방법을 제대로 선택하셨습니까? • 혹시 정전은 아닙니까?	• 전원 플러그를 바로 꽂아 주십시오. • 문을 다시 닫아 주십시오. • 끊어졌으면 교체하고 연결시켜 주십시오. • 취소를 누르고 다시 시작하십시오.
동작 시 불꽃이 튄다.	• 조리실 내벽에 금속 제품 등이 닿지 않았습니까? • 금선이나 은선으로 장식된 그릇을 사용하고 계십니까? • 조리실 내에 찌꺼기가 있습니까?	• 벽에 닿지 않도록 하십시오. • 금선이나 은선으로 장식된 그릇은 사용하지 마십시오. • 깨끗이 청소해 주십시오.
조리 상태가 나쁘다.	• 조리 순서, 시간 등 사용 방법을 잘 선택하셨습니까?	• 요리책을 다시 확인하고 사용하십시오.
접시가 불균일하게 돌거나 돌지 않는다.	• 회전 접시와 회전 링이 바르게 놓여 있습니까?	• 각각을 정확한 위치에 놓아 주십시오.
불의 밝기나 동작 소리가 불균일하다.	• 출력의 변화에 따라 일어난 현상이니 안심하고 사용하셔도 됩니다.	

① 조리실 내 위생 상태 점검
② 사용 가능 용기 확인
③ 사무실, 전자레인지 전압 확인
④ 조리실 내벽 확인
⑤ 조리 순서, 시간 확인

49 다음 글에서 설명하는 것은 무엇인가?

기술혁신은 신기술이 발생, 발전, 채택되고 다른 기술에 의해 사라질 때까지의 일정한 패턴을 가지고 있다. 기술의 발달은 처음에는 서서히 시작되다가 성과를 낼 수 있는 힘이 축적되면 급속한 진전을 보인다. 그리고 기술의 한계가 오면 성과는 점차 줄어들게 되고, 한계가 온 기술은 다시 성과를 내는 단계로 상승할 수 없으며, 여기에 혁신적인 새로운 기술이 출현한다. 혁신적인 새로운 기술은 기존의 기술이 한계에 도달하기 전에 출현하는 경우가 많으며, 기존에 존재하는 시장의 요구를 만족시키면서 전혀 새로운 지식을 기반으로 하는 기술이다. 이러한 기술의 예로 필름 카메라에서 디지털 카메라로, 콤팩트 디스크(Compact Disk)에서 MP3 플레이어(MP3 Player)로의 전환 등을 들 수 있다.

① 바그너 법칙
② 기술의 S곡선
③ 빅3 법칙
④ 생산비의 법칙
⑤ 기술경영

50 다음은 신입사원이 업무를 위해 출장을 가서 한 행동이다. 밑줄 친 ㉠~㉤ 중 적절하지 않은 것은?

> 신입사원 A는 업무상 B기업으로 출장을 갔다. 그곳에서 이번 사업의 협상자를 만나 ㉠ 오른손으로 악수를 하면서 ㉡ 가볍게 고개를 숙였다. 이어서 ㉢ 먼저 명함을 꺼내 ㉣ 협상자에게 오른손으로 주었고, 협상자의 명함을 오른손으로 받았다. 그리고 ㉤ 명함을 보고 난 후 탁자 위에 보이게 놓은 채 대화를 하였다.

① ㉠
② ㉡
③ ㉢
④ ㉣
⑤ ㉤

51 다음 중 경영전략 추진과정을 순서대로 바르게 나열한 것은?

① 경영전략 도출 → 환경 분석 → 전략목표 설정 → 경영전략 실행 → 평가 및 피드백
② 경영전략 도출 → 경영전략 실행 → 전략목표 설정 → 환경 분석 → 평가 및 피드백
③ 전략목표 설정 → 환경 분석 → 경영전략 도출 → 경영전략 실행 → 평가 및 피드백
④ 전략목표 설정 → 경영전략 도출 → 경영전략 실행 → 환경 분석 → 평가 및 피드백
⑤ 환경 분석 → 전략목표 설정 → 경영전략 도출 → 경영전략 실행 → 평가 및 피드백

52 다음 회의록을 참고할 때, 고객지원팀의 강대리가 해야 할 일로 적절하지 않은 것은?

〈회의록〉

회의일시	2024년 ○○월 ○○일	부서	기획팀, 시스템개발팀, 고객지원팀
참석자	기획팀 김팀장, 박대리 / 시스템개발팀 이팀장, 김대리 / 고객지원팀 유팀장, 강대리		
회의안건	홈페이지 내 이벤트 신청 시 발생하는 오류로 인한 고객 불만에 따른 대처방안		
회의내용	• 홈페이지 고객센터 게시판 내 이벤트 신청 오류 관련 불만 글 확인 • 이벤트 페이지 내 오류 발생 원인에 대한 확인 필요 • 상담원의 미숙한 대응으로 고객들의 불만 증가(대응 매뉴얼 부재) • 홈페이지 고객센터 게시판에 사과문 게시 • 고객 불만 대응 매뉴얼 작성 및 이벤트 신청 시스템 개선 • 추후 유사한 이벤트 기획 시 기획안 공유 필요		

① 민원 처리 및 대응 매뉴얼 작성
② 상담원 대상으로 CS 교육 실시
③ 홈페이지 내 사과문 게시
④ 오류 발생 원인 확인 및 신청 시스템 개선
⑤ 고객센터 게시판 모니터링

※ 다음 글을 읽고 이어지는 질문에 답하시오. [53~54]

서희는 국서를 가지고 소손녕의 영문(營門)으로 갔다. 기를 꺾어 놓을 심산이었던 듯 소손녕은 "나는 대국의 귀인이니 그대가 나에게 뜰에서 절을 해야 한다."라고 우겼다. 거란의 군사가 가득한 적진에서 서희는 침착하게 대답했다. "신하가 임금에게 대할 때는 절하는 것이 예법이나, 양국의 대신들이 대면하는 자리에서 어찌 그럴 수 있겠는가?" 소손녕이 계속 고집을 부리자 서희는 노한 기색을 보이며 숙소로 들어와 움직이지 않았다. 거란이 전면전보다 화의를 원하고 있다는 판단에 가능했던 행동이었다. 결국 소손녕이 서로 대등하게 만나는 예식 절차를 수락하면서 첫 번째 기싸움은 서희의 승리로 돌아갔다.

본격적인 담판이 시작되었다. 먼저 소손녕이 물었다. "당신네 나라는 옛 신라 땅에서 건국하였다. 고구려의 옛 땅은 우리나라에 소속되었는데, 어째서 당신들이 침범하였는가?" 광종이 여진의 땅을 빼앗아 성을 쌓은 일을 두고 하는 말이었다.

이 물음은 이번 정벌의 명분에 관한 것으로 고구려 땅을 차지하는 정당성에 관한 매우 중요한 논점이었다. 서희는 조목조목 반박했다. "그렇지 않다. 우리나라는 바로 고구려의 후예이다. 그러므로 나라 이름을 고려라 부르고, 평양을 국도로 정한 것 아닌가. 오히려 귀국의 동경이 우리 영토 안에 들어와야 하는데 어찌 거꾸로 침범했다고 하는가?" 한 치의 틈도 없는 서희의 논리에 소손녕의 말문이 막히면서 고구려 후계론 논쟁은 일단락 지어졌다.

마침내 소손녕이 정벌의 본래 목적을 얘기했다. "우리나라와 국경을 접하고 있으면서 바다 건너에 있는 송나라를 섬기고 있는 까닭에 이번에 정벌하게 된 것이다. 만일 땅을 떼어 바치고 국교를 회복한다면 무사하리라." 송과 손을 잡고 있는 고려를 자신들의 편으로 돌아 앉혀 혹시 있을 송과의 전면전에서 배후를 안정시키는 것, 그것이 거란의 본래 목적이었다.

"압록강 안팎도 우리 땅인데, 지금 여진이 그 중간을 점거하고 있어 육로로 가는 것이 바다를 건너는 것보다 왕래하기가 더 곤란하다. 그러니 국교가 통하지 못하는 것은 여진 탓이다. 만일 여진을 내쫓고 우리의 옛 땅을 회복하여 거기에 성과 보를 쌓고 길을 통하게 한다면 어찌 국교가 통하지 않겠는가." 그들이 원하는 것을 알았지만, 서희는 바로 답을 주지 않고 이와 같이 돌려 말했다. 국교를 맺기 위해서는 여진을 내쫓고 그 땅을 고려가 차지해야 가능하다며 조건을 내건 것이다. 소손녕이 회담의 내용을 거란의 임금에게 보내자 고려가 이미 화의를 요청했으니 그만 철군하라는 답이 돌아왔다. 그리고 고려가 압록강 동쪽 280여 리의 영토를 개척하는 데 동의한다는 답서도 보내왔다.

비록 그들의 요구대로 국교를 맺어 이후 일시적으로 사대의 예를 갖추지만, 싸우지 않고 거란의 대군을 돌려보내고, 오히려 이를 전화위복 삼아 영토까지 얻었으니 우리 역사상 가장 실리적으로 성공한 외교라 칭찬받을 만하다.

53 다음 중 윗글의 내용으로 알 수 있는 협상진행 5단계를 순서대로 바르게 나열한 것은?

① 협상 시작 → 상호 이해 → 실질 이해 → 해결 대안 → 합의
② 협상 시작 → 실질 이해 → 상호 이해 → 해결 대안 → 합의
③ 협상 시작 → 상호 이해 → 실질 이해 → 합의 → 해결 대안
④ 협상 시작 → 실질 이해 → 상호 이해 → 합의 → 해결 대안
⑤ 협상 시작 → 상호 이해 → 해결 대안 → 실질 이해 → 합의

54 **다음 중 서희의 협상전략으로 옳지 않은 것은?**

① 적진에서 한 협상에서 기선을 제압하였다.
② 상대방의 숨은 의도를 이끌어내었다.
③ 상대방과의 명분 싸움에서 논리적으로 대응하였다.
④ 상대방의 요구를 거부하되, 대안을 제시하였다.
⑤ 자신의 요구를 이유와 함께 설명하였다.

55 **A사에 근무하는 K부장은 현재 자신의 부서에 팀워크가 부족하다는 것을 느끼고 있다. 이를 해결하기 위해 K부장이 아침회의 전에 부서 사원들에게 효과적인 팀워크를 위한 조언을 하고자 할 때, 조언 내용으로 가장 적절한 것은?**

① 자기중심적인 개인주의가 필요합니다.
② 사원들 간의 사고방식 차이는 있을 수 없습니다.
③ 강한 자신감보다는 신중함이 필요합니다.
④ 솔직한 대화로 서로를 이해해야 합니다.
⑤ 조직에 대한 이해보다는 나 자신을 이해해야 합니다.

※ 다음 글을 읽고 이어지는 질문에 답하시오. [56~57]

의류회사에서 디자이너로 일하고 있는 직장인 A씨는 평소 관심이 많았던 메이크업에 대해 꾸준히 공부하고 기술을 익혀 얼마 전부터 패션 유튜버로 활동하고 있다. 주중에는 회사에서 본연의 업무에 충실하고 주 52시간 근무제가 자리를 잡으면서 저녁 여가시간과 주말을 이용해 메이크업과 코디네이션에 대한 콘텐츠를 만들어 유튜버로 이름을 알리고 있다. 사람들이 평소 관심이 많은 분야라서 그런지 구독자 수는 생각보다 빨리 늘어나기 시작했다.
몇 개월 준비기간을 걸쳐 일주일에 한 번씩 콘텐츠를 꾸준히 올린 결과 활동 6개월째부터는 많지는 않지만 광고수입도 일부 얻을 수 있었다. A씨는 유튜버로 활동하면서 추가 수입과 자신의 흥미를 충족시킬 수 있어 좋다는 생각이 들었다. 또 시간이 많이 흐르고 조직생활이 끝나면 창업을 하거나 독립을 하게 되어도 자신에게 도움이 될 것이라는 생각도 하게 되었다.

56 다음 중 윗글에 제시된 경력개발과 가장 관련이 있는 이슈는 무엇인가?

① 청년실업
② 창업경력
③ 평생학습사회
④ 투잡(Two Jobs)
⑤ 일과 생활의 균형

57 다음 중 A씨가 하고 있는 경력개발과 관련된 사회 환경의 변화로 적절하지 않은 것은?

① 꾸준한 경력 개발에 대한 중요성이 커지고 있고, 경력 개발의 방법이 다양해지고 있다.
② 지속적인 경기불황에 따라 2개 혹은 그 이상의 직업을 가지는 사람들이 늘어나고 있다.
③ 주 5일제와 주 52시간 근무제가 시행되면서 직장인들 사이에 확대되는 추세를 보이고 있다.
④ 경제적인 이유와 자아실현, 실직 대비 등이 주요 목적으로 나타난다.
⑤ 지식과 정보의 폭발적인 증가로 새로운 기술개발에 따라 직업에서 요구되는 능력도 변화하고 있다.

58 **다음은 직장에서 에티켓을 지키지 않는 김과장의 사례이다. 이를 참고할 때, 직장에서 김과장에게 필요한 예절이 바르게 연결된 것은?**

> 전략기획부의 김과장은 사적인 전화를 사무실에서 아무렇지도 않게 한다. 큰 목소리로 통화하며 마치 옆 동료가 들으라는 듯이 전화기를 잡고 내려놓지를 않는다. 또한, 김과장은 스스로 사교성이 뛰어나다고 착각한다. 반말을 섞어 말하는 것이 친근함의 표현이라 믿는 듯하다. 김과장에게 회사의 사무실 비품은 개인 물품이 된 지 오래이다. 그리고 음식을 먹을 때 지나치게 집착을 한다. 김과장과 회식하는 날은 항상 기분 좋게 끝난 적이 없다.

① 전화예절, 언어예절, 식사예절
② 전화예절, 복장예절, 인사예절
③ 전화예절, 언어예절, 승강기예절
④ 전화예절, 언어예절, 식사예절, 이메일예절
⑤ 전화예절, 인사예절, 식사예절, 승강기예절

59 **다음 상황을 보고 생각할 수 있는 근면한 직장생활로 적절하지 않은 것은?**

> 허주임은 감각파이자 낙천주의자이다. 오늘 점심시간에 백화점 세일에 갔다 온 것을 친구에게 전화로 자랑하기 바쁘다. "오늘 땡잡았어! 스키용품을 50%에 구했지 뭐니!" "넌 혼자만 일하니? 대충대충 해. 그래서 큰 회사 다녀야 땡땡이치기 쉽다니까."

① 업무시간에는 개인적인 일을 하지 않는다.
② 업무시간에 최대한 업무를 끝내도록 한다.
③ 점심시간보다 10분 정도 일찍 나가는 것은 괜찮다.
④ 사무실 내에서 전화나 메신저 등을 통해 사적인 대화를 나누지 않는다.
⑤ 주어진 지위에 걸맞은 책임감 있는 행동을 한다.

60 **다음 중 적절하지 않은 직업관을 가지고 있는 사람은?**

① 항공사에서 근무하고 있는 A는 자신의 직업에 대해 긍지와 자부심을 갖고 있다.
② IT 회사에서 개발 업무를 담당하는 B는 업계 최고 전문가가 되기 위해 항상 노력한다.
③ 극장에서 근무 중인 C는 언제나 다른 사람에게 봉사한다는 마음을 가지고 즐겁게 일한다.
④ 화장품 회사에 입사한 신입사원 D는 입사 동기들보다 빠르게 승진하는 것을 목표로 삼았다.
⑤ 회계팀에서 일하는 E는 회사의 규정을 준수하며, 공정하고 투명하게 업무를 처리하려고 노력한다.

남에게 이기는 방법의 하나는 예의범절로 이기는 것이다.

- 조쉬 빌링스 -

PART 4

채용 가이드

01 블라인드 채용 소개

1. 블라인드 채용이란?

채용 과정에서 편견이 개입되어 불합리한 차별을 야기할 수 있는 출신지, 가족관계, 학력, 외모 등의 편견요인은 제외하고, 직무능력만을 평가하여 인재를 채용하는 방식입니다.

2. 블라인드 채용의 필요성

- 채용의 공정성에 대한 사회적 요구
  - 누구에게나 직무능력만으로 경쟁할 수 있는 균등한 고용기회를 제공해야 하나, 아직도 채용의 공정성에 대한 불신이 존재
  - 채용상 차별금지에 대한 법적 요건이 권고적 성격에서 처벌을 동반한 의무적 성격으로 강화되는 추세
  - 시민의식과 지원자의 권리의식 성숙으로 차별에 대한 법적 대응 가능성 증가
- 우수인재 채용을 통한 기업의 경쟁력 강화 필요
  - 직무능력과 무관한 학벌, 외모 위주의 선발로 우수인재 선발기회 상실 및 기업경쟁력 약화
  - 채용 과정에서 차별 없이 직무능력중심으로 선발한 우수인재 확보 필요
- 공정한 채용을 통한 사회적 비용 감소 필요
  - 편견에 의한 차별적 채용은 우수인재 선발을 저해하고 외모·학벌 지상주의 등의 심화로 불필요한 사회적 비용 증가
  - 채용에서의 공정성을 높여 사회의 신뢰수준 제고

3. 블라인드 채용의 특징

편견요인을 요구하지 않는 대신 직무능력을 평가합니다.

※ 직무능력중심 채용이란?
기업의 역량기반 채용, NCS기반 능력중심 채용과 같이 직무수행에 필요한 능력과 역량을 평가하여 선발하는 채용방식을 통칭합니다.

4. 블라인드 채용의 평가요소

직무수행에 필요한 지식, 기술, 태도 등을 과학적인 선발기법을 통해 평가합니다.

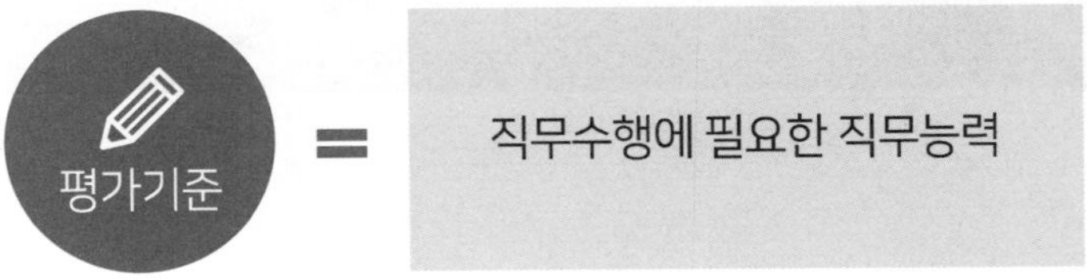

※ 과학적 선발기법이란?
직무분석을 통해 도출된 평가요소를 서류, 필기, 면접 등을 통해 체계적으로 평가하는 방법으로 입사지원서, 자기소개서, 직무수행능력평가, 구조화 면접 등이 해당됩니다.

5. 블라인드 채용 주요 도입 내용

- 입사지원서에 인적사항 요구 금지
  - 인적사항에는 출신지역, 가족관계, 결혼여부, 재산, 취미 및 특기, 종교, 생년월일(연령), 성별, 신장 및 체중, 사진, 전공, 학교명, 학점, 외국어 점수, 추천인 등이 해당
  - 채용 직무를 수행하는 데 있어 반드시 필요하다고 인정될 경우는 제외
    예 특수경비직 채용 시 : 시력, 건강한 신체 요구
    연구직 채용 시 : 논문, 학위 요구 등
- 블라인드 면접 실시
  - 면접관에게 응시자의 출신지역, 가족관계, 학교명 등 인적사항 정보 제공 금지
  - 면접관은 응시자의 인적사항에 대한 질문 금지

6. 블라인드 채용 도입의 효과성

- 구성원의 다양성과 창의성이 높아져 기업 경쟁력 강화
  - 편견을 없애고 직무능력 중심으로 선발하므로 다양한 직원 구성 가능
  - 다양한 생각과 의견을 통하여 기업의 창의성이 높아져 기업경쟁력 강화
- 직무에 적합한 인재선발을 통한 이직률 감소 및 만족도 제고
  - 사전에 지원자들에게 구체적이고 상세한 직무요건을 제시함으로써 허수 지원이 낮아지고, 직무에 적합한 지원자 모집 가능
  - 직무에 적합한 인재가 선발되어 직무이해도가 높아져 업무효율 증대 및 만족도 제고
- 채용의 공정성과 기업이미지 제고
  - 블라인드 채용은 사회적 편견을 줄인 선발 방법으로 기업에 대한 사회적 인식 제고
  - 채용과정에서 불합리한 차별을 받지 않고 실력에 의해 공정하게 평가를 받을 것이라는 믿음을 제공하고, 지원자들은 평등한 기회와 공정한 선발과정 경험

02 서류전형 가이드

01 채용공고문

1. 채용공고문의 변화

기존 채용공고문	변화된 채용공고문
• 취업준비생에게 불충분하고 불친절한 측면 존재 • 모집분야에 대한 명확한 직무관련 정보 및 평가기준 부재 • 해당분야에 지원하기 위한 취업준비생의 무분별한 스펙 쌓기 현상 발생	• NCS 직무분석에 기반한 채용공고를 토대로 채용전형 진행 • 지원자가 입사 후 수행하게 될 업무에 대한 자세한 정보 공지 • 직무수행내용, 직무수행 시 필요한 능력, 관련된 자격, 직업기초능력 제시 • 지원자가 해당 직무에 필요한 스펙만을 준비할 수 있도록 안내
• 모집부문 및 응시자격 • 지원서 접수 • 전형절차 • 채용조건 및 처우 • 기타사항	• 채용절차 • 채용유형별 선발분야 및 예정인원 • 전형방법 • 선발분야별 직무기술서 • 우대사항

2. 지원 유의사항 및 지원요건 확인

채용 직무에 따른 세부사항을 공고문에 명시하여 지원자에게 적격한 지원 기회를 부여함과 동시에 채용과정에서의 공정성과 신뢰성을 확보합니다.

구성	내용	확인사항
모집분야 및 규모	고용형태(인턴 계약직 등), 모집분야, 인원, 근무지역 등	채용직무가 여러 개일 경우 본인이 해당되는 직무의 채용규모 확인
응시자격	기본 자격사항, 지원조건	지원을 위한 최소자격요건을 확인하여 불필요한 지원을 예방
우대조건	법정·특별·자격증 가점	본인의 가점 여부를 검토하여 가점 획득을 위한 사항을 사실대로 기재
근무조건 및 보수	고용형태 및 고용기간, 보수, 근무지	본인이 생각하는 기대수준에 부합하는지 확인하여 불필요한 지원을 예방
시험방법	서류·필기·면접전형 등의 활용방안	전형방법 및 세부 평가기법 등을 확인하여 지원전략 준비
전형일정	접수기간, 각 전형 단계별 심사 및 합격자 발표일 등	본인의 지원 스케줄을 검토하여 차질이 없도록 준비
제출서류	입사지원서(경력·경험기술서 등), 각종 증명서 및 자격증 사본 등	지원요건 부합 여부 및 자격 증빙서류 사전에 준비
유의사항	임용취소 등의 규정	임용취소 관련 법적 또는 기관 내부 규정을 검토하여 해당여부 확인

02 직무기술서

직무기술서란 직무수행의 내용과 필요한 능력, 관련 자격, 직업기초능력 등을 상세히 기재한 것으로 입사 후 수행하게 될 업무에 대한 정보가 수록되어 있는 자료입니다.

1. 채용분야

설명

NCS 직무분류 체계에 따라 직무에 대한 「대분류 – 중분류 – 소분류 – 세분류」 체계를 확인할 수 있습니다. 채용 직무에 대한 모든 직무기술서를 첨부하게 되며 실제 수행 업무를 기준으로 세부적인 분류정보를 제공합니다.

채용분야	분류체계			
사무행정	대분류	중분류	소분류	세분류
분류코드	02. 경영·회계·사무	03. 재무·회계	01. 재무	01. 예산
				02. 자금
			02. 회계	01. 회계감사
				02. 세무

2. 능력단위

설명

직무분류 체계의 세분류 하위능력단위 중 실질적으로 수행할 업무의 능력만 구체적으로 파악할 수 있습니다.

능력단위	(예산)	03. 연간종합예산수립 05. 확정예산 운영	04. 추정재무제표 작성 06. 예산실적 관리
	(자금)	04. 자금운용	
	(회계감사)	02. 자금관리 05. 회계정보시스템 운용 07. 회계감사	04. 결산관리 06. 재무분석
	(세무)	02. 결산관리 07. 법인세 신고	05. 부가가치세 신고

3. 직무수행내용

설명

세분류 영역의 기본정의를 통해 직무수행내용을 확인할 수 있습니다. 입사 후 수행할 직무내용을 구체적으로 확인할 수 있으며, 이를 통해 입사서류 작성부터 면접까지 직무에 대한 명확한 이해를 바탕으로 자신의 희망직무인지 아닌지, 해당 직무가 자신이 알고 있던 직무가 맞는지 확인할 수 있습니다.

직무수행내용	(예산) 일정기간 예상되는 수익과 비용을 편성, 집행하며 통제하는 일
	(자금) 자금의 계획 수립, 조달, 운용을 하고 발생 가능한 위험 관리 및 성과평가
	(회계감사) 기업 및 조직 내·외부에 있는 의사결정자들이 효율적인 의사결정을 할 수 있도록 유용한 정보를 제공, 제공된 회계정보의 적정성을 파악하는 일
	(세무) 세무는 기업의 활동을 위하여 주어진 세법범위 내에서 조세부담을 최소화시키는 조세전략을 포함하고 정확한 과세소득과 과세표준 및 세액을 산출하여 과세당국에 신고·납부하는 일

4. 직무기술서 예시

태도	(예산) 정확성, 분석적 태도, 논리적 태도, 타 부서와의 협조적 태도, 설득력
	(자금) 분석적 사고력
	(회계 감사) 합리적 태도, 전략적 사고, 정확성, 적극적 협업 태도, 법률준수 태도, 분석적 태도, 신속성, 책임감, 정확한 판단력
	(세무) 규정 준수 의지, 수리적 정확성, 주의 깊은 태도
우대 자격증	공인회계사, 세무사, 컴퓨터활용능력, 변호사, 워드프로세서, 전산회계운용사, 사회조사분석사, 재경관리사, 회계관리 등
직업기초능력	의사소통능력, 문제해결능력, 자원관리능력, 대인관계능력, 정보능력, 조직이해능력

5. 직무기술서 내용별 확인사항

항목	확인사항
모집부문	해당 채용에서 선발하는 부문(분야)명 확인 예 사무행정, 전산, 전기
분류체계	지원하려는 분야의 세부직무군 확인
주요기능 및 역할	지원하려는 기업의 전사적인 기능과 역할, 산업군 확인
능력단위	지원분야의 직무수행에 관련되는 세부업무사항 확인
직무수행내용	지원분야의 직무군에 대한 상세사항 확인
전형방법	지원하려는 기업의 신입사원 선발전형 절차 확인
일반요건	교육사항을 제외한 지원 요건 확인(자격요건, 특수한 경우 연령)
교육요건	교육사항에 대한 지원요건 확인(대졸 / 초대졸 / 고졸 / 전공 요건)
필요지식	지원분야의 업무수행을 위해 요구되는 지식 관련 세부항목 확인
필요기술	지원분야의 업무수행을 위해 요구되는 기술 관련 세부항목 확인
직무수행태도	지원분야의 업무수행을 위해 요구되는 태도 관련 세부항목 확인
직업기초능력	지원분야 또는 지원기업의 조직원으로서 근무하기 위해 필요한 일반적인 능력사항 확인

03 입사지원서

1. 입사지원서의 변화

기존지원서		능력중심 채용 입사지원서
직무와 관련 없는 학점, 개인신상, 어학점수, 자격, 수상경력 등을 나열하도록 구성	VS	해당 직무수행에 꼭 필요한 정보들을 제시할 수 있도록 구성

기존지원서		능력중심 채용 입사지원서	
직무기술서	→	인적사항	성명, 연락처, 지원분야 등 작성 (평가 미반영)
직무수행내용		교육사항	직무지식과 관련된 학교교육 및 직업교육 작성
요구지식 / 기술		자격사항	직무관련 국가공인 또는 민간자격 작성
관련 자격증		경력 및 경험사항	조직에 소속되어 일정한 임금을 받거나(경력) 임금 없이(경험) 직무와 관련된 활동 내용 작성
사전직무경험			

2. 교육사항

- 지원분야 직무와 관련된 학교 교육이나 직업교육 혹은 기타교육 등 직무에 대한 지원자의 학습 여부를 평가하기 위한 항목입니다.
- 지원하고자 하는 직무의 학교 전공교육 이외에 직업교육, 기타교육 등을 기입할 수 있기 때문에 전공 제한 없이 직업교육과 기타교육을 이수하여 지원이 가능하도록 기회를 제공합니다.
  (기타교육 : 학교 이외의 기관에서 개인이 이수한 교육과정 중 지원직무와 관련이 있다고 생각되는 교육내용)

구분	교육과정(과목)명	교육내용	과업(능력단위)

PART 4

3. 자격사항

- 채용공고 및 직무기술서에 제시되어 있는 자격 현황을 토대로 지원자가 해당 직무를 수행하는 데 필요한 능력을 가지고 있는지를 평가하기 위한 항목입니다.
- 채용공고 및 직무기술서에 기재된 직무관련 필수 또는 우대자격 항목을 확인하여 본인이 보유하고 있는 자격사항을 기재합니다.

자격유형	자격증명	발급기관	취득일자	자격증번호

4. 경력 및 경험사항

- 직무와 관련된 경력이나 경험 여부를 표현하도록 하여 직무와 관련한 능력을 갖추었는지를 평가하기 위한 항목입니다.
- 해당 기업에서 직무를 수행함에 있어 필요한 사항만을 기록하게 되어 있기 때문에 직무와 무관한 스펙을 갖추지 않아도 됩니다.
- 경력 : 금전적 보수를 받고 일정기간 동안 일했던 경우
- 경험 : 금전적 보수를 받지 않고 수행한 활동

※ 기업에 따라 경력 / 경험 관련 증빙자료 요구 가능

구분	조직명	직위 / 역할	활동기간(년 / 월)	주요과업 / 활동내용

Tip

입사지원서 작성 방법

○ 경력 및 경험사항 작성

- 직무기술서에 제시된 지식, 기술, 태도와 지원자의 교육사항, 경력(경험)사항, 자격사항과 연계하여 개인의 직무역량에 대해 스스로 판단 가능

○ 인적사항 최소화

- 개인의 인적사항, 학교명, 가족관계 등을 노출하지 않도록 유의

부적절한 입사지원서 작성 사례

- 학교 이메일을 기입하여 학교명 노출
- 거주지 주소에 학교 기숙사 주소를 기입하여 학교명 노출
- 자기소개서에 부모님이 재직 중인 기업명, 직위, 직업을 기입하여 가족관계 노출
- 자기소개서에 석·박사 과정에 대한 이야기를 언급하여 학력 노출
- 동아리 활동에 대한 내용을 학교명과 더불어 언급하여 학교명 노출

04 자기소개서

1. 자기소개서의 변화

- 기존의 자기소개서는 지원자의 일대기나 관심 분야, 성격의 장·단점 등 개괄적인 사항을 묻는 질문으로 구성되어 지원자가 자신의 직무능력을 제대로 표출하지 못합니다.
- 능력중심 채용의 자기소개서는 직무기술서에 제시된 직업기초능력(또는 직무수행능력)에 대한 지원자의 과거 경험을 기술하게 함으로써 평가 타당도의 확보가 가능합니다.

1. 우리 회사와 해당 지원 직무분야에 지원한 동기에 대해 기술해 주세요.

2. 자신이 경험한 다양한 사회활동에 대해 기술해 주세요.

3. 지원 직무에 대한 전문성을 키우기 위해 받은 교육과 경험 및 경력사항에 대해 기술해 주세요.

4. 인사업무 또는 팀 과제 수행 중 발생한 갈등을 원만하게 해결해 본 경험이 있습니까? 당시 상황에 대한 설명과 갈등의 대상이 되었던 상대방을 설득한 과정 및 방법을 기술해 주세요.

5. 과거에 있었던 일 중 가장 어려웠었던(힘들었었던) 상황을 고르고, 어떤 방법으로 그 상황을 해결했는지를 기술해 주세요.

PART 4

Tip

자기소개서 작성 방법

① 자기소개서 문항이 묻고 있는 평가 역량 추측하기

[예시]

- 팀 활동을 하면서 갈등 상황 시 상대방의 니즈나 의도를 명확히 파악하고 해결하여 목표 달성에 기여했던 경험에 대해서 작성해 주시기 바랍니다.
- 다른 사람이 생각해내지 못했던 문제점을 찾고 이를 해결한 경험에 대해 작성해 주시기 바랍니다.

② 해당 역량을 보여줄 수 있는 소재 찾기(시간×역량 매트릭스)

[예시]

시간 →, 평가역량 ↓

평가역량	2021년	2022년	2023년	2024년
도전정신	*대학 발표수업*	*대학 발표수업*	~~*다이어트(헬스)*~~	
대인관계	*대학 발표수업*	*대학 발표수업*		*경영 동아리*
의사소통	*편의점 아르바이트*	~~*군대 작업*~~	*봉사 동아리*	
직무역량			*경영 동아리*	*Book Study*
…				

③ 자기소개서 작성 Skill 익히기

- 두괄식으로 작성하기
- 구체적 사례를 사용하기
- '나'를 중심으로 작성하기
- 직무역량 강조하기
- 경험 사례의 차별성 강조하기

03 인성검사 소개 및 모의테스트

01 인성검사 유형

인성검사는 지원자의 성격특성을 객관적으로 파악하고 그것이 각 기업에서 필요로 하는 인재상과 가치에 부합하는가를 평가하기 위한 검사입니다. 인성검사는 KPDI(한국인재개발진흥원), K-SAD(한국사회적성개발원), KIRBS(한국행동과학연구소), SHR(에스에이치알) 등의 전문기관을 통해 각 기업의 특성에 맞는 검사를 선택하여 실시합니다. 대표적인 인성검사의 유형에는 크게 다음과 같은 세 가지가 있으며, 채용 대행업체에 따라 달라집니다.

1. KPDI 검사

조직적응성과 직무적합성을 알아보기 위한 검사로 인성검사, 인성역량검사, 인적성검사, 직종별 인적성검사 등의 다양한 검사 도구를 구현합니다. KPDI는 성격을 파악하고 정신건강 상태 등을 측정하고, 직무검사는 해당 직무를 수행하기 위해 기본적으로 갖추어야 할 인지적 능력을 측정합니다. 역량검사는 특정 직무 역할을 효과적으로 수행하는 데 직접적으로 관련 있는 개인의 행동, 지식, 스킬, 가치관 등을 측정합니다.

2. KAD(Korea Aptitude Development) 검사

K-SAD(한국사회적성개발원)에서 실시하는 적성검사 프로그램입니다. 개인의 성향, 지적 능력, 기호, 관심, 흥미도를 종합적으로 분석하여 적성에 맞는 업무가 무엇인가 파악하고, 직무수행에 있어서 요구되는 기초능력과 실무능력을 분석합니다.

3. SHR 직무적성검사

직무수행에 필요한 종합적인 사고 능력을 다양한 적성검사(Paper and Pencil Test)로 평가합니다. SHR의 모든 직무능력검사는 표준화 검사입니다. 표준화 검사는 표본집단의 점수를 기초로 규준이 만들어진 검사이므로 개인의 점수를 규준에 맞추어 해석・비교하는 것이 가능합니다. S(Standardized Tests), H(Hundreds of Version), R(Reliable Norm Data)을 특징으로 하며, 직군・직급별 특성과 선발 수준에 맞추어 검사를 적용할 수 있습니다.

02 인성검사와 면접

인성검사는 특히 면접질문과 관련성이 높습니다. 면접관은 지원자의 인성검사 결과를 토대로 질문을 하기 때문입니다. 일관적이고 이상적인 답변을 하는 것이 가장 좋지만, 실제 시험은 매우 복잡하여 전문가라 해도 일정 성격을 유지하면서 답변을 하는 것이 힘듭니다. 또한, 인성검사에는 라이 스케일(Lie Scale) 설문이 전체 설문 속에 교묘하게 섞여 들어가 있으므로 겉치레적인 답을 하게 되면 회답태도의 허위성이 그대로 드러나게 됩니다. 예를 들어 '거짓말을 한 적이 한 번도 없다.'에 '예'로 답하고, '때로는 거짓말을 하기도 한다.'에 '예'라고 답하여 라이 스케일의 득점이 올라가게 되면 모든 회답의 신빙성이 사라지고 '자신을 돋보이게 하려는 사람'이라는 평가를 받을 수 있으므로 주의해야 합니다. 따라서 모의테스트를 통해 인성검사의 유형과 실제 시험 시 어떻게 문제를 풀어야 하는지 연습해 보고 체크한 부분 중 자신의 단점과 연결되는 부분은 면접에서 질문이 들어왔을 때 어떻게 대처해야 하는지 생각해 보는 것이 좋습니다.

03 유의사항

1. 기업의 인재상을 파악하라!

인성검사를 통해 개인의 성격 특성을 파악하고 그것이 기업의 인재상과 가치에 부합하는지를 평가하는 시험이기 때문에 해당 기업의 인재상을 먼저 파악하고 시험에 임하는 것이 좋습니다. 모의테스트에서 인재상에 맞는 가상의 인물을 설정하고 문제에 답해 보는 것도 많은 도움이 됩니다.

2. 일관성 있는 대답을 하라!

짧은 시간 안에 다양한 질문에 답을 해야 하는데, 그 안에는 중복되는 질문이 여러 번 나옵니다. 이때 앞서 자신이 체크했던 대답을 잘 기억해뒀다가 일관성 있는 답을 하는 것이 중요합니다.

3. 모든 문항에 대답하라!

많은 문제를 짧은 시간 안에 풀려다 보니 다 못 푸는 경우도 종종 생깁니다. 하지만 대답을 누락하거나 끝까지 다 못했을 경우 좋지 않은 결과를 가져올 수도 있으니 최대한 주어진 시간 안에 모든 문항에 답할 수 있도록 해야 합니다.

04 KPDI 모의테스트

※ 모의테스트는 질문 및 답변 유형 연습을 위한 것으로 실제 시험과 다를 수 있습니다.
※ 인성검사는 정답이 따로 없는 유형의 검사이므로 결과지를 제공하지 않습니다.

번호	내용	예	아니요
001	나는 솔직한 편이다.	☐	☐
002	나는 리드하는 것을 좋아한다.	☐	☐
003	법을 어겨서 말썽이 된 적이 한 번도 없다.	☐	☐
004	거짓말을 한 번도 한 적이 없다.	☐	☐
005	나는 눈치가 빠르다.	☐	☐
006	나는 일을 주도하기보다는 뒤에서 지원하는 것을 선호한다.	☐	☐
007	앞일은 알 수 없기 때문에 계획은 필요하지 않다.	☐	☐
008	거짓말도 때로는 방편이라고 생각한다.	☐	☐
009	사람이 많은 술자리를 좋아한다.	☐	☐
010	걱정이 지나치게 많다.	☐	☐
011	일을 시작하기 전 재고하는 경향이 있다.	☐	☐
012	불의를 참지 못한다.	☐	☐
013	처음 만나는 사람과도 이야기를 잘 한다.	☐	☐
014	때로는 변화가 두렵다.	☐	☐
015	나는 모든 사람에게 친절하다.	☐	☐
016	힘든 일이 있을 때 술은 위로가 되지 않는다.	☐	☐
017	결정을 빨리 내리지 못해 손해를 본 경험이 있다.	☐	☐
018	기회를 잡을 준비가 되어 있다.	☐	☐
019	때로는 내가 정말 쓸모없는 사람이라고 느낀다.	☐	☐
020	누군가 나를 챙겨주는 것이 좋다.	☐	☐
021	자주 가슴이 답답하다.	☐	☐
022	나는 내가 자랑스럽다.	☐	☐
023	경험이 중요하다고 생각한다.	☐	☐
024	전자기기를 분해하고 다시 조립하는 것을 좋아한다.	☐	☐

PART 4

025	감시받고 있다는 느낌이 든다.	☐	☐
026	난처한 상황에 놓이면 그 순간을 피하고 싶다.	☐	☐
027	세상엔 믿을 사람이 없다.	☐	☐
028	잘못을 빨리 인정하는 편이다.	☐	☐
029	지도를 보고 길을 잘 찾아간다.	☐	☐
030	귓속말을 하는 사람을 보면 날 비난하고 있는 것 같다.	☐	☐
031	막무가내라는 말을 들을 때가 있다.	☐	☐
032	장래의 일을 생각하면 불안하다.	☐	☐
033	결과보다 과정이 중요하다고 생각한다.	☐	☐
034	운동은 그다지 할 필요가 없다고 생각한다.	☐	☐
035	새로운 일을 시작할 때 좀처럼 한 발을 떼지 못한다.	☐	☐
036	기분 상하는 일이 있더라도 참는 편이다.	☐	☐
037	업무능력은 성과로 평가받아야 한다고 생각한다.	☐	☐
038	머리가 맑지 못하고 무거운 느낌이 든다.	☐	☐
039	가끔 이상한 소리가 들린다.	☐	☐
040	타인이 내게 자주 고민상담을 하는 편이다.	☐	☐

05 SHR 모의테스트

※ 모의테스트는 질문 및 답변 유형 연습을 위한 것으로 실제 시험과 다를 수 있습니다.
※ 인성검사는 정답이 따로 없는 유형의 검사이므로 결과지를 제공하지 않습니다.

※ 이 성격검사의 각 문항에는 서로 다른 행동을 나타내는 네 개의 문장이 제시되어 있습니다. 이 문장들을 비교하여, 자신의 평소 행동과 가장 가까운 문장을 'ㄱ' 열에 표기하고, 가장 먼 문장을 'ㅁ' 열에 표기하십시오.

01 나는 ______________________

	ㄱ	ㅁ
A. 실용적인 해결책을 찾는다.	☐	☐
B. 다른 사람을 돕는 것을 좋아한다.	☐	☐
C. 세부 사항을 잘 챙긴다.	☐	☐
D. 상대의 주장에서 허점을 잘 찾는다.	☐	☐

02 나는 ______________________

	ㄱ	ㅁ
A. 매사에 적극적으로 임한다.	☐	☐
B. 즉흥적인 편이다.	☐	☐
C. 관찰력이 있다.	☐	☐
D. 임기응변에 강하다.	☐	☐

03 나는 ______________________

	ㄱ	ㅁ
A. 무서운 영화를 잘 본다.	☐	☐
B. 조용한 곳이 좋다.	☐	☐
C. 가끔 울고 싶다.	☐	☐
D. 집중력이 좋다.	☐	☐

04 나는 ______________________

	ㄱ	ㅁ
A. 기계를 조립하는 것을 좋아한다.	☐	☐
B. 집단에서 리드하는 역할을 맡는다.	☐	☐
C. 호기심이 많다.	☐	☐
D. 음악을 듣는 것을 좋아한다.	☐	☐

05 나는 ______________________________

A. 타인을 늘 배려한다.
B. 감수성이 예민하다.
C. 즐겨하는 운동이 있다.
D. 일을 시작하기 전에 계획을 세운다.

ㄱ	ㅁ
☐	☐
☐	☐
☐	☐
☐	☐

06 나는 ______________________________

A. 타인에게 설명하는 것을 좋아한다.
B. 여행을 좋아한다.
C. 정적인 것이 좋다.
D. 남을 돕는 것에 보람을 느낀다.

ㄱ	ㅁ
☐	☐
☐	☐
☐	☐
☐	☐

07 나는 ______________________________

A. 기계를 능숙하게 다룬다.
B. 밤에 잠이 잘 오지 않는다.
C. 한 번 간 길을 잘 기억한다.
D. 불의를 보면 참을 수 없다.

ㄱ	ㅁ
☐	☐
☐	☐
☐	☐
☐	☐

08 나는 ______________________________

A. 종일 말을 하지 않을 때가 있다.
B. 사람이 많은 곳을 좋아한다.
C. 술을 좋아한다.
D. 휴양지에서 편하게 쉬고 싶다.

ㄱ	ㅁ
☐	☐
☐	☐
☐	☐
☐	☐

09 나는 ______________________

	ㄱ	ㅁ
A. 뉴스보다는 드라마를 좋아한다.	☐	☐
B. 길을 잘 찾는다.	☐	☐
C. 주말엔 집에서 쉬는 것이 좋다.	☐	☐
D. 아침에 일어나는 것이 힘들다.	☐	☐

10 나는 ______________________

	ㄱ	ㅁ
A. 이성적이다.	☐	☐
B. 할 일을 종종 미룬다.	☐	☐
C. 어른을 대하는 게 힘들다.	☐	☐
D. 불을 보면 매혹을 느낀다.	☐	☐

11 나는 ______________________

	ㄱ	ㅁ
A. 상상력이 풍부하다.	☐	☐
B. 예의 바르다는 소리를 자주 듣는다.	☐	☐
C. 사람들 앞에 서면 긴장한다.	☐	☐
D. 친구를 자주 만난다.	☐	☐

12 나는 ______________________

	ㄱ	ㅁ
A. 나만의 스트레스 해소 방법이 있다.	☐	☐
B. 친구가 많다.	☐	☐
C. 책을 자주 읽는다.	☐	☐
D. 활동적이다.	☐	☐

CHAPTER

04 면접전형 가이드

01 면접유형 파악

1. 면접전형의 변화

기존 면접전형에서는 일상적이고 단편적인 대화나 지원자의 첫인상 및 면접관의 주관적인 판단 등에 의해서 입사 결정 여부를 판단하는 경우가 많았습니다. 이러한 면접전형은 면접 내용의 일관성이 결여되거나 직무 관련 타당성이 부족하였고, 면접에 대한 신뢰도에 영향을 주었습니다.

기존 면접(전통적 면접)		능력중심 채용 면접(구조화 면접)
• 일상적이고 단편적인 대화 • 인상, 외모 등 외부 요소의 영향 • 주관적인 판단에 의존한 총점 부여 ⇩ • 면접 내용의 일관성 결여 • 직무관련 타당성 부족 • 주관적인 채점으로 신뢰도 저하	VS	• 일관성 – 직무관련 역량에 초점을 둔 구체적 질문 목록 – 지원자별 동일 질문 적용 • 구조화 – 면접 진행 및 평가 절차를 일정한 체계에 의해 구성 • 표준화 – 평가 타당도 제고를 위한 평가 Matrix 구성 – 척도에 따라 항목별 채점, 개인 간 비교 • 신뢰성 – 면접진행 매뉴얼에 따라 면접위원 교육 및 실습

2. 능력중심 채용의 면접 유형

① 경험 면접
- 목적 : 선발하고자 하는 직무 능력이 필요한 과거 경험을 질문합니다.
- 평가요소 : 직업기초능력과 인성 및 태도적 요소를 평가합니다.

② 상황 면접
- 목적 : 특정 상황을 제시하고 지원자의 행동을 관찰함으로써 실제 상황의 행동을 예상합니다.
- 평가요소 : 직업기초능력과 인성 및 태도적 요소를 평가합니다.

③ 발표 면접
- 목적 : 특정 주제와 관련된 지원자의 발표와 질의응답을 통해 지원자 역량을 평가합니다.
- 평가요소 : 직무수행능력과 인지적 역량(문제해결능력)을 평가합니다.

④ 토론 면접
- 목적 : 토의과제에 대한 의견수렴 과정에서 지원자의 역량과 상호작용능력을 평가합니다.
- 평가요소 : 직무수행능력과 팀워크를 평가합니다.

02 면접유형별 준비 방법

1. 경험 면접

① 경험 면접의 특징

- 주로 직업기초능력에 관련된 지원자의 과거 경험을 심층 질문하여 검증하는 면접입니다.
- 직무능력과 관련된 과거 경험을 평가하기 위해 심층 질문을 하며, 이 질문은 지원자의 답변에 대하여 '꼬리에 꼬리를 무는 형식'으로 진행됩니다.

> - 능력요소, 정의, 심사 기준
>   - 평가하고자 하는 능력요소, 정의, 심사기준을 확인하여 면접위원이 해당 능력요소 관련 질문을 제시합니다.
> - Opening Question
>   - 능력요소에 관련된 과거 경험을 유도하기 위한 시작 질문을 합니다.
> - Follow-up Question
>   - 지원자의 경험 수준을 구체적으로 검증하기 위한 질문입니다.
>   - 경험 수준 검증을 위한 상황(Situation), 임무(Task), 역할 및 노력(Action), 결과(Result) 등으로 질문을 구분합니다.

경험 면접의 형태

〈일대다 면접〉 **〈다대다 면접〉**

② 경험 면접의 구조

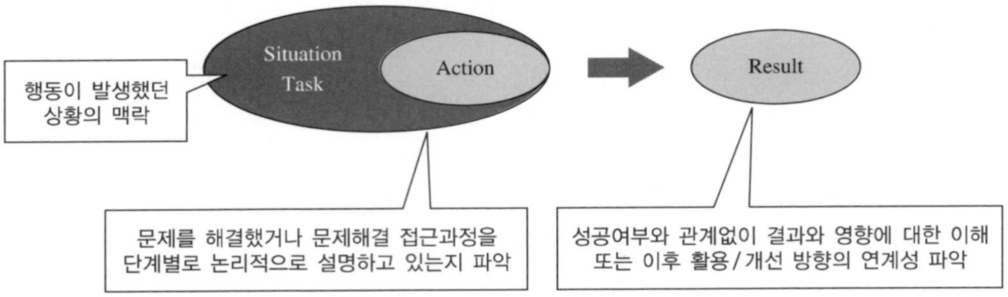

S(Situation)	귀하가 처해 있던 상황에 대해 말해 보시오.
T(Task)	귀하가 수행한 과제 / 과업은 무엇인가?
A(Action)	어떻게 행동(대응)했는가?
R(Result)	그 행동의 결과는 어땠는가?

(　　　　)에 관한 과거 경험에 대하여 말해 보시오.

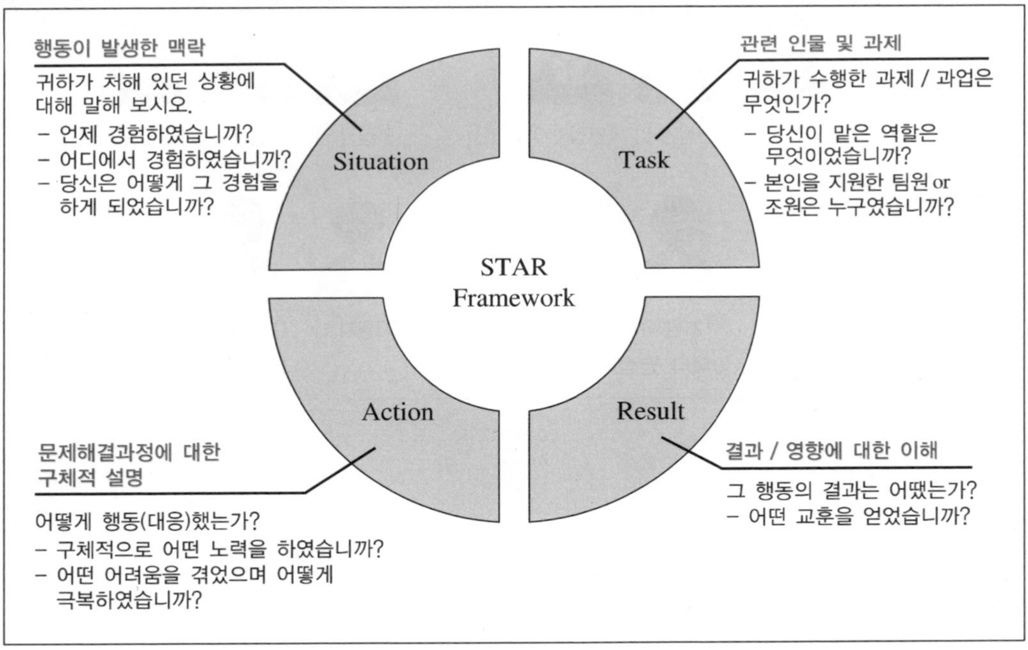

③ 경험 면접 질문 예시(직업윤리)

시작 질문	
1	남들이 신경 쓰지 않는 부분까지 고려하여 절차대로 업무(연구)를 수행하여 성과를 낸 경험을 구체적으로 말해 보시오.
2	조직의 원칙과 절차를 철저히 준수하며 업무(연구)를 수행한 것 중 성과를 향상시킨 경험에 대해 구체적으로 말해 보시오.
3	세부적인 절차와 규칙에 주의를 기울여 실수 없이 업무(연구)를 마무리한 경험을 구체적으로 말해 보시오.
4	조직의 규칙이나 원칙을 고려하여 성실하게 일했던 경험을 구체적으로 말해 보시오.
5	타인의 실수를 바로잡고 원칙과 절차대로 수행하여 성공적으로 업무를 마무리하였던 경험에 대해 말해 보시오.

후속 질문		
상황 (Situation)	상황	구체적으로 언제, 어디에서 경험한 일인가?
		어떤 상황이었는가?
	조직	어떤 조직에 속해 있었는가?
		그 조직의 특성은 무엇이었는가?
		몇 명으로 구성된 조직이었는가?
	기간	해당 조직에서 얼마나 일했는가?
		해당 업무는 몇 개월 동안 지속되었는가?
	조직규칙	조직의 원칙이나 규칙은 무엇이었는가?
임무 (Task)	과제	과제의 목표는 무엇이었는가?
		과제에 적용되는 조직의 원칙은 무엇이었는가?
		그 규칙을 지켜야 하는 이유는 무엇이었는가?
	역할	당신이 조직에서 맡은 역할은 무엇이었는가?
		과제에서 맡은 역할은 무엇이었는가?
	문제의식	규칙을 지키지 않을 경우 생기는 문제점 / 불편함은 무엇인가?
		해당 규칙이 왜 중요하다고 생각하였는가?
역할 및 노력 (Action)	행동	업무 과정의 어떤 장면에서 규칙을 철저히 준수하였는가?
		어떻게 규정을 적용시켜 업무를 수행하였는가?
		규정은 준수하는 데 어려움은 없었는가?
	노력	그 규칙을 지키기 위해 스스로 어떤 노력을 기울였는가?
		본인의 생각이나 태도에 어떤 변화가 있었는가?
		다른 사람들은 어떤 노력을 기울였는가?
	동료관계	동료들은 규칙을 철저히 준수하고 있었는가?
		팀원들은 해당 규칙에 대해 어떻게 반응하였는가?
		규칙에 대한 태도를 개선하기 위해 어떤 노력을 하였는가?
		팀원들의 태도는 당신에게 어떤 자극을 주었는가?
	업무추진	주어진 업무를 추진하는 데 규칙이 방해되진 않았는가?
		업무수행 과정에서 규정을 어떻게 적용하였는가?
		업무 시 규정을 준수해야 한다고 생각한 이유는 무엇인가?

결과 (Result)	평가	규칙을 어느 정도나 준수하였는가?
		그렇게 준수할 수 있었던 이유는 무엇이었는가?
		업무의 성과는 어느 정도였는가?
		성과에 만족하였는가?
		비슷한 상황이 온다면 어떻게 할 것인가?
	피드백	주변 사람들로부터 어떤 평가를 받았는가?
		그러한 평가에 만족하는가?
		다른 사람에게 본인의 행동이 영향을 주었다고 생각하는가?
	교훈	업무수행 과정에서 중요한 점은 무엇이라고 생각하는가?
		이 경험을 통해 느낀 바는 무엇인가?

2. 상황 면접

① 상황 면접의 특징

직무 관련 상황을 가정하여 제시하고 이에 대한 대응능력을 직무관련성 측면에서 평가하는 면접입니다.

- 상황 면접 과제의 구성은 크게 2가지로 구분
  - 상황 제시(Description) / 문제 제시(Question or Problem)
- 현장의 실제 업무 상황을 반영하여 과제를 제시하므로 직무분석이나 직무전문가 워크숍 등을 거쳐 현장성을 높임
- 문제는 상황에 대한 기본적인 이해능력(이론적 지식)과 함께 실질적 대응이나 변수 고려능력(실천적 능력) 등을 고르게 질문해야 함

상황 면접의 형태

② 상황 면접 예시

상황 제시	인천공항 여객터미널 내에는 다양한 용도의 시설(사무실, 통신실, 식당, 전산실, 창고 면세점 등)이 설치되어 있습니다.	실제 업무 상황에 기반함
	금년에 소방배관의 누수가 잦아 메인 배관을 교체하는 공사를 추진하고 있으며, 당신은 이번 공사의 담당자입니다.	배경 정보
	주간에는 공항 운영이 이루어져 주로 야간에만 배관 교체 공사를 수행하던 중, 시공하는 기능공의 실수로 배관 연결 부위를 잘못 건드려 고압배관의 소화수가 누출되는 사고가 발생하였으며, 이로 인해 인근 시설물에 누수에 의한 피해가 발생하였습니다.	구체적인 문제 상황
문제 제시	일반적인 소방배관의 배관연결(이음)방식과 배관의 이탈(누수)이 발생하는 원인에 대해 설명해 보시오.	문제 상황 해결을 위한 기본 지식 문항
	담당자로서 본 사고를 현장에서 긴급히 처리하는 프로세스를 제시하고, 보수완료 후 사후적 조치가 필요한 부분 및 재발방지 방안에 대해 설명해 보시오.	문제 상황 해결을 위한 추가 대응 문항

3. 발표 면접

① 발표 면접의 특징

- 직무관련 주제에 대한 지원자의 생각을 정리하여 의견을 제시하고, 발표 및 질의응답을 통해 지원자의 직무능력을 평가하는 면접입니다.
- 발표 주제는 직무와 관련된 자료로 제공되며, 일정 시간 후 지원자가 보유한 지식 및 방안에 대한 발표 및 후속 질문을 통해 직무적합성을 평가합니다.

> - 주요 평가요소
>   - 설득적 말하기 / 발표능력 / 문제해결능력 / 직무관련 전문성
> - 이미 언론을 통해 공론화된 시사 이슈보다는 해당 직무분야에 관련된 주제가 발표면접의 과제로 선정되는 경우가 최근 들어 늘어나고 있음
> - 짧은 시간 동안 주어진 과제를 빠른 속도로 분석하여 발표문을 작성하고 제한된 시간 안에 면접관에게 효과적인 발표를 진행하는 것이 핵심

발표 면접의 형태

〈개별 과제 발표〉 〈팀 과제 발표〉

※ 면접관에게 시각적 효과를 사용하여 메시지를 전달하는 쌍방향 커뮤니케이션 방식

※ 심층면접을 보완하기 위한 방안으로 최근 많은 기업에서 적극 도입하는 추세

② 발표 면접 예시

1. 지시문

당신은 현재 A사에서 직원들의 성과평가를 담당하고 있는 팀원이다. 인사팀은 지난주부터 사내 조직문화관련 인터뷰를 하던 도중 성과평가제도에 관련된 개선 니즈가 제일 많다는 것을 알게 되었다. 이에 팀장님은 인터뷰 결과를 종합하려 성과평가제도 개선 아이디어를 A4용지에 정리하여 신속 보고할 것을 지시하셨다. 당신에게 남은 시간은 1시간이다. 자료를 준비하는 대로 당신은 팀원들이 모인 회의실에서 5분 간 발표할 것이며, 이후 질의응답을 진행할 것이다.

2. 배경자료

〈성과평가제도 개선에 대한 인터뷰〉

최근 A사는 회사 사세의 급성장으로 인해 작년보다 매출이 두 배 성장하였고, 직원 수 또한 두 배로 증가하였다. 회사의 성장은 임금, 복지에 대한 상승 등 긍정적인 영향을 주었으나 업무의 불균형 및 성과보상의 불평등 문제가 발생하였다. 또한 수시로 입사하는 신입직원과 경력직원, 퇴사하는 직원들까지 인원들의 잦은 변동으로 인해 평가해야 할 대상이 변경되어 현재의 성과평가제도로는 공정한 평가가 어려운 상황이다.

[생산부서 김상호]
우리 팀은 지난 1년 동안 생산량이 급증했기 때문에 수십 명의 신규인력이 급하게 채용되었습니다. 이 때문에 저희 팀장님은 신규 입사자들의 이름조차 기억 못할 때가 많이 있습니다. 성과평가를 제대로 하고 있는지 의문이 듭니다.

[마케팅 부서 김흥민]
개인의 성과평가의 취지는 충분히 이해합니다. 그러나 현재 평가는 실적기반이나 정성적인 평가가 많이 포함되어 있어 객관성과 공정성에는 의문이 드는 것이 사실입니다. 이러한 상황에서 평가제도를 재수립하지 않고, 인센티브에 계속 반영한다면, 평가제도에 대한 반감이 커질 것이 분명합니다.

[교육부서 홍경민]
현재 교육부서는 인사팀과 밀접하게 일하고 있습니다. 그럼에도 인사팀에서 실시하는 성과평가제도에 대한 이해가 부족한 것 같습니다.

[기획부서 김경호 차장]
저는 저의 평가자 중 하나가 연구부서의 팀장님인데, 일 년에 몇 번 같이 일하지 않는데 어떻게 저를 평가할 수 있을까요? 특히 연구팀은 저희가 예산을 배정하는데, 저에게는 좋지만….

4. 토론 면접

① 토론 면접의 특징

• 다수의 지원자가 조를 편성해 과제에 대한 토론(토의)을 통해 결론을 도출해가는 면접입니다.
• 의사소통능력, 팀워크, 종합인성 등의 평가에 용이합니다.

> • 주요 평가요소
>   – 설득적 말하기, 경청능력, 팀워크, 종합인성
> • 의견 대립이 명확한 주제 또는 채용분야의 직무 관련 주요 현안을 주제로 과제 구성
> • 제한된 시간 내 토론을 진행해야 하므로 적극적으로 자신 있게 토론에 임하고 본인의 의견을 개진할 수 있어야 함

토론 면접의 형태

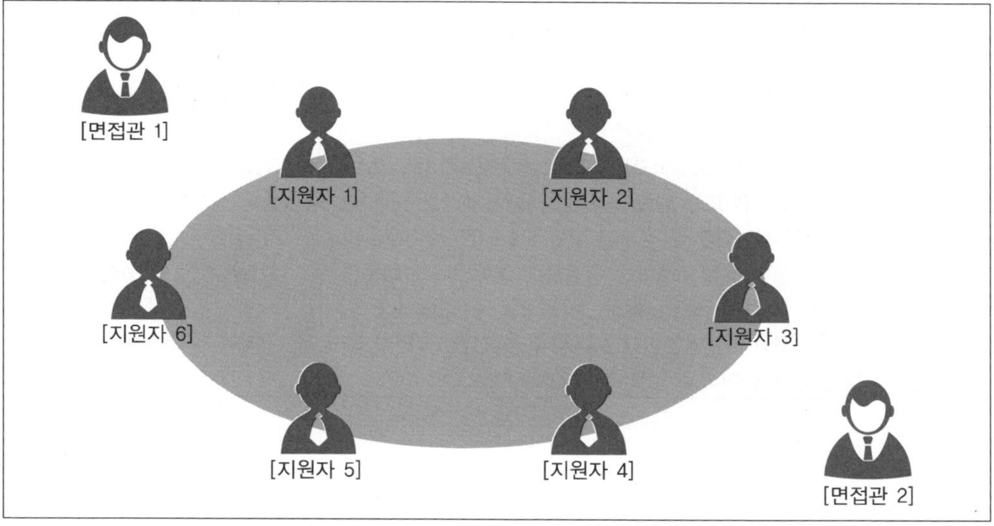

② 토론 면접 예시

고객 불만 고충처리

1. 들어가며

최근 우리 상품에 대한 고객 불만의 증가로 고객고충처리 TF가 만들어졌고 당신은 여기에 지원해 배치받았다. 당신의 업무는 불만을 가진 고객을 만나서 애로사항을 듣고 처리해 주는 일이다. 주된 업무로는 고객의 니즈를 파악해 방향성을 제시해 주고 그 해결책을 마련하는 일이다. 하지만 경우에 따라서 고객의 주관적인 의견으로 인해 제대로 된 방향으로 의사결정을 하지 못할 때가 있다. 이럴 경우 설득이나 논쟁을 해서라도 의견을 관철시키는 것이 좋을지 아니면 고객의 의견대로 진행하는 것이 좋을지 결정해야 할 때가 있다. 만약 당신이라면 이러한 상황에서 어떤 결정을 내릴 것인지 여부를 자유롭게 토론해 보시오.

2. 1분 자유 발언 시 준비사항

- 당신은 의견을 자유롭게 개진할 수 있으며 이에 따른 불이익은 없습니다.
- 토론의 방향성을 이해하고, 내용의 장점과 단점이 무엇인지 문제를 명확히 말해야 합니다.
- 합리적인 근거에 기초하여 개선방안을 명확히 제시해야 합니다.
- 제시한 방안을 실행 시 예상되는 긍정적·부정적 영향요인도 동시에 고려할 필요가 있습니다.

3. 토론 시 유의사항

- 토론 주제문과 제공해드린 메모지, 볼펜만 가지고 토론장에 입장할 수 있습니다.
- 사회자의 지정 또는 발표자가 손을 들어 발언권을 획득할 수 있으며, 사회자의 통제에 따릅니다.
- 토론회가 시작되면, 팀의 의견과 논거를 정리하여 1분간의 자유발언을 할 수 있습니다. 순서는 사회자가 지정합니다. 이후에는 자유롭게 상대방에게 질문하거나 답변을 하실 수 있습니다.
- 핸드폰, 서적 등 외부 매체는 사용하실 수 없습니다.
- 논제에 벗어나는 발언이나 지나치게 공격적인 발언을 할 경우, 위에서 제시한 유의사항을 지키지 않을 경우 불이익을 받을 수 있습니다.

03 면접 Role Play

1. 면접 Role Play 편성

- 교육생끼리 조를 편성하여 면접관과 지원자 역할을 교대로 진행합니다.
- 지원자 입장과 면접관 입장을 모두 경험해 보면서 면접에 대한 적응력을 높일 수 있습니다.

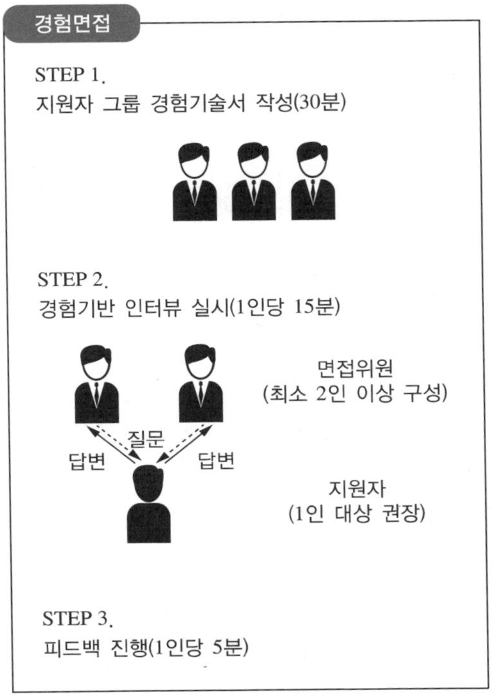

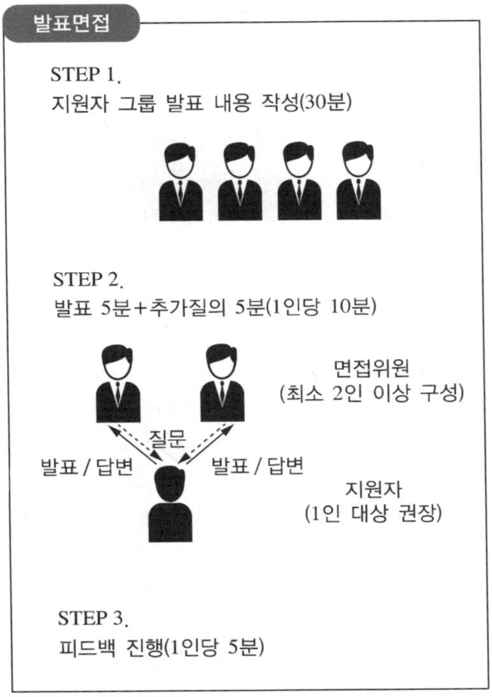

Tip

면접 준비하기

1. 면접 유형 확인 필수
   - 기업마다 면접 유형이 상이하기 때문에 해당 기업의 면접 유형을 확인하는 것이 좋음
   - 일반적으로 실무진 면접, 임원면접 2차례에 거쳐 면접을 실시하는 기업이 많고 실무진 면접과 임원면접에서 평가요소가 다르기 때문에 유형에 맞는 준비방법이 필요
2. 후속 질문에 대한 사전 점검
   - 블라인드 채용 면접에서는 주요 질문과 함께 후속 질문을 통해 지원자의 직무능력을 판단
     → STAR 기법을 통한 후속 질문에 미리 대비하는 것이 필요

CHAPTER

05 최신 면접 기출질문

1. 창원시설공단

- 1분 자기소개를 해 보시오.
- 창원시설공단에 입사 후 제일 중요한 가치는 무엇이라고 생각하는지 말해 보시오.
- 직무 외적으로 어떤 특기가 있으며, 이를 직무에 어떻게 활용하고 기여할 것인지 말해 보시오.

2. SH 서울주택도시공사

- 서울시가 녹색 에너지를 확대하기 위해 해야 할 노력이 무엇인지 말해 보시오.
- 서울주택도시공사에서 진행하는 사업의 개선점에 대해 말해 보시오.
- 서울주택도시공사가 새롭게 실시해야 할 사업이 무엇이라고 생각하는지 말해 보시오.
- 청렴도를 높이기 위해 어떠한 부서에서 해당 사업을 기획해야 하는지 말해 보시오.
- 공직자로서 갖추어야 할 자세는 무엇이라고 생각하는지 말해 보시오.
- 팀의 목표를 달성하기 위해 어떠한 노력을 했는지 말해 보시오.
- 살면서 가장 어려웠던 경험은 무엇이며, 이를 어떻게 극복했는지 말해 보시오.
- 서울주택도시공사의 최근 이슈를 아는 대로 설명해 보시오.
- 서울주택도시공사의 주요 사업이 무엇이라고 생각하는지 말해 보시오.
- 서울주택도시공사의 기존 이미지를 바꾸기 위한 방안을 말해 보시오.
- 조직에서 협동했던 경험에 대해 말해 보시오.
- 서울주택도시공사의 사업에 대해 아는 대로 설명해 보시오.
- 공기업에서 가장 필요한 역량이 무엇이라고 생각하는지 말해 보시오.
- 인프라에 대해 아는 대로 설명해 보시오.

3. 대전도시공사

- 임원들과의 소통 시 어려움이 생길 경우 어떻게 해결할 것인지 말해 보시오.
- 삶의 마지막 순간에 어떠한 사람으로 기억되고 싶은지 말해 보시오.
- 타인과 협업하면서 힘들었던 경험에 대해 말해 보시오.
- 청렴에 대한 본인의 생각을 말해 보시오.
- 책임감에 대한 본인의 생각을 말해 보시오.
- 대전도시공사에 입사 후 담당하고 싶은 직무에 대해 말해 보시오.
- 4차 산업혁명에 대한 본인의 생각을 말해 보시오.
- 본인이 가장 존경하는 사람에 대해 말해 보시오.
- 대전도시공사에 입사 후 어떠한 마음가짐으로 임할 것인지 말해 보시오.
- 대전도시공사에 기여하고자 하는 바와 그 이유를 말해 보시오.

4. 부산도시공사

- 도시재생 사업에 대해 아는 대로 설명해 보시오.
- 현 정부와 전 정부 사업의 특성을 비교해서 말해 보시오.
- 본인이 응시한 직무에서 현재 수행하고 있는 사업에 대해 아는 대로 설명해 보시오.
- 본인의 장점에 대해 말해 보시오.
- 업무능력을 개발하기 위해 어떠한 노력을 했는지 말해 보시오.
- 부산도시공사의 사업 중 가장 관심 있는 사업이 무엇인지 말해 보시오.
- 조직에서 효율성을 발휘했던 경험에 대해 말해 보시오.
- 본인의 아이디어로 어려운 상황을 해결했던 경험에 대해 말해 보시오.
- 불합리한 상황을 극복했던 경험에 대해 말해 보시오.

5. 의왕도시공사

- 상사와의 갈등이 생길 경우 어떻게 해결할 것인지 말해 보시오.
- 신입사원으로서 가장 필요한 자세는 무엇이라고 생각하는지 말해 보시오.
- 남들이 생각하지 못한 부분을 생각해 개선했던 경험에 대해 말해 보시오.
- 일하면서 힘들었던 경험에 대해 말해 보시오.
- 무언가를 실패했던 경험에 대해 말해 보시오.

6. 인천도시공사

- 갈등이 생길 경우 어떻게 대처할 것인지 구체적인 사례와 함께 말해 보시오.
- 본인의 장단점과 그에 대한 사례를 말해 보시오.
- 협업이란 무엇인지 키워드로 말해 보시오.
- 인천도시공사가 특정 상황에 처했을 때 어떻게 대처할 것인지 말해 보시오.
- 인천도시공사에 입사 후 어떻게 기여할 것인지 말해 보시오.
- 국위 선양한 예술인들의 군 면제에 대한 본인의 생각을 말해 보시오.
- 살면서 가장 인상 깊었던 일이 무엇인지 말해 보시오.
- 최근 가장 힘들었던 경험에 대해 말해 보시오.
- 최근 타인과 어떠한 유대 관계를 맺어 왔는지 말해 보시오.
- 본인이 먼저 희생해서 좋은 결과를 이루었던 경험에 대해 말해 보시오.
- 본인이 조직에서 업무를 가장 잘할 수 있는 분위기는 무엇인지 말해 보시오.
- 인천도시공사에 입사하기 위해 어떠한 노력을 했는지 말해 보시오.

7. 춘천도시공사

- 본인을 채용해야 하는 이유를 말해 보시오.
- 상사의 지시가 본인의 의견과 다를 경우 어떻게 대처할 것인지 말해 보시오.
- 공직자로서 가장 필요한 자세는 무엇이라고 생각하는지 말해 보시오.
- 공기업 직원으로서 가져야 할 핵심 역량이 무엇이라고 생각하는지 한 가지를 골라 말해 보시오.
- 본인만의 강점에 대해 말해 보시오.
- 신입사원으로서 가장 중요한 덕목은 무엇이라고 생각하는지 말해 보시오.

8. 평택도시공사

- 상사와의 갈등이 생길 경우 어떻게 해결할 것인지 말해 보시오.
- 10년 후 본인의 모습을 상상해서 말해 보시오.
- 평택도시공사의 발전 가능성에 대해 말해 보시오.
- 본인이 가장 존경하는 사람에 대해 말해 보시오.
- 학창 시절 본인의 성격과 현재 본인의 성격을 비교해서 말해 보시오.
- 평택도시공사에 지원한 이유를 말해 보시오.
- 평택도시공사의 사업 중 가장 관심 있는 사업이 무엇인지 말해 보시오.
- 토지 보상과 같은 민원이 발생했을 경우 어떻게 대처할 것인지 말해 보시오.
- 조직에서 잘 적응하기 위한 다짐을 말해 보시오.
- 1분 자기소개를 해 보시오.
- 악성 민원인에 대한 본인만의 응대 방법을 말해 보시오.

9. 하남도시공사

- 겨울철 콘크리트 타설에 대해 아는 대로 설명해 보시오.
- 팀워크의 중요성에 대해 말해 보시오.
- 하남도시공사에 입사 후 어떻게 업무를 수행할 것인지 말해 보시오.
- 역량을 키우기 위해 어떠한 노력을 했는지 말해 보시오.
- 하남도시공사가 나아가야 할 방향에 대해 말해 보시오.

10. 대구도시개발공사

- 대구도시개발공사의 가치는 무엇이라고 생각하는지 말해 보시오.
- 대구도시개발공사에 입사 후 원하는 부서와 그 이유를 말해 보시오.
- 대구도시개발공사가 국민들에게 알려지기 위한 방안을 말해 보시오.
- 1분 자기소개를 해 보시오.
- 상사가 부당한 일을 시킬 경우 어떻게 대처할 것인지 말해 보시오.
- 본인의 역량으로 대구도시개발공사에 어떻게 기여할 것인지 말해 보시오.
- 민원을 처리했던 경험에 대해 말해 보시오.

"오늘 당신의 노력은 아름다운 꽃의 물이 될 것입니다."

그러나, 이 꽃을 볼 때 사람들은 이 꽃의 아름다움과 향기만을 사랑하고 칭찬하였지, 이 꽃을 그렇게 아름답게 어여쁘게 만들어 주는 병 속의 물은 조금도 생각지 않는 것이 보통입니다.

만일 이 꽃병 속에 들어 있는 물을 죄다 쏟아 버리고 빈 병에다 이 꽃을 꽂아 보십시오.

아무리 아름답고 어여쁜 꽃이기로서니 단 한 송이의 꽃을 피울 수 있으며, 단 한 번이라도 꽃 향기를 날릴 수 있겠습니까?

우리는 여기서 아무리 본바탕이 좋고 아름다운 꽃이라도 보이지 않는 물의 숨은 힘이 없으면 도저히 그 빛과 향기를 자랑할 수 없는 것을 알았습니다.

– 방정환의 「우리 뒤에 숨은 힘」 중 –

교육은 우리 자신의 무지를 점차 발견해 가는 과정이다.

– 윌 듀란트 –

현재 나의 실력을 객관적으로 파악해 보자!

모바일 OMR

답안채점 / 성적분석 서비스

도서에 수록된 모의고사에 대한 객관적인 결과(정답률, 순위)를 종합적으로 분석하여 제공합니다.

OMR 입력

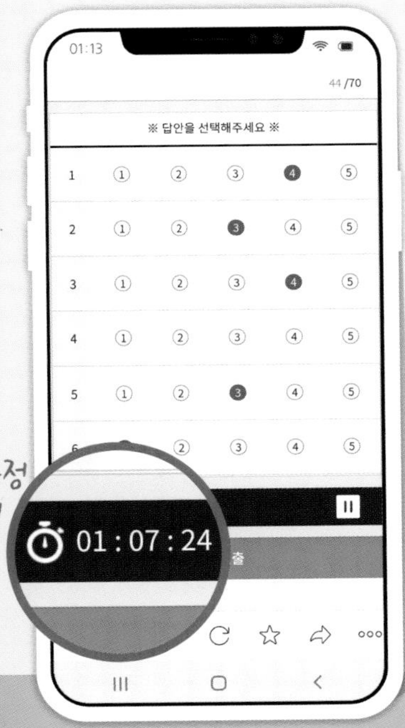

성적분석

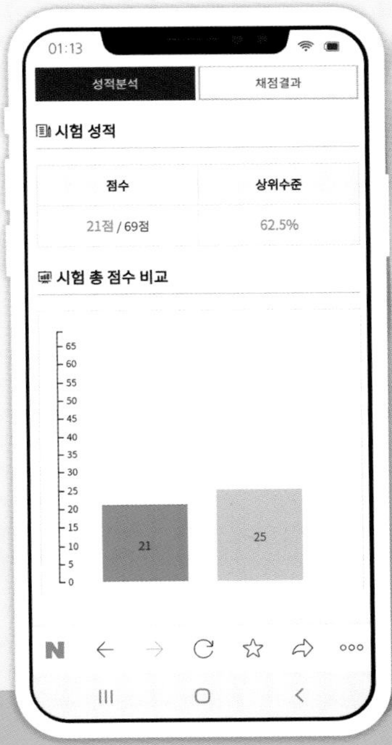

채점결과

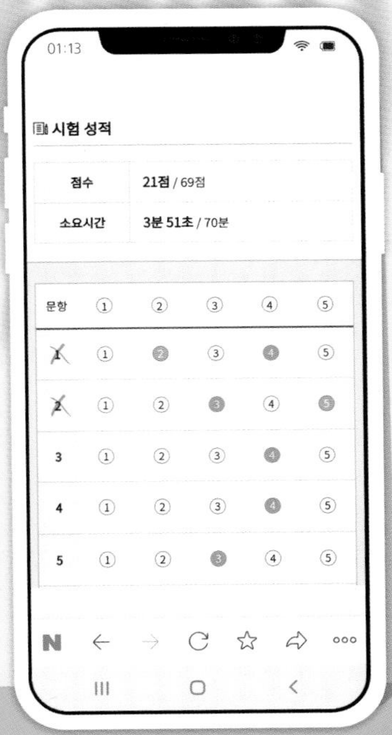

※OMR 답안채점 / 성적분석 서비스는 등록 후 30일간 사용 가능합니다.

도서 내 모의고사 우측 상단에 위치한 QR코드 찍기 → 로그인 하기 → '시작하기' 클릭 → '응시하기' 클릭 → 나의 답안을 모바일 OMR 카드에 입력 → '성적분석 & 채점결과' 클릭 → 현재 내 실력 확인하기

2025
전면개정판

시설공단 도시공사 개발공사

누적판매량 1위 기업별 NCS 시리즈

통합편

NCS + 일반상식 + 모의고사 5회

정답 및 해설

부산시설공단 / 서울물재생시설공단 / 서울시설공단 / 세종시설공단 / 울산시설공단 / 전주시설공단 / 창원시설공단 / SH 서울주택도시공사 / 과천도시공사 / 광명도시공사 / 구리도시공사 / 구미도시공사 / 군포도시공사 / 남양주도시공사 / 대전도시공사 / 부산도시공사 / 수원도시공사 / 안산도시공사 / 안양도시공사 / 용인도시공사 / 의왕도시공사 / 의정부도시공사 / 인천도시공사 / 천안도시공사 / 춘천도시공사 / 평택도시공사 / 하남도시공사 / 화성도시공사 / 거제해양관광개발공사 / 경남개발공사 / 김해시도시개발공사 / 대구도시개발공사 / 새만금개발공사 / 전남개발공사 / 전북개발공사 / 제주도개발공사

합격의 모든 것!

안심도서 항균99.9%

시대에듀

Add+

2024년 주요 공기업 NCS 기출복원문제

2024 주요 공기업 NCS 기출복원문제

01	02	03	04	05	06	07	08	09	10	11	12	13	14	15	16	17	18	19	20
③	④	⑤	③	②	③	①	③	④	⑤	②	③	③	①	④	②	①	⑤	①	②
21	22	23	24	25	26	27	28	29	30	31	32	33	34	35	36	37	38	39	40
①	④	③	③	②	④	③	②	②	④	②	④	③	④	①	②	④	③	②	③
41	42	43	44	45	46	47	48	49	50										
③	③	③	⑤	②	③	②	②	①	⑤										

01

정답 ③

제시된 시는 신라시대 6두품 출신의 문인인 최치원이 지은 『촉규화』이다. 최치원은 자신을 향기 날리는 탐스런 꽃송이에 비유하여 뛰어난 학식과 재능을 뽐내고 있지만, 수레와 말 탄 사람에 비유한 높은 지위의 사람들이 자신을 외면하는 현실을 한탄하고 있다.

최치원

신라시대 6두품 출신의 문인으로, 12세에 당나라로 유학을 간 후 6년 만에 당의 빈공과에 장원으로 급제할 정도로 학문적 성취가 높았다. 그러나 당나라에서 제대로 인정을 받지 못했으며, 신라에 돌아와서도 6두품이라는 출신의 한계로 원하는 만큼의 관직에 오르지는 못하였다. 『촉규화』는 최치원이 당나라 유학시절에 지은 시로 알려져 있으며, 자신을 알아주지 않는 시대에 대한 개탄을 담고 있다. 최치원은 인간 중심의 보편성과 그에 따른 다양성을 강조하였으며, 신라의 쇠퇴로 인해 이러한 그의 정치 이념과 사상은 신라 사회에서는 실현되지 못하였으나 이후 고려 국가의 체제 정비에 영향을 미쳤다.

02

정답 ④

네 번째 문단에서 백성들이 적지 않고, 토산품이 구비되어 있지만 이로운 물건이 세상에 나오지 않고, 그렇게 하는 방법을 모르기 때문에 경제를 윤택하게 하는 것 자체를 모른다고 하였다. 따라서 조선의 경제가 윤택하지 못한 이유를 생산량의 부족이 아니라 유통의 부재로 보고 있다.

오답분석

① 세 번째 문단에서 쓸모없는 물건을 사용하여 유용한 물건을 유통하고 거래하지 않는다면 유용한 물건들이 대부분 한 곳에 묶여서 고갈될 것이라고 하며 유통이 원활하지 않은 현실을 비판하고 있다.
② 세 번째 문단에서 옛날의 성인과 제왕은 유통의 중요성을 알고 있었기 때문에 주옥과 화폐 등의 물건을 조성하여 재물이 원활하게 유통될 수 있도록 노력했다고 하며 재물 유통을 위한 성현들의 노력을 제시하고 있다.
③ 여섯 번째 문단에서 재물을 우물에 비유하여 설명하고 있다. 재물의 소비를 하지 않으면 물을 길어내지 않는 우물처럼 말라버릴 것이며, 소비를 한다면 물을 퍼내는 우물처럼 물이 가득할 것이라며 재물에 대한 소비가 경제의 규모를 늘릴 것이라고 강조하고 있다.
⑤ 여섯 번째 문단에서 비단옷을 입지 않으면 비단을 짜는 사람과 베를 짜는 여인 등 관련 산업 자체가 황폐해질 것이라고 하고 있다. 따라서 산업의 발전을 위한 적당한 사치(소비)가 있어야 함을 제시하고 있다.

03

정답 ⑤

'말로는 친한 듯 하나 속으로는 해칠 생각이 있음'을 뜻하는 한자성어는 '口蜜腹劍(구밀복검)'이다.
• 刻舟求劍(각주구검) : 융통성 없이 현실에 맞지 않는 낡은 생각을 고집하는 어리석음

오답분석

① 水魚之交(수어지교) : 아주 친밀하여 떨어질 수 없는 사이
② 結草報恩(결초보은) : 죽은 뒤에라도 은혜를 잊지 않고 갚음
③ 靑出於藍(청출어람) : 제자나 후배가 스승이나 선배보다 나음
④ 指鹿爲馬(지록위마) : 윗사람을 농락하여 권세를 마음대로 함

04

정답 ③

③에서 '뿐이다'는 체언(명사, 대명사, 수사)인 '셋'을 수식하므로 조사로 사용되었다. 따라서 앞말과 붙여 써야 한다.

오답분석

① 종결어미 '-는지'는 앞말과 붙여 써야 한다.
② '만큼'은 용언(동사, 형용사)인 '애쓴'을 수식하므로 의존명사로 사용되었다. 따라서 앞말과 띄어 써야 한다.
④ '큰지'와 '작은지'는 모두 연결어미 '-ㄴ지'로 쓰였으므로 앞말과 붙여 써야 한다.
⑤ '-판'은 앞의 '씨름'과 합성어를 이루므로 붙여 써야 한다.

05

정답 ②

'채이다'는 '차이다'의 잘못된 표기이다. 따라서 '차였다'로 표기해야 한다.
• 차이다 : 주로 남녀 관계에서 일방적으로 관계가 끊기다.

오답분석

① 금세 : 지금 바로. '금시에'의 준말
③ 핼쑥하다 : 얼굴에 핏기가 없고 파리하다.
④ 낯설다 : 전에 본 기억이 없어 익숙하지 아니하다.
⑤ 곰곰이 : 여러모로 깊이 생각하는 모양

06

정답 ③

한자어에서 'ㄹ' 받침 뒤에 연결되는 'ㄷ, ㅅ, ㅈ'은 된소리로 발음되므로 [몰쌍식]으로 발음해야 한다.

오답분석

①・④ 받침 'ㄴ'은 'ㄹ'의 앞이나 뒤에서 [ㄹ]로 발음하지만, 결단력, 공권력, 상견례 등에서는 [ㄴ]으로 발음한다.
② 받침 'ㄱ(ㄲ, ㅋ, ㄳ, ㄺ), ㄷ(ㅅ, ㅆ, ㅈ, ㅊ, ㅌ, ㅎ), ㅂ(ㅍ, ㄼ, ㄿ, ㅄ)'은 'ㄴ, ㅁ' 앞에서 [ㅇ, ㄴ, ㅁ]으로 발음한다.
⑤ 받침 'ㄷ, ㅌ(ㄾ)'이 조사나 접미사의 모음 'ㅣ'와 결합되는 경우에는 [ㅈ, ㅊ]으로 바꾸어서 뒤 음절 첫소리로 옮겨 발음한다.

07

정답 ①

$865\times865+865\times270+135\times138-405$
$=865\times865+865\times270+135\times138-135\times3$
$=865\times(865+270)+135\times(138-3)$
$=865\times1,135+135\times135$
$=865\times(1,000+135)+135\times135$
$=865\times1,000+(865+135)\times135$
$=865,000+135,000$
$=1,000,000$

따라서 식을 계산하여 나온 수의 백의 자리는 0, 십의 자리는 0, 일의 자리는 0이다.

08

정답 ③

터널의 길이를 xm라 하면 다음과 같은 식이 성립한다.

$\frac{x+200}{60}:\frac{x+300}{90}=10:7$

$\frac{x+300}{90}\times 10=\frac{x+200}{60}\times 7$

→ $600(x+300)=630(x+200)$

→ $30x=54,000$

∴ $x=1,800$

따라서 터널의 길이는 1,800m이다.

09

정답 ④

나열된 수의 규칙은 (첫 번째 수)×[(두 번째 수)−(세 번째 수)]=(네 번째 수)이다.

따라서 빈칸에 들어갈 수는 9×(16−9)=63이다.

10

정답 ⑤

제시된 수열은 +3, +5, +7, +9, … 씩 증가하는 수열이다.

따라서 빈칸에 들어갈 수는 97+21=118이다.

11

정답 ②

A반과 B반 모두 2번의 경기를 거쳐 결승에 만나는 경우는 다음과 같다.

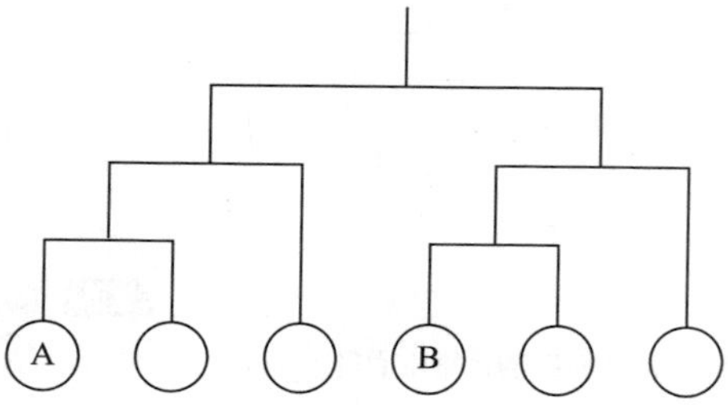

이때 남은 네 반을 배치할 때마다 모두 다른 경기가 진행되므로 구하고자 하는 경우의 수는 4!=24가지이다.

12

정답 ③

첫 번째 조건에 따라 ①, ②는 70대 이상에서 도시의 여가생활 만족도(1.7점)가 같은 연령대의 농촌(ㄹ) 만족도(3.5점)보다 낮으므로 제외되고, 두 번째 조건에 따라 도시에서 10대의 여가생활 만족도는 농촌에서 10대(1.8점)의 2배보다 높으므로 1.8×2=3.6점을 초과해야 하나 ④는 도시에서 10대(ㄱ)의 여가생활 만족도가 3.5점이므로 제외된다. 또한, 세 번째 조건에 따라 ⑤는 도시에서 여가생활 만족도가 가장 높은 연령대인 40대(3.9점)보다 30대(ㄴ)가 4.0점으로 높으므로 제외된다.

따라서 마지막 조건까지 만족하는 것은 ③이다.

13

정답 ③

가격을 10,000원 인상할 때 판매량은 (10,000−160)개이고, 20,000원 인상할 때 판매량은 (10,000−320)개이다. 또한, 가격을 10,000원 인하할 때 판매량은 (10,000+160)개이고, 20,000원 인하할 때 판매량은 (10,000+320)개이다. 그러므로 가격이 $(500,000+10,000x)$원일 때 판매량은 $(10,000-160x)$개이므로, 총 판매금액을 y원이라 하면 $(500,000+10,000x)\times(10,000-160x)$원이 된다.

y는 x에 대한 이차식이므로 이를 표준형으로 표현하면 다음과 같다.

$$y=(500,000+10,000x)\times(10,000-160x)$$
$$=-1,600,000\times(x+50)\times(x-62.5)$$
$$=-1,600,000\times(x^2-12.5x-3,125)$$
$$=-1,600,000\times\left(x-\frac{25}{4}\right)^2+1,600,000\times\left(\frac{25}{4}\right)^2+1,600,000\times3,125$$

따라서 $x=\frac{25}{4}$일 때 총 판매금액이 최대이지만 가격은 10,000원 단위로만 변경할 수 있으므로 $\frac{25}{4}$와 가장 가까운 자연수인 $x=6$일 때 총 판매금액이 최대가 되고, 제품의 가격은 500,000+10,000×6=560,000원이 된다.

14

정답 ①

방사형 그래프는 여러 평가 항목에 대하여 중심이 같고 크기가 다양한 원 또는 다각형을 도입하여 구역을 나누고, 각 항목에 대한 도수 등을 부여하여 점을 찍은 후 그 점끼리 이어 생성된 다각형으로 자료를 분석할 수 있다. 따라서 방사형 그래프인 ①을 사용하면 항목별 균형을 쉽게 파악할 수 있다.

15

정답 ④

3월의 경우 K톨게이트를 통과한 영업용 승합차 수는 229천 대이고, 영업용 대형차 수는 139천 대이다.
139×2=278>229이므로 3월의 영업용 승합차 수는 영업용 대형차 수의 2배 미만이다.
따라서 모든 달에서 영업용 승합차 수는 영업용 대형차 수의 2배 이상이 아니므로 옳지 않은 설명이다.

오답분석

① 각 달의 전체 승용차 수와 전체 승합차 수의 합은 다음과 같다.

- 1월 : 3,807+3,125=6,932천 대
- 2월 : 3,555+2,708=6,263천 대
- 3월 : 4,063+2,973=7,036천 대
- 4월 : 4,017+3,308=7,325천 대
- 5월 : 4,228+2,670=6,898천 대
- 6월 : 4,053+2,893=6,946천 대
- 7월 : 3,908+2,958=6,866천 대
- 8월 : 4,193+3,123=7,316천 대
- 9월 : 4,245+3,170=7,415천 대
- 10월 : 3,977+3,073=7,050천 대
- 11월 : 3,953+2,993=6,946천 대
- 12월 : 3,877+3,040=6,917천 대

따라서 전체 승용차 수와 전체 승합차 수의 합이 가장 많은 달은 9월이고, 가장 적은 달은 2월이다.

② 4월을 제외하고 K톨게이트를 통과한 비영업용 승합차 수는 월별 3,000천 대(=300만 대)를 넘지 않는다.

③ 모든 달에서 (영업용 대형차 수)×10 ≥ (전체 대형차 수)이므로 영업용 대형차 수의 비율은 모든 달에서 전체 대형차 수의 10% 이상이다.

⑤ 승용차가 가장 많이 통과한 달은 9월이고, 이때 영업용 승용차 수의 비율은 9월 전체 승용차 수의 $\frac{140}{4,245}\times100≒3.3\%$로 3% 이상이다.

16

정답 ②

제시된 열차의 부산역 도착시간을 계산하면 다음과 같다.

• KTX
8:00(서울역 출발) → 10:30(부산역 도착)

• ITX-청춘
7:20(서울역 출발) → 8:00(대전역 도착) → 8:15(대전역 출발) → 11:05(부산역 도착)

• ITX-마음
6:40(서울역 출발) → 7:20(대전역 도착) → 7:35(대전역 출발) → 8:15(울산역 도착) → 8:30(울산역 출발) → 11:00(부산역 도착)

• 새마을호
6:30(서울역 출발) → 7:30(대전역 도착) → 7:40(ITX-마음 출발 대기) → 7:55(대전역 출발) → 8:55(울산역 도착) → 9:10(울산역 출발) → 10:10(동대구역 도착) → 10:25(동대구역 출발) → 11:55(부산역 도착)

• 무궁화호
5:30(서울역 출발) → 6:50(대전역 도착) → 7:05(대전역 출발) → 8:25(울산역 도착) → 8:35(ITX-마음 출발 대기) → 8:50(울산역 출발) → 10:10(동대구역 도착) → 10:30(새마을호 출발 대기) → 10:45(동대구역 출발) → 12:25(부산역 도착)

따라서 가장 늦게 도착하는 열차는 무궁화호로, 12시 25분에 부산역에 도착한다.

오답분석

① ITX-청춘은 11시 5분에 부산역에 도착하고, ITX-마음은 11시에 부산역에 도착한다.
③ ITX-마음은 정차역인 대전역과 울산역에서 다른 열차와 시간이 겹치지 않는다.
④ 부산역에 가장 빨리 도착하는 열차는 KTX로, 10시 30분에 도착한다.
⑤ 무궁화호는 울산역에서 8시 15분에 도착한 ITX-마음으로 인해 8시 35분까지 대기하며, 동대구역에서 10시 10분에 도착한 새마을호로 인해 10시 30분까지 대기한다.

17

정답 ①

A과장과 팀원 1명은 7시 30분까지 K공사에서 사전 회의를 가져야 하므로 8시에 출발하는 KTX만 이용할 수 있다. 남은 팀원 3명은 11시 30분까지 부산역에 도착해야 하므로 10시 30분에 도착하는 KTX, 11시 5분에 도착하는 ITX-청춘, 11시에 도착하는 ITX-마음을 이용할 수 있고, 이 중 가장 저렴한 열차를 이용해야 하므로 ITX-마음을 이용한다. 따라서 KTX 2인, ITX-마음 3인의 요금을 계산하면 (59,800×2)+(42,600×3)=119,600+127,800=247,400원이다.

18

정답 ⑤

A는 B의 부정적인 의견들을 구조화하여 B가 그러한 논리를 가지게 된 궁극적 원인인 경쟁력 부족을 찾아내었고, 이러한 원인을 해소할 수 있는 방법을 찾아 자신의 계획을 재구축하여 B에게 설명하였다. 따라서 제시문에서 나타난 논리적 사고의 구성요소는 상대 논리의 구조화이다.

오답분석

① 설득 : 논증을 통해 나의 생각을 다른 사람에게 이해·공감시키고, 타인이 내가 원하는 행동을 하도록 하는 것이다.
② 구체적인 생각 : 상대가 말하는 것을 잘 알 수 없을 때, 이미지를 떠올리거나 숫자를 활용하는 등 구체적인 방법을 활용하여 생각하는 것이다.
③ 생각하는 습관 : 논리적 사고를 개발하기 위해 일상적인 모든 것에서 의문점을 가지고 그 원인을 생각해 보는 습관이다.
④ 타인에 대한 이해 : 나와 상대의 주장이 서로 반대될 때, 상대의 주장 전부를 부정하지 않고 상대의 인격을 존중하는 것이다.

19

정답 ①

마지막 조건에 따라 C는 두 번째에 도착하게 되고, 첫 번째 조건에 따라 A－B가 순서대로 도착했으므로 A, B는 첫 번째로 도착할 수 없다. 또한 두 번째 조건에 따라 D는 E보다 늦어야 하므로 가능한 경우를 정리하면 다음과 같다.

구분	첫 번째	두 번째	세 번째	네 번째	다섯 번째
경우 1	E	C	A	B	D
경우 2	E	C	D	A	B

따라서 E는 항상 가장 먼저 도착한다.

20

정답 ②

전제 1의 전건(P)인 'TV를 오래 보면'은 후건(Q)인 '눈이 나빠진다.'가 성립하는 충분조건이며, 후건은 전건의 필요조건이 된다(P → Q). 그러나 삼단논법에서 단순히 전건을 부정한다고 해서 후건 또한 부정되지는 않는다(~ P → ~ Q, 역의 오류). 철수가 TV를 오래 보지 않아도 눈이 나빠질 수 있는 가능성은 얼마든지 있기 때문이다. 이러한 형식적 오류를 '전건 부정의 오류'라고 한다.

오답분석

① 사개명사의 오류 : 삼단논법에서 개념이 4개일 때 성립하는 오류이다(A는 B이고, A와 C는 모두 D이다. 따라서 B는 C이다).
③ 후건 긍정의 오류 : 후건을 긍정한다고 전건 또한 긍정이라고 하는 오류이다(P → Q이므로 Q → P이다. 이의 오류).
④ 선언지 긍정의 오류 : 어느 한 명제를 긍정하는 것이 필연적으로 다른 명제의 부정을 도출한다고 여기는 오류이다(A는 B와 C이므로 A가 B라면 반드시 C는 아니다. ∵ B와 C 둘 다 해당할 가능성이 있음).
⑤ 매개념 부주연의 오류 : 매개념(A)이 외연 전부(B)에 대하여 성립되지 않을 때 발생하는 오류이다(A는 B이고, C는 B이므로 A는 C이다).

21

정답 ①

K공단에서 위촉한 자문 약사는 다제약물 관리사업 대상자가 먹고 있는 약물의 복용상태, 부작용, 중복 등을 종합적으로 검토하고 그 결과를 바탕으로 상담, 교육 및 처방조정 안내를 실시한다. 또한 우리나라는 2000년에 시행된 의약 분업의 결과, 일부 예외사항을 제외하면 약사는 환자에게 약물의 처방을 할 수 없다. 따라서 약사는 환자의 약물점검 결과를 의사에게 전달하여 처방에 반영될 수 있도록 할 뿐 직접적인 처방을 할 수는 없다.

오답분석

② 다제약물 관리사업으로 인해 중복되는 약물을 파악하고 조치할 수 있다. 실제로 세 번째 문단의 다제약물 관리사업 평가에서 효능이 유사한 약물을 중복해서 복용하는 환자가 40.2% 감소되는 등의 효과가 확인되었다.
③ 다제약물 관리사업은 10종 이상의 약을 복용하는 만성질환자를 대상으로 약물관리 서비스를 제공하는 사업이다.
④ 병원의 경우 입원 및 외래환자를 대상으로 의사, 약사 등으로 구성된 다학제팀이 약물관리 서비스를 제공하는 반면, 지역사회에서는 다학제 협업 시스템이 미흡하다는 의견이 나오고 있다. 이에 K공단은 도봉구 의사회와 약사회, 전문가로 구성된 지역협의체를 구성하여 의·약사 협업 모형을 개발하였다.

22

정답 ④

제시문의 첫 번째 문단은 아토피 피부염의 정의를 나타내므로 이어서 연결될 수 있는 문단은 아토피 피부염의 원인을 설명하는 (라) 문단이다. 또한, (가) 문단의 앞부분 내용이 (라) 문단의 뒷부분과 연계되므로 (가) 문단이 다음에 오는 것이 적절하다. 그리고 (나) 문단의 첫 번째 문장에서 앞의 약물치료와 더불어 일상생활에서의 예방법을 말하고 있으므로 (나) 문단의 앞에는 아토피 피부염의 약물치료 방법인 (다) 문단이 오는 것이 가장 자연스럽다. 따라서 (라) – (가) – (다) – (나)의 순서로 나열해야 한다.

23

정답 ③

제시문은 뇌경색이 발생하는 원인과 발생했을 때 치료 방법을 소개하고 있다. 따라서 글의 주제로 가장 적절한 것은 '뇌경색의 발병 원인과 치료 방법'이다.

오답분석

① 뇌경색의 주요 증상에 대해서는 제시문에서 언급하고 있지 않다.
② 뇌경색 환자는 기전에 따라 항혈소판제나 항응고제 약물 치료를 한다고 하였지만, 글의 전체 내용을 담는 주제는 아니다.
④ 뇌경색이 발생했을 때의 조치사항은 제시문에서 언급하고 있지 않다.

24

정답 ③

2021년의 건강보험료 부과 금액은 전년 대비 69,480−63,120=6,360십억 원 증가하였다. 이는 2020년 건강보험료 부과 금액의 10%인 63,120×0.1=6,312십억 원보다 크므로 2021년의 건강보험료 부과 금액은 전년 대비 10% 이상 증가하였음을 알 수 있다. 2022년 또한 76,775−69,480=7,295십억 > 69,480×0.1=6,948십억 원이므로 건강보험료 부과 금액은 전년 대비 10% 이상 증가하였다.

오답분석

① 제시된 자료를 통해 확인할 수 있다.
② 연도별 전년 대비 1인당 건강보험 급여비 증가액을 구하면 다음과 같다.
- 2020년 : 1,400,000−1,300,000=100,000원
- 2021년 : 1,550,000−1,400,000=150,000원
- 2022년 : 1,700,000−1,550,000=150,000원
- 2023년 : 1,900,000−1,700,000=200,000원

따라서 1인당 건강보험 급여비가 전년 대비 가장 크게 증가한 해는 2023년이다.

④ 2019년 대비 2023년의 1인당 건강보험 급여비 증가율은 $\frac{1,900,000-1,300,000}{1,300,000}\times 100 \fallingdotseq 46\%$이므로 40% 이상 증가하였다.

25

정답 ②

'잎이 넓다.'를 P, '키가 크다.'를 Q, '더운 지방에서 자란다.'를 R, '열매가 많이 맺힌다.'를 S라 하면, 첫 번째 명제는 P → Q, 두 번째 명제는 ～P → ～R, 네 번째 명제는 R → S이다. 두 번째 명제의 대우인 R → P와 첫 번째 명제인 P → Q에 따라 R → P → Q이므로 네 번째 명제가 참이 되려면 Q → S인 명제 또는 이와 대우 관계인 ～S → ～Q인 명제가 필요하다.

오답분석

① ～P → S이므로 참인 명제가 아니다.
③ 제시된 모든 명제와 관련이 없는 명제이다.
④ R → Q와 대우 관계인 명제이지만, 네 번째 명제가 참임을 판단할 수 없다.

26

정답 ④

'풀을 먹는 동물'을 P, '몸집이 크다.'를 Q, '사막에서 산다.'를 R, '물속에서 산다.'를 S라 하면, 첫 번째 명제는 P → Q, 두 번째 명제는 R → ～S, 네 번째 명제는 S → Q이다. 네 번째 명제가 참이 되려면 두 번째 명제와 대우 관계인 S → ～R에 의해 ～R → P인 명제 또는 이와 대우 관계인 ～P → R인 명제가 필요하다.

오답분석

① Q → S로 네 번째 명제의 역이지만, 어떤 명제가 참이라고 해서 그 역이 반드시 참이 될 수는 없다.
② 제시된 모든 명제와 관련이 없는 명제이다.
③ R → Q이므로 참인 명제가 아니다.

27

정답 ③

모든 1과 사원은 가장 실적이 많은 2과 사원보다 실적이 많고, 3과 사원 중 일부는 가장 실적이 많은 2과 사원보다 실적이 적다. 따라서 3과 사원 중 일부는 모든 1과 사원보다 실적이 적다.

28

정답 ②

- A : 초청 목적이 6개월가량의 외국인 환자의 간병이므로 G–1–10 비자를 발급받아야 한다.
- B : 초청 목적이 국내 취업조건을 모두 갖춘 자의 제조업체 취업이므로 E–9–1 비자를 발급받아야 한다.
- C : 초청 목적이 K대학교 교환학생이므로 D–2–6 비자를 발급받아야 한다.
- D : 초청 목적이 국제기구 정상회의 참석이므로 A–2 비자를 발급받아야 한다.

29

정답 ②

나열된 수의 규칙은 [(첫 번째 수)+(두 번째 수)]×(세 번째 수)−(네 번째 수)=(다섯 번째 수)이다.
따라서 빈칸에 들어갈 수는 (9+7)×5−1=79이다.

30

정답 ④

두 주사위 A, B를 던져 나온 수를 각각 a, b라 할 때, 가능한 순서쌍 (a, b)의 경우의 수는 6×6=36가지이다.
이때 $a=b$의 경우의 수는 (1, 1), (2, 2), (3, 3), (4, 4), (5, 5), (6, 6)인 6가지이므로 $a\neq b$의 경우의 수는 36−6=30가지이다.
따라서 $a\neq b$일 확률은 $\frac{30}{36}=\frac{5}{6}$ 이다.

31

정답 ②

$$\frac{\text{(빨간색 공 2개 중 1개를 뽑는 경우의 수)}\times\text{(노란색 공 3개 중 2개를 뽑는 경우의 수)}}{\text{(전체 공 5개 중 3개를 뽑는 경우의 수)}}=\frac{{}_2C_1\times{}_3C_2}{{}_5C_3}=\frac{2\times3}{\frac{5\times4\times3}{3\times2\times1}}=\frac{3}{5}$$

32

정답 ④

A씨와 B씨가 만날 때 A씨의 이동거리와 B씨의 이동거리의 합은 산책로의 둘레 길이와 같다.
그러므로 두 번째 만났을 때 (A씨의 이동거리)+(B씨의 이동거리)=2×(산책로의 둘레 길이)이다. 이때 A씨가 출발 후 x시간이 지났다면 다음 식이 성립한다.

$$3x+7\left(x-\frac{1}{2}\right)=4$$

$$\rightarrow 3x+7x-\frac{7}{2}=4$$

$$\therefore x=\frac{15}{20}$$

그러므로 $\frac{15}{20}$시간, 즉 45분이 지났음을 알 수 있다.
따라서 A씨와 B씨가 두 번째로 만날 때의 시각은 오후 5시 45분이다.

33

정답 ③

모니터 화면을 분할하는 단축키는 '〈Window 로고 키〉+〈화살표 키〉'이다. 임의의 폴더나 인터넷 창 등이 열린 상태에서 '〈Window 로고 키〉+〈왼쪽 화살표 키〉'를 입력하면 모니터 중앙을 기준으로 절반씩 좌우로 나눈 후 열린 폴더 및 인터넷 창 등을 왼쪽 절반 화면으로 밀어서 띄울 수 있다. 이 상태에서 다른 폴더나 인터넷 창 등을 열고 '〈Window 로고 키〉+〈오른쪽 화살표 키〉'를 입력하면 같은 형식으로 오른쪽이 활성화된다. 또한, 왼쪽 또는 오른쪽으로 분할된 상태에서 〈Window 로고 키〉+〈위쪽 / 아래쪽 화살표 키〉'를 입력하여 최대 4분할까지 가능하다. 단 '〈Window 로고 키〉+〈위쪽 / 아래쪽 화살표 키〉'를 먼저 입력하여 화면을 상하로 분할할 수는 없다. 좌우 분할이 안 된 상태에서 '〈Window 로고 키〉+〈위쪽 / 아래쪽 화살표 키〉'를 입력하면 창을 최소화 / 원래 크기 / 최대 크기로 변경할 수 있다.

34

정답 ④

'〈Window 로고 키〉+〈D〉'를 입력하면 활성화된 모든 창을 최소화하고 바탕화면으로 돌아갈 수 있으며, 이 상태에서 다시 '〈Window 로고 키〉+〈D〉'를 입력하면 단축키를 입력하기 전 상태로 되돌아간다. 비슷한 기능을 가진 단축키로 '〈Window 로고 키〉+〈M〉'이 있지만, 입력하기 전 상태의 화면으로 되돌아갈 수는 없다.

오답분석

① 〈Window 로고 키〉+〈R〉 : 실행 대화 상자를 여는 단축키이다.
② 〈Window 로고 키〉+〈I〉 : 설정 창을 여는 단축키이다.
③ 〈Window 로고 키〉+〈L〉 : PC를 잠그거나 계정을 전환하기 위해 잠금화면으로 돌아가는 단축키이다.

35

정답 ①

특정 텍스트를 다른 텍스트로 수정하는 함수는 「=SUBSTITUTE(참조 텍스트,수정해야 할 텍스트,수정한 텍스트,[위치])」이며, [위치]가 빈칸이면 모든 수정해야 할 텍스트가 수정한 텍스트로 수정된다.
따라서 입력해야 할 함수식은 「=SUBSTITUTE("서울특별시 영등포구 홍제동","영등포","서대문")」이다.

오답분석

② IF(조건,참일 때 값,거짓일 때 값) 함수는 조건부가 참일 때 TRUE 값을 출력하고, 거짓일 때 FALSE 값을 출력하는 함수이다. "서울특별시 영등포구 홍제동"="영등포"는 항상 거짓이므로 빈칸으로 출력된다.
③ MOD(수,나눌 수) 함수는 입력한 수를 나눌 수로 나누었을 때 나머지를 출력하는 함수이므로 텍스트를 입력하면 오류가 발생한다.
④ NOT(인수) 함수는 입력된 인수를 부정하는 함수이며, 인수는 1개만 입력할 수 있다.

36

정답 ②

제시된 조건이 포함되는 셀의 수를 구하는 조건부 함수를 사용한다. 따라서 「=COUNTIF(B2:B16,">50000")」를 입력해야 한다.

37

정답 ④

지정된 자릿수 이하의 수를 버림하는 함수는 「=ROUNDDOWN(버림할 수,버림할 자릿수)」이다. 따라서 입력해야 할 함수는 「=ROUNDDOWN((AVERAGE(B2:B16)),−2)」이다.

오답분석

① LEFT 함수는 왼쪽에서 지정된 차례까지의 텍스트 또는 인수를 출력하는 함수이다. 따라서 「=LEFT((AVERAGE(B2:B16)),2)」를 입력하면 '65'가 출력된다.
② RIGHT 함수는 오른쪽에서 지정된 차례까지의 텍스트 또는 인수를 출력하는 함수이다. 따라서 「=RIGHT((AVERAGE(B2:B16)),2)」를 입력하면 '33'이 출력된다.
③ ROUNDUP 함수는 지정된 자릿수 이하의 수를 올림하는 함수이다. 따라서 「=ROUNDUP((AVERAGE(B2:B16)),−2)」를 입력하면 '65,400'이 출력된다.

38

정답 ③

오전 10시부터 오후 12시까지 근무를 할 수 있는 사람은 B뿐이고, 오후 6시부터 오후 8시까지 근무를 할 수 있는 사람은 D뿐이다. A와 C가 남은 오후 12시부터 오후 6시까지 나누어 근무해야 하지만, A는 오후 5시까지 근무할 수 있고 모든 직원의 최소 근무시간은 2시간이므로 A가 오후 12시부터 4시까지 근무하고, C가 오후 4시부터 오후 6시까지 근무할 때 인건비가 최소이다.
각 직원의 근무시간과 인건비를 정리하면 다음과 같다.

직원	근무시간	인건비
B	오전 10:00 ~ 오후 12:00	10,500×1.5×2=31,500원
A	오후 12:00 ~ 오후 4:00	10,000×1.5×4=60,000원
C	오후 4:00 ~ 오후 6:00	10,500×1.5×2=31,500원
D	오후 6:00 ~ 오후 8:00	11,000×1.5×2=33,000원

따라서 가장 적은 인건비는 31,500+60,000+31,500+33,000=156,000원이다.

39

정답 ②

「COUNTIF(셀의 범위,"조건")」 함수는 어떤 범위에서 제시되는 조건이 포함되는 셀의 수를 구하는 함수이다. 판매량이 30개 이상인 과일의 수를 구해야 하므로 [C9] 셀에 들어갈 함수식은 「=COUNTIF(C2:C8,">=30")」이다.

오답분석

① MID 함수 : 지정한 셀의 텍스트의 일부를 추출하는 함수이다.
③ MEDIAN 함수 : 지정한 셀의 범위의 중간값을 구하는 함수이다.
④ AVERAGEIF 함수 : 어떤 범위에 포함되는 셀의 평균을 구하는 함수이다.
⑤ MIN 함수 : 지정한 셀의 범위의 최솟값을 구하는 함수이다.

40

정답 ③

팔로워십의 유형

구분	자아상	동료 / 리더의 시각	조직에 대한 자신의 느낌
소외형	• 자립적인 사람 • 일부러 반대의견 제시 • 조직의 양심	• 냉소적 • 부정적 • 고집이 셈	• 자신을 인정해 주지 않음 • 적절한 보상이 없음 • 불공정하고 문제가 있음
순응형	• 기쁜 마음으로 과업 수행 • 팀플레이를 함 • 리더나 조직을 믿고 헌신함	• 아이디어가 없음 • 인기 없는 일은 하지 않음 • 조직을 위해 자신의 요구를 양보	• 기존 질서를 따르는 것이 중요 • 리더의 의견을 거스르지 못함 • 획일적인 태도와 행동에 익숙함
실무형	• 조직의 운영 방침에 민감 • 사건을 균형 잡힌 시각으로 봄 • 규정과 규칙에 따라 행동함	• 개인의 이익을 극대화하기 위한 흥정에 능함 • 적당한 열의와 수완으로 업무 진행	• 규정 준수를 강조 • 명령과 계획의 빈번한 변경 • 리더와 부하 간의 비인간적 풍토
수동형	• 판단과 사고를 리더에 의존 • 지시가 있어야 행동	• 하는 일이 없음 • 제 몫을 하지 못함 • 업무 수행에는 감독이 필요	• 조직이 나의 아이디어를 원치 않음 • 노력과 공헌을 해도 소용이 없음 • 리더는 항상 자기 마음대로 함

41

정답 ③

갈등의 과정 단계

1. 의견 불일치 : 서로 생각이나 신념, 가치관, 성격이 다르므로 다른 사람들과의 의견 불일치가 발생한다. 의견 불일치는 상대방의 생각과 동기를 설명하는 기회를 주고 대화를 나누다 보면 오해가 사라지고 더 좋은 관계로 발전할 수 있지만, 그냥 내버려 두면 심각한 갈등으로 발전하게 된다.
2. 대결 국면 : 의견 불일치가 해소되지 않아 발생하며, 단순한 해결방안은 없고 다른 새로운 해결점을 찾아야 한다. 대결 국면에 이르게 되면 감정이 개입되어 상대방의 주장에 대한 문제점을 찾기 시작하고, 자신의 입장에 대해서는 그럴듯한 변명으로 옹호하면서 양보를 완강히 거부하는 상태에 이르는 등 상대방의 입장은 부정하면서 자기주장만 하려고 한다. 서로의 입장을 고수하려는 강도가 높아지면 긴장은 높아지고 감정적인 대응이 더욱 격화된다.
3. 격화 국면 : 상대방에 대하여 더욱 적대적으로 변하며, 설득을 통해 문제를 해결하기보다 강압적·위협적인 방법을 쓰려고 하며, 극단적인 경우 언어폭력이나 신체적 폭행으로 번지기도 한다. 상대방에 대한 불신과 좌절, 부정적인 인식이 확산되면서 갈등 요인이 다른 요인으로 번지기도 한다. 격화 국면에서는 상대방의 생각이나 의견, 제안을 부정하고, 상대방은 그에 대한 반격을 함으로써 자신들의 반격을 정당하게 생각한다.
4. 진정 국면 : 계속되는 논쟁과 긴장이 시간과 에너지를 낭비하고 있음을 깨달으며, 갈등상태가 무한정 유지될 수 없다는 것을 느끼고 흥분과 불안이 가라앉으면서 이성과 이해의 원상태로 돌아가려 한다. 이후 협상이 시작된다. 협상과정을 통해 쟁점이 되는 주제를 논의하고 새로운 제안을 하고 대안을 모색하게 된다. 진정 국면에서는 중개자, 조정자 등의 제3자가 개입함으로써 갈등 당사자 간에 신뢰를 쌓고 문제를 해결하는 데 도움이 되기도 한다.
5. 갈등의 해소 : 진정 국면에 들어서면 갈등 당사자들은 문제를 해결하지 않고는 자신들의 목표를 달성하기 어렵다는 것을 알게 된다. 모두가 만족할 수 없는 경우도 있지만, 불일치한 서로 간의 의견을 일치하려고 한다. 갈등의 해소는 회피형, 지배 또는 강압형, 타협형, 순응형, 통합 또는 협력형 등의 방법으로 이루어진다.

42

정답 ③

원만한 직업생활을 위해 직업인이 갖추어야 할 직업윤리는 근로윤리와 공동체윤리로 나누어지며, 각 윤리의 덕목은 다음과 같다.

• 근로윤리 : 일에 대한 존중을 바탕으로 근면하고, 성실하고, 정직하게 업무에 임하는 자세
  – 근면한 태도(㉠)
  – 정직한 행동(㉤)
  – 성실한 자세(㉥)

• 공동체윤리 : 인간존중을 바탕으로 봉사하며, 책임감 있게 규칙을 준수하고, 예의바른 태도로 업무에 임하는 자세
  – 봉사와 책임 의식(㉡)
  – 준법성(㉢)
  – 예절과 존중(㉣)

43

정답 ③

직장 내 괴롭힘이 성립하려면 다음의 행위 요건이 성립해야 한다.

• 직장에서의 지위 또는 관계 등의 우위를 이용할 것
• 업무상 적정 범위를 넘는 행위일 것
• 신체적·정신적 고통을 주거나 근무환경을 악화시키는 행위일 것

A팀장이 지위를 이용하여 B사원에게 수차례 업무를 지시했지만 이는 업무상 필요성이 있는 정당한 지시이며, 완수해야 하는 적정 업무에 해당하므로 직장 내 괴롭힘으로 보기 어렵다.

오답분석

① 업무 이외에 개인적인 용무를 자주 지시하는 것은 업무상 적정 범위를 넘은 행위이다.
② 업무배제는 업무상 적정 범위를 넘은 행위로, 직장 내 괴롭힘의 주요 사례이다.
④ A대리는 동기인 B대리보다 지위상의 우위는 없으나, 다른 직원과 함께 수적 우위를 이용하여 괴롭혔으므로 직장 내 괴롭힘에 해당한다.
⑤ 지시나 주의, 명령행위의 모습이 폭행이나 과도한 폭언을 수반하는 등 사회 통념상 상당성을 결여하였다면 업무상 적정 범위를 넘었다고 볼 수 있으므로 직장 내 괴롭힘에 해당한다.

44

정답 ⑤

S는 자신의 일이 능력과 적성에 맞다 여기고 발전을 위해 열성을 가지고 성실히 노력하고 있다. 따라서 S의 사례에서 나타난 직업윤리 의식은 천직 의식이다.

직업윤리 의식

- 소명 의식 : 자신이 맡은 일은 하늘에 의해 맡겨진 일이라고 생각하는 태도이다.
- 천직 의식 : 자신의 일이 자신의 능력과 적성에 꼭 맞는다 여기고 그 일에 열성을 가지고 성실히 임하는 태도이다.
- 직분 의식 : 자신이 하고 있는 일이 사회나 기업을 위해 중요한 역할을 하고 있다고 믿고 자신의 활동을 수행하는 태도이다.
- 책임 의식 : 직업에 대한 사회적 역할과 책무를 충실히 수행하고 책임을 다하는 태도이다.
- 전문가 의식 : 자신의 일이 누구나 할 수 있는 것이 아니라 해당 분야의 지식과 교육을 밑바탕으로 성실히 수행해야만 가능한 것이라 믿고 수행하는 태도이다.
- 봉사 의식 : 직업 활동을 통해 다른 사람과 공동체에 대하여 봉사하는 정신을 갖추고 실천하는 태도이다.

45

정답 ②

경력개발의 단계별 내용

1. 직업 선택
   - 최대한 여러 직업의 정보를 수집하여 탐색한 후 나에게 적합한 최초의 직업을 선택함
   - 관련 학과 외부 교육 등 필요한 교육을 이수함
2. 조직 입사
   - 원하는 조직에서 일자리를 얻음
   - 정확한 정보를 토대로 적성에 맞는 적합한 직무를 선택함
3. 경력 초기
   - 조직의 규칙과 규범에 대해 배움
   - 직업과 조직에 적응해 감
   - 역량(지식, 기술, 태도)을 증대시키고 꿈을 추구해 나감
4. 경력 중기
   - 경력 초기를 재평가하고 더 업그레이드된 꿈으로 수정함
   - 성인 중기에 적합한 선택을 하고 지속적으로 열심히 일함
5. 경력 말기
   - 지속적으로 열심히 일함
   - 자존심을 유지함
   - 퇴직 준비의 자세한 계획을 세움(경력 중기부터 준비하는 것이 바람직)

46

정답 ③

나열된 수는 짝수 개이므로 수를 작은 수부터 순서대로 나열했을 때, 가운데에 있는 두 수의 평균이 중앙값이다.

- 빈칸의 수가 7 이하인 경우 : 가운데에 있는 두 수는 7, 8이므로 중앙값은 $\frac{7+8}{2}=7.5$이다.
- 빈칸의 수가 8인 경우 : 가운데에 있는 두 수는 8, 8이므로 중앙값은 8이다.
- 빈칸의 수가 9 이상인 경우 : 가운데에 있는 두 수는 8, 9이므로 중앙값은 $\frac{8+9}{2}=8.5$이다.

따라서 중앙값이 8일 때 빈칸에 들어갈 수는 8이다.

47

정답 ②

1 ~ 200의 자연수 중에서 2, 3, 5 중 어느 것으로도 나누어떨어지지 않는 수의 개수는 각각 2의 배수, 3의 배수, 5의 배수가 아닌 수의 개수이다.

- 1 ~ 200의 자연수 중 2의 배수의 개수 : $\frac{200}{2}=100$이므로 100개이다.
- 1 ~ 200의 자연수 중 3의 배수의 개수 : $\frac{200}{3}=66 \cdots 2$이므로 66개이다.
- 1 ~ 200의 자연수 중 5의 배수의 개수 : $\frac{200}{5}=40$이므로 40개이다.
- 1 ~ 200의 자연수 중 6의 배수의 개수 : $\frac{200}{6}=33 \cdots 2$이므로 33개이다.
- 1 ~ 200의 자연수 중 10의 배수의 개수 : $\frac{200}{10}=20$이므로 20개이다.
- 1 ~ 200의 자연수 중 15의 배수의 개수 : $\frac{200}{15}=13 \cdots 5$이므로 13개이다.
- 1 ~ 200의 자연수 중 30의 배수의 개수 : $\frac{200}{30}=6 \cdots 20$이므로 6개이다.

따라서 1 ~ 200의 자연수 중에서 2, 3, 5 중 어느 것으로도 나누어떨어지지 않는 수의 개수는 $200-[(100+66+40)-(33+20+13)+6]=200-(206-66+6)=54$개이다.

48

정답 ②

A지점에서 출발하여 최단거리로 이동하여 B지점에 도착하기까지 가능한 경로의 수를 구하면 다음과 같다.

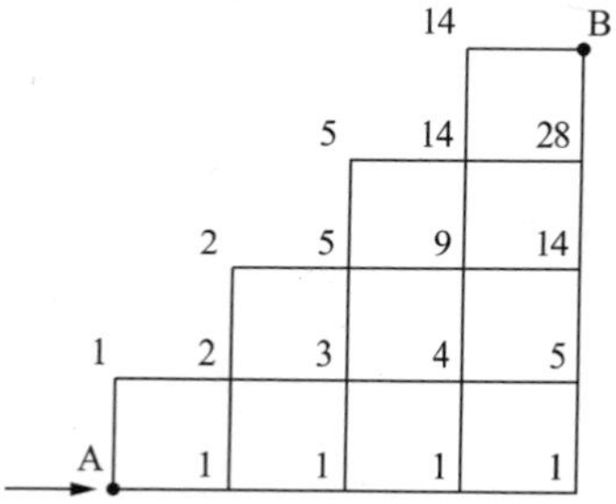

따라서 구하고자 하는 경우의 수는 42가지이다.

49

정답 ①

분침은 60분에 1바퀴 회전하므로 1분 지날 때 분침은 $\frac{360}{60}=6°$ 움직이고, 시침은 12시간에 1바퀴 회전하므로 1분 지날 때 시침은 $\frac{360}{12\times 60}=0.5°$ 움직인다.

따라서 4시 30분일 때 시침과 분침이 만드는 작은 부채꼴의 각도는 $6\times 30-0.5\times(60\times 4+30)=180-135=45°$이므로, 부채꼴의 넓이와 전체 원의 넓이의 비는 $\frac{45}{360}=\frac{1}{8}$이다.

50

정답 ⑤

2020 ~ 2023년 동안 전년 대비 전체 설비 발전량의 증감량과 신재생 설비 발전량의 증가량은 다음과 같다.

- 2020년
  전체 설비 발전량 : 563,040－570,647＝－7,607GWh, 신재생 설비 발전량 : 33,500－28,070＝5,430GWh
- 2021년
  전체 설비 발전량 : 552,162－563,040＝－10,878GWh, 신재생 설비 발전량 : 38,224－33,500＝4,724GWh
- 2022년
  전체 설비 발전량 : 576,810－552,162＝24,648GWh, 신재생 설비 발전량 : 41,886－38,224＝3,662GWh
- 2023년
  전체 설비 발전량 : 594,400－576,810＝17,590GWh, 신재생 설비 발전량 : 49,285－41,886＝7,399GWh

따라서 전체 설비 발전량의 증가량이 가장 많은 해는 2022년이고, 신재생 설비 발전량의 증가량이 가장 적은 해 또한 2022년이다.

오답분석

① 2020 ~ 2023년 기력 설비 발전량의 전년 대비 증감 추이는 '감소 – 감소 – 증가 – 감소'이지만, 전체 설비 발전량의 전년 대비 증감 추이는 '감소 – 감소 – 증가 – 증가'이다.

② 2019 ~ 2023년 전체 설비 발전량의 1%와 수력 설비 발전량을 비교하면 다음과 같다.
- 2019년 : 7,270 > 570,647×0.01≒5,706GWh
- 2020년 : 6,247 > 563,040×0.01≒5,630GWh
- 2021년 : 7,148 > 552,162×0.01≒5,522GWh
- 2022년 : 6,737 > 576,810×0.01≒5,768GWh
- 2023년 : 7,256 > 594,400×0.01＝5,944GWh

따라서 2019 ~ 2023년 동안 수력 설비 발전량은 항상 전체 설비 발전량의 1% 이상이다.

③ 2019 ~ 2023년 전체 설비 발전량의 5%와 신재생 설비 발전량을 비교하면 다음과 같다.
- 2019년 : 28,070 < 570,647×0.05≒28,532GWh
- 2020년 : 33,500 > 563,040×0.05＝28,152GWh
- 2021년 : 38,224 > 552,162×0.05≒27,608GWh
- 2022년 : 41,886 > 576,810×0.05≒28,841GWh
- 2023년 : 49,285 > 594,400×0.05＝29,720GWh

따라서 2019년 신재생 설비 발전량은 전체 설비 발전량의 5% 미만이고, 그 외에는 5% 이상이다.

④ 신재생 설비 발전량은 꾸준히 증가하였지만 원자력 설비 발전량은 2022년에 전년 대비 감소하였다.

배우기만 하고 생각하지 않으면 얻는 것이 없고, 생각만 하고 배우지 않으면 위태롭다.

– 공자 –

PART 1

직업기초능력평가

CHAPTER

01 의사소통능력

대표기출유형 01 기출응용문제

01

정답 ③

세 번째 문단에 강화물은 강화를 유도하는 자극을 가리키며 상황에 따라 변할 수 있다고 나와 있다.

02

정답 ②

오답분석

① 그녀는 8년째 도서관에서 일을 하고 있다.
③ 그녀는 생활비를 줄이기 위해 휴대폰을 정지시켰다.
④ 그녀는 동생에게 돈을 송금했다.
⑤ 제시문에서 확인할 수 없다.

03

정답 ④

제시문에 따르면 스마트시티 전략은 정보통신기술을 적극적으로 활용하여 도시의 혁신을 이끌고 도시 문제를 해결하는 것으로 볼 수 있다. ④는 물리적 기반시설 확대의 경우로, 정보통신기술의 활용과는 거리가 멀다.

04

정답 ④

제시문에서 인플루엔자는 항원을 변화시키기 때문에 이전에 인플루엔자에 걸렸던 사람이라도 새로이 나타난 다른 균종으로부터 안전할 수 없다고 하였다.

오답분석

① 발열 증상은 아무런 기능도 없이 불가피하게 일어나는 수동적인 현상이 아니라, 체온을 높여 우리의 몸보다 열에 더 예민한 병원체들을 죽게 하는 능동적인 행위이므로 적절하지 않은 내용이다.
② 예방접종은 죽은 병원체를 접종함으로써 질병을 실제로 경험하지 않고 항체 생성을 자극하는 것이므로 적절하지 않은 내용이다.
③ 겸상 적혈구 유전자는 적혈구의 모양을 정상적인 도넛 모양에서 낫 모양으로 바꾸어 빈혈을 일으키므로 생존에 불리함을 주지만, 말라리아에 대해서는 저항력을 가지게 한다고 하였으므로 적절하지 않은 내용이다.
⑤ 역사적으로 특정 병원체에 자주 노출되었던 인구 집단에서는 그 병에 저항하는 유전자를 가진 개체의 비율이 높아질 수밖에 없다고 하였다. 이는 반대로 생각하면 특정 병원체에 노출된 빈도가 낮은 집단에는 그 병에 저항하는 유전자를 가진 개체의 비율이 낮다는 의미이므로 적절하지 않은 내용이다.

대표기출유형 02 기출응용문제

01

정답 ②

제시문은 유류세 상승으로 인해 발생하는 장점을 열거함으로써 유류세 인상을 정당화하고 있다.

02

정답 ④

제시문은 통계 수치의 의미를 정확하게 이해하고 도구와 방법을 올바르게 사용해야 하며, 특히 아웃라이어의 경우를 생각해야 한다고 주장하고 있다.

오답분석

①·② 집단을 대표하는 수치로서의 '평균' 자체가 숫자 놀음과 같이 부적당하다고는 언급하지 않았다.
③ 아웃라이어가 있는 경우에는 평균보다는 최빈값이나 중앙값이 대푯값으로 더 적당하다.
⑤ 통계의 유용성은 글의 도입부에 잠깐 인용되었을 뿐, 글의 주제로는 볼 수 없다.

03

정답 ④

제시문의 첫 번째 문단에서 위계화의 개념을 설명하고, 이어지는 문단에서 이러한 불평등의 원인과 구조에 대해 살펴보고 있다. 따라서 제시문의 제목으로 가장 적절한 것은 ④이다.

04

정답 ④

제시된 기사는 대기업과 중소기업 간의 상생경영의 중요성을 강조하는 글로, 기존에는 대기업이 시혜적 차원에서 중소기업에게 베푸는 느낌이 강했지만, 현재는 협력사의 경쟁력 향상이 곧 기업의 성장으로 이어질 것으로 보고 상생경영의 중요성을 높이고 있다고 하였다. 또한 대기업이 지원해 준 업체의 기술력 향상으로 더 큰 이득을 보상받는 등 상생 협력이 대기업과 중소기업 모두에게 효과적임을 알 수 있다. 따라서 '시혜적 차원에서의 대기업 지원의 중요성'은 기사의 제목으로 적절하지 않다.

대표기출유형 03 기출응용문제

01

정답 ②

제시문은 음악을 쉽게 복제할 수 있는 환경이 되었으며 이를 비판하는 시각이 등장했음을 소개하고, 비판적 시각에 대한 반박을 하면서 미래에 대한 기대를 나타내는 내용의 글이다. 따라서 (다) 음악을 쉽게 변모시킬 수 있게 된 환경 → (가) 음악 복제에 대한 비판적인 시선의 등장 → (라) 이를 반박하는 복제품 음악의 의의 → (나) 복제품으로 새롭게 등장한 전통에 대한 기대 순서로 나열되어야 한다.

02

정답 ⑤

먼저 귀납에 대해 설명하고 있는 (나) 문단이 오는 것이 적절하며, 특성으로 인한 귀납의 논리적 한계가 나타난다는 (라) 문단이 그다음으로 오는 것이 적절하다. 이후 이러한 한계에 대한 흄의 의견인 (다) 문단과 구체적인 흄의 주장과 이에 따라 귀납의 정당화 문제에 대해 설명하는 (가) 문단이 차례로 오는 것이 적절하다.

대표기출유형 04 기출응용문제

01

정답 ③

제시문에 따르면 레일리 산란의 세기는 보랏빛이 가장 강하지만 우리 눈은 보랏빛보다 파란빛을 더 잘 감지하기 때문에 하늘이 파랗게 보이는 것이다.

오답분석

①·② 첫 번째 문단을 통해 추론할 수 있다.

④ 빛의 진동수는 파장과 반비례하고, 레일리 산란의 세기는 파장의 네제곱에 반비례한다. 즉, 빛의 진동수가 2배가 되면 파장은 1/2배가 되고, 레일리 산란의 세기는 $2^4=16$배가 된다.

⑤ 마지막 문단의 내용을 통해 추론할 수 있다.

02

정답 ③

오답분석

① 정상 과학의 시기에는 이미 이론의 핵심 부분들은 정립되어 있으며 이 시기에는 새로움을 좇아가기보다는 기존 연구의 세부 내용이 깊어진다. 따라서 다양한 학설과 이론의 등장은 적절하지 않다.

② 어떤 현상의 결과가 충분히 예측된다 할지라도 그 세세한 과정은 의문 속에 있기 마련이다. 정상 과학의 시기에 과학자들의 열정과 헌신성은 예측 결과와 실제의 현상을 일치시키기 위한 연구로 유지될 수 있다.

④ 과학적 사고방식과 관습, 기법 등이 하나의 기반으로 통일되어 있을 뿐이며 해결해야 할 과제가 없는 것은 아니다. 따라서 완성된 과학이라고 부를 수 없다.

⑤ 이론의 핵심 부분들은 정립된 상태이므로 과학자들은 심오한 작은 영역에 집중하게 되고 그에 따라 각종 실험 장치의 다양화, 정밀화와 더불어 문제를 해결해 가는 특정 기법과 규칙들이 만들어진다. 따라서 문제를 해결해 가는 과정이 주가 된다.

03

정답 ②

갑과 을의 수치가 같다면 양분비율이나 백분율의 비율이 같기 때문에 적절한 판단이다.

오답분석

㉠ 기존 믿음의 정도들이 달라졌다고 해도 변화된 수치를 양분해서 적용시키는 방법과 변화된 수치를 적용된 기존 수치의 백분율에 따라 배분하는 방법에 의해 수정되기 때문에 각 수치의 변동률은 같게 나오게 된다.

㉡ '갑이 범인'과 '을이 범인'에 대한 믿음의 정도의 차이는 방법 A를 이용한 결과와 방법 B를 이용한 결과의 최대치를 놓고 보아도 달라지지 않는다. 첫 번째 방법은 양분을 하는 것이므로 평균치에 가까워지는 반면, 두 번째 방법은 기존 비율에 비례하게 배분하는 것이므로 비율의 차이는 커지게 된다.

대표기출유형 05 기출응용문제

01

정답 ①

첫 번째 빈칸에는 문장의 서술어가 '때문이다'로 되어 있으므로 빈칸에는 이와 호응하는 '왜냐하면'이 와야 한다. 다음으로 두 번째 빈칸에는 문장의 내용이 앞 문장과 상반되는 내용이 아닌, 앞 문장을 부연하는 내용이므로 병렬 기능의 접속 부사 '그리고'가 들어가야 한다. 마지막으로 세 번째 빈칸은 내용상 결론에 해당하므로 '그러므로'가 적절하다.

02

정답 ①

- 첫 번째 빈칸 : 공간 정보가 정보 통신 기술의 발전으로 시간에 따른 변화를 반영할 수 있게 되었다는 빈칸 뒤의 내용을 통해 빈칸에는 시간에 따른 공간의 변화를 포함한 공간 정보를 이용할 수 있게 되면서 '최적의 경로 탐색'이 가능해졌다는 내용의 ㉠이 적절함을 알 수 있다.
- 두 번째 빈칸 : ㉡은 빈칸 앞 문장의 '탑승할 버스 정류장의 위치, 다양한 버스 노선, 최단 시간 등을 분석하여 제공하는' 지리정보 시스템이 '더 나아가' 제공하는 정보에 관해 이야기한다. 따라서 빈칸에는 ㉡이 적절하다.
- 세 번째 빈칸 : 빈칸 뒤의 내용에서는 공간 정보가 활용되고 있는 다양한 분야와 앞으로 활용될 수 있는 분야를 이야기하고 있으므로 빈칸에는 공간 정보의 활용 범위가 계속 확대되고 있다는 ㉢이 적절함을 알 수 있다.

03

정답 ①

갑돌이의 성품이 탁월하다고 볼 수 있는 것은 그의 성품이 곧고 자신감이 충만하며, 다수의 옳지 않은 행동에 대하여 비판의 목소리를 낼 것이고 그렇게 하는 데 별 어려움을 느끼지 않을 것이기 때문이다. 또한, 세 번째 문단에 따르면 탁월한 성품은 올바른 훈련을 통해 올바른 일을 바르고 즐겁게 그리고 어려워하지 않으며 처리할 수 있는 능력을 뜻한다. 따라서 아리스토텔레스의 입장에서는 '엄청난 의지를 발휘'하고 자신과의 '힘든 싸움'을 해야 했던 병식이보다는 잘못된 일에 '별 어려움' 없이 '비판의 목소리'를 내는 갑돌이의 성품을 탁월하다고 여길 것이다.

대표기출유형 06 기출응용문제

01

정답 ④

'먹고 난 뒤의 그릇을 씻어 정리하는 일'을 뜻하는 어휘는 '설거지'이다.

오답분석

① ~로서 : 지위나 신분 또는 자격을 나타내는 격조사
② 왠지 : 왜 그런지 모르게. 또는 뚜렷한 이유도 없이
③ 드러나다 : 가려져 있거나 보이지 않던 것이 보이게 됨
⑤ 밑동 : 긴 물건의 맨 아랫동아리

02

정답 ②

한글 맞춤법에 따르면 앞 단어가 합성 용언인 경우 보조 용언을 앞말에 붙여 쓰지 않는다. 따라서 '파고들다'는 합성어이므로 '파고들어 보면'과 같이 띄어 써야 한다.

오답분석

① 보조 용언 '보다' 앞에 '-ㄹ까'의 종결 어미가 있는 경우 '보다'는 앞말에 붙여 쓸 수 없다.
③ '-어 하다'가 '마음에 들다'라는 구와 결합하는 경우 '-어 하다'는 띄어 쓴다.
④ 앞말에 조사 '도'가 붙는 경우 보조 용언 '보다'는 앞말에 붙여 쓰지 않는다.
⑤ '아는 체하다'와 같이 띄어 쓰는 것이 원칙이나, '아는체하다'와 같이 붙여 쓰는 것도 허용된다.

03

정답 ③

대부분의 수입신고는 보세구역 반입 후에 행해지므로 보세운송 절차와 보세구역 반입 절차는 반드시 함께 이루어져야 한다. 따라서 ⓒ에는 '이끌어 지도함. 또는 길이나 장소를 안내함'을 의미하는 '인도(引導)'보다 '어떤 일과 더불어 생김'을 의미하는 '수반(隨伴)'이 더 적절하다.

오답분석

① 적하(積荷) : 화물을 배나 차에 실음. 또는 그 화물
② 반출(搬出) : 운반하여 냄
④ 적재(積載) : 물건이나 짐을 선박, 차량 따위의 운송 수단에 실음
⑤ 화주(貨主) : 화물의 임자

대표기출유형 07 기출응용문제

01

정답 ④

제시문에서는 중국발 위험이 커짐에 따라 수출 시장의 변화가 필요하고, 이를 위해 정부는 신흥국과의 꾸준한 협력을 추진해야 한다고 설명하고 있다. 따라서 제시문과 관련 있는 한자성어로는 '우공이 산을 옮긴다.'는 뜻으로, '어떤 일이든 끊임없이 노력하면 반드시 이루어짐'을 의미하는 '우공이산(愚公移山)'이 가장 적절하다.

오답분석

① 안빈낙도(安貧樂道) : 가난한 생활을 하면서도 편안한 마음으로 도를 즐겨 지킨다는 의미이다.
② 호가호위(狐假虎威) : '여우가 호랑이의 위세를 빌려 호기를 부린다.'는 뜻으로, 남의 권세를 빌려 위세를 부리는 모습을 이르는 말이다.
③ 각주구검(刻舟求劍) : '칼이 빠진 자리를 배에 새겨 찾는다.'는 뜻으로, 어리석고 미련해서 융통성이 없다는 의미이다.
⑤ 사면초가(四面楚歌) : '사방이 초나라(적군)의 노래'라는 뜻으로, 아무에게도 도움을 받지 못하는 외롭고 곤란한 지경에 빠진 형편을 이르는 말이다.

02

정답 ③

제시문에서는 협업과 소통의 문화가 기업에 성공적으로 정착하려면 기업의 작은 변화부터 필요하다고 주장한다. 따라서 제시문과 관련 있는 한자성어로는 '높은 곳에 오르려면 낮은 곳에서부터 오른다.'는 뜻으로, '일을 순서대로 하여야 함'을 의미하는 '등고자비(登高自卑)'가 가장 적절하다.

오답분석

① 장삼이사(張三李四) : '장씨의 셋째 아들과 이씨의 넷째 아들'이라는 뜻으로, 이름이나 신분이 특별하지 아니한 평범한 사람들을 이르는 말이다.
② 하석상대(下石上臺) : '아랫돌 빼서 윗돌 괴고 윗돌 빼서 아랫돌 괸다.'는 뜻으로, 임시변통으로 이리저리 둘러맞춤을 말한다.
④ 주야장천(晝夜長川) : '밤낮으로 쉬지 아니하고 연달아 흐르는 시냇물'이라는 뜻으로, '쉬지 않고 언제나', '늘'이라는 의미이다.
⑤ 내유외강(內柔外剛) : 속은 부드럽고, 겉으로는 굳셈을 뜻하는 말이다.

02 수리능력

대표기출유형 01 기출응용문제

01

정답 ④

같은 시간 동안 혜영이와 지훈이의 이동거리의 비가 3 : 4이므로 속력의 비 또한 3 : 4이다.

따라서 혜영이의 속력을 x/min이라 하면 지훈이의 속력은 $\frac{4}{3}x$/min이다.

같은 지점에서 같은 방향으로 출발하여 다시 만날 때 두 사람의 이동거리의 차이는 1,800m이므로 식을 세우면 다음과 같다.

$\frac{4}{3}x\times15-x\times15=1,800$

→ $5x=1,800$

∴ $x=360$

따라서 혜영이가 15분 동안 이동한 거리는 360×15=5,400m이고, 지훈이가 15분 동안 이동한 거리는 480×15=7,200m이므로 두 사람의 이동거리의 합은 12,600m이다.

02

정답 ④

처음 A그릇에 들어 있는 소금의 양은 $\frac{6}{100}\times300=18$g이고, 처음 B그릇에 들어 있는 소금의 양은 $\frac{8}{100}\times300=24$g이다.

A그릇에서 소금물 100g을 퍼서 B그릇에 옮겨 담으면 옮겨진 소금의 양은 $\frac{6}{100}\times100=6$g이다.

따라서 B그릇에 들어 있는 소금물은 400g, 소금의 양은 24+6=30g이고, 농도는 $\frac{24+6}{300+100}=\frac{30}{400}$ 이다.

다시 B그릇에서 소금물 80g을 퍼서 A그릇에 옮겨 담을 때 옮겨진 소금의 양은 $\frac{30}{400}\times80=6$g이다.

따라서 A그릇에는 소금물이 280g 들어 있고, 소금의 양은 12+6=18g이므로 농도는 $\frac{18}{280}\times100\fallingdotseq6.4$%이다.

03

정답 ④

수건을 4개, 7개, 8개씩 포장하면 각각 1개씩 남으므로 재고량은 4, 7, 8의 공배수보다 1이 클 것이다.
4, 7, 8의 공배수는 56이므로 다음과 같이 나누어 생각해볼 수 있다.

- 재고량이 56+1=57개일 때 : 57=5×11+2
- 재고량이 56×2+1=113개일 때 : 113=5×22+3
- 재고량이 56×3+1=169개일 때 : 169=5×33+4

따라서 가능한 재고량의 최솟값은 169개이다.

04

정답 ④

• 팀장 한 명을 뽑는 경우의 수 : ${}_{10}C_1=10$가지

• 회계 담당 2명을 뽑는 경우의 수 : ${}_{9}C_2=\frac{9\times8}{2!}=36$가지

따라서 구하고자 하는 경우의 수는 $10\times36=360$가지이다.

05

정답 ③

x의 최댓값과 최솟값은 A와 B가 각각 다리의 양쪽 경계에서 마주쳤을 때이다. 즉, 최솟값은 A로부터 7.6km 떨어진 지점, 최댓값은 A로부터 8km 떨어진 지점에서 마주쳤을 때이므로 식을 세우면 다음과 같다.

• 최솟값 : $\frac{7.6}{6}=\frac{x}{60}+\frac{20-7.6}{12}$ → $\frac{x}{60}=\frac{15.2-12.4}{12}=\frac{2.8}{12}$

$\therefore x=14$

• 최댓값 : $\frac{8}{6}=\frac{x}{60}+\frac{20-8}{12}$ → $\frac{x}{60}=\frac{16-12}{12}=\frac{1}{3}$

$\therefore x=20$

즉, A와 B가 다리 위에서 만날 때 x의 범위는 $14\leq x\leq20$이고, 최댓값과 최솟값의 차는 $20-14=6$이다.

06

정답 ②

전체 일의 양을 1이라고 하면 A, B가 1시간 동안 일할 수 있는 일의 양은 각각 $\frac{1}{2}$, $\frac{1}{3}$이다.

A가 혼자 일한 시간을 x시간, B가 혼자 일한 시간을 y시간이라고 하자.

$x+y=\frac{9}{4}$ … ㉠

$\frac{1}{2}x+\frac{1}{3}y=1$ … ㉡

㉠과 ㉡을 연립하면

$x=\frac{3}{2}$, $y=\frac{3}{4}$

따라서 A가 혼자 일한 시간은 1시간 30분이다.

07

정답 ④

새로 구입할 전체 모니터 개수를 a대라 가정하면 인사부는 $\frac{2}{5}a$대, 총무부는 $\frac{1}{3}a$대의 모니터를 교체한다.

연구부의 경우 인사부에서 교체할 모니터 개수의 $\frac{1}{3}$을 교체하므로 $\left(\frac{2}{5}a\times\frac{1}{3}\right)$대이고, 마케팅부는 400대를 교체한다.

이를 토대로 새로 구입할 전체 모니터 개수 a대에 대한 방정식을 세우면

$\frac{2}{5}a+\frac{1}{3}a+\left(\frac{2}{5}a\times\frac{1}{3}\right)+400=a$

→ $a\left(\frac{2}{5}+\frac{1}{3}+\frac{2}{15}\right)+400=a$

→ $400=a\left(1-\frac{13}{15}\right)$

$\therefore a=400\times\frac{15}{2}=3,000$

따라서 A공사에서 새로 구입할 모니터 개수는 3,000대이다.

08

정답 ③

희경이가 본사에서 나온 시각은 오후 3시에서 본사에서 A지점까지 걸린 시간만큼을 빼면 된다. 본사에서 A지점까지 가는 데 걸린 시간은 $\frac{20}{60}+\frac{30}{90}=\frac{2}{3}$시간, 즉 40분 걸렸으므로 오후 2시 20분에 본사에서 나왔다는 것을 알 수 있다.

대표기출유형 02 기출응용문제

01

정답 ②

앞의 항에 +7, −16을 번갈아 가며 적용하는 수열이다.
따라서 ( )=49−16=33이다.

02

정답 ①

n항을 자연수라 하면 n항에 ×2를 하고 $(n+1)$항을 더한 값이 $(n+2)$항이 되는 수열이다.
따라서 ( )=21×2+43=85이다.

03

정답 ⑤

앞의 두 항을 더하면 다음 항이 되는 피보나치 수열이다.

1+2=A → A=3

13+21=B → B=34

∴ B−A=34−3=31

대표기출유형 03 기출응용문제

01

정답 ①

9월 11일 전체 라면 재고량을 x개라고 하면, B, C업체의 9월 11일 라면 재고량은 각각 $0.1x$개, $0.09x$개이다.
이때 B, C업체의 9월 15일 라면 재고량을 구하면 다음과 같다.

- B업체 : $0.1x+300+200-150-100=(0.1x+250)$개
- C업체 : $0.09x+250-200-150-50=(0.09x-150)$개

9월 15일에는 B업체의 라면 재고량이 C업체보다 500개가 더 많으므로

$0.1x+250=0.09x-150+500$

∴ $x=10,000$

02

정답 ②

A통신회사의 기본요금을 x원이라 하면 8월과 9월의 요금 계산식은 각각 다음과 같다.

$x+60a+30\times2a=21,600$ → $x+120a=21,600$ … ㉠

$x+20a=13,600$ … ㉡

㉠－㉡을 하면

$100a=8,000$

$\therefore\ a=80$

03

정답 ⑤

A씨는 휴일 오후 3시에 택시를 타고 서울에서 경기도 맛집으로 이동 중이다. 택시요금 계산표에 따라 경기도 진입 전까지 기본요금으로 2km까지 3,800원이며, $4.64-2=2.64$km는 주간 거리요금으로 계산하면 $\frac{2,640}{132}\times100=2,000$원이 나온다. 경기도에 진입한 후 맛집까지의 거리는 $12.56-4.64=7.92$km로 시계외 할증이 적용되어 심야 거리요금으로 계산하면 $\frac{7,920}{132}\times120=7,200$원이고, 경기도 진입 후 택시가 멈춰있었던 8분의 시간요금은 $\frac{8\times60}{30}\times120=1,920$원이다. 따라서 A씨가 가족과 맛집에 도착하여 지불하게 될 택시요금은 $3,800+2,000+7,200+1,920=14,920$원이다.

04

정답 ④

연령대를 기준으로 남성과 여성의 인구비율을 계산하면 다음과 같다.

구분	남성	여성
0 ~ 14세	$\frac{323}{627}\times100\fallingdotseq51.5\%$	$\frac{304}{627}\times100\fallingdotseq48.5\%$
15 ~ 29세	$\frac{453}{905}\times100\fallingdotseq50.1\%$	$\frac{452}{905}\times100\fallingdotseq49.9\%$
30 ~ 44세	$\frac{565}{1,110}\times100\fallingdotseq50.9\%$	$\frac{545}{1,110}\times100\fallingdotseq49.1\%$
45 ~ 59세	$\frac{630}{1,257}\times100\fallingdotseq50.1\%$	$\frac{627}{1,257}\times100\fallingdotseq49.9\%$
60 ~ 74세	$\frac{345}{720}\times100\fallingdotseq47.9\%$	$\frac{375}{720}\times100\fallingdotseq52.1\%$
75세 이상	$\frac{113}{309}\times100\fallingdotseq36.6\%$	$\frac{196}{309}\times100\fallingdotseq63.4\%$

남성 인구가 40% 이하인 연령대는 75세 이상(36.6%)이며, 여성 인구가 50% 초과 60% 이하인 연령대는 60 ~ 74세(52.1%)이다. 따라서 바르게 연결된 것은 ④이다.

01

정답 ④

2022년 K시 전체 회계 예산액에서 특별회계 예산액의 비중을 구하면 $\frac{325,007}{1,410,393}\times 100 \fallingdotseq 23.0\%$이므로 25% 미만이다.

오답분석

① 두 도시의 전체 회계 예산액은 매년 증가하고 있으므로 A시의 전체 회계 예산액이 증가한 시기에는 K시의 전체 회계 예산액도 증가했다고 볼 수 있다.

② 2019 ~ 2023년 K시 일반회계 예산액의 1.5배는 다음과 같다.

- 2019년 : $984,446\times 1.5=1,476,669$
- 2020년 : $1,094,510\times 1.5=1,641,765$
- 2021년 : $1,134,229\times 1.5=1,701,343.5$
- 2022년 : $1,085,386\times 1.5=1,628,079$
- 2023년 : $1,222,957\times 1.5=1,834,435.5$

따라서 A시의 일반회계 예산액은 항상 K시의 일반회계 예산액보다 1.5배 이상 더 많다.

③ 2021년 K시 특별회계 예산액의 A시 특별회계 예산액 대비 비중은 $\frac{264,336}{486,577}\times 100 \fallingdotseq 54.3\%$이므로 옳은 설명이다.

⑤ A시 일반회계의 연도별 증감 추이는 계속 증가하고 있고, K시 일반회계의 연도별 증감 추이는 '증가 – 증가 – 감소 – 증가'이므로 A시와 K시의 일반회계의 연도별 증감 추이는 다르다.

02

정답 ③

A국과 F국을 비교해 보면 참가선수는 A국이 더 많지만, 동메달 수는 F국이 더 많다.

오답분석

① 금메달은 F>A>E>B>D>C 순서로 많고, 은메달은 C>D>B>E>A>F 순서로 많다.

② C국은 금메달을 획득하지 못했지만, 획득한 전체 메달 수는 149개로 가장 많다.

④ 참가선수와 메달 합계의 순위는 동일하다.

⑤ 참가선수가 가장 적은 국가는 F로, 메달 합계는 6위이다.

03

정답 ⑤

L사의 가습기 B와 H의 경우 모두 표시지 정보와 시험 결과에서 아파트 적용 바닥면적이 주택 적용 바닥면적보다 넓다.

오답분석

① W사의 G가습기 소음은 33.5dB(A)로, C사의 C가습기와 E가습기보다 소음이 더 크다.

② L사의 H가습기는 표시지 정보보다 시험 결과의 전력 소모가 덜함을 알 수 있다.

③ D가습기와 G가습기의 실제 가습능력은 표시지 정보보다 더 나음을 알 수 있다.

④ W사의 D가습기는 표시지 정보보다 시험 결과의 미생물 오염도가 덜함을 알 수 있다.

04

정답 ②

ㄱ. 자료를 보면 접촉신청 건수는 4월부터 7월까지 매월 증가한 것을 알 수 있다.
ㄷ. 6월 생사확인 건수는 11,795건으로, 접촉신청 건수 18,205건의 70%인 약 12,744건 이하이다. 따라서 옳은 설명이다.

오답분석

ㄴ. 6월부터 7월까지 생사확인 건수는 전월과 동일하였으나, 서신교환 건수는 증가하였으므로 옳지 않은 설명이다.
ㄹ. 5월과 8월의 상봉 건수는 동일하다. 따라서 서신교환 건수만 비교해 보면, 8월은 5월보다 12,288−12,274=14건이 더 많으므로 상봉 건수 대비 서신교환 건수 비율은 증가하였음을 알 수 있다.

05

정답 ②

㉠ 자료에 따르면 생사확인 건수는 6월과 7월에 전월 대비 불변이므로 옳지 않은 설명이다.
㉢ 접촉신청 건수는 자료에서 7월을 포함하여 매월 증가하고 있으므로 옳지 않은 설명이다.

오답분석

㉡ 서신교환의 경우 3월 대비 8월 증가율은 $\frac{12,288-12,267}{12,267}\times 100 \fallingdotseq 0.2\%$p로 2%p 미만이지만, 매월 증가추세를 보이고 있으므로 옳은 설명이다.
㉣ 전체 이산가족 교류 건수는 항목별 매월 동일하거나 증가하므로 옳은 설명이다.

06

정답 ③

인구성장률 그래프의 경사가 완만할수록 인구수 변동이 적다.

오답분석

① 인구성장률은 1970년 이후 계속 감소하는 추세이다.
② 총인구가 감소하려면 인구성장률 그래프가 (−)값을 가져야 하는데, 2011년과 2015년에는 (+)값을 갖는다.
④ 그래프를 통해 1990년 총인구가 더 적다는 것을 알 수 있다.
⑤ 그래프를 통해 2020년부터 총인구가 감소하는 모습을 보이고 있음을 알 수 있다.

03 | 문제해결능력

대표기출유형 01 기출응용문제

01

정답 ④

조건에 따르면 지하철에는 D를 포함한 두 사람이 타는데, B가 탈 수 있는 교통수단은 지하철뿐이므로 지하철에는 D와 B가 타며, 둘 중 한 명은 라 회사에 지원했다. 또한, 어떤 교통수단을 선택해도 지원한 회사에 갈 수 있는 E는 버스와 택시로 서로 겹치는 회사인 가 회사에 지원했음을 알 수 있다. 한편, A는 다 회사에 지원했고 버스나 택시를 타야 하는데, 택시를 타면 다 회사에 갈 수 없으므로 A는 버스를 탄다. 즉, C는 나 또는 마 회사에 지원했음을 알 수 있으며, 택시를 타면 갈 수 있는 회사 중 가 회사를 제외하면 버스로 갈 수 있는 회사와 겹치지 않으므로, C는 택시를 이용한다. 따라서 E가 라 회사에 지원했다는 ④는 옳지 않다.

02

정답 ④

주어진 조건에 따라 수진, 지은, 혜진, 정은의 수면 시간을 정리하면 다음과 같다.

- 수진 : 22:00 ~ 07:00 → 9시간
- 지은 : 22:30 ~ 06:50 → 8시간 20분
- 혜진 : 21:00 ~ 05:00 → 8시간
- 정은 : 22:10 ~ 05:30 → 7시간 20분

따라서 수진이의 수면 시간이 가장 긴 것을 알 수 있다.

03

정답 ④

첫 번째 조건의 대우와 두 번째 조건을 정리하면 '모든 학생 → 국어 수업 ○ → 수학 수업 ○'이 되어 '모든 학생은 국어 수업과 수학 수업을 듣는다.'가 성립한다. 또한 세 번째 조건에서 수학 수업을 듣는 어떤 학생들이 영어 수업을 듣는다고 했으므로 '어떤 학생들은 국어, 수학, 영어 수업을 듣는다.'가 성립한다.

04

정답 ①

A와 B를 기준으로 조건을 정리하면 다음과 같다.

- A : 디자인을 잘하면 편집을 잘하고, 편집을 잘하면 영업을 잘한다. 영업을 잘하면 기획을 못한다.
- B : 편집을 잘하면 영업을 잘한다. 영업을 잘하면 기획을 못한다.

따라서 조건에 따르면 A만 옳다.

05

정답 ④

세 번째 조건에 의해 윤부장이 가담하지 않았다면 이과장과 강주임도 가담하지 않았음을 알 수 있다. 이과장이 가담하지 않았다면 두 번째 조건에 의해 김대리도 가담하지 않았으므로 가담한 사람은 박대리뿐이다. 이는 첫 번째 조건에 위배되므로, 윤부장은 입찰부정에 가담하였다. 네 번째 조건의 대우로 김대리가 가담하였다면 박대리도 가담하였고, 다섯 번째 조건에 의해 박대리가 가담하였다면 강주임도 가담하였다. 이 또한 입찰부정에 가담한 사람은 두 사람이라는 첫 번째 조건에 위배되므로, 김대리는 입찰부정에 가담하지 않았다. 따라서 입찰부정에 가담하지 않은 사람은 김대리, 이과장, 박대리이며, 입찰부정에 가담한 사람은 윤부장과 강주임이다.

06

정답 ③

제시된 A ~ D 네 명의 진술을 정리하면 다음과 같다.

구분	진술 1	진술 2
A	C는 B를 이길 수 있는 것을 냈다.	B는 가위를 냈다.
B	A는 C와 같은 것을 냈다.	A가 편 손가락의 수는 B보다 적다.
C	B는 바위를 냈다.	A ~ D는 같은 것을 내지 않았다.
D	A, B, C 모두 참 또는 거짓을 말한 순서가 동일하다.	이 판은 승자가 나온 판이었다.

먼저 A ~ D는 반드시 가위, 바위, 보 세 가지 중 하나를 내야 하므로 그 누구도 같은 것을 내지 않았다는 C의 진술 2는 거짓이 된다. 따라서 C의 진술 중 진술 1이 참이 되므로 B가 바위를 냈다는 것을 알 수 있다. 이때, B가 가위를 냈다는 A의 진술 2는 참인 C의 진술 1과 모순되므로 A의 진술 중 진술 2가 거짓이 되는 것을 알 수 있다. 결국 A의 진술 중 진술 1이 참이 되므로 C는 바위를 낸 B를 이길 수 있는 보를 냈다는 것을 알 수 있다.

한편, 바위를 낸 B는 손가락을 펴지 않으므로 A가 편 손가락의 수가 자신보다 적었다는 B의 진술 2는 거짓이 된다. 따라서 B의 진술 중 진술 1이 참이 되므로 A는 C와 같은 보를 냈다는 것을 알 수 있다.

이를 바탕으로 A ~ C의 진술에 대한 참, 거짓 여부와 가위바위보를 정리하면 다음과 같다.

구분	진술 1	진술 2	가위바위보
A	참	거짓	보
B	참	거짓	바위
C	참	거짓	보

따라서 참 또는 거짓에 대한 A ~ C의 진술 순서가 동일하므로 D의 진술 1은 참이 되고, 진술 2는 거짓이 되어야 한다. 이때, 승자가 나오지 않으려면 D는 반드시 A ~ C와 다른 것을 내야 하므로 가위를 낸 것을 알 수 있다.

오답분석

① B와 같은 것을 낸 사람은 없다.
② 보를 낸 사람은 2명이다.
④ B가 기권했다면 가위를 낸 D가 이기게 된다.
⑤ 바위를 낸 사람은 1명이다.

대표기출유형 02 기출응용문제

01

정답 ③

리스크 관리 능력의 부족은 기업 내부환경의 약점 요인에 해당한다. 위협은 외부환경 요인에 해당하므로 위협 요인에는 회사 내부를 제외한 외부에서 비롯되는 요인이 들어가야 한다.

02

정답 ②

ㄱ. 회사가 가지고 있는 신속한 제품 개발 시스템의 강점을 활용하여 새로운 해외시장의 소비자 기호를 반영한 제품을 개발하는 것은 강점을 통해 기회를 포착하는 SO전략에 해당한다.

ㄷ. 공격적 마케팅을 펼치고 있는 해외 저가 제품과 달리 오히려 회사가 가지고 있는 차별화된 제조 기술을 활용하여 고급화 전략을 추구하는 것은 강점으로 위협을 회피하는 ST전략에 해당한다.

오답분석

ㄴ. 저임금을 활용한 개발도상국과의 경쟁 심화와 해외 저가 제품의 공격적 마케팅을 고려하면 국내에 화장품 생산 공장을 추가로 건설하는 것은 적절한 전략으로 볼 수 없다. 약점을 보완하여 위협을 회피하는 전략을 활용하기 위해서는 오히려 저임금의 개발도상국에 공장을 건설하여 가격 경쟁력을 확보하는 것이 더 적절하다.

ㄹ. 낮은 브랜드 인지도가 약점이기는 하나, 해외시장에서의 한국 제품에 대한 선호가 증가하고 있는 점을 고려하면 현지 기업의 브랜드로 제품을 출시하는 것은 적절한 전략으로 볼 수 없다. 약점을 보완하여 기회를 포착하는 전략을 활용하기 위해서는 오히려 한국 제품임을 강조하는 홍보 전략을 세우는 것이 더 적절하다.

대표기출유형 03 기출응용문제

01

정답 ②

공사 시행업체 선정방식에 따라 가중치를 반영하여 업체들의 점수를 종합하면 다음과 같다.

평가항목 \ 업체	A	B	C	D	E
적합성 점수	22	24	23	20	26
실적점수	12	18	14	16	14
입찰점수	10	4	2	8	6
평가점수	44	46	39	44	46

따라서 평가점수가 가장 높은 업체는 B, E이고, 이 중 실적점수가 더 높은 업체는 B이므로 최종 선정될 업체는 B업체이다.

02

정답 ①

ㄱ. 부패금액이 산정되지 않은 6번의 경우에도 고발하였으므로 옳지 않은 설명이다.

ㄴ. 2번의 경우 해임당하였음에도 고발되지 않았으므로 옳지 않은 설명이다.

오답분석

ㄷ. 직무관련자로부터 금품을 수수한 사건은 2번, 4번, 5번, 7번, 8번으로 총 5건 있었다.

ㄹ. 2번과 4번은 모두 '직무관련자로부터 금품 및 향응수수'로 동일한 부패행위 유형에 해당함에도 2번은 해임, 4번은 감봉 1월의 처분을 받았으므로 옳은 설명이다.

03

정답 ③

오답분석

(라)・(마) 아동수당 제도 첫 도입에 따라 초기에 아동수당 신청이 한꺼번에 몰릴 것으로 예상되어 연령별 신청기간을 운영한다. 따라서 만 5세 아동은 7월 1 ~ 5일 사이에 접수를 하거나 연령에 관계없는 7월 6일 이후에 신청하는 것으로 안내하는 것이 적절하다. 또한, 아동수당 관련 신청서 작성요령이나 수급 가능성 등 자세한 내용은 아동수당 홈페이지에서 확인 가능한데, 어떤 홈페이지로 접속해야 하는지 안내를 하지 않았다. 따라서 적절하지 않은 답변이다.

대표기출유형 04 기출응용문제

01

정답 ④

알파벳 순서에 따라 숫자로 변환하면 다음과 같다.

A	B	C	D	E	F	G	H	I	J	K	L	M
1	2	3	4	5	6	7	8	9	10	11	12	13
N	O	P	Q	R	S	T	U	V	W	X	Y	Z
14	15	16	17	18	19	20	21	22	23	24	25	26

'INTELLECTUAL'의 품번을 규칙에 따라 정리하면 다음과 같다.

- 1단계 : 9(I), 14(N), 20(T), 5(E), 12(L), 12(L), 5(E), 3(C), 20(T), 21(U), 1(A), 12(L)
- 2단계 : $9+14+20+5+12+12+5+3+20+21+1+12=134$
- 3단계 : $|(14+20+12+12+3+20+12)-(9+5+5+21+1)|=|93-41|=52$
- 4단계 : $(134+52)\div4+134=46.5+134=180.5$
- 5단계 : 180.5를 소수점 첫째 자리에서 버림하면 180이다.

따라서 제품의 품번은 '180'이다.

02

정답 ④

게임 규칙과 결과를 토대로 경우의 수를 따져보면 다음과 같다.

라운드	벌칙 제외	총 퀴즈 개수
3	A	15
4	B	19
5	C	21
	D	
	C	22
	E	
	D	22
	E	

ㄴ. 총 22개의 퀴즈가 출제되었다면, E가 정답을 맞혀 벌칙에서 제외된 것이다.

ㄷ. 게임이 종료될 때까지 총 21개의 퀴즈가 출제되었다면 C, D가 벌칙에서 제외된 경우로 5라운드에서 E에게는 정답을 맞힐 기회가 주어지지 않았다. 따라서 퀴즈를 푸는 순서가 벌칙을 받을 사람 선정에 영향을 미친다.

오답분석

ㄱ. 5라운드까지 4명의 참가자가 벌칙에서 제외되었으므로 정답을 맞힌 퀴즈는 8개, 벌칙을 받을 사람은 5라운드까지 정답을 맞힌 퀴즈는 0개나 1개이므로 정답을 맞힌 퀴즈는 8개나 9개이다.

출제유형분석 05 실전예제

01

정답 ②

창의적 사고는 선천적으로 타고 날 수도 있지만, 후천적 노력에 의해 개발이 가능하기 때문에 조언으로 적절하지 않다.

오답분석

① 새로운 경험을 찾아 나서는 사람은 적극적이고, 모험심과 호기심 등을 가진 사람으로 창의력 교육훈련에 필요한 요소를 가지고 있는 사람이다.
③ 창의적인 사고는 창의력 교육훈련을 통해 후천적 노력에 의해서도 개발이 가능하다.
④ 창의력은 본인 스스로 자신의 틀에서 벗어나도록 노력하는 것으로 통상적인 사고가 아니라, 기발하고 독창적인 것을 말한다.
⑤ 창의적 사고는 전문지식보다 자신의 경험 및 기존의 정보를 특정한 요구 조건에 맞추거나 유용하도록 새롭게 조합시킨 것이다.

02

정답 ②

창의적 사고를 개발하는 방법

- 자유 연상법 : 어떤 생각에서 다른 생각을 계속해서 떠올리는 작용을 통해 어떤 주제에서 생각나는 것을 계속해서 열거해 나가는 방법 예 브레인스토밍
- 강제 연상법 : 각종 힌트에서 강제적으로 연결지어서 발상하는 방법 예 체크리스트
- 비교 발상법 : 주제와 본질적으로 닮은 것을 힌트로 하여 새로운 아이디어를 얻는 방법 예 NM법, Synetics

03

정답 ③

브레인스토밍(Brainstorming)

- 한 사람이 생각하는 것보다 다수가 생각하는 것이 아이디어가 많다.
- 아이디어 수가 많을수록 질적으로 우수한 아이디어가 나올 수 있다.
- 아이디어는 비판이 가해지지 않으면 많아진다.

오답분석

① 스캠퍼(Scamper) 기법 : 창의적 사고를 유도하여 신제품이나 서비스 등을 생각하는 발상 도구이다.
② 여섯 가지 색깔 모자(Six Thinking Hats) : 각각 중립적, 감정적, 부정적, 낙관적, 창의적, 이성적 사고를 뜻하는 여섯 가지 색의 모자를 차례대로 바꾸어 쓰면서 모자 색깔이 뜻하는 유형대로 생각해 보는 방법이다.
④ TRIZ(Teoriya Resheniya Izobretatelskikh Zadatch) : 문제에 대하여 이상적인 결과를 정하고, 그 결과를 얻는 데 모순이 되는 것을 찾아 모순을 극복할 수 있는 해결안을 찾는 40가지 방법에 대한 이론이다.
⑤ Logic Tree : 문제의 원인을 깊이 파고들거나 해결책을 구체화할 때 제한된 시간 안에 넓이와 깊이를 추구하는 데 도움이 되는 기술로, 주요 과제를 나무 모양으로 분해하여 정리하는 기술이다.

04

정답 ④

퍼실리테이션은 커뮤니케이션을 통한 문제해결 방법으로, 구성원의 동기 강화, 팀워크 향상 등을 이룰 수 있다. 이는 구성원이 자율적으로 실행하는 것으로, 제3자가 합의점이나 줄거리를 준비해놓고 예정대로 결론을 도출하는 것이 아니다.

05

정답 ①

분석적 사고

- 성과 지향의 문제 : 기대하는 결과를 명시하고 효과적으로 달성하는 방법을 사전에 구상하고 실행에 옮긴다.
- 가설 지향의 문제 : 현상 및 원인분석 전에 지식과 경험을 바탕으로 일의 과정이나 결과, 결론을 가정한 다음 검증 후 사실일 경우 다음 단계의 일을 수행한다.
- 사실 지향의 문제 : 일상 업무에서 일어나는 상식, 편견을 타파하여 사고와 행동을 객관적 사실로부터 시작한다.

06

정답 ④

㉠은 Logic Tree에 대한 설명으로 문제 도출 단계에서 사용되며, ㉡은 3C 분석 방법에 대한 설명으로 문제 인식 단계의 환경 분석 과정에서 사용된다. ㉢은 Pilot Test에 대한 설명으로 실행 및 평가 단계에서 사용된다. 마지막으로 ㉣은 해결안을 그룹화하는 방법으로 해결안을 도출하는 해결안 개발 단계에서 사용된다. 따라서 문제해결절차에 따라 문제해결 방법을 나열하면 ㉡ → ㉠ → ㉣ → ㉢의 순서가 된다.

CHAPTER

04 자원관리능력

대표기출유형 01 기출응용문제

01

정답 ③

엘리베이터는 한 번에 최대 세 개 층을 이동할 수 있으며, 올라간 다음에는 반드시 내려와야 한다는 조건에 따라 청원경찰이 최소 시간으로 6층을 순찰하고, 다시 1층으로 돌아올 수 있는 방법은 다음과 같다.

1층 → 3층 → 2층 → 5층 → 4층 → 6층 → 3층 → 4층 → 1층

이때, 이동에만 소요되는 시간은 총 2+1+3+1+2+3+1+3=16분이다.

따라서 청원경찰이 6층을 모두 순찰하고 1층으로 돌아오기까지 소요되는 시간은 60(=10분×6층)+16=76분=1시간 16분이다.

02

정답 ①

두 번째 조건에서 경유지는 서울보다 +1시간, 출장지는 경유지보다 −2시간이므로 서울과 −1시간 차이다.

김대리가 서울에서 경유지를 거쳐 출장지까지 가는 과정을 서울 시각 기준으로 정리하면 다음과 같다.

서울 5일 오후 1시 35분 출발 → 오후 1시 35분+3시간 45분=오후 5시 20분 경유지 도착 → 오후 5시 20분+3시간 50분(대기시간)=오후 9시 10분 경유지에서 출발 → 오후 9시 10분+9시간 25분=6일 오전 6시 35분 출장지 도착

따라서 출장지에 도착했을 때 현지 시각은 서울보다 1시간 느리므로 오전 5시 35분이다.

대표기출유형 02 기출응용문제

01

정답 ⑤

- 6월 8일
  출장지는 I시이므로 출장수당은 10,000원이고, 교통비는 20,000원이다. 그러나 관용차량을 사용했으므로 교통비에서 10,000원이 차감된다. 즉, 6월 8일의 출장여비는 10,000+(20,000−10,000)=20,000원이다.
- 6월 16일
  출장지는 S시이므로 출장수당은 20,000원이고, 교통비는 30,000원이다. 그러나 출장 시작 시각이 14시이므로 10,000원이 차감된다. 즉, 6월 16일의 출장여비는 (20,000−10,000)+30,000=40,000원이다.
- 6월 19일
  출장지는 B시이므로 출장비는 20,000원이고, 교통비는 30,000원이다. 이때, 업무추진비를 사용했으므로 10,000원이 차감된다. 즉, 6월 19일의 출장여비는 (20,000−10,000)+30,000=40,000원이다.

따라서 A사원이 6월 출장여비로 받을 수 있는 총액은 20,000+40,000+40,000=100,000원이다.

02

정답 ④

B과장의 지출내역을 토대로 여비를 계산하면 다음과 같다.

- 운임 : 철도 · 선박 · 항공운임에 대해서만 지급한다고 규정하고 있으므로, 버스 또는 택시요금에 대해서는 지급하지 않는다. 따라서 철도운임만 지급되며 일반실을 기준으로 실비로 지급하므로, 여비는 43,000+43,000=86,000원이다.
- 숙박비 : 1박당 실비로 지급하되, 그 상한액은 40,000원이다. 그러나 출장기간이 2일 이상인 경우에는 출장기간 전체의 총액 한도 내에서 실비로 지급한다고 하였으므로, 3일간의 숙박비는 총 120,000원 내에서 실비가 지급된다. 따라서 B과장이 지출한 숙박비 45,000+30,000+35,000=110,000원 모두 여비로 지급된다.
- 식비 : 1일당 20,000원으로 여행일수에 따라 지급된다. 총 4일이므로 80,000원이 지급된다.
- 일비 : 1인당 20,000원으로 여행일수에 따라 지급된다. 총 4일이므로 80,000원이 지급된다.

따라서 B과장이 정산받은 여비의 총액은 86,000+110,000+80,000+80,000=356,000원이다.

03

정답 ③

C씨는 지붕의 수선이 필요한 주택보수비용 지원 대상에 선정되었다. 지붕 수선은 대보수에 해당하며, 대보수의 주택당 보수비용 지원한도액은 950만 원이다. 또한, C씨는 중위소득 40%에 해당하므로 지원한도액의 80%를 차등 지원받게 된다. 따라서 C씨가 지원받을 수 있는 주택보수비용의 최대 액수는 950만×0.8=760만 원이다.

대표기출유형 03 기출응용문제

01

정답 ③

매출 순이익은 [(판매 가격)−(생산 단가)]×(판매량)이므로 메뉴별 매출 순이익을 계산하면 다음과 같다.

메뉴	예상 월간 판매량(개)	생산 단가(원)	판매 가격(원)	매출 순이익(원)
A	500	3,500	4,000	250,000[=(4,000−3,500)×500]
B	300	5,500	6,000	150,000[=(6,000−5,500)×300]
C	400	4,000	5,000	400,000[=(5,000−4,000)×400]
D	200	6,000	7,000	200,000[=(7,000−6,000)×200]
E	150	3,000	5,000	300,000[=(5,000−3,000)×150]

따라서 매출 순이익이 가장 높은 C를 메인 메뉴로 선정하는 것이 가장 적절하다.

02

정답 ⑤

완성품 납품 수량은 총 100개이다. 완성품 1개당 부품 A는 10개가 필요하므로 총 1,000개가 필요하고, B는 300개, C는 500개가 필요하다. 그런데 A는 500개, B는 120개, C는 250개의 재고가 있으므로, 각각 모자라는 나머지 부품인 500개, 180개, 250개를 주문해야 한다.

대표기출유형 04 기출응용문제

01

정답 ③

오답분석

- A지원자 : 9월에 복학 예정이기 때문에 인턴 기간이 연장될 경우 근무할 수 없으므로 부적합하다.
- B지원자 : 경력 사항이 없으므로 부적합하다.
- D지원자 : 근무 시간(9 ~ 18시) 이후에 업무가 불가능하므로 부적합하다.
- E지원자 : 포토샵을 활용할 수 없으므로 부적합하다.

PART 1

02

정답 ③

먼저 모든 면접위원의 입사 후 경력은 3년 이상이어야 한다는 조건에 따라 A, E, F, H, I, L직원은 면접위원으로 선정될 수 없다. 이사 이상의 직급으로 6명 중 50% 이상 구성해야 하므로 자격이 있는 C, G, N은 반드시 면접위원으로 포함한다. 다음으로 인사팀을 제외한 부서는 두 명 이상 구성할 수 없으므로 이미 N이사가 선출된 개발팀은 더 선출할 수 없고, 인사팀은 반드시 2명을 포함해야 하므로 D과장은 반드시 선출된다. 이를 정리하면 다음과 같다.

구분	1	2	3	4	5	6
경우 1	C이사	D과장	G이사	N이사	B과장	J과장
경우 2	C이사	D과장	G이사	N이사	B과장	K대리
경우 3	C이사	D과장	G이사	N이사	J과장	K대리

따라서 B과장이 면접위원으로 선출됐더라도 K대리가 선출되지 않는 경우도 있다.

03

정답 ④

B동에 사는 변학도 씨는 매주 월, 화 오전 8시부터 오후 3시까지 하는 카페 아르바이트로 화 ~ 금 오전 9시 30분부터 오후 12시까지 진행되는 ‘그래픽 편집 달인되기’를 수강할 수 없다.

CHAPTER

05 정보능력

대표기출유형 01 기출응용문제

01

정답 ①

제시문은 유비쿼터스(Ubiquitous)에 대한 설명이다.

오답분석

② AI(Artificial Intelligence) : 인간과 같이 사고하고, 생각하고, 학습하고, 판단하는 논리적인 방식을 사용하는 인간의 지능을 본 딴 컴퓨터 시스템을 말한다.
③ 딥 러닝(Deep Learning) : 컴퓨터가 여러 데이터를 이용해 마치 사람처럼 스스로 학습할 수 있게 하기 위해 인공 신경망(ANN; Artificial Neural Network)을 기반으로 구축한 기계 학습 기술을 의미한다.
④ 블록체인(Block Chain) : 누구나 열람할 수 있는 장부에 거래 내역을 투명하게 기록하고, 여러 대의 컴퓨터에 이를 복제해 저장하는 분산형 데이터 저장기술이다.
⑤ P2P(Peer to Peer) : 기존의 서버와 클라이언트 개념이나 공급자와 소비자 개념에서 벗어나 개인 컴퓨터끼리 직접 연결하고 검색함으로써 모든 참여자가 공급자인 동시에 수요자가 되는 형태이다.

02

정답 ②

바이러스에 감염되는 경로로는 불법 무단 복제, 다른 사람들과 공동으로 사용하는 컴퓨터, 인터넷, 전자우편의 첨부파일 등이 있다.

바이러스를 예방할 수 있는 방법
- 다운로드한 파일이나 외부에서 가져온 파일은 반드시 바이러스 검사를 수행한 후에 사용한다.
- 전자우편을 통해 감염될 수 있으므로 발신자가 불분명한 전자우편은 열어보지 않고 삭제한다.
- 중요한 자료는 정기적으로 백업한다.
- 바이러스 예방 프로그램을 램(RAM)에 상주시킨다.
- 백신 프로그램의 시스템 감시 및 인터넷 감시 기능을 이용해서 바이러스를 사전에 검색한다.
- 백신 프로그램의 업데이트를 통해 주기적으로 바이러스 검사를 수행한다.

대표기출유형 02 기출응용문제

01

정답 ②

DSUM 함수는 지정한 조건에 맞는 데이터베이스에서 필드 값들의 합을 구하는 함수이다. [A1:C7]에서 상여금이 100만 원 이상인 합계를 구하므로 2,500,000이 도출된다.

02

정답 ②

- [D11] 셀에 입력된 COUNTA 함수는 범위에서 비어있지 않은 셀의 개수를 구하는 함수이다. [B3:D9] 범위에서 비어있지 않은 셀의 개수는 숫자 '1' 10개와 '재제출 요망'으로 입력된 텍스트 2개로, 「=COUNTA(B3:D9)」의 결괏값은 12이다.
- [D12] 셀에 입력된 COUNT 함수는 범위에서 숫자가 포함된 셀의 개수를 구하는 함수이다. [B3:D9] 범위에서 숫자가 포함된 셀의 개수는 숫자 '1' 10개로, 「=COUNT(B3:D9)」의 결괏값은 10이다.
- [D13] 셀에 입력된 COUNTBLANK 함수는 범위에서 비어있는 셀의 개수를 구하는 함수이다. [B3:D9] 범위에서 비어있는 셀의 개수는 9개로, 「=COUNTBLANK(B3:D9)」의 결괏값은 9이다.

03

정답 ⑤

- COUNTIF : 지정한 범위 내에서 조건에 맞는 셀의 개수를 구한다.
- 함수식 : =COUNTIF(D3:D10,">=2024-01-01")

오답분석

① COUNT : 범위에서 숫자가 포함된 셀의 개수를 구한다.
② COUNTA : 범위가 비어있지 않은 셀의 개수를 구한다.
③ SUMIF : 주어진 조건에 의해 지정된 셀들의 합을 구한다.
④ MATCH : 배열에서 지정된 순서상의 지정된 값에 일치하는 항목의 상대 위치 값을 찾는다.

04

정답 ③

오답분석

①·② AND 함수는 인수의 모든 조건이 참(TRUE)일 경우에 성별을 구분하여 표시할 수 있으므로 적절하지 않다.
④ 함수식에서 "남자"와 "여자"가 바뀌었다.
⑤ 함수식에서 "2"와 "3"이 아니라, "1"과 "3"이 들어가야 한다.

대표기출유형 03 기출응용문제

01

정답 ⑤

바깥쪽 i-for문이 4번 반복되고 안쪽 j-for문이 6번 반복되므로 j-for문 안에 있는 문장은 총 24번 반복된다.

02

정답 ③

for 반복문은 i 값이 0부터 1씩 증가하면서 10보다 작을 때까지 수행하므로 i 값은 각 배열의 인덱스(0 ~ 9)를 가리키게 되고, num에는 i가 가리키는 배열 요소 값의 합이 저장된다. arr 배열의 크기는 10이고 초기값들은 배열의 크기 10보다 작으므로 나머지 요소들은 0으로 초기화된다. 따라서 배열 arr는 {1, 2, 3, 4, 5, 0, 0, 0, 0, 0}으로 초기화되므로 이 요소들의 합 15와 num의 초기값 10에 대한 합은 25이다.

CHAPTER

06 기술능력

대표기출유형 01 기출응용문제

01

정답 ①

기술시스템(Technological System)은 개별 기술이 네트워크로 결합하는 것을 말한다. 인공물의 집합체만이 아니라 투자회사, 법적 제도, 정치, 과학, 자연자원을 모두 포함하는 것으로, 사회기술시스템이라고도 한다.

02

정답 ③

노하우는 경험적이고 반복적인 행위에 의해 얻어지는 것이며, 이러한 성격의 지식을 흔히 Technique 혹은 Art라고 부른다.

오답분석

①·⑤ 노하우에 대한 설명이다.
② 노와이에 대한 설명이다.
④ 기술은 원래 노하우의 개념이 강했으나, 시간이 지나면서 노와이와 노하우가 결합하게 되었다.

03

정답 ④

하향식 기술선택은 중장기적인 목표를 설정하고, 이를 달성하기 위해 핵심 고객층 등에 제공하는 제품 및 서비스를 결정한다.

대표기출유형 02 기출응용문제

01

정답 ④

세부절차 설명 항목 중 '(2) 공유기의 DHCP 서버 기능 중지'에서 DHCP 서버 기능을 중지하도록 안내하고 있다. 그리고 안내 항목에서도 DHCP 서버 기능을 중단하도록 알려 주고 있다.

02

정답 ⑤

세부절차 설명 항목 중 '(3) 스위치(허브)로 변경된 공유기의 연결' 단계를 살펴보면 스위치로 동작하는 공유기 2의 WAN 포트에 아무것도 연결하지 않도록 안내하고 있으므로, WAN 포트에 연결하라는 답변은 적절하지 않다.

03

정답 ④

Index 뒤의 문자 SOPENTY와 File 뒤의 문자 ATONEMP에서 일치하는 알파벳의 개수를 확인하면 O, P, E, N, T로 총 5개가 일치하는 것을 알 수 있다. 따라서 판단 기준에 따라 빈칸에 들어갈 Final Code는 Nugre이다.

04

정답 ④

주행 알고리즘에 따른 로봇의 이동 경로를 그림으로 나타내면 다음과 같다.

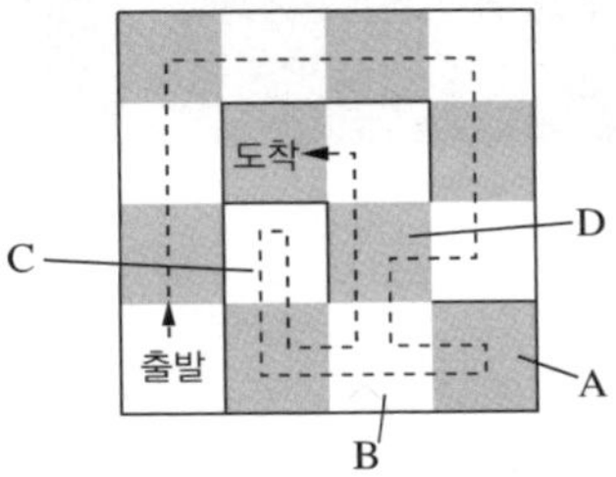

따라서 A에서 B, C에서 D로 이동할 때는 보조명령을 통해 이동했으며, 그 외의 구간은 주명령을 통해 이동했음을 알 알 수 있다.

05

정답 ②

제품설명서 중 A/S 신청 전 확인 사항을 살펴보면, 기능이 작동하지 않을 경우 수도필터가 막혔거나 착좌센서 오류가 원인이라고 제시되어 있다. 따라서 K사원으로부터 접수받은 현상(문제점)의 원인을 파악하려면 수도필터의 청결 상태를 확인하거나 비데의 착좌센서의 오류 여부를 확인해야 한다. 따라서 ②가 가장 적절하다.

06

정답 ①

05번의 문제에서 확인한 사항(원인)은 '수도필터의 청결 상태'이다. 이때, 수도필터의 청결 상태가 원인이 되는 또 다른 현상(문제점)으로는 수압이 약해지는 것이 있다. 따라서 ①이 가장 적절한 행동이다.

CHAPTER

07 조직이해능력

대표기출유형 01 기출응용문제

01

정답 ⑤

전략목표를 먼저 설정하고 환경을 분석해야 한다.

02

정답 ④

㉠은 집중화 전략, ㉡은 원가우위 전략, ㉢은 차별화 전략에 해당한다.

대표기출유형 02 기출응용문제

01

정답 ⑤

조직체계 구성요소 중 규칙 및 규정은 조직의 목표나 전략에 따라 수립되며, 조직구성원들의 활동범위를 제약하고 일관성을 부여하는 기능을 한다. 인사규정·총무규정·회계규정 등이 이에 해당한다.

오답분석

① 조직목표 : 조직이 달성하려는 장래의 상태로, 대기업, 정부부처, 종교단체를 비롯하여 심지어 작은 가게도 달성하고자 하는 목표를 가지고 있다. 조직의 목표는 미래지향적이지만 현재 조직행동의 방향을 결정해주는 역할을 한다.
② 경영자 : 조직의 전략, 관리 및 운영활동을 주관하며, 조직구성원들과의 의사결정을 통해 조직이 나아갈 방향을 제시하고 조직의 유지와 발전에 대해 책임을 지는 사람이다.
③ 조직문화 : 조직이 지속되면서 조직구성원들 간의 생활양식이나 가치를 서로 공유하게 되는 것을 말한다. 이는 조직구성원들의 사고와 행동에 영향을 미치며 일체감과 정체성을 부여하고 조직이 안정적으로 유지되게 한다.
④ 조직구조 : 조직 내의 부문 사이에 형성된 관계로 조직목표를 달성하기 위한 조직구성원들의 상호작용을 보여준다.

02

정답 ⑤

조직문화는 구성원 개개인의 개성을 인정하고 그 다양성을 강화하기보다는 구성원들의 행동을 통제하는 기능을 한다. 즉, 구성원을 획일화·사회화시킨다.

03

정답 ④

조직목표의 기능

- 조직이 존재하는 정당성과 합법성 제공
- 조직이 나아갈 방향 제시
- 조직구성원 의사결정의 기준
- 조직구성원 행동수행의 동기유발
- 수행평가의 기준
- 조직설계의 기준

04

정답 ①

조직변화의 과정

1. 환경변화 인지
2. 조직변화 방향 수립
3. 조직변화 실행
4. 변화결과 평가

05

정답 ①

조직이 생존하기 위해서는 급변하는 환경에 적응하여야 한다. 이를 위해서는 원칙이 확립되어 있고 고지식한 기계적 조직보다는 운영이 유연한 유기적 조직이 더 적합하다.

오답분석

② 대규모 조직은 소규모 조직과는 다른 조직구조를 갖게 된다. 대규모 조직은 소규모 조직에 비해 업무가 전문화, 분화되어 있고 많은 규칙과 규정이 존재하게 된다.

③ 조직구조 결정요인으로는 크게 전략, 규모, 기술, 환경이 있다. 전략은 조직의 목적을 달성하기 위하여 수립한 계획으로 조직이 자원을 배분하고 경쟁적 우위를 달성하기 위한 주요 방침이며, 기술은 조직이 투입요소를 산출물로 전환시키는 지식, 기계, 절차 등을 의미한다. 또한 조직은 환경의 변화에 적절하게 대응하기 위해 환경에 따라 조직의 구조를 다르게 조작한다.

④ 조직 활동의 결과에 따라 조직의 성과와 만족이 결정되며, 그 수준은 조직구성원들의 개인적 성향과 조직문화의 차이에 따라 달라진다.

⑤ 조직구조의 결정 요인 중 하나인 기술은 조직이 투입요소를 산출물로 전환시키는 지식, 기계, 절차 등을 의미한다. 소량생산기술을 가진 조직은 유기적 조직구조를, 대량생산기술을 가진 조직은 기계적 조직구조를 가진다.

06

정답 ③

오답분석

- B : 사장 직속으로 4개의 본부가 있다는 설명은 옳지만, 인사를 전담하고 있는 본부는 없으므로 적절하지 않다.
- C : 감사실이 분리되어 있다는 설명은 옳지만, 사장 직속이 아니므로 적절하지 않다.

대표기출유형 03 기출응용문제

01

정답 ⑤

비품은 기관의 비품이나 차량 등을 관리하는 총무지원실에 신청해야 하며, 교육 일정은 사내 직원의 교육 업무를 담당하는 인사혁신실에서 확인해야 한다.

오답분석

기획조정실은 전반적인 조직 경영과 조직문화 형성, 예산 업무, 이사회, 국회 협력 업무, 법무 관련 업무를 담당한다.

02

정답 ④

인·적성검사 합격자의 조 구성은 은경씨가 하지만, 합격자에게 몇 조인지 미리 공지하는지는 알 수 없다.

03

정답 ⑤

예산집행 조정, 통제 및 결산 총괄 등 예산과 관련된 업무는 ⓜ 자산팀이 아닌 ㉠ 예산팀이 담당하는 업무이다. 자산팀은 물품구매와 장비·시설물 관리 등의 업무를 담당한다.

04

정답 ⑤

전문자격 시험의 출제정보를 관리하는 시스템의 구축·운영 업무는 정보화사업팀이 담당하는 업무로, 개인정보 보안과 관련된 업무를 담당하는 정보보안전담반의 업무로는 적절하지 않다.

05

정답 ④

홈페이지 운영 등은 정보사업팀에서 한다.

오답분석

① 1개의 감사실과 11개의 팀으로 되어 있다.
② 예산기획과 경영평가는 전략기획팀에서 관리한다.
③ 경영평가(전략기획팀), 성과평가(인재개발팀), 품질평가(평가관리팀) 등 다른 팀에서 담당한다.
⑤ 감사실을 두어 감사, 부패방지 및 지도점검을 하게 하였다.

06

정답 ⑤

품질평가 관련 민원은 평가관리팀이 담당하고 있다.

CHAPTER

08 대인관계능력

PART 1

대표기출유형 01 기출응용문제

01

정답 ②

팀워크와 응집력의 차이는 팀 성과의 유무이다. 응집력은 사람들로 하여금 집단에 머물도록 만들고, 그 집단의 멤버로서 계속 남아 있기를 원하게 만드는 힘이다. 팀워크는 단순히 사람들이 모여 있는 것이 아닌 목표 달성의 의지를 가지고 성과를 내는 것을 뜻한다.

02

정답 ③

A사의 사례는 팀워크의 중요성과 주의할 점을 보여주고, K병원의 사례는 공통된 비전으로 인한 팀워크의 성공을 보여준다. 두 사례 모두 팀워크에 대한 내용이지만, 개인 간의 차이를 중시해야 한다는 것은 언급되지 않았다.

대표기출유형 02 기출응용문제

01

정답 ②

정보 독점은 '지식이 권력의 힘'이라고 믿는 독재자 리더의 특징으로 볼 수 있다.

변혁적 리더의 특징

- 카리스마 : 변혁적 리더는 조직에 명확한 비전을 제시하고, 집단 구성원들에게 그 비전을 쉽게 전달할 수 있다.
- 자기 확신 : 변혁적 리더는 뛰어난 사업수완과 어떠한 의사결정이 조직에 긍정적으로 영향을 미치는지 예견할 수 있는 능력을 지니고 있다.
- 존경심과 충성심 유도 : 변혁적 리더는 구성원 개개인에게 시간을 할애하여 그들 스스로가 중요한 존재임을 깨닫게 하고, 존경심과 충성심을 불어넣는다.
- 풍부한 칭찬 : 변혁적 리더는 구성원이나 팀이 직무를 완벽히 수행했을 때 칭찬을 아끼지 않는다.
- 감화(感化) : 변혁적 리더는 사범이 되어 구성원들이 도저히 해낼 수 없다고 생각하는 일들을 구성원들로 하여금 할 수 있도록 자극을 주고 도움을 주는 일을 수행한다.

02

정답 ⑤

수동형 사원은 자신의 능력과 노력을 조직으로부터 인정받지 못해 자신감이 떨어지는 모습을 보인다. 따라서 자신의 업무에 대해 자신감을 키워주는 것이 적절하다.

오답분석

① 적절한 보상이 없다고 느끼는 소외형 사원에게 팀에 대한 협조의 조건으로 보상을 제시하는 것은 적절하지 않다.
② 리더는 팀원을 배제시키지 않고 팀 목표를 위해 팀원들이 자발적으로 업무에 참여하도록 노력해야 한다.
③ 순응형 사원에 대해서는 그들의 잠재력 개발을 통해 팀 발전을 위한 창의적인 모습을 갖도록 해야 한다.
④ 실무형 사원에 대해서는 징계를 통해 규정 준수를 억지로 강조하는 모습보다는 의사소통을 통해 규정을 이해시키는 것이 적절하다.

대표기출유형 03 기출응용문제

01

정답 ②

3단계는 상대방의 입장을 파악하는 단계이다. 자기 생각을 말한 뒤 A씨의 견해를 물으며 상대방의 입장을 파악하려는 ②가 3단계에 해당하는 대화로 가장 적절하다.

02

정답 ④

'윈 – 윈(Win – Win) 관리법'은 갈등을 피하거나 타협하는 것이 아닌 모두에게 유리할 수 있도록 문제를 근본적으로 해결하는 방법이다. 귀하와 A사원이 공통적으로 가지는 근본적인 문제는 금요일에 일찍 퇴근할 수 없다는 것이므로, 금요일 업무시간 전에 청소를 할 수 있다면 귀하와 B사원 모두에게 유리할 수 있는 갈등 해결방법이 된다.

오답분석

① '나도 지고 너도 지는 방법'인 회피형에 대한 방법이다.
② '나는 지고 너는 이기는 방법'인 수용형에 대한 방법이다.
③ '서로가 타협적으로 주고받는 방법'인 타협형에 대한 방법이다.
⑤ '나는 이기고 너는 지는 방법'인 경쟁형(지배형)에 대한 방법이다.

대표기출유형 04 기출응용문제

01

정답 ②

고객이 잘못 이해하고 있다고 하더라도 고객의 말에 반박하지 말고, 먼저 공감해야 한다. 즉, 고객이 그렇게 말할 수 있음을 이해하는 것이 중요하다.

02

정답 ②

빨리빨리 유형을 상대할 경우 여러 가지 일을 신속하게 처리하는 모습을 보이면 응대하기 쉽다.

09 자기개발능력

대표기출유형 01 기출응용문제

01 정답 ④

자기개발의 첫 단계인 자신의 흥미·적성·특성 등을 파악하는 자아인식을 통해서 직업생활에서 회사가 아닌 자신의 요구를 파악하고 자신의 능력 및 기술을 이해할 수 있다.

02 정답 ①

자기개발은 한 분야에서 오랫동안 업무를 수행하도록 돕는 것이 아니라 끊임없이 변화하는 환경에 적응하도록 돕는다.

03 정답 ③

자기개발 계획을 세울 때는 장기, 단기목표를 모두 세워야 한다. 장기목표는 5 ~ 20년 뒤의 목표를 의미하고, 단기목표는 1 ~ 3년 정도의 목표를 의미한다. 장기목표는 자신의 욕구, 가치, 흥미, 적성 및 기대를 고려하여 수립하며 자신의 직장에서의 일과 관련하여 직무의 특성, 타인과의 관계 등을 고려하여 작성한다. 단기목표는 장기목표를 이룩하기 위한 기본단계로 필요한 직무경험, 능력, 자격증 등을 고려하여 세운다.

대표기출유형 02 기출응용문제

01 정답 ①

㉠은 '경력개발 전략 수립' 단계로, 전 단계에서 경력목표를 설정하면 이를 달성하기 위해 활동계획을 수립하는 단계이다.

오답분석

② 대학원, 교육프로그램 등의 활동에 참여하는 것은 자신의 현재 직무수행능력을 향상시킴과 동시에 미래의 직무를 위해서도 경력개발이 가능하다.
③ 상사나 직장 선후배 등 경력목표와 관련이 되는 인적 네트워크를 구축하여 정보나 지원을 받을 수 있다.
④ 직장에서는 개인이 외부에서 얻는 것보다 더 풍부한 인적·물적자원, 기술력 등을 얻을 수 있다.
⑤ 성공적인 직무의 수행은 승진의 기회를 확대하는 것은 물론, 미래의 고용 가능성을 높일 수 있다.

02 정답 ④

A씨는 창업을 하기로 결심하고 퇴사한 후 현재는 새로운 경력을 가지기 위해 관련 서적을 구매하거나 박람회에 참여하는 등 창업에 대한 정보를 탐색하고 있다. 이는 자신에게 적합한 직업이 무엇인지를 탐색하고 이를 선택한 후 여기에 필요한 능력을 키우는 과정인 직업 선택의 단계로, 사람에 따라 일생 동안 여러 번 일어날 수도 있다.

CHAPTER

10 직업윤리

대표기출유형 01 기출응용문제

01

정답 ②

②는 절차 공정성에 대한 설명이다. 절차 공정성은 개인의 의사결정 형성에 적용되는 과정의 타당성에 대한 것으로, 목적이 달성되는 데 사용한 수단에 관한 공정성이며, 의사결정자들이 논쟁 또는 협상의 결과에 도달하기 위해 사용한 정책, 절차, 기준에 관한 공정성이다.

분배 공정성
최종적인 결과에 대한 지각이 공정했는가를 나타내며 교환의 주목적인 대상물, 즉 핵심적인 서비스에 대한 지각이 공정했는가를 결정하는 것이다.

02

정답 ③

B사원의 업무방식은 그의 성격으로 인해 나타나는 것이며, B사원의 잘못이 아님을 알 수 있다. 따라서 A대리는 업무방식에 대해 서로 다른 부분을 인정하는 상호 인정에 대한 역량이 필요하다고 볼 수 있다.

03

정답 ④

(가)의 입장을 반영하면 국가 청렴도가 낮은 문제를 해결하기 위해서는 청렴을 강조한 전통 윤리를 지킬 필요가 있다. 이에 개인을 넘어서 공동체, 나아가 국가의 공사(公事)를 우선하는 봉공 정신, 청빈한 생활 태도를 유지하면서 국가의 일에 충심을 다하려는 청백리 정신을 실천하는 자세가 필요하다.

대표기출유형 02 기출응용문제

01

정답 ④

제시문은 민주 시민으로서 기본적으로 지켜야 하는 의무와 생활 자세인 '준법 정신'에 대한 일화이다. 사회가 유지되기 위해서는 준법 정신이 필요한 것처럼 직장생활에서도 조직의 운영을 위해 준법 정신이 필요하다.

오답분석

① 봉사(서비스)에 대한 설명이다.
② 근면에 대한 설명이다.
③ 책임에 대한 설명이다.
⑤ 정직과 신용에 대한 설명이다.

02

정답 ②

일을 하다가 예상하지 못한 상황이 일어났을 때 그 이유에 대해 고민해 보는 것은 필요하다. 다시 같은 상황을 겪지 않도록 대처해야 하기 때문이다. 그러나 그 이유에 대해서만 계속 매달리는 것은 시간과 에너지를 낭비하는 일이다. 최대한 객관적으로 이유를 분석한 뒤 결과를 수용하고 신속하게 대책을 세우는 것이 바람직하다.

03

정답 ①

우수한 직업인의 자세에는 해당할 수 있으나, 직업윤리에서 제시하는 직업인의 기본자세에는 해당하지 않는다.

오답분석

② 나의 일을 필요로 하는 사람에게 봉사한다는 마음가짐이 필요하며, 직무를 수행하는 과정에서 다른 사람과 긴밀히 협력하는 협동 정신이 요구된다.
③ 직업이란 신이 나에게 주신 거룩한 일이며, 일을 통하여 자신의 존재를 실현하고 사회적 역할을 담당하는 것이니 자기의 직업을 사랑하며, 긍지와 자부심을 갖고 성실하게 임하는 마음가짐이 있어야 한다.
④ 법규를 준수하고 직무상 요구되는 윤리기준을 준수해야 하며, 공정하고 투명하게 업무를 처리해야 한다.
⑤ 협력체제에서 각자의 책임을 충실히 수행할 때 전체 시스템의 원만한 가동이 가능하며, 다른 사람에게 피해를 주지 않는다. 이러한 책임을 완벽하게 수행하기 위하여 자신이 맡은 분야에서 전문적인 능력과 역량을 갖추고, 지속적인 자기계발을 해야 한다.

많이 보고 많이 겪고 많이 공부하는 것은 배움의 세 기둥이다.

– 벤자민 디즈라엘리 –

PART 2

일반상식

2 일반상식 적중예상문제

01	02	03	04	05	06	07	08	09	10	11	12	13	14	15	16	17	18	19	20
①	③	②	④	①	⑤	①	③	①	③	③	②	⑤	②	④	④	⑤	⑤	②	②
21	22	23	24	25	26	27	28	29	30	31	32	33	34	35	36	37	38	39	40
①	②	④	①	④	④	③	②	②	②	⑤	④	①	①	④	③	②	①	③	④

01

정답 ①

언플러그드(Unplugged)란 컴퓨터 접속장치를 전원에 연결하지 않을 뿐만 아니라 컴퓨터의 사용 자체도 하지 않는 것을 말한다. 언플러그드 컴퓨팅(Unplugged Computing)이란 언플러그인 상태, 즉 컴퓨터를 활용하지 않으면서 컴퓨터의 원리를 교육하는 것을 말한다.

02

정답 ③

반복 사업이나 경험이 있는 사업에 적합한 기법은 CPM 기법이고, PERT 기법은 신규 사업이나 반복이 없는 사업에 적합하다.

03

정답 ②

므두셀라 증후군(Methuselah Syndrome)은 추억을 아름답게 포장하거나 나쁜 기억은 지우고 좋은 기억만 남겨두려는 심리로, 기억 왜곡을 동반한 일종의 도피 심리를 의미한다.

오답분석

① 스톡홀름 증후군(Stockholm Syndrome) : 인질이 인질범들에게 동화되어 그들에게 동조하는 비이성적 현상이다.
③ 순교자 증후군(Martyr Syndrome) : 과거의 일에 대해 부정적으로 기억하고 나쁜 감정만 떠올리는 심리이다.
④ 스마일 마스크 증후군(Smile Mask Syndrome) : 밝은 모습을 유지해야 한다는 강박에 슬픔과 분노 같은 감정을 제대로 발산하지 못해 심리적으로 불안정한 상태이다.
⑤ 리마 증후군(Lima Syndrome) : 인질범이 포로나 인질에게 강자로서 약자에게 갖는 동정심이다.

04

정답 ④

수요의 가격탄력성에 역비례하여 가격을 책정하는 것은 3급 가격차별이다.

가격탄력성
소비재의 가격이 변함에 따라 수요와 공급이 얼마나 변하는지를 나타내는 지표이다. 가격탄력성이 1보다 클수록 같은 가격변화에 수요와 공급이 크게 변하는 반면, 가격탄력성이 1보다 작으면 수요량과 공급량의 변화율이 줄어든다. 수요의 가격탄력성이 상대적으로 작으면 필수재, 상대적으로 크면 사치재라고 부른다.

05

정답 ①

자전은 지구가 남극과 북극을 잇는 선을 축으로 반시계 방향으로 회전하는 현상이다.

오답분석

② 지구의 자전은 지구에 밤과 낮이 발생하는 원인이 되며, 별이 북극을 중심으로 반시계 방향으로 동심원을 그리며 움직이는 일주운동 역시 지구의 자전 운동으로 인해 나타나는 현상이다.
③ 우리나라에서는 조선 숙종 때 김석문이 지구가 회전한다는 지전설을 처음으로 주장하였다.
④ 지구의 자전 속도는 약 1,600km/h로, 태양을 기준으로 24시간마다 한 바퀴 회전한다.
⑤ 푸코는 진자 실험을 통해 지구의 자전을 과학적으로 증명하였다.

06

정답 ⑤

프로젝트 파이낸싱(Project Financing)은 프로젝트별로 자금조달이 이루어지기 때문에 투자사업의 실질적인 소유주인 모기업의 자산 및 부채와 분리해서 프로젝트 자체의 사업성에 기초하여 소요자금을 조달하여야 하고, 다양한 위험이 존재하기 때문에 상대적으로 금융비용이 많이 투입된다는 특징이 있다.

07

정답 ①

제시문은 GMO(Genetically Modified Organism : 유전자 변형 농산물)에 대한 설명이다. 이는 유전자 재조합을 통해 목적에 맞는 유전 형질을 가진 새로운 품종을 만들어낼 수 있다는 특징이 있다.

08

정답 ③

제시문은 통일신라 38대 왕인 원성왕이 788년에 실시한 독서삼품과에 대한 설명이다. 통일신라는 원성왕 시기부터 발해를 외교적 대상 국가로 인식하여 일길찬(一吉湌) 백어(伯魚)를 사신으로 보냈다. 또한 처음으로 승관(僧官)을 두고 승려 중에 능력이 좋은 사람을 선발하여 충당하였다.

오답분석

㉡ 원종·애노의 난은 889년(진성여왕 3)에 진골 귀족 간의 잦은 정쟁으로 지방 통제력이 약해진 상황에서 과도한 조세 부담으로 인해 사벌주에서 발생하였다.
㉢ 청해진의 반란은 851년(문성왕 13)에 청해진과 중앙정부 사이의 반목과 대립 심화로 발생하였으며, 염장의 장보고 암살과 중앙군의 토벌로 제압되었다.

09

정답 ①

㉠ 교류에 대한 설명이며, 빈칸에 들어갈 단어는 'Alternating'이다.
㉡ 플라세보(위약) 효과에 대한 설명이며, 빈칸에 들어갈 단어는 'Placebo'이다.
㉢ 엠바고에 대한 설명이며, 빈칸에 들어갈 단어는 'Embargo'이다.
㉣ CCL에 대한 설명이며, 빈칸에 들어갈 단어는 'Creative'이다. 이는 리처드 스톨먼이 제기하고 로런스 레식이 창안한 라이선스 표기 방법이다.

따라서 빈칸에 들어갈 단어의 첫 알파벳을 조합하면 'APEC'가 된다. APEC(Asia－Pacific Economic Cooperation)는 아시아태평양경제협력체를 말한다. 현재 APEC 회원국은 우리나라와 미국을 비롯한 호주, 뉴질랜드, 러시아 등 총 20개 국가와 1개의 특별행정구(홍콩)이며, 인도는 포함되어 있지 않다.

10

정답 ③

제시문은 신세대협동조합(New Generation Cooperatives)에 대한 설명이다.

11

정답 ③

제시문에서 설명하는 제도는 농약 허용기준 강화제도로, 'Positive List System'의 약자인 PLS를 사용한다.

오답분석

① · ⑤ CODEX와 유사농산물 최저기준은 PLS가 도입되기 전 농약 잔류허용기준이 없을 때 적용되었던 기준이다.
② IT는 수입식품의 잔류허용기준의 명칭이다.
④ PPM은 잔류허용기준의 단위인 mg/kg과 동일한 용어이다.

12

정답 ②

셰익스피어의 5대 희극 작품은 『말괄량이 길들이기』, 『십이야』, 『베니스의 상인』, 『뜻대로 하세요』, 『한여름 밤의 꿈』이다. 4대 비극으로는 『햄릿』, 『오셀로』, 『리어왕』, 『맥베스』가 있다.

13

정답 ⑤

앰비슈머(Ambisumer)는 자신의 가치관에 부합하는 소비를 할 경우에는 돈을 아끼지 않고 최고의 가치를 추구하지만, 그 외의 것에 관하여는 최대한 돈을 아끼는 이중적인 소비자를 뜻한다.

오답분석

① 그린슈머(Greensumer) : 녹색(Green)과 소비자(Consumer)의 합성어로, 친환경 제품이나 유기농 제품을 선호하는 소비자이다.
② 폴리슈머(Polisumer) : 정책(Policy)과 소비자(Consumer)의 합성어로, 복지의 사각지대에 놓여 있어서 긴급한 정책이나 대안이 필요한 소비자이다.
③ 보테슈머(Beautesumer) : 아름다움(Beauty)과 소비자(Consumer)의 합성어로, 아름다움을 추구하는 소비자이다.
④ 트라이슈머(Trysumer) : 시도하다(Try)와 소비자(Consumer)의 합성어로, 새로운 무언가를 시도하는 체험적 소비자이다.

14

정답 ②

미디어 임페리얼리즘(Media Imperialism)은 뉴스를 중심으로 한 국가 사이의 정보 유통을 미국과 몇몇 서방국가가 독점함으로써 세계 정보 질서를 지배한다는 뜻으로 사용하기 시작한 용어로, 정보제국주의라고 번역된다. 이 정보제국주의 이론에 따르면 지구상의 국가는 중심국인 선진국과 주변국인 개발도상국으로 나누어지며, 세계의 정보는 중심국에서 주변국으로 흐르게 되어 있다.

오답분석

① 미디어 파사드(Media Facade) : 미디어(Media)와 건물의 외벽을 뜻하는 파사드(Facade)가 결합된 용어로, 입체 영상을 건물의 내 · 외부벽을 스크린 삼아 투사하는 것이다.
③ 미디어크라시(Mediacracy) : 미디어(Media)와 데모크라시(Democracy)의 합성어로, 매스 커뮤니케이션의 매체인 신문 · 방송 등이 점차 거대권력화하여 사회를 지배하는 체제에 가까워지는 경향이다.
④ 미디어 큐레이션(Media Curation) : 다양한 정보 속에서 가치 있는 정보를 선택하여 이용자에게 선별적으로 제공하는 서비스이다.
⑤ 미디어 리터러시(Media Literacy) : 다양한 매체를 이해할 수 있는 능력이며, 다양한 형태의 메시지에 접근하여 메시지를 분석하고 평가하며 의사소통할 수 있는 능력이다.

15

정답 ④

오답분석

① 점유권 : 점유라는 사실을 법률요건으로 하여 점유자에게 인정되는 물권(物權)의 일종이며, 대표적인 효력으로는 선의취득이 있다. 이는 타인의 동산을 공연하게 양수한 자가 무과실로 그 동산을 점유한 경우에는 양도인이 정당한 소유자가 아닐지라도 즉시 그 동산의 소유권을 취득하는 것이다.
② 저당권 : 민법상의 규정으로 채무가 이행되지 않을 때 목적물을 경매해 그 대금에서 저당채권자가 다른 채권자보다 우선 변제를 받을 목적으로 하는 담보물권을 말하며, 경매권과 우선변제권 등이 있다. 질권과는 달리 유치(留置)효력을 가지고 있지 않기 때문에 변제가 있을 때까지 채무자가 목적물을 점유하게 된다.
③ 질권 : 담보물권의 하나로 채권자가 그 채권의 담보로 채무자 또는 제삼자(물상보증인)로부터 취득한 물건 또는 재산권을 채무변제가 있을 때까지 유치할 수 있고, 변제가 없을 때에는 그 담보 목적물의 가액에서 우선 변제받을 수 있는 권리이다. 담보권자에게 목적물의 점유를 이전한다는 점이 저당권과의 차이라 할 수 있다.
⑤ 소유권 : 물건을 자신의 물건으로서 직접적·배타적·전면적으로 지배하여 사용·수익·처분할 수 있는 사법상의 권리를 말한다. 물권에 있어서 가장 기본적이고 대표적인 권리이다.

16

정답 ④

강감찬은 거란의 소배압이 이끄는 10만 대군에 맞서 귀주에서 대승을 거두었다(1019). 이후 고려는 개경에 나성을 쌓아 도성 주변 수비를 강화하고, 압록강에서 동해안 도련포에 이르는 천리장성을 쌓아 거란과 여진의 침략에 대비하였다.

17

정답 ⑤

에크모(ECMO)는 혈액에 산소를 공급해 몸속으로 넣어주는 인공 심폐 장치 'Extracorporeal Membrane Oxygenation'의 줄임말로, 몸 밖에서 환자의 심장과 폐를 대신해 혈액을 순환시키고 혈액에 산소를 공급하는 인공심폐기이다. '체외막형산화기'라고도 부르며 혈액펌프, 산화기, 혈액회로, 구동 및 제어장치 등으로 구성된다. 정맥을 통해 환자의 몸에서 혈액을 빼내 이산화탄소와 노폐물을 제거하고 산소를 주입한 다음 다시 정맥이나 동맥을 통해 환자의 몸속으로 돌려보낸다. 주로 심부전증, 폐부전증 환자를 치료할 때 쓰이며, 코로나19 환자의 중증 호흡부전 치료에도 사용됐다.

18

정답 ⑤

오답분석

① 네오 포비아(Neo Phobia) : 새로운 것을 두려워하는 심리 또는 사회 현상이다.
② 테크노 포비아(Techno Phobia) : 정보통신기술(ICT) 기기나 인공지능(AI)과 같은 첨단 기술에 대한 공포감이나 적대감을 느끼는 것이다.
③ 파이낸셜 포비아(Financial Phobia) : 사람들이 돈 문제로 심리적·육체적 고통을 겪는 증상이다.
④ 제노 포비아(Xenophobia) : '이방인에 대한 혐오현상'으로, 악의가 없는 상대방을 자기와 다르다는 이유만으로 무조건 경계하는 심리이다.

19

정답 ②

박싱 데이는 크리스마스 다음 날인 12월 26일을 말하며, 과거 유럽의 영주들은 이날을 휴일로 삼고 하인이나 주민들에게 선물을 주었다. 오늘날에는 미국, 영국 등의 소매점에서 연말 재고를 없애기 위해 대규모 할인 행사를 진행한다.

오답분석

① 데모 데이 : 스타트업 회사가 개발한 데모 제품을 투자자에게 공개하는 날로, 주로 어떤 계획을 실시할 예정일 이전에 먼저 행사를 진행하는 말로 사용된다.
③ 블랙 먼데이 : 1987년 10월 19일, 미국 뉴욕에서 주가 대폭락이 있었던 날을 가리키는 말로, 주로 주식시장이 급락할 때 사용된다.
④ 블랙 프라이데이 : 미국에서 11월 넷째 주 목요일 추수감사절 다음 날인 금요일을 일컫는 말로, 연중 최대의 할인 행사가 시작된다.
⑤ 사이버 먼데이 : 추수감사절 연휴 이후의 첫 월요일로, 주요 업체들이 연휴를 마치고 직장으로 복귀한 고객들을 대상으로 온라인에서 파격적인 할인 행사를 벌인다.

20
정답 ②

르네상스란 부활·재생을 의미하는 것으로, 인문주의에 바탕을 두고 고대 그리스·로마 문화를 부흥시키는 것이다.

21
정답 ①

세계 5대 모터쇼

파리 모터쇼, 프랑크푸르트 모터쇼, 제네바 모터쇼, 북미 국제 오토쇼(디트로이트 모터쇼), 도쿄 모터쇼

22
정답 ②

오답분석

① 교토 의정서 : 기후변화협약에 따른 온실가스 감축목표에 관한 구체적인 이행방안을 담은 의정서로, 교토 프로토콜이라고도 한다.
③ 몬트리올 의정서 : 오존층 파괴물질의 규제에 관한 국제협약이다.
④ 유엔 기후변화협약 : 이산화탄소를 비롯한 온실가스 방출을 제한해 지구온난화를 방지하기 위한 협약이다. 그러나 강제성이 없기 때문에 교토 의정서가 더 많이 인용된다.
⑤ 탄소배출권 : 지구온난화를 유발 및 가중시키는 온실가스를 배출할 수 있는 권리이다.

23
정답 ④

오답분석

① 로큰롤(Rock'n'roll) : 1950년대 미국에서 형성되어 전 세계적으로 대중음악의 한 주류를 이룬 연주 스타일과 리듬이다.
② 힙합(Hip Hop) : 1970년대 미국의 흑인 젊은 층이 만든 문화를 총칭하는 말이다. 음악에서 빠른 리듬에 맞춰 이야기하듯 내뱉는 랩과 랩에 맞춰 추는 브레이크 댄스, 디제잉 등을 의미한다.
③ 블루스(Blues) : 미국 남부의 흑인들 사이에서 불려진 2박자 또는 4박자의 애조를 띤 악곡으로, 독창이나 독주곡 형태의 음악이다. 훗날 재즈, 리듬 앤드 블루스, 록 음악의 기반이 되었다.
⑤ 레게(Reggae) : 1960년대 자메이카에서 발전한 독특한 리듬이 특징인 음악 장르이다.

24
정답 ①

비변사는 변방에 일이 발생할 때마다 임시로 설치되었으나, 명종 때부터 상설기구로 자리 잡았다. 임진왜란을 겪으면서 기능이 확대·강화되어 의정부를 대신하여 국정 전반을 총괄하였으나, 고종 때 흥선대원군에 의해 폐지되었다.

25
정답 ④

오답분석

① 서브프라임 모기지(Subprime Mortgage) : 신용등급이 낮은 저소득층을 대상으로 주택자금을 빌려주는 미국의 주택담보대출 상품으로, 우리말로 '비우량주택담보대출'이라고 한다.
② 코커스(Caucus) : 미국의 공화·민주 양당이 대통령 후보를 지명하는 전당대회에 보낼 각 주(州) 대의원을 뽑는 일종의 지구당 대회이다.
③ 아그레망(Agrement) : 파견국이 특명전권대사 등의 외교사절단의 장(외교사절)을 파견하기 위해 사전에 얻어야 하는 접수국의 동의이다.
⑤ 승자 독식제(Winner Takes All) : 주별로 직접투표를 통해 가장 많은 표를 얻은 후보가 해당 주에 배분된 선거인단 모두를 차지하는 간접선거 방식이다.

26

정답 ④

서해 5도에는 백령도, 대청도, 소청도, 연평도, 우도가 속한다.

27

정답 ③

오답분석

① ABC컴퓨터(Atanasoff Berry Computer) : 1930년대 후반에 제작된 직렬 전기 기계식 모형 컴퓨터이다.
② 마크 – 원(MARK Ⅰ) : 1944년에 하버드 대학 교수인 에이큰(H.H. Aiken)과 IBM사가 공동으로 설계 제작한 세계 최초의 자동 계산기이다.
④ 에드삭(EDSAC) : 세계 최초로 프로그램 내장 방식이 도입된 컴퓨터이다.
⑤ 콜로서스(Colossus) : 에니악(ENIAC) 이전에 나온 연산 컴퓨터로, 앨런 튜링(Alan Turing)의 제안에 따라 만들어졌다.

28

정답 ②

CBR 시험은 도로 등 포장 두께를 결정하기 위하여 포장을 지지하는 노상토의 강도나 압축성, 팽창성 등을 결정하는 시험이다.

29

정답 ②

㉠ 전략적 선택이론은 조직군이론이 아니라 개별조직이론이다.
㉣ M형 구조가 U형 구조보다 더 효율적이라고 주장한 사람은 오우치가 아니라 윌리엄슨이다.

30

정답 ②

람사르 협약은 세계자연보전연맹(IUCN)과 국제수금류 · 습지조사국(IWRB), 조류 보호를 위한 국제협의회(ICBP) 등이 습지 훼손 저지의 필요성을 인식하고, 습지를 보호하기 위한 일환으로 1971년에 이란의 람사르에서 체결한 협약이다.

31

정답 ⑤

흥사단은 1913년 5월 13일에 도산 안창호 선생이 미국 샌프란시스코에서 유학 중인 청년 학생들을 중심으로 조직한 민족운동 단체로, 설립 목표는 민족 부흥을 위한 실력 양성이었다.

오답분석

① 의열단 : 1919년 11월에 만주 지린성에서 조직된 무력 독립운동 단체로, 1920년대 일본 고관 암살과 관공서 폭파 등의 활발한 활동을 하였다.
② 대한 광복회 : 1915년 7월에 대구에서 결성된 독립운동 단체로, 1910년대 독립을 목적으로 무장투쟁을 전개해 독립을 달성하려 했던 대표적인 국내 독립운동 단체이다.
③ 신민회 : 1907년에 조직된 항일 비밀결사 조직으로, 전국적인 규모로서 국권을 회복하는 데 목적을 두었다.
④ 한인 애국단 : 1931년에 상하이에서 조직된 항일 독립운동 단체로, 일본의 주요인물 암살을 목적으로 하였다.

32

정답 ④

ERP(Enterprise Resource Planning : 전사적 자원관리)의 특징

- 기업의 서로 다른 부서 간의 정보 공유를 가능하게 한다.
- 의사결정권자와 사용자가 실시간으로 정보를 공유하게 한다.
- 보다 신속한 의사결정, 보다 효율적인 자원 관리를 가능하게 한다.

오답분석

① JIT(Just-In-Time) : 과잉생산이나 대기시간 등의 낭비를 줄이고 재고를 최소화하여 비용 절감과 품질 향상을 달성하는 생산 시스템이다.

② MRP(Material Requirement Planning : 자재소요계획) : 최종제품의 제조과정에 필요한 원자재 등의 종속수요 품목을 관리하는 재고관리기법이다.

③ MPS(Master Production Schedul : 주생산계획) : MRP의 입력자료 중 하나로, APP를 분해하여 제품이나 작업장 단위로 수립한 생산계획이다.

⑤ APP(Aggregate Production Planning : 총괄생산계획) : 제품군별로 향후 약 1년간의 수요예측에 따른 월별 생산목표를 결정하는 중기계획이다.

33

정답 ①

블록체인의 확장성은 블록체인의 소스가 공개되어 있기 때문에 네트워크에 참여하는 누구나 구축하고 연결·확장이 가능하다는 것이다.

오답분석

② 블록체인의 안정성에 대한 설명이다.

③ 과거 은행과 신용카드 회사, 결제 제공자와 같은 중개자에 의존했던 것과 달리, 블록체인 기술은 중개자를 필요로 하지 않으며, 이는 신뢰가 필요 없는 시스템이라고도 불린다.

④·⑤ 블록체인의 분산성에 대한 설명이다.

34

정답 ①

구직급여는 퇴직 다음 날로부터 12개월이 경과하면 소정급여일수가 남았어도 더 이상 지급받을 수 없다.

오답분석

② 자영업자라도 근로자를 사용하지 않거나 50명 미만의 근로자를 사용하는 사업주는 고용보험에 가입이 가능하며, 가입 후 실업급여 지원을 받을 수 있다.

③ 형법 또는 법률위반으로 금고 이상의 형을 선고받거나 막대한 재산상의 손해를 끼쳐 해고되는 등 본인의 중대한 귀책 사유로 해고된 경우에는 구직급여를 받을 수 없다.

④ 실업급여의 지급 기간은 보통 50세 미만의 경우 120 ~ 240일이며, 50세 이상 및 장애인의 경우 120 ~ 270일이다.

⑤ 구직급여를 지급받기 위해서는 이직일 이전 18개월(초단시간 근로자의 경우 24개월) 동안 피보험단위 기간이 통산하여 180일 이상이어야 한다.

35

정답 ④

도덕적 해이(Moral Hazard)는 보험시장에서 시작되어 점차 대중적으로 쓰이게 된 용어로, 경제학에서는 비대칭정보로 인하여 거래하거나 대리인이 상대방에게는 바람직하지 못하지만 자신의 이해에는 부합하는 행동을 취하려는 경향을 뜻한다.

오답분석

① 포이즌 필(Poison Pill) : 기업사냥꾼들의 적대적 인수합병 시도로부터 기업의 경영권을 방어하기 위한 수이다. 적대적 M&A 인수자에게 불리한 조건으로 작용하게 됨에 따라 인수자로 하여금 인수의지를 약하게 만드는 역할을 한다.
② 역선택 : 의사결정에 필요한 정보가 불충분함에 따라 불리한 선택을 하게 되는 현상을 뜻한다. 정보의 비대칭성으로 인하여 가치에 비해 높은 가격을 지급하거나 같은 가격으로 더 낮은 가치의 것을 선택하는 것이다.
③ 내부자 거래 : 특정 기업의 직무 또는 지위를 맡은 사람이 기업 내부 정보를 이용하여 자기 회사의 주식을 거래하는 행위이다. 이러한 거래는 부당이익으로 취급되어 대부분의 국가에서는 이를 범죄로서 처벌한다.
⑤ 내쉬균형 : 각 참여자가 상대방의 전략을 주어진 것으로 보고 자신에게 최적인 전략을 선택할 때 그 결과가 균형을 이루는 최적 전략의 집합이다.

36

정답 ③

성문법은 불문법과 대립되는 개념으로, 문자로 표현되고 문서의 형식을 갖춘 법이다. 국가적인 입법기관에서 일정한 절차를 거쳐 제정되는 법을 제정법이라 하며 성문법은 모두 제정법이다. 하위 성문법으로는 법률・명령・조약・규칙・조례 등이 있다.

37

정답 ②

주택저당채권담보부채권의 조기상환에 따른 위험을 부담하는 것은 투자자가 아니라 발행기관이다.

38

정답 ①

오답분석

② 중화 반응은 발열 반응이다.
③ 중화가 되면 이온의 수가 감소하므로 전류값은 감소한다.
④ 신맛이 나는 것은 산성이다.
⑤ 단백질을 녹이는 성질이 있는 것은 염기이다.

39

정답 ③

하위정부 모형은 다원주의와 엘리트주의가 결합된 것으로, 이익집단, 관료조직, 의회의 상임(해당) 위원회가 배타적이고 안정적인 연맹체를 구축하여 정책에 영향력을 미친다는 모형이다.

40

정답 ④

기업이 글로벌 전략을 수행하면 외국 현지법인과의 커뮤니케이션 비용이 증가하고 외국의 법률이나 제도 개편 등 기업 운영상 리스크에 대한 본사 차원의 대응 역량이 더욱 요구되므로, 경영의 효율성은 오히려 낮아질 수 있다.

오답분석

① 글로벌 전략을 통해 대량생산을 통한 원가절감, 즉 규모의 경제를 이룰 수 있다.
② 글로벌 전략을 통해 세계 시장에서 외국 기업들과의 긴밀한 협력이 가능하다.
③ 외국의 무역장벽이 높으면 국내 생산 제품을 수출하는 것보다 글로벌 전략을 통해 외국에 직접 진출하는 것이 효과적일 수 있다.
⑤ 글로벌 전략을 통해 국내보다 상대적으로 인건비가 저렴한 국가의 노동력을 고용하여 원가를 절감할 수 있다.

합격의
공식
시대에듀

SDEDU

행운이란 100%의 노력 뒤에 남는 것이다.

– 랭스턴 콜만 –

PART 3

최종점검 모의고사

제1회 최종점검 모의고사(핵심영역 – 구분형)

제2회 최종점검 모의고사(전 영역 – 구분형)

제3회 최종점검 모의고사(전 영역 – 통합형)

제 1 회 최종점검 모의고사 (핵심영역 - 구분형)

01	02	03	04	05	06	07	08	09	10	11	12	13	14	15	16	17	18	19	20
③	④	⑤	⑤	④	②	④	①	④	③	②	①	③	③	⑤	④	④	①	①	④
21	22	23	24	25	26	27	28	29	30	31	32	33	34	35	36	37	38	39	40
①	②	④	④	④	②	③	②	⑤	②	③	④	③	③	①	③	①	④	①	⑤
41	42	43	44	45	46	47	48	49	50	51	52	53	54	55	56	57	58	59	60
④	④	④	②	②	②	①	⑤	③	①	④	④	⑤	④	③	②	①	①	②	①

01 문단 나열

정답 ③

첫 번째로 1965년 노벨 경제학상 수상자인 게리 베커에 대한 내용으로 이야기를 도입하며 베커가 주장한 '시간의 비용' 개념을 소개하는 (라)가 와야 하고, (라)를 보충하는 내용으로 베커의 '시간의 비용이 가변적'이라는 개념을 언급한 (가)가 와야 한다. 다음으로 베커와 같이 시간의 비용이 가변적이라고 주장한 경제학자 린더의 주장을 소개한 (다)가 와야 하며, 마지막으로 베커와 린더의 공통적 전제인 사람들에게 주어진 시간이 고정된 양이라는 사실과 기대수명이 늘어남으로써 시간의 가치가 달라질 것이라는 (나)의 순서로 나열해야 한다. 따라서 문단을 순서대로 바르게 나열한 것은 (라) – (가) – (다) – (나)이다.

02 문서 내용 이해

정답 ④

『규합총서』는 일상생활에 필요한 내용을 담았고, 『청규박물지』는 천문, 지리의 내용까지 포함되어 있어 빙허각 이씨가 생각한 지식의 범주가 일상에 필요한 실용지식부터 인문, 천문, 지리에 이르기까지 방대했다고 볼 수 있지만, 잡과 시험과는 관련이 없다.

03 내용 추론

정답 ⑤

제시문에서는 인공지능은 인간의 삶을 편리하게 돕는 도구일 뿐 인간과 같은 사고와 사회적 관계 형성이 불가능하다고 이야기한다. 즉, 이러한 인공지능을 통해서는 인간에 대한 타당한 판단 역시 불가능하다고 주장한다. 따라서 ㉠에 대한 글쓴이의 주장으로 가장 적절한 것은 ⑤이다.

오답분석

① 인공지능은 겉으로 드러난 인간의 말과 행동을 분석하지만, 통계적 분석을 할 뿐 타당한 판단을 할 수 없다.
② 인공지능은 인간의 삶을 편리하게 돕는 도구일 뿐이며, 인간과 상호 보완의 관계를 갖는다고 볼 수 없다.
③ 인공지능이 발전하더라도 인간과 같은 사고는 불가능하다.
④ 인공지능은 사회적 관계를 맺을 수 없다.

04 한자성어

정답 ⑤

밑줄 친 ㉡에 해당하는 한자성어는 '손이 도리어 주인 노릇을 한다.'는 뜻으로, 부차적인 것을 주된 것보다 오히려 더 중요하게 여김을 이르는 말인 '객반위주(客反爲主)'이다.

오답분석

① 괄목상대(刮目相對) : '눈을 비비고 상대편을 본다.'는 뜻으로, 남의 학식이나 재주가 놀랄 만큼 부쩍 늚을 이르는 말이다.
② 청출어람(靑出於藍) : '쪽에서 뽑아낸 푸른 물감이 쪽보다 더 푸르다.'는 뜻으로, 제자나 후배가 스승이나 선배보다 나음을 비유적으로 이르는 말이다.
③ 과유불급(過猶不及) : '정도를 지나침은 미치지 못함과 같다.'는 뜻으로, 중용이 중요함을 이르는 말이다.
④ 당랑거철(螳螂拒轍) : 제 역량을 생각하지 않고, 강한 상대나 되지 않을 일에 덤벼드는 무모한 행동거지를 비유적으로 이르는 말이다.

05 어휘

정답 ④

- 혼잡(混雜) : 여럿이 한데 뒤섞이어 어수선함
- 혼동(混同) : 구별하지 못하고 뒤섞어서 생각함
- 혼선(混線) : 말이나 일 따위를 서로 다르게 파악하여 혼란이 생김

오답분석

- 요란(搖亂) : 시끄럽고 떠들썩함
- 소동(騷動) : 사람들이 놀라거나 흥분하여 시끄럽게 법석거리고 떠들어 대는 일
- 갈등(葛藤) : 개인이나 집단 사이에 목표나 이해관계가 달라 서로 적대시하거나 충돌함. 또는 그런 상태

06 빈칸 삽입

정답 ②

제시문에서 합통과 추통은 참도 있지만 오류도 있다고 말하고 있다. 빈칸 뒤의 문장에서 더욱 많으면 맞지 않은 경우가 있기 때문이라는 이유를 제시하고 있으므로, 빈칸에는 합통 또는 추통으로 유추하는 것에 위험이 많다고 말하는 ②가 가장 적절하다.

07 문단 나열

정답 ④

제시문은 스페인의 건축가 가우디의 건축물에 대해 설명하는 글이다. 따라서 (나) 가우디 건축물의 특징인 곡선과 대표 건축물인 카사 밀라 → (라) 카사 밀라에 대한 설명 → (다) 가우디 건축의 또 다른 특징인 자연과의 조화 → (가) 이를 뒷받침하는 건축물인 구엘 공원의 순서로 나열해야 한다.

08 빈칸 삽입

정답 ①

㉠은 바로 앞 문장의 내용을 환기하므로 '즉'이 적절하며, ㉡의 경우 앞뒤 문장이 서로 반대되므로 역접 관계인 '그러나'가 적절하다. ㉢에는 바로 뒤 문장의 마지막에 있는 '~때문이다'라는 표현에 따라 '왜냐하면'이 가장 자연스러우며, ㉣에는 부정하는 말 앞에서 '다만', '오직'의 뜻으로 쓰이는 말인 '비단'이 들어가야 한다.

09 글의 주제

정답 ④

제시문에서는 '장애인 편의 시설에 대한 새로운 시각'이 필요하다고 밝히고, 장애인 편의 시설이 '우리 모두에게 유용함'을 강조하고 있다. 또한 마지막 문단에서 보편적 디자인의 시각으로 바라볼 때 '장애인 편의 시설은 우리 모두에게 편리하고 안전한 시설로 인식될 것'이라고 하였다. 따라서 제시문의 주제로 가장 적절한 것은 ④이다.

10 맞춤법

정답 ③

- 내로라하다 : 어떤 분야를 대표할 만하다.
- 그러다 보니 : 보조용언 '보다'가 앞 단어와 연결 어미로 이어지는 '–다 보다'의 구성으로 쓰이면 앞말과 띄어 쓴다.

오답분석

① 두가지를 → 두 가지를 / 조화시키느냐하는 → 조화시키느냐 하는
  - 두 가지를 : 수 관형사는 뒤에 오는 명사 또는 의존 명사와 띄어 쓴다.
  - 조화시키느냐 하는 : 어미 다음에 오는 말은 띄어 쓴다.

② 무엇 보다 → 무엇보다 / 인식해야 만 → 인식해야만
  - 무엇보다 : '보다'는 비교의 대상이 되는 말에 붙어 '~에 비해서'의 뜻을 나타내는 조사이므로 붙여 쓴다.
  - 인식해야만 : '만'은 한정, 강조를 의미하는 보조사이므로 붙여 쓴다.

④ 심사하는만큼 → 심사하는 만큼 / 한 달 간 → 한 달간
  - 심사하는 만큼 : 뒤에 나오는 내용의 원인, 근거를 의미하는 의존 명사이므로 띄어 쓴다.
  - 한 달간 : '동안'을 의미하는 접미사이므로 붙여 쓴다.

⑤ 삼라 만상은 → 삼라만상은 / 모순 되는 → 모순되는
  - 삼라만상 : 우주에 있는 온갖 사물과 현상을 의미하는 명사이므로 붙여 쓴다.
  - 모순되는 : 이 경우에는 '되다'를 앞의 명사와 붙여 쓴다.

11 내용 추론

정답 ②

제시문에서는 자제력이 있는 사람은 합리적 선택에 따라 행위를 하고, 합리적 선택에 따르는 행위는 모두 자발적 행위라고 했다. 따라서 자제력이 있는 사람은 자발적으로 행위를 한다.

12 문서 내용 이해

정답 ①

세 번째 문단에서 과거제 출신의 관리들이 공동체에 대한 소속감이 낮고 출세 지향적이었다는 내용을 확인할 수 있다.

오답분석

② 세 번째 문단에서 과거제를 통해 임용된 관리들은 승진을 위해서 빨리 성과를 낼 필요가 있었기 때문에 지역 사회를 위해 장기적인 정책을 추진하기보다 가시적이고 단기적인 결과만을 중시하는 부작용을 가져왔다고 하였으므로 적절하지 않다.

③ 첫 번째 문단에서 황종희가 '벽소'와 같은 옛 제도를 되살리는 방법으로 과거제를 보완하자고 주장했다는 내용을 확인할 수 있다. 따라서 벽소는 과거제를 없애고자 등장한 새로운 제도가 아니라 과거제를 보완하고자 되살린 옛 제도이므로 적절하지 않다.

④ 두 번째 문단에서 과거제는 학습 능력 이외의 인성이나 실무 능력을 평가할 수 없다는 이유로 시험의 익명성에 대한 회의도 있었다고 하였으므로 적절하지 않다.

⑤ 첫 번째 문단에서 고염무는 관료제의 상층에는 능력주의적 제도를 유지하되, 지방관인 지현들은 지위를 평생 유지시켜 주고 세습의 길까지 열어 놓는 방안을 제안했다고 했으므로 적절하지 않다.

13 빈칸 삽입

정답 ③

㉠ 앞의 문장에서의 정부와 기업의 시스템 개선 노력에도 불구하고 ㉠ 뒤의 문장에서는 미래에 대한 정보 판단이 어려워지고 있다고 하였으므로 ㉠에는 역접의 접속어인 '그러나'가 들어가야 한다. 다음으로 ㉡ 뒤의 문장에서는 앞 문장에서 언급한 집단 지성 시스템의 활용 방안을 재해라는 예시를 통해 이야기하였으므로 ㉡에는 '예를 들어'가 들어가야 한다. 마지막으로 ㉢ 뒤의 문장의 '~때문이다'를 통해 ㉢에는 이와 호응하는 '왜냐하면'이 들어가야 함을 알 수 있다.

14 맞춤법

정답 ③

'어찌 된'의 뜻을 나타내는 관형사는 '웬'이므로, '어찌 된 일로'라는 의미를 가진 '웬일'로 써야 한다.

오답분석

① 메다 : 어떤 감정이 북받쳐 목소리가 잘 나지 않음
② 치다꺼리 : 남의 자잘한 일을 보살펴서 도와줌
④ 베다 : 날이 있는 연장 따위로 무엇을 끊거나 자르거나 가름
⑤ 지그시 : 슬며시 힘을 주는 모양

15 글의 제목

정답 ⑤

제시문의 앞부분에서는 맥주의 주원료에 대해서 설명하고, 뒷부분에서는 맥주의 제조공정 중 발효에 대해 설명하며 이에 따른 맥주의 종류에 대해 제시하고 있다. 따라서 제시문의 제목으로 가장 적절한 것은 ⑤이다.

16 빈칸 삽입

정답 ④

빈칸 앞부분에서는 예술작품에 담겨있는 작가의 의도를 강조하며, 독자가 예술작품을 해석하고 이해하는 활동은 예술적 가치, 즉 작가의 의도가 담긴 작품에서 파생된 2차적인 활동일 뿐이라고 이야기하고 있다. 따라서 독자의 작품 해석에 있어 작가의 의도와 작품을 왜곡하지 않아야 한다는 ④가 빈칸에 들어갈 내용으로 가장 적절하다.

오답분석

①·② 두 번째 문단에 따르면 예술은 독자의 해석으로 완성되는 것이 아니며, 작품을 해석해 줄 독자가 없어도 예술은 그 자체로 가치가 있다.
③ 작품에 포함된 작가의 권위를 인정해야 한다는 것일 뿐, 작가의 권위와 작품 해석의 다양성은 서로 관련이 없다.
⑤ 작품 해석에 있어 작품 제작 당시의 시대적·문화적 배경을 고려해야 한다는 내용은 언급하고 있지 않다.

17 한자성어

정답 ④

'당랑거철(螳螂拒轍)'은 제 역량을 생각하지 않고 강한 상대나 되지 않을 일에 덤벼드는 무모한 행동거지를 비유하는 말로, 댐 건설사업 공모에 무리하게 참여한 A건설회사의 상황에 가장 적절한 한자성어이다.

오답분석

① 각골난망(刻骨難忘) : 은혜를 입은 고마움이 뼈에 깊이 새겨져 잊히지 않는다는 것을 뜻한다.
② 난공불락(難攻不落) : 공격하기에 어려울 뿐 아니라 결코 함락되지 않음을 뜻한다.
③ 빈천지교(貧賤之交) : 가난하고 어려울 때 사귄 사이 또는 벗을 일컫는 말이다.
⑤ 파죽지세(破竹之勢) : '대나무를 쪼개는 기세'라는 뜻으로, 곧 세력이 강대하여 대적을 거침없이 물리치고 쳐들어가는 기세를 뜻한다.

18 내용 추론

정답 ①

㉠·㉡ 각각 두 번째 문단과 마지막 문단에서 확인할 수 있다.

오답분석

㉢·㉣ 네 번째 문단에서 악보로 정리된 시나위를 연주하는 것은 시나위 본래 취지에 어긋난다는 내용과 두 번째 문단에서 곡의 일정한 틀은 유지한다는 내용을 통해 즉흥성을 잘못 이해하고 있음을 알 수 있다.

19 문서 내용 이해

정답 ①

마지막 문단에서 UPS 사용 시 배터리를 일정 주기에 따라 교체해 주어야 한다고 이야기하고 있을 뿐이며, 배터리 교체 방법에 대해서는 알 수 없다.

오답분석

② 두 번째 문단에 따르면 UPS는 일종의 전원 저장소로, 갑작스러운 전원 환경의 변화로부터 기업의 서버를 보호한다.
③ 세 번째 문단에 따르면 UPS를 구매할 때는 용량을 고려하여 필요 용량의 1.5배 정도인 UPS를 구입하는 것이 적절하다.
④ 마지막 문단에 따르면 가정용 UPS에 사용되는 MF배터리의 수명은 1년 정도이므로 이에 맞춰 주기적인 교체가 필요하다.
⑤ 첫 번째 문단에 따르면 일관된 전력 시스템의 필요성이 높아짐에 따라 큰 손실과 피해를 야기할 수 있는 급격한 전원 환경의 변화를 방지할 수 있는 UPS가 많은 산업 분야에서 필수적으로 요구되고 있다.

20 어휘

정답 ④

포상(褒賞) : 1. 칭찬하고 장려하여 상을 줌
2. 각 분야에서 나라 발전에 뚜렷한 공로가 있는 사람에게 정부가 칭찬하고 장려하여 상을 줌. 또는 그 상

오답분석

① 보훈(報勳) : 공훈에 보답함
② 공훈(功勳) : 나라나 회사를 위하여 두드러지게 세운 공로
③ 공로(功勞) : 일을 마치거나 목적을 이루는 데 들인 노력과 수고. 또는 일을 마치거나 그 목적을 이룬 결과로서의 공적
⑤ 공적(功績) : 노력과 수고를 들여 이루어 낸 일의 결과

21 응용 수리

정답 ①

지혜와 주헌이가 함께 걸어간 거리는 150×30=4,500m이고, 집에서 회사까지 거리는 150×50=7,500m이다. 따라서 지혜가 집에 가는 데 걸린 시간은 150×30÷300=15분이고, 다시 회사까지 가는 데 걸린 시간은 150×50÷300=25분이다. 따라서 주헌이가 회사에 도착하는 데 걸린 시간은 20분이고, 지혜가 걸린 시간은 40분이므로, 지혜는 주헌이가 도착하고 20분 후에 회사에 도착한다.

22 응용 수리

정답 ②

은경이는 총 9장의 손수건을 구매했으므로 B손수건 3장을 제외한 나머지 A, C, D손수건은 각각 2장씩 구매하였다. 먼저 3명의 친구들에게 서로 다른 손수건을 3장씩 나눠줘야 하므로 B손수건을 1장씩 나눠준다. 나머지 A, C, D손수건을 서로 다른 손수건으로 2장씩 나누면 (A, C), (A, D), (C, D)로 묶을 수 있다. 이 세 묶음을 3명에게 나눠주는 방법은 3!=3×2=6가지이다. 따라서 친구 3명에게 종류가 다른 손수건을 3장씩 나눠주는 경우의 수는 6가지이다.

23 자료 계산

정답 ④

과일 종류별 무게를 가중치로 적용한 네 과일의 가중평균은 42만 원이다. (라)의 가격을 a만 원이라 가정하고 가중평균에 대한 식을 정리하면 다음과 같다.

$(25\times 0.4)+(40\times 0.15)+(60\times 0.25)+(a\times 0.2)=42$

→ $10+6+15+0.2a=42$

→ $0.2a=42-31=11$

$\therefore a=\frac{11}{0.2}=55$

따라서 빈칸 ㉠에 들어갈 수치는 55이다.

24 자료 계산

정답 ④

일본의 R&D 투자 총액은 1,508억 달러이며, 이는 GDP 대비 3.44%이므로 $3.44=\frac{1,508}{(\text{GDP 총액})}\times 100$이다.

따라서 일본의 GDP 총액은 $\frac{1,508}{0.0344}\fallingdotseq 43,837$억 달러이다.

25 자료 이해

정답 ④

전년 대비 하락한 항목은 2021년의 종합청렴도, 외부청렴도, 정책고객평가와 2022년의 내부청렴도, 2023년의 내부청렴도, 정책고객평가이다. 항목별 하락률을 구하면 다음과 같다.

- 2021년
  - 종합청렴도 : $\frac{8.21-8.24}{8.24}\times 100\fallingdotseq -0.4\%$
  - 외부청렴도 : $\frac{8.35-8.56}{8.56}\times 100\fallingdotseq -2.5\%$
  - 정책고객평가 : $\frac{6.90-7.00}{7.00}\times 100\fallingdotseq -1.4\%$
- 2022년
  - 내부청렴도 : $\frac{8.46-8.67}{8.67}\times 100\fallingdotseq -2.4\%$
- 2023년
  - 내부청렴도 : $\frac{8.12-8.46}{8.46}\times 100\fallingdotseq -4.0\%$
  - 정책고객평가 : $\frac{7.78-7.92}{7.92}\times 100\fallingdotseq -1.8\%$

따라서 전년 대비 가장 크게 하락한 항목은 2023년의 내부청렴도이다.

오답분석

① • 4년간 내부청렴도 평균 : $\frac{8.29+8.67+8.46+8.12}{4}\fallingdotseq 8.4$

• 4년간 외부청렴도 평균 : $\frac{8.56+8.35+8.46+8.75}{4}\fallingdotseq 8.5$

따라서 4년간 내부청렴도의 평균이 외부청렴도의 평균보다 낮다.

② 2021 ~ 2023년 외부청렴도와 종합청렴도의 증감 추이는 '감소 – 증가 – 증가'로 같다.

③·⑤ 그래프를 통해 알 수 있다.

26 자료 계산

정답 ②

역에서 음식점까지의 거리를 $x$km라 하자.

역에서 음식점까지 왕복하는 데 걸리는 시간과 음식을 포장하는 데 걸리는 시간이 1시간 30분 이내여야 하므로 다음 식이 성립한다.

$\frac{x}{3}+\frac{15}{60}+\frac{x}{3}\leq\frac{3}{2}$

→ $20x+15+20x\leq 90$

→ $40x\leq 75$

$\therefore x\leq\frac{75}{40}=1.875$

즉, 역과 음식점 사이 거리가 1.875km 이내여야 하므로 갈 수 있는 음식점은 'N버거'와 'B도시락'이다.

따라서 A사원이 구입할 수 있는 음식은 도시락과 햄버거이다.

27 자료 계산

정답 ③

- 1인 1일 사용량에서 영업용 사용량이 차지하는 비중 : $\frac{80}{282} \times 100 \fallingdotseq 28.37\%$
- 1인 1일 가정용 사용량의 하위 두 항목이 차지하는 비중 : $\frac{20+13}{180} \times 100 \fallingdotseq 18.33\%$

28 자료 이해

정답 ②

ㄱ. 2023년까지의 산업재산권은 총 100건으로, SW권의 140%인 $71 \times 1.4 = 99.4$건보다 많으므로 옳은 설명이다.
ㄷ. 2023년까지 등록된 저작권 수는 214건으로, SW권의 3배인 $71 \times 3 = 213$건보다 많으므로 옳은 설명이다.

오답분석

ㄴ. 2023년까지 출원된 특허권 수는 16건으로, 출원된 산업재산권의 80%인 $21 \times 0.8 = 16.8$건보다 적으므로 옳지 않은 설명이다.
ㄹ. 2023년까지 출원된 특허권 수는 등록 및 출원된 특허권의 $\frac{16}{66} \times 100 \fallingdotseq 24.2\%$로 50% 미만이다.

29 자료 이해

정답 ⑤

등록된 지식재산권 중 2021년부터 2023년까지 건수에 변동이 없는 것은 상표권, 저작권, 실용신안권 3가지이다.

오답분석

① 등록된 특허권 수는 2021년에 33건, 2022년에 43건, 2023년에 50건으로 매년 증가하였다.
② 디자인권 수는 2023년에 24건으로, 2021년 디자인권 수 대비 $\frac{24-28}{28} \times 100 \fallingdotseq -14.3\%$로, 5% 이상 감소하였으므로 옳은 설명이다.
③ 자료를 보면 2021년부터 2023년까지 모든 산업재산권에서 등록된 건수가 출원된 건수 이상인 것을 알 수 있다.
④ 등록된 SW권 수는 2021년에 57건, 2023년에 71건으로, $\frac{71-57}{57} \times 100 \fallingdotseq 24.6\%$ 증가하였으므로 옳은 설명이다.

30 자료 이해

정답 ②

오답분석

① 1993년 이후 안정성지수는 증가했다.
③ 안정성지수와 양적성장지수는 구조개혁 전반기의 증감폭이 더 크다.
④ 구조개혁 전반기 양적성장지수의 직전기간 대비 증감폭이 더 크다.
⑤ 질적성장지수는 1.3에서 0.8 정도로 감소했기 때문에 50%에 미치지 못한다.

31 자료 이해

정답 ③

2019 ~ 2023년의 남성 근로자 수와 여성 근로자 수 차이를 구하면 다음과 같다.

- 2019년 : 9,061−5,229=3,832천 명
- 2020년 : 9,467−5,705=3,762천 명
- 2021년 : 9,633−5,902=3,731천 명
- 2022년 : 9,660−6,103=3,557천 명
- 2023년 : 9,925−6,430=3,495천 명

따라서 2019 ~ 2023년 동안 남성과 여성 근로자 수의 차이는 매년 감소한다.

오답분석

①·④ 제시된 자료를 통해 알 수 있다.

② 2019년 대비 2023년 근로자 수의 증가율은 다음과 같다.

- 남성 : $\frac{9,925-9,061}{9,061} \times 100 \fallingdotseq 9.54\%$
- 여성 : $\frac{6,430-5,229}{5,229} \times 100 \fallingdotseq 22.97\%$

따라서 여성 근로자 수의 증가율이 더 높다.

⑤ 2022년 대비 2023년 여성 근로자 수의 증가율 : $\frac{6,430-6,103}{6,103} \times 100 \fallingdotseq 5.36\%$

따라서 약 5.4% 증가하였다.

32 수열 규칙

정답 ④

앞의 두 수의 합이 그 다음 항의 수인 피보나치 수열이다.
따라서 ( )=21+34=55이다.

33 응용 수리

정답 ③

증발한 물의 양을 xg이라 하자.

$$\frac{3}{100} \times 400 = \frac{5}{100} \times (400-x)$$

$\rightarrow 1,200 = 2,000 - 5x$

$\therefore x = 160$

따라서 증발한 물의 양이 160g이므로, 남아있는 설탕물의 양은 400−160=240g이다.

34 자료 이해

정답 ③

남성 합격자 수는 1,003명, 여성 합격자 수는 237명이다. 여성 합격자 수의 5배는 237×5=1,185명이므로 남성 합격자 수는 여성 합격자 수의 5배 미만이다.

오답분석

①·② 제시된 자료를 통해 알 수 있다.

④ $(\text{경쟁률}) = \frac{(\text{지원자 수})}{(\text{모집정원})} \times 100$이므로, B집단의 경쟁률은 $\frac{585}{370} \times 100 \fallingdotseq 158\%$이다.

⑤ • C집단 남성의 경쟁률 : $\frac{417}{269} \times 100 \fallingdotseq 155\%$

- C집단 여성의 경쟁률 : $\frac{375}{269} \times 100 \fallingdotseq 139\%$

따라서 C집단에서는 남성의 경쟁률이 여성의 경쟁률보다 높다.

35 자료 이해

정답 ①

영화의 매출액은 매년 전체 매출액의 30% 이상을 차지한다.

오답분석

② 2017 ~ 2018년 전년 대비 매출액의 증감 추이는 게임의 경우 '감소 – 증가'이고, 음원의 경우 '증가 – 증가'이다.
③ 2021년과 2023년 음원 매출액은 SNS 매출액의 2배 미만이다.
④ 2018년에 SNS의 매출액은 전년에 비해 감소하였다.
⑤ 2021년에 전년 대비 매출액이 크게 증가한 콘텐츠 유형은 SNS와 영화이다. SNS와 영화의 전년 대비 증가한 매출액은 각각 250억 원, 273억 원으로 영화가 더 크지만 2020년 매출액은 SNS가 훨씬 더 적기 때문에 증가율이 가장 큰 콘텐츠는 SNS임을 알 수 있다.

36 수열 규칙

정답 ③

앞의 항에 −20, −19, −18, −17, −16, …인 수열이다.
따라서 ( )=43−17=26이다.

37 수열 규칙

정답 ①

첫 번째 항부터 ×7, −11을 번갈아 적용하는 수열이다.
따라서 ( )=1,099−11=1,088이다.

38 응용 수리

정답 ④

중국인 중 관광을 목적으로 온 사람의 수를 x명이라 하자. 주어진 정보를 표로 정리하면 다음과 같다.

(단위 : 명)

구분	중국인	중국인이 아닌 외국인	합계
총인원	30	70	100
관광을 목적으로 온 외국인	x	14	20

외국인 100명 중 관광을 목적으로 온 외국인은 20%이므로, 중국인 중 관광으로 온 사람은 6명이어야 한다.

따라서 중국인 중 1명을 조사할 때 관광을 목적으로 온 사람일 확률은 $\frac{6}{30}=\frac{1}{5}$이다.

39 자료 이해

정답 ①

9월 말을 기점으로 이후의 그래프가 모두 하향곡선을 그리고 있다.

오답분석

② 환율이 하락하면 반대로 원화가치가 높아진다.
③·⑤ 표를 통해 쉽게 확인할 수 있다.
④ 유가 범위는 85 ~ 125 사이의 변동 폭을 보이고 있다.

40 자료 계산

정답 ⑤

주어진 조건에 따라 각 상품의 할인가 판매 시의 괴리율을 계산하면 다음과 같다.

- 세탁기 : $\frac{640,000-580,000}{640,000}\times 100 \fallingdotseq 9.3\%$
- 무선전화기 : $\frac{181,000-170,000}{181,000}\times 100 \fallingdotseq 6.0\%$
- 오디오세트 : $\frac{493,000-448,000}{493,000}\times 100 \fallingdotseq 9.1\%$
- 골프채 : $\frac{786,000-720,000}{786,000}\times 100 \fallingdotseq 8.3\%$
- 운동복 : $\frac{212,500-180,000}{212,500}\times 100 \fallingdotseq 15.2\%$

따라서 운동복의 괴리율이 15.2%로 가장 높다.

41 규칙 적용

정답 ④

㉠ A=100, B=101, C=102이다. 따라서 Z=125이다.
㉡ C=3, D=4, E=5, F=6이다. 따라서 Z=26이다.
㉢ P가 17임을 볼 때, J=11, Y=26, Z=27이다.
㉣ Q=25, R=26, S=27, T=28이다. 따라서 Z=34이다.
따라서 알파벳 Z에 해당하는 값을 모두 더하면 125+26+27+34=212이다.

42 창의적 사고

정답 ④

기존의 정보를 객관적으로 분석하는 것은 논리적 사고 또는 비판적 사고와 관련이 있다. 창의적 사고에는 성격, 태도에 걸친 전인격적 가능성까지 포함되므로 모험심과 호기심이 많고 집념과 끈기가 있으며, 적극적・예술적・자유분방적일수록 높은 창의력을 보인다.

43 자료 해석

정답 ④

주어진 임무는 행사와 관련하여 모두 필요한 업무이므로 가장 오래 걸리는 과정이 끝날 때 성과발표 준비가 완성되게 된다. 따라서 가장 오래 걸리게 되는 과정인 A → C → E → G → H 과정과 A → C → F → H 과정이 모두 끝나는 8일이 소요되며, 여기서 E → G → H 과정을 단축하게 되더라도 A → C → F → H 과정이 있으므로 전체기간은 짧아지지 않는다.

44 자료 해석

정답 ②

시간대별 필요 간호인력 수 자료에 따라 필요한 최소 간호인력 수를 표로 정리하면 다음과 같다.

(단위 : 명)

근무조 \ 시간대	2～6시	6～10시	10～14시	14～18시	18～22시	22～2시	합계
2～6시 조	5	5					5
6～10시 조		15	15				15
10～14시 조			15	15			15
14～18시 조				0	0		0
18～22시 조					50	50	50
22～2시 조	0					0	0
필요 간호인력 수	5	20	30	15	50	10	85

따라서 필요한 최소 간호인력 수는 85명이다.

45 지료 해석

정답 ②

2 ~ 6시 시간대의 필요 간호인력 수를 20명으로 확충한다면, 필요한 최소 간호인력 수인 85명에 15명을 추가해야 한다. 따라서 최소 간호인력 수는 100명이 된다.

46 SWOT 분석

정답 ②

ㄱ. 기술개발을 통해 연비를 개선하는 것은 막대한 R&D 역량이라는 강점으로 휘발유의 부족 및 가격의 급등이라는 위협을 회피하거나 최소화하는 전략에 해당하므로 적절하다.

ㄹ. 생산설비에 막대한 투자를 했기 때문에 차량모델 변경의 어려움이라는 약점이 있고, 레저용 차량 전반에 대한 수요 침체 및 다른 회사들과의 경쟁이 심화되고 있으므로 생산량 감축을 고려할 수 있다.

ㅁ. 생산 공장을 한 곳만 가지고 있다는 약점이 있지만 새로운 해외시장이 출현하고 있는 기회를 살려서 국내 다른 지역이나 해외에 공장들을 분산 설립할 수 있을 것이다.

ㅂ. 막대한 R&D 역량이라는 강점을 이용하여 휘발유의 부족 및 가격의 급등이라는 위협을 회피하거나 최소화하기 위해 경유용 레저 차량 생산을 고려할 수 있다.

오답분석

ㄴ. 소형 레저용 차량에 대한 수요 증대라는 기회 상황에서 대형 레저용 차량을 생산하는 것은 적절하지 않은 전략이다.

ㄷ. 차량모델 변경의 어려움이라는 약점을 보완하는 전략도 아니고, 소형 또는 저가형 레저용 차량에 대한 선호가 증가하는 기회에 대응하는 전략도 아니다. 또한, 차량 안전 기준의 강화와 같은 규제 강화는 기회 요인이 아니라 위협 요인이다.

ㅅ. 내수 확대에 집중하는 것은 새로운 해외시장의 출현과 같은 기회를 살리는 전략이 아니다.

47 명제 추론

정답 ①

주어진 조건에 따르면 두 가지 경우가 가능하다.

경우 1)

5층	D
4층	B
3층	A
2층	C
1층	E

경우 2)

5층	E
4층	C
3층	A
2층	B
1층	D

따라서 A부서는 항상 3층에 위치한다.

오답분석

② B부서는 2층 또는 4층에 있다.

③·④ D부서는 1층 또는 5층에 있다.

⑤ E부서는 1층 또는 5층에 있다.

48 규칙 적용

정답 ⑤

- 형태 : HX(육각)
- 허용압력 : L(18kg/cm^2)
- 직경 : 014(14mm)
- 재질 : SS(스테인리스)
- 용도 : M110(자동차)

49 지료 해석

정답 ③

제시된 조건을 항목별로 정리하면 다음과 같다.

• 부서배치
  – 성과급 평균은 48만 원이므로, A는 영업부 또는 인사부에서 일한다.
  – B와 D는 비서실, 총무부, 홍보부 중에서 일한다.
  – C는 인사부에서 일한다.
  – D는 비서실에서 일한다.
  따라서 A – 영업부, B – 총무부, C – 인사부, D – 비서실, E – 홍보부에서 일한다.

• 휴가
  – A는 D보다 휴가를 늦게 간다.
  따라서 C – D – B – A 또는 D – A – B – C 순으로 휴가를 간다.

• 성과급
  – D사원 : 60만 원
  – C사원 : 40만 원

오답분석

① A는 20만×3=60만 원이고, C는 40만×2=80만 원이다. 따라서 A의 3개월 치 성과급은 C의 2개월 치 성과급보다 적다.
② C가 제일 먼저 휴가를 갈 경우, A가 제일 마지막으로 휴가를 가게 된다.
④ 휴가를 가지 않은 E는 두 배의 성과급을 받기 때문에 총 120만 원의 성과급을 받게 되고, D의 성과급은 60만 원이기 때문에 두 사람의 성과급 차이는 두 배이다.
⑤ C가 제일 마지막에 휴가를 갈 경우, B는 A보다 휴가를 늦게 출발한다.

50 명제 추론

정답 ①

주어진 조건에 따라 들어가야 할 재료 순서를 배치해 보면 다음과 같다.

첫 번째	두 번째	세 번째	네 번째	다섯 번째	여섯 번째	일곱 번째
바	다	마	나	사	라	가

따라서 두 번째 넣어야 할 재료는 '다'이다.

51 명제 추론

정답 ④

D팀은 파란색을 선택하였으므로 보라색을 사용하지 않고, B팀과 C팀도 보라색을 사용한 적이 있으므로 A팀이 보라색을 선택한다. B팀은 빨간색을 사용한 적이 있고, 파란색과 보라색은 사용할 수 없으므로 노란색을 선택한다. C팀은 남은 빨간색을 선택한다.

A팀	B팀	C팀	D팀
보라색	노란색	빨간색	파란색

따라서 항상 참인 것은 ④이다.

오답분석

①·③·⑤ 주어진 조건만으로는 판단하기 어렵다.
② A팀의 상징색은 보라색이다.

52 자료 해석

정답 ④

가 공정으로 시작하는 공정 과정은 '준비단계 – 가 – 다 – 마 – 바'로, 총소요시간은 20+30+60+20+45=175분이다. 나 공정으로 시작하는 공정 과정은 '나 – 라 – 바'로, 총소요시간은 15+35+45=95분이다. 각 공정에서 10시간(600분) 동안 한 공정 과정이 끝나는 횟수는 첫 번째 공정은 $\frac{600}{175} \fallingdotseq 3$번, 두 번째 공정은 $\frac{600}{95} \fallingdotseq 6$번이다.

따라서 두 공정 과정에서 생산되는 완제품 개수의 차이는 3×7−6×3=21−18=3개이다.

53 자료 해석

정답 ⑤

가 공정을 가동시키는 횟수를 x회, 나 공정을 가동시키는 횟수 y회라고 하자.
$7x+3y=150$이고, 한 공정이 끝날 때까지의 소요시간이 긴 공정을 중심으로 계산하면 175분인 가 공정 횟수(x)를 12번 가동시키면 이 공정과정에서는 $12\times7=84$개의 완제품이 나온다. 이 공정을 12번 가동하는 데 소요되는 총 시간은 $175\times12=2,100$분이며, 소요시간이 95분인 나 공정 과정은 2,100분 동안 $\frac{2,100}{95}\fallingdotseq22$번의 과정을 완료할 수 있고, 완제품은 $22\times3=66$개이다. 따라서 2,100분 동안 만들어지는 완제품은 $84+66=150$개로 최소 소요시간은 35시간이다.

54 SWOT 분석

정답 ④

ㄴ. 민간의 자율주행기술 R&D를 지원하여 기술적 안정성을 높이는 전략은 위협을 최소화하는 내용은 포함하지 않고 약점만 보완하는 전략이므로 ST전략이라 볼 수 없다.
ㄹ. 국내기업의 자율주행기술 투자가 부족한 약점을 국가기관의 주도로 극복하려는 내용은 약점을 최소화하고 위협을 회피하려는 WT전략의 내용으로 적합하지 않다.

오답분석

ㄱ. 높은 수준의 자율주행기술을 가진 외국 기업과의 기술이전협약 기회를 통해 국내외에서 우수한 평가를 받는 국내 자동차기업이 국내 자율주행자동차 산업의 강점을 강화하는 전략은 SO전략에 해당한다.
ㄷ. 국가가 지속적으로 자율주행차 R&D를 지원하는 법안이 본회의를 통과한 기회를 토대로 기술개발을 지원하여 국내 자율주행자동차 산업의 약점인 기술적 안전성을 확보하려는 전략은 WO전략에 해당한다.

55 명제 추론

정답 ③

조건에 따르면 최소한 수학자 1명, 논리학자 1명, 과학자 2명이 선정되어야 하고, 그 외 나머지 2명을 선정해야 한다. 예를 들어 물리학, 생명과학, 화학, 천문학을 전공한 과학자 총 4명을 선정하면 천문학 전공자는 기하학 전공자와 함께 선정되고, 논리학자는 비형식논리 전공자를 선정하면 가능하다.

오답분석

① 형식논리 전공자가 1명 선정되면 비형식논리 전공자도 1명 선정되어야 하므로 논리학자는 2명 선정된다. 그러나 형식논리 전공자가 먼저 선정된 것이 아니라면 옳지 않다.
② 같은 전공을 가진 수학자가 2명 선정될 수 있다. 예를 들어 다음과 같이 선정될 수 있다.
논리학자 1명 – 비형식논리 전공자
수학자 2명 – 기하학 전공자, 기하학 전공자
과학자 3명 – 물리학 전공자, 생명과학 전공자, 천문학 전공자
④ 통계학 전공자를 포함하면 수학자는 3명이 선정될 수 있다. 예를 들어 다음과 같이 선정될 수 있다.
논리학자 1명 – 비형식논리 전공자
수학자 3명 – 통계학 전공자, 대수학 전공자, 기하학 전공자
과학자 2명 – 천문학 전공자, 기계공학 전공자
⑤ 논리학자는 3명이 선정될 수 있다. 예를 들어 다음과 같이 선정될 수 있다.
논리학자 3명 – 형식논리 전공자 1명, 비형식논리 전공자 2명
수학자 1명 – 기하학 전공자
과학자 2명 – 천문학 전공자, 물리학 전공자

56 명제 추론

정답 ②

다음의 논리 순서를 따라 주어진 조건을 정리하면 쉽게 접근할 수 있다.
• 첫 번째와 마지막 조건 : A는 반드시 F와 함께 외근을 나간다.
• 두 번째 조건 : F는 A와 외근을 나가므로 B는 반드시 D와 함께 외근을 나간다. 즉, C는 E와 함께 외근을 나간다.
따라서 A와 F, B와 D, C와 E가 함께 외근을 나간다.

57 자료 해석

정답 ①

사원별 성과지표의 평균을 구하면 다음과 같다.

- A사원 : (3+3+4+4+4)÷5=3.6점
- B사원 : (3+3+3+4+4)÷5=3.4점
- C사원 : (5+2+2+3+2)÷5=2.8점
- D사원 : (3+3+2+2+5)÷5=3점
- E사원 : (4+2+5+3+3)÷5=3.4점

즉, A사원만 당해 연도 연봉에 1,000,000원이 추가된다. 이를 토대로 각 사원의 당해 연도 연봉을 구하면 다음과 같다.

- A사원 : 300만+(3×300만)+(3×200만)+(4×100만)+(4×150만)+(4×100만)+100만=33,000,000원
- B사원 : 300만+(3×300만)+(3×200만)+(3×100만)+(4×150만)+(4×100만)=31,000,000원
- C사원 : 300만+(5×300만)+(2×200만)+(2×100만)+(3×150만)+(2×100만)=30,500,000원
- D사원 : 300만+(3×300만)+(3×200만)+(2×100만)+(2×150만)+(5×100만)=28,000,000원
- E사원 : 300만+(4×300만)+(2×200만)+(5×100만)+(3×150만)+(3×100만)=31,500,000원

따라서 가장 많은 연봉을 받을 사람은 A사원이다.

58 명제 추론

정답 ①

마지막 조건에 따라 C대리가 가장 먼저 출근하며, 두 번째 조건에 따라 그 다음에 B과장이 출근한다. 팀원이 총 5명이므로 세 번째 조건에 따라 D주임이 세 번째로 출근하며, 나머지 팀원인 E사원과 A팀장 중 첫 번째 조건에 따라 E사원이 먼저 출근한다. 따라서 출근 순서는 'C대리 – B과장 – D주임 – E사원 – A팀장'이다.

59 SWOT 분석

정답 ②

경쟁자의 시장 철수로 인한 새로운 시장 진입 가능성은 A공사가 가지고 있는 내부환경의 약점이 아닌 외부환경에서 비롯되는 기회에 해당한다.

60 문제 유형

정답 ①

- ㉠·㉢ : 현재 직면하고 있으면서 해결 방법을 찾기 위해 고민하는 발생형 문제에 해당한다.
- ㉡·㉣ : 현재 상황은 문제가 아니지만, 상황 개선을 통해 효율을 높일 수 있는 탐색형 문제에 해당한다.
- ㉤·㉥ : 새로운 과제나 목표를 설정함에 따라 발생할 수 있는 설정형 문제에 해당한다.

제 2 회 최종점검 모의고사 (전 영역 - 구분형)

01	02	03	04	05	06	07	08	09	10	11	12	13	14	15	16	17	18	19	20
④	④	③	④	①	⑤	②	③	④	④	⑤	②	④	②	③	③	④	④	④	④
21	22	23	24	25	26	27	28	29	30	31	32	33	34	35	36	37	38	39	40
③	①	④	③	④	①	②	④	⑤	②	③	①	③	④	②	⑤	③	⑤	②	②
41	42	43	44	45	46	47	48	49	50	51	52	53	54	55	56	57	58	59	60
②	③	①	⑤	②	④	①	④	③	⑤	①	⑤	④	②	③	⑤	②	①	②	①

01 내용 추론

정답 ④

제시문에서는 심리적 성향에서 비롯된 행위라도 결과적으로 의무와 부합할 수 있다고 하였으므로, 이성의 명령에 따른 행위와 심리적 성향에 따른 행위가 결과적으로 일치하는 경우도 있을 수 있다.

오답분석

① 동물은 이성을 가지고 있지 않으며 단지 본능적 욕구에 따라 행동할 뿐이므로, 동물의 행동을 선하다거나 악하다고 평가할 수 없다. 즉, 동물의 행위는 도덕적 평가의 대상이 될 수 없다.
② 감정이나 욕구는 주관적이므로, 시공간을 넘어 모든 인간에게 적용될 수 있는 보편적인 도덕의 원리가 될 수 없다.
③ 상대적인 심리적 성향에서 비롯된 행위는 도덕성과 무관하기 때문에 도덕적 행위가 될 수 없다.
⑤ 인간은 이성뿐만 아니라 감정과 욕구를 가진 존재이므로, 도덕적 의무(이성)에 따라 행동하거나 심리적 성향(감정과 욕구)에 따라 행동할 수 있다.

02 문단 나열

정답 ④

제시문은 여름에도 감기에 걸리는 이유와 예방 및 치료방법에 대해 설명하고 있다. 따라서 (마) 의외로 여름에도 감기에 걸림 → (가) 찬 음식과 과도한 냉방기 사용으로 체온이 떨어져 면역력이 약해짐 → (라) 감기 예방을 위해 찬 음식은 적당히 먹고 충분한 휴식을 취하고, 귀가 후 손발을 씻어야 함 → (나) 감기에 걸렸다면 수분을 충분히 섭취해야 함 → (다) 열이나 기침이 날 때에는 따뜻한 물을 여러 번 나눠 먹는 것이 좋음의 순서로 나열해야 한다.

03 빈칸 삽입

정답 ③

㉠의 앞에서는 평화로운 시대에는 시인의 존재가 문화의 비싼 장식으로 여겨질 수 있다고 하였으나, ㉠의 뒤에서는 조국이 비운에 빠졌거나 통일을 잃었을 때는 시인이 민족의 예언가 또는 선구자가 될 수 있다고 하였다. 따라서 ㉠에는 역접의 의미인 '그러나'가 적절하다.

㉡의 앞에서는 과거에 탄압받던 폴란드 사람들이 시인을 예언자로 여겼던 사례를 제시하고 있으며, ㉡의 뒤에서는 또 다른 사례로 불행한 시절 이탈리아와 벨기에 사람들이 시인을 조국 그 자체로 여겼던 점을 제시하고 있다. 따라서 ㉡에는 '거기에다 더'라는 의미를 지닌 '또한'이 적절하다.

04 문서 내용 이해

정답 ④

제시문의 마지막 문단에 따르면 괴델은 '참이지만 증명할 수 없는 명제가 존재한다.'라고 하였지만, '주어진 공리와 규칙만으로 일관성과 무모순성을 증명할 수 없다.'라고 하였다.

오답분석

① 두 번째 문단에서 유클리드는 공리를 기반으로 끌어낸 명제들이 성립함을 증명하였으나, 공리를 증명하려 시도하지는 않았다.
② 세 번째 문단에서 힐베르트는 공리의 무모순성과 독립성을 증명할 수 있다고 예상하였다.
③·⑤ 괴델은 증명할 수 없어도 참인 명제가 존재한다고 하였으며, 기존의 수학 체계 자체를 부정한 것이 아니라 그 자체 체계만으로 일관성과 모순성을 설명할 수 없다는 불완전성을 정리한 것이다.

05 맞춤법

정답 ①

과녁에 화살을 맞추다. → 과녁에 화살을 맞히다.

- 맞히다 : 문제에 대한 답을 틀리지 않게 하다. 쏘거나 던지거나 하여 한 물체가 어떤 물체에 닿게 하다.
- 맞추다 : 서로 떨어져 있는 부분을 제자리에 맞게 대어 붙이거나 서로 어긋남이 없이 조화를 이루다.

06 한자성어

정답 ⑤

제시문에서는 한 손님이 패스트푸드점의 직원을 폭행한 사건을 통해 손님들의 끊이지 않는 갑질 행태를 이야기하고 있다. 따라서 '곁에 사람이 없는 것처럼 아무 거리낌 없이 제멋대로 말하고 행동하는 태도가 있음'을 의미하는 '방약무인(傍若無人)'이 가장 적절하다.

오답분석

① 견마지심(犬馬之心) : '개나 말이 주인을 위하는 마음'이라는 뜻으로, 신하나 백성이 임금이나 나라에 충성하는 마음을 낮추어 이르는 말이다.
② 빙청옥결(氷淸玉潔) : 얼음같이 맑고 옥같이 깨끗한 심성을 비유적으로 이르는 말이다.
③ 소탐대실(小貪大失) : 작은 것을 탐하다가 오히려 큰 것을 잃음을 이르는 말이다.
④ 호승지벽(好勝之癖) : 남과 겨루어 이기기를 좋아하는 성미나 버릇을 이르는 말이다.

07 응용 수리

정답 ②

각설탕 하나의 무게를 xg이라 하면, 각설탕 10개의 무게는 $10x$g이다. 또한 농도 20%의 설탕물 400g에 들어있던 설탕의 무게와 각설탕 10개의 무게의 합은 농도가 25%인 설탕물 $(400+10x)$g에 들어있는 설탕의 무게와 같다.

$$\frac{20}{100}\times 400+10x=\frac{25}{100}\times(400+10x)$$

$$\rightarrow 80+10x=100+2.5x$$

$$\rightarrow 7.5x=20$$

$$\therefore x=\frac{8}{3}$$

따라서 각설탕 1개 무게가 $\frac{8}{3}$g이므로, 각설탕 3개 무게는 $\frac{8}{3}\times 3=8$g이다.

08 자료 계산

정답 ③

입구에서 지점까지의 거리를 $x$km라고 하면 왕복하는 데 걸리는 시간은 $\frac{x}{3}+\frac{x}{4}=\frac{7}{12}x$시간이다.

2시간에서 3시간 사이에 왕복할 수 있어야 하므로 다음과 같다.

$2\le \frac{7}{12}x \le 3$

$\rightarrow 24\le 7x \le 36$

$\rightarrow \frac{24}{7}\le x \le \frac{36}{7}$

따라서 $\frac{24}{7}\fallingdotseq 3.4$이고, $\frac{36}{7}\fallingdotseq 5.1$이므로 2시간에서 3시간 사이에 왕복할 수 있는 코스는 Q지점과 R지점이다.

09 자료 이해

정답 ④

서비스 품질 5가지 항목의 점수와 서비스 쇼핑 체험 점수를 비교해 보면, 모든 대형마트에서 서비스 쇼핑 체험 점수가 가장 낮다는 것을 확인할 수 있다. 따라서 서비스 쇼핑 체험 부문의 만족도는 서비스 품질 부문들보다 모두 낮으며, 이때 서비스 쇼핑 체험 점수의 평균은 $\frac{3.48+3.37+3.45+3.33}{4}\fallingdotseq 3.41$점이다.

오답분석

① 인터넷쇼핑과 모바일쇼핑 만족도의 차를 구해 보면 A마트는 0.07점, B마트와 C마트는 0.03점, D마트는 0.05점으로, A마트가 가장 크다.

② 단위를 살펴보면 5점 만점으로 조사되었음을 알 수 있으며, 종합만족도의 평균은 $\frac{3.72+3.53+3.64+3.56}{4}\fallingdotseq 3.61$점이다. 이때 업체별로는 A마트 → C마트 → D마트 → B마트 순서로 종합만족도가 낮아짐을 알 수 있다.

③ 평균적으로 고객접점직원 서비스보다는 고객관리 서비스가 더 낮게 평가되었다.

⑤ 모바일쇼핑 만족도는 평균 3.85점이며, 인터넷쇼핑은 평균 3.8점이다. 따라서 모바일쇼핑이 평균 0.05점 높게 평가되었다.

10 수열 규칙

정답 ④

앞의 항에 $+2^0\times10$, $+2^1\times10$, $+2^2\times10$, $+2^3\times10$, $+2^4\times10$, $+2^5\times10$, …을 더하는 수열이다.

따라서 ( )$=632+2^6\times10=632+640=1,272$이다.

11 자료 이해

정답 ⑤

제시된 문제에서 팀장의 요구조건은 1) 영유아 수가 많은 곳, 2) 향후 5년간 지속적인 수요 증가 두 가지이며, 두 조건을 모두 충족하는 지역을 선정해야 한다.

i) 주어진 자료에서 영유아 수를 구하면 다음과 같다.

※ (영유아 수)=(총인구수)×(영유아 비중)

- A지역 : 3,460,000×3%=103,800명
- B지역 : 2,470,000×5%=123,500명
- C지역 : 2,710,000×4%=108,400명
- D지역 : 1,090,000×11%=119,900명

따라서 B－D－C－A지역 순서로 영유아 수가 많은 것을 알 수 있다.

ii) 향후 5년간 영유아 변동률을 보았을 때 A지역은 1년 차와 3년 차에 감소하였고, B지역은 3～5년 차 동안 감소하는 것을 확인할 수 있다. 그러므로 지속적으로 수요가 증가하는 지역은 C지역, D지역이다. 두 지역 중 D지역은 현재 영유아 수가 C지역보다 많고, 향후 5년간 전년 대비 영유아 수 증가율이 3년 차에는 같으나 다른 연도에는 D지역이 C지역보다 크므로, D지역을 우선적으로 선정할 수 있다.

따라서 위의 조건을 모두 고려하였을 때, D지역이 유아용품 판매직영점을 설치하는 데 가장 적절한 지역이 된다.

오답분석

① B지역에 영유아 수가 가장 많은 것은 맞으나, 향후 5년 동안 영유아 변동률이 감소하는 추세를 보이므로 적절하지 않다.
② 향후 5년간 영유아 인구 증가율이 가장 높은 곳은 D지역이다.
③ 총인구수로 판단하는 것은 주어진 조건과 무관하므로 적절하지 않다.
④ 단순히 영유아 비율이 높다고 하여 영유아 수가 많은 것이 아니므로, 조건에 부합하지 않는다.

12 자료 계산

정답 ②

$\frac{\text{(대학졸업자 취업률)}}{\text{(전체 대학졸업자)}} \times 100 = \text{(대학졸업자 취업률)} \times \text{(대학졸업자의 경제활동인구 비중)} \times \frac{1}{100}$

이때 OECD 평균은 $40 \times 50 \times \frac{1}{100} = 20\%$이고, 이보다 높은 국가는 B, C, E, F, G, H이다.

따라서 OECD 평균보다 높은 국가가 바르게 연결된 것은 ②이다.

13 명제 추론

정답 ④

45인승 버스 대수를 x대, 25인승 버스 대수를 y대라고 가정하고, 탑승 인원과 이용대금에 따른 방정식을 세우면 다음과 같다. 이때 버스에 탑승한 인원은 운전기사를 제외한 인원으로 계산한다.

$44x + 24y = 268$

→ $11x + 6y = 67$ … ㉠

$45x + 30y = 285$

→ $3x + 2y = 19$ … ㉡

㉠과 ㉡을 연립하면 $x = 5$, $y = 2$이다.

따라서 45인승 버스는 5대를 이용하였다.

14 SWOT 분석

정답 ②

ㄱ. 소비자의 낮은 신뢰도는 S항공사가 겪고 있는 문제에 해당하므로 내부환경인 약점 요인에 해당한다.
ㄷ. 해외 여행객의 증가는 항공사가 성장할 수 있는 기회가 되므로 외부환경에서 비롯되는 기회 요인에 해당한다.

오답분석

ㄴ. 안전 품질 기준에 대한 인증 획득은 기업이 가진 경영자원에 해당하므로 내부환경인 강점 요인에 해당한다.
ㄹ. 항공사에 대한 소비자의 기대치가 상승한다는 것은 그만큼 항공사가 만족시켜야 할 요건들이 많아진다는 것을 의미하므로 외부환경에서 비롯되는 위협 요인에 해당한다.

15 창의적 사고

정답 ③

자유연상법은 창의적 사고를 기를 수 있는 방법으로, 어떤 생각에서 다른 생각을 계속해서 떠올리는 작용을 통해 어떤 주제에서 생각나는 것을 계속해서 열거해 나가는 발산적 사고 방법이다.

오답분석

① 강제연상법 : 각종 힌트에 강제적으로 연결지어서 발상하는 방법이다.
② 비교발상법 : 주제의 본질과 닮은 것을 힌트로 발상하는 방법이다.

16 창의적 사고

정답 ③

브레인스토밍을 위한 인원은 5～8명 정도가 적당하며, 주제에 대한 전문가를 절반 이하로 구성하고, 다양한 분야의 사람들을 참석시키는 것이 다양한 의견을 도출하는 지름길이다.

오답분석

① A : 주제를 구체적이고 명확하게 선정한다.
② B : 구성원의 다양한 의견을 도출할 수 있는 사람을 리더로 선출한다.
④ D : 발언은 누구나 자유롭게 하고, 모든 발언 내용 기록 후 구조화한다.
⑤ E : 제시된 아이디어는 비판해서는 안 되며, 실현 가능한 아이디어를 평가한다.

17 명제 추론

정답 ④

의사의 왼쪽 자리에 앉은 사람이 검은색 원피스를 입었고 여자이므로, 의사가 여자인 경우와 남자인 경우로 나눌 수 있다.

- 의사가 여자인 경우

  검은색 원피스를 입은 여자가 교사가 아닌 경우와 교사인 경우로 나눌 수 있다.

  i) 검은색 원피스를 입은 여자가 교사가 아닌 경우 : 의사가 밤색 티셔츠를 입고, 반대편에 앉은 남자가 교사가 되며, 그 옆의 남자가 변호사이고 하얀색 니트를 입는다. 그러면 검은색 원피스를 입은 여자가 자영업자가 되어야 하는데, 5번째 조건에 따르면 자영업자는 남자이므로 주어진 조건에 어긋난다.

  ii) 검은색 원피스를 입은 여자가 교사인 경우 : 건너편에 앉은 남자는 밤색 티셔츠를 입었고 자영업자이며, 그 옆의 남자는 변호사이고 하얀색 니트를 입는다. 이 경우 의사인 여자는 남성용인 파란색 재킷을 입어야 하므로 주어진 조건에 어긋난다.

- 의사가 남자인 경우

  검은색 원피스를 입은 여자가 교사가 아닌 경우와 교사인 경우로 나눌 수 있다.

  i) 검은색 원피스를 입은 여자가 교사가 아닌 경우 : 검은색 원피스를 입은 여자가 아닌 또 다른 여자가 교사이고, 그 옆에 앉은 남자는 자영업자이다. 이 경우 검은색 원피스를 입은 여자가 변호사가 되는데, 4번째 조건에 따르면 변호사는 하얀색 니트를 입어야 하므로 주어진 조건에 어긋난다.

  ii) 검은색 원피스를 입은 여자가 교사인 경우 : 검은색 원피스를 입은 여자의 맞은편에 앉은 남자는 자영업자이고 밤색 니트를 입으며, 그 옆에 앉은 여자는 변호사이고 하얀색 니트를 입는다. 따라서 의사인 남자는 파란색 재킷을 입고, 모든 조건이 충족된다.

  따라서 모든 조건을 충족할 때 의사는 파란색 재킷을 입는다.

18 자료 해석

정답 ④

- A : 기본 점수 80점에 오탈자 33건이므로 5점 감점, 전체 글자 수 654자이므로 3점 추가, A등급 2개와 C등급 1개이므로 15점 추가하여 총 $80-5+3+15=93$점이다.
- B : 기본 점수 80점에 오탈자 7건이므로 0점 감점, 전체 글자 수 476자이므로 0점 추가, B등급 3개이므로 5점 추가하여 총 $80+5=85$점이다.
- C : 기본 점수 80점에 오탈자 28건이므로 4점 감점, 전체 글자 수 332자이므로 10점 감점, B등급 2개와 C등급 1개이므로 0점 추가하여 총 $80-4-10=66$점이다.
- D : 기본 점수 80점에 오탈자 25건이므로 4점 감점, 전체 글자 수가 572자이므로 0점 추가, A등급 3개이므로 25점 추가하여 총 $80-4+25=101$점이다.
- E : 기본 점수 80점에 오탈자 12건이므로 1점 감점, 전체 글자 수가 786자이므로 8점 추가, A등급 1개와 B등급 1개와 C등급 1개이므로 10점 추가하여 총 $80-1+8+10=97$점이다.

따라서 점수가 가장 높은 학생은 D이다.

19 비용 계산

정답 ④

- 일비 : 하루에 10만 원씩 지급 → 100,000×3=300,000원
- 숙박비 : 실비 지급 → B호텔 2박 → 250,000×2=500,000원
- 식비 : 8 ~ 9일까지는 3식이고 10일에는 점심 기내식을 제외하여 아침만 포함
  → (10,000×3)+(10,000×3)+(10,000×1)=70,000원
- 교통비 : 실비 지급 → 84,000+10,000+16,300+17,000+89,000=216,300원
- 합계 : 300,000+500,000+70,000+216,300=1,086,300원

따라서 A차장이 받을 수 있는 출장여비는 1,086,300원이다.

20 인원 선발

정답 ④

직원들의 당직 근무 일정을 정리하면 다음과 같다.

구분	월	화	수	목	구분	월	화	수	목
오전	공주원 지한준 김민정	이지유 최유리	강리환 이영유	공주원 강리환 이건율	오후	이지유 최민관	최민관 이영유 강지공	공주원 지한준 강지공 김민정	최유리
	금	토	일	–		금	토	일	–
	이지유 지한준 이건율	김민정 최민관 강지공	이건율 최민관	–		이영유 강지공	강리환 최유리 이영유	이지유 김민정	–

당직 근무 규칙에 따르면 오후 당직의 경우 최소 2명이 근무해야 한다. 그러나 목요일 오후에 최유리 1명만 근무하므로 최소 1명의 근무자가 더 필요하다. 이때, 한 사람이 같은 날 오전·오후 당직을 모두 할 수 없으므로 목요일 오전 당직 근무자인 공주원, 강리환, 이건율은 제외된다. 또한 당직 근무는 주당 5회 미만이므로, 이번 주에 4번의 당직 근무가 예정된 근무자 역시 제외된다. 따라서 지한준의 당직 근무 일정을 추가해야 한다.

21 비용 계산

정답 ③

대표적인 직접비용으로는 재료비, 원료와 장비비, 시설비, 여행(출장)비와 잡비, 인건비가 있고, 간접비용으로는 보험료, 건물관리비, 광고비, 통신비, 사무비품비, 각종 공과금이 있다. ③은 직접비용에 해당되나, ①·②·④·⑤는 간접비용에 해당된다.

22 품목 확정

정답 ①

조건에 따라 가중치를 적용한 각 후보 도서의 점수를 나타내면 다음과 같다.

(단위 : 점)

도서명	흥미도 점수	유익성 점수	1차 점수	2차 점수
재테크, 답은 있다	6×3=18	8×2=16	34	34
여행학개론	7×3=21	6×2=12	33	33+1=34
부장님의 서랍	6×3=18	7×2=14	32	–
IT혁명의 시작	5×3=15	8×2=16	31	–
경제정의론	4×3=12	5×2=10	22	–
건강제일주의	8×3=24	5×2=10	34	34

1차 점수가 높은 3권은 '재테크, 답은 있다', '여행학개론', '건강제일주의'이다. 이 중 '여행학개론'은 해외저자의 서적이므로 2차 선정에서 가점 1점을 받는다. 1차 선정된 도서 3권의 2차 점수가 34점으로 모두 동일하므로, 유익성 점수가 가장 낮은 '건강제일주의'가 탈락한다. 따라서 최종 선정될 도서는 '재테크, 답은 있다'와 '여행학개론'이다.

23 인원 선발

정답 ④

제시된 조건을 정리하면 다음과 같다.

- 최소비용으로 가능한 많은 인원 채용
- 급여는 희망임금으로 지급
- 6개월 이상 근무하되, 주말 근무시간은 협의가능
- 지원자들은 주말 이틀 중 하루만 출근하길 원함
- 하루 1회 출근만 가능

위 조건을 모두 고려하여 근무스케줄을 작성해 보면 다음과 같다.

<table>
<tr><th>시간</th><th>토요일</th><th>일요일</th></tr>
<tr><td>11 ~ 12</td><td rowspan="7">최지홍(7,000)
최소 3시간</td><td rowspan="4">박소다(7,500)
최소 3시간</td></tr>
<tr><td>12 ~ 13</td></tr>
<tr><td>13 ~ 14</td></tr>
<tr><td>14 ~ 15</td></tr>
<tr><td>15 ~ 16</td><td rowspan="5">우병지(7,000)
최소 3시간</td></tr>
<tr><td>16 ~ 17</td></tr>
<tr><td>17 ~ 18</td></tr>
<tr><td>18 ~ 19</td><td rowspan="4">한승희(7,500)
최소 2시간</td></tr>
<tr><td>19 ~ 20</td></tr>
<tr><td>20 ~ 21</td><td rowspan="2">김래원(8,000)
최소 2시간</td></tr>
<tr><td>21 ~ 22</td></tr>
</table>

이때 김병우 지원자의 경우에는 희망근무기간이 4개월이므로 채용하지 못한다. 따라서 총 5명의 직원을 채용할 수 있다.

24 시간 계획

정답 ③

대화 내용을 살펴보면 S과장은 패스트푸드점, B대리는 화장실, C주임은 은행, A사원은 편의점을 이용한다. 이는 동시에 이루어지는 일이므로 가장 오래 걸리는 일의 시간만을 고려하면 된다. 은행이 30분으로 가장 오래 걸리므로 17:20에 모두 모이게 된다. 따라서 17:00, 17:15에 출발하는 버스는 이용하지 못하며, 17:30에 출발하는 버스는 잔여석이 부족하여 이용하지 못한다. 따라서 17:45에 출발하는 버스를 탈 수 있고, 가장 빠른 서울 도착 예정시각은 19:45이다.

25 프로그램 언어(코딩)

정답 ④

1부터 100까지의 값은 변수 x에 저장한다. 1, 2, 3, …에서 초기값은 1이고, 최종값은 100이며, 증분값은 1씩 증가시키면 된다. 즉, 1부터 100까지를 덧셈하려면 99단계를 반복 수행해야 하므로 결과는 5050이 된다.

26 엑셀 함수

정답 ①

AVERAGE로 평균을 구하고, 올림은 ROUNDUP(수,자릿수)으로 구할 수 있다. 자릿수는 소수점 이하 숫자를 기준으로 하여 일의 자릿수는 0, 십의 자릿수는 −1, 백의 자릿수는 −2, 천의 자릿수는 −3으로 표시한다.

27 정보 이해

정답 ②

비프음이 길게 1번, 짧게 1번 울릴 때는 메인보드의 오류이므로 메인보드를 교체하거나 A/S 점검을 해야 한다.

28 정보 이해

정답 ④

운영체제의 기능에는 프로세스 관리, 메모리 관리, 기억장치 관리, 파일 관리, 입출력 관리, 리소스 관리 등이 있다. 또한, 운영체제의 목적으로는 처리능력 향상, 반환 시간 단축, 사용 가능도 향상, 신뢰도 향상 등이 있다.

29 엑셀 함수

정답 ⑤

엑셀에서 곱하기는 '*'로 쓴다.

30 엑셀 함수

정답 ②

오답분석

①·③ AVERAGE 함수는 평균을 구할 때 쓰는 함수이다.

31 기술 적용

정답 ③

사용 전 알아두기 네 번째에 제습기의 물통이 가득 찰 경우 작동이 멈춘다고 하였으므로 서비스센터에 연락해야 한다.

오답분석

① 실내 온도가 18℃ 미만일 때 냉각기에 결빙이 시작되어 제습량이 줄어들 수 있다.
② 컴프레서 작동으로 실내 온도가 올라갈 수 있다.
④ 여섯 번째 사항에서 10분 꺼두었다가 다시 켜서 작동하면 정상이라고 하였다.
⑤ 희망 습도에 도달하면 운전이 멈추고, 습도가 높아지면 다시 자동 운전으로 작동한다.

32 기술 적용

정답 ①

보증서가 없으면 영수증이 대신하는 것이 아니라, 제조일로부터 3개월이 지난 날이 보증기간 시작일이 된다.

오답분석

② 보증기간 안내 두 번째 항목인 보증기간 산정 기준을 보면 제품보증기간 정의가 나와 있다. '제품 보증기간이라 함은 제조사 또는 제품 판매자가 소비자에게 정상적인 상태에서 자연 발생한 품질 성능 기능 하자에 대하여 무료 수리해 주겠다고 약속한 기간'이므로 맞는 내용이다.
③·④ 2017년 1월 이전 구입 제품은 2년이고, 나머지는 1년이 보증기간이다.
⑤ 제습기 부품 보증기간에 2016년 1월 이후 생산된 제품은 10년이라고 하였다.

33 기술 적용

정답 ③

③에 대한 내용은 문제 해결법에 나와 있지 않다.

34 기술 적용

정답 ④

인쇄 속도가 느릴 때 해결할 수 있는 방안이다.

35 산업 재해

정답 ②

근로자가 업무에 관계되는 건설물, 설비, 원재료, 가스, 증기, 분진 등에 의하거나 직업과 관련된 기타 업무에 의하여 사망 또는 부상하거나 질병에 걸리게 되는 것을 산업재해로 정의하고 있다. 따라서 휴가 중에 일어난 사고는 업무와 무관하므로 산업재해가 아니다.

36 기술 이해

정답 ⑤

석유자원을 대체하고 에너지의 효율성을 높이는 것은 기존 기술에서 탈피하고 새로운 기술을 습득하는 기술경영자의 능력으로 볼 수 있다.

기술경영자의 능력
- 기술을 기업의 전반적인 전략 목표에 통합시키는 능력
- 빠르고 효과적으로 새로운 기술을 습득하고 기존의 기술에서 탈피하는 능력
- 기술을 효과적으로 평가할 수 있는 능력
- 기술 이전을 효과적으로 할 수 있는 능력
- 새로운 제품 개발 시간을 단축할 수 있는 능력
- 크고 복잡하며 서로 다른 분야에 걸쳐 있는 프로젝트를 수행할 수 있는 능력
- 조직 내의 기술 이용을 수행할 수 있는 능력
- 기술 전문 인력을 운용할 수 있는 능력

37 조직 구조

정답 ③

마케팅기획본부는 해외마케팅기획팀과 마케팅기획팀으로 구성된다고 했으므로 적절하지 않다.

오답분석

① · ② 마케팅본부의 마케팅기획팀과 해외사업본부의 해외마케팅기획팀을 통합해 마케팅기획본부가 신설된다고 했으므로 적절하다.
④ 해외사업본부의 해외사업 1팀과 해외사업 2팀을 해외영업팀으로 통합하고 마케팅본부로 이동한다고 했으므로 적절하다.
⑤ 구매 · 총무팀에서 구매팀과 총무팀이 분리되고 총무팀과 재경팀을 통합 후 재무팀이 신설된다고 했으므로 적절하다.

38 업무 종류

정답 ⑤

메모에 의해 B대리가 가장 먼저 해야 할 일은 A팀장이 요청한 자료를 메일로 전송하는 것이다. 그 다음 PPT 자료를 전송 해야 한다. 그리고 점심 예약전화는 오전 10시 이전에 처리해야 하고, 오전 내에 거래처 미팅날짜 변경 전화를 해야 한다.

39 조직 구조

정답 ②

조직의 변화에 있어서 실현 가능성과 구체성은 중요한 요소이다.

오답분석

① 조직의 변화는 조직에 영향을 주는 환경의 변화를 인지하는 것에서부터 시작된다. 영향이 있는 변화들로 한정하지 않으면 지나치게 방대한 요소를 고려하게 되어 비효율이 발생한다.
③ 조직구성원들이 현실에 안주하고 변화를 기피하는 경향이 강할수록 환경 변화를 인지하지 못한다.
④ 변화를 실행하려는 조직은 기존 규정을 개정해서라도 환경에 적응하여야 한다.
⑤ 조직의 변화는 '환경변화 인지 – 조직변화 방향 수립 – 조직변화 실행 – 변화결과 평가' 순으로 이루어진다.

40 경영 전략

정답 ②

시각, 청각, 후각, 촉각, 미각의 다섯 가지 감각을 통해 만들어진 감각 마케팅으로 개인화 마케팅의 사례로 보기 어렵다.

오답분석

① 고객들의 개인적인 사연을 기반으로 광고 서비스를 제공함으로써 개인화 마케팅의 사례로 적절하다.
③ 고객들이 자신이 직접 사과를 받는 듯한 효과를 얻게 됨으로써 개인화 마케팅의 사례로 적절하다.
④ 댓글 작성자의 이름을 기반으로 이벤트를 진행함으로써 개인화 마케팅의 사례로 적절하다.
⑤ 고객의 이름을 불러서 서비스를 제공함으로써 개인화 마케팅의 사례로 적절하다.

41 국제 동향

정답 ②

미국에서는 악수를 할 때 상대의 눈이나 얼굴을 봐야 한다. 눈을 피하는 태도를 진실하지 않은 것으로 보기 때문이다. 상대방과 시선을 마주보며 대화하는 것을 실례라고 생각하는 문화가 있는 지역은 아프리카이다.

42 조직 구조

정답 ③

조직은 목적을 가지고 있어야 하고, 구조가 있으며, 목적을 달성하기 위해 구성원들은 서로 협동적인 노력을 하고, 외부 환경과 긴밀한 관계를 가지고 있어야 한다. 따라서 야구장에 모인 관중들은 동일한 목적만 가지고 있을 뿐 구조를 갖춘 조직으로 볼 수 없다.

43 고객 서비스

정답 ①

고부가가치 상품을 중심으로 설명하고 판매하는 것은 자신과 회사 등의 이익을 향상시키지만, 고객 만족도를 향상 시키지는 않는다. 고객에게 필요한 것을 충족시켜야 고객의 만족도를 향상시키고, 지속적인 상품을 구매할 가능성이 커진다.

44 협상 전략

정답 ⑤

마지막 헤밍웨이의 대답을 통해 위스키 회사 간부가 협상의 대상인 헤밍웨이를 분석하지 못하였음을 알 수 있다. 헤밍웨이의 특징, 성격 등을 파악하고 헤밍웨이로 하여금 신뢰감을 느낄 수 있도록 협상을 진행하였다면 협상의 성공률은 올라갔을 것이다.

45 갈등 관리

정답 ②

상황 2는 통합형 갈등해결 방법이지만, ②는 타협형 갈등해결 방법에 대한 설명을 하고 있다.

오답분석

① 회피형 갈등해결 방법 : 회피형은 자신과 상대방에 대한 관심이 모두 낮은 경우로, 갈등 상황에 대하여 상황이 나아질 때까지 문제를 덮어두거나 위협적인 상황에서 피하고자 하는 경우를 말한다. 회피형은 개인의 갈등상황으로부터 철회 또는 회피하는 것으로, 상대방의 욕구와 본인의 욕구를 모두 만족시킬 수 없게 된다. 이 전략은 '나도 지고, 너도 지는 방법(I Lose – You Lose)'을 말한다.

③ 수용형 갈등해결 방법 : 수용형은 자신에 대한 관심은 낮고 상대방에 대한 관심은 높은 경우로, '나는 지고, 너는 이기는 방법(I Lose – You Win)'을 말한다.

④ 경쟁형 갈등해결 방법 : 경쟁형은 지배형(Dominating)이라고도 하는데, 자신에 대한 관심은 높고 상대방에 대한 관심은 낮은 경우로, '나는 이기고, 너는 지는 방법(I Win – You Lose)'을 말한다. 경쟁형은 상대방의 목표 달성을 희생시키면서 자신의 목표를 이루기 위해 전력을 다하는 전략이다. 이 방법은 제로섬(Zero – Sum) 개념을 의미한다.

⑤ 타협형 갈등해결 방법 : 자신에 대한 관심과 상대방에 대한 관심이 중간 정도인 경우로, 서로가 받아들일 수 있는 결정을 하기 위하여 타협적으로 주고받는 방식(Give and Take)을 말한다. 즉, 갈등 당사자들이 반대의 끝에서 시작하여 중간 정도 지점에서 타협하여 해결점을 찾는 것이다. 그러나 갈등 당사자 간에 불신이 클 때 이 방법은 성공하기 어렵다.

46 갈등 관리

정답 ④

곽재우 과장과 김성태 과장의 갈등의 원인은 원칙상 택시비는 비용청구 대상이 되지 않는다는 출장비 지급 규정 및 절차에 대한 이견 때문이다.

오답분석

①·②·③·⑤ 갈등의 쟁점 중 감정적 문제에 해당한다.

47 갈등 관리

정답 ①

상황 2와 같은 통합형 갈등해결 방법에서는 문제해결을 위하여 서로 간에 정보를 교환하면서 서로의 차이를 인정하고 배려하는 신뢰감과 공개적인 대화를 필요로 한다.
①은 수용형 갈등해결 방법으로 상대방이 거친 요구를 해오는 경우에 전형적으로 나타나는 반응이다. 이 경우 자신의 관심이나 요구를 희생함으로써 상대방의 의지에 따르는 경향을 보인다.

48 팀워크

정답 ④

팀워크는 개인의 능력이 발휘되는 것도 중요하지만 팀원들 간의 협력이 더 중요하다. 팀원 개개인의 능력이 최대치일 때 팀워크가 가장 뛰어난 것은 아니다.

49 자기 관리

정답 ③

흥미나 적성은 선천적으로 부여되지만 꾸준한 연습으로 개발할 수 있으므로, 자신의 흥미나 적성을 발견하고 이를 적극적으로 개발하려는 노력이 필요하다.

50 경력 관리

정답 ⑤

ⓒ의 체력단련이나 취미활동은 제시문에서 언급하는 개인의 경력목표로 볼 수 없다. ⓔ의 경우 직장 생활보다 개인적 삶을 중요시하고 있으므로 조직과 함께 상호작용하며 경력을 개발해 나가야 한다는 제시문과 일치하지 않는다. 따라서 ⓒ과 ⓔ은 제시문에 따른 경력개발 방법으로 적절하지 않다.

51 경력 관리

정답 ①

R대리와 S과장은 경력개발의 이유로 환경변화를 이야기하고 있다. 환경변화에 따른 개발 요인에는 지식정보의 빠른 변화, 인력난 심화, 삶의 질, 중견사원 이직 증가 등이 있다.

52 자기 관리

정답 ⑤

자기개발 계획 수립이 어려운 이유

- 자기정보의 부족 : 자신의 흥미, 장점, 가치, 라이프스타일을 충분히 이해하지 못함
- 내부 작업정보 부족 : 회사 내의 경력기회 및 직무 가능성에 대해 충분히 알지 못함
- 외부 작업정보 부족 : 다른 직업이나 회사 밖의 기회에 대해 충분히 알지 못함
- 의사결정 시 자신감 부족 : 자기개발과 관련된 결정을 내릴 때 자신감이 부족함
- 일상생활의 요구사항 : 개인의 자기개발 목표와 일상생활(가정 등) 간 갈등
- 주변 상황의 제약 : 재정적 문제, 연령, 시간 등

53 경력 관리

정답 ④

경력설계는 조직에서 직접 설계해 주는 것이 아니라 개인이 스스로에게 맞는 경력을 설계하고 관리하는 것이다.

54 자기 관리

정답 ②

ㄱ. 자기개발에서 개발의 주체와 객체는 자기 자신이므로, 자신이 자신의 능력, 적성, 특성 등을 이해하고, 목표성취를 위해 자신을 관리하며 개발해야 한다.
ㄷ. 자기개발은 개별적인 과정으로서 자기개발을 통해 지향하는 바와 선호하는 방법 등이 사람마다 다르므로 자신에게 알맞은 자기개발 전략이나 방법을 선정하여야 한다.

오답분석

ㄴ. 자기개발은 평생에 걸쳐서 이루어지는 과정이다. 우리를 둘러싸고 있는 환경은 끊임없이 변화하고 있으므로, 환경에 적응하기 위해서는 지속적인 자기개발이 필요하다.
ㄹ. 자기개발은 자신이 현재 하고 있는 직무 혹은 지향하는 직업 세계와 관련하여 자신의 역할 및 능력을 점검하고 개발 계획을 수립해야 하므로, 생활 가운데 이루어져야 한다.

55 책임 의식

정답 ③

같은 회사이고 동료이기 때문에 동료의 일도 나의 업무라고 생각하고 도와주는 것이 책임감 있는 행동이다.

56 윤리

정답 ⑤

E과장은 아랫사람에게 인사를 먼저 건네며 즐겁게 하루를 시작하는 공경심이 있는 예도를 행하였다.

오답분석

① 비상금을 털어 무리하게 고급 생일선물을 사는 것은 자신이 감당할 수 있는 능력을 벗어나는 것이므로 적절하지 않다.
② 장례를 치르는 문상자리에서 애도할 줄 모르는 것이므로 적절하지 않다.
③ 선행이나 호의를 베풀 때에도 받는 자에게 피해가 되지 않도록 주의해야 하므로 적절하지 않다.
④ 아랫사람의 실수를 너그럽게 관용하는 태도에 부합하지 않으므로 적절하지 않다.

57 윤리

정답 ②

일과 가정의 양립을 존중해 주는 것이다.

58 윤리

정답 ①

인사를 교환한 뒤에는 바로 통화 목적(용건)을 말해야 한다.

59 윤리

정답 ②

오답분석

① 명함은 두 손으로 건네되, 동시에 주고받을 때에는 부득이하게 한 손으로 건넨다.
③ 모르는 한자가 있을 때 물어보는 것은 실례가 아니다.
④ 명함을 동시에 주고받을 때는 오른손으로 주고 왼손으로 받는다.
⑤ 명함을 내밀 때는 정중하게 인사를 하고 나서 회사명과 이름을 밝히고 두 손으로 건네도록 한다.

60 봉사

정답 ①

봉사는 물질적인 보상이나 대가를 바라지 않고 사회의 공익, 행복을 위해서 하는 일이다. 따라서 적절한 보상에 맞춰 봉사에 참여하는 것은 적절하지 않다.

제 3 회 최종점검 모의고사 (전 영역 - 통합형)

01	02	03	04	05	06	07	08	09	10	11	12	13	14	15	16	17	18	19	20
④	①	②	①	②	①	②	③	②	③	④	②	②	①	①	④	③	④	⑤	③
21	22	23	24	25	26	27	28	29	30	31	32	33	34	35	36	37	38	39	40
⑤	②	④	⑤	③	②	①	②	②	①	⑤	③	④	③	④	②	④	⑤	①	②
41	42	43	44	45	46	47	48	49	50	51	52	53	54	55	56	57	58	59	60
①	④	④	①	③	②	①	③	②	④	③	④	①	④	④	④	⑤	①	③	④

01 글의 제목

정답 ④

제시문은 중세 유럽에서 유래된 로열티 제도가 산업 혁명부터 현재까지 지적 재산권에 대한 보호와 가치 확보를 위해 발전되었음을 설명하고 있다. 따라서 가장 적절한 제목은 '로열티 제도의 유래와 발전'이다.

02 빈칸 삽입

정답 ①

- 첫 번째 빈칸 : 빈칸과 이어지는 '철학도 ~ 과학적 지식의 구조와 다를 바가 없다.'라는 내용으로 볼 때 같은 의미의 내용이 들어가야 하므로 ㉠이 적절하다.
- 두 번째 빈칸 : 앞부분에서는 '철학과 언어학의 차이'를 제시하고 있고, 뒤에는 언어학의 특징이 구체적으로 서술되어 있다. 그 뒤에는 분석철학에 대한 설명이 따르고 있으므로 빈칸에는 언어학에 대한 일반적인 개념 정의가 서술되어야 한다. 따라서 ㉡이 적절하다.
- 세 번째 빈칸 : 앞부분에서 '철학의 기능은 한 언어가 가진 개념을 해명하고 이해'하는 것이라고 설명하고 있다. 따라서 '철학은 개념의 분석에 지나지 않는다.'라는 ㉢이 적절하다.

03 자료 이해

정답 ②

㉢ 2019년 성장률이 가장 높은 지역은 경기지역으로, 이때의 성장률은 11%이다.

㉣ 2021년 성장률은 인천지역이 7.4%로 가장 높지만, 인천지역과 경기지역의 전년 대비 총생산 증가량을 비교해 보면 인천지역은 47,780−43,311=4,469십억 원, 경기지역은 193,658−180,852=12,806십억 원으로 경기지역이 더 많다.

04 자료 해석

정답 ①

각 자동차의 경비를 구하면 다음과 같다.

- A자동차
  - (연료비)=150,000÷12×1,400=1,750만 원
  - (경비)=1,750만+2,000만=3,750만 원
- B자동차
  - (연료비)=150,000÷8×900=1,687.5만 원
  - (경비)=1,687.5만+2,200만=3,887.5만 원

• C자동차
  – (연료비)=150,000÷15×1,150=1,150만 원
  – (경비)=1,150만+2,700만=3,850만 원
• D자동차
  – (연료비)=150,000÷20×1,150=862.5만 원
  – (경비)=862.5만+3,300만=4,162.5만 원
• E자동차
  – (연료비)=150,000÷15×1,400=1,400만 원
  – (경비)=1,400만+2,600만=4,000만 원

따라서 경비가 가장 적게 드는 것은 A자동차이다.

05 규칙 적용

정답 ②

오답분석

① 숫자 0을 다른 숫자와 연속해서 나열했고(세 번째 조건 위반), 알파벳 대문자를 다른 알파벳 대문자와 연속해서 나열했다(네 번째 조건 위반).
③ 특수기호를 첫 번째로 사용했다(다섯 번째 조건 위반).
④ 알파벳 대문자를 사용하지 않았다(두 번째 조건 위반).
⑤ 알파벳 소문자를 사용하지 않았고(두 번째 조건 위반), 알파벳 대문자를 연속해서 나열했다(네 번째 조건 위반).

PART 3

06 품목 확정

정답 ①

과목별 의무 교육이수 시간은 다음과 같다.

구분	글로벌 경영	해외사무영어	국제회계
의무 교육 시간	$\frac{15점}{1점/h}$=15시간	$\frac{60점}{1점/h}$=60시간	$\frac{20점}{2점/h}$=10시간

이제까지 B과장이 이수한 시간을 계산해 보면, 글로벌 경영과 국제회계의 초과 이수 시간은 2+14=16시간이며, 해외사무영어의 부족한 시간은 10시간이다. 초과 이수 시간을 점수로 환산하여 부족한 해외사무영어 점수 10점에 16×0.2=3.2점을 제외하면 6.8점이 부족하다. 따라서 미달인 과목은 해외사무영어이며, 부족한 점수는 6.8점임을 알 수 있다.

07 비용 계산

정답 ②

기존의 운행횟수는 12회이므로 1일 운송되는 화물량은 12×1,000=12,000상자이다. 이때, 적재효율을 높여 기존 1,000상자에서 1,200상자로 늘어나면 운행횟수를 10회(=12,000÷1,200)로 줄일 수 있고, 기존 방법과 새로운 방법의 월 수송비를 계산하면 다음과 같다.

(월 수송비)=(1회당 수송비)×(차량 1대당 1일 운행횟수)×(차량 운행대수)×(월 운행일 수)

• 기존 월 수송비 : 100,000×3×4×20=24,000,000원
• 신규 월 수송비 : 100,000×10×20=20,000,000원

따라서 월 수송비 절감액은 4,000,000원(=24,000,000−20,000,000)이다.

08 엑셀 함수

정답 ③

VLOOKUP 함수는 「=VLOOKUP(첫 번째 열에서 찾으려는 값,찾을 값과 결과로 추출할 값들이 포함된 데이터 범위,값이 입력된 열의 열 번호,일치 기준)」으로 구성된다. 찾으려는 값은 [B2]가 되어야 하며, 추출할 값들이 포함된 데이터 범위는 [E2:F8]이고, 자동 채우기 핸들을 이용하여 사원들의 교육점수를 구해야 하므로 '[$E$2:$F$8]'과 같이 절대참조가 되어야 한다. 그리고 값이 입력된 열의 열 번호는 [E2:F8] 범위에서 2번째 열이 값이 입력된 열이므로 '2'가 되어야 하며, 정확히 일치해야 하는 값을 찾아야 하므로 FALSE 또는 '0'이 들어가야 한다. 따라서 (A) 셀에 입력할 수식은 ③이다.

09 엑셀 함수 정답 ②

MOD 함수를 통해 「=MOD(숫자,2)=1」이면 홀수이고, 「=MOD(숫자,2)=0」이면 짝수인 것과 같이 홀수와 짝수를 구분할 수 있다. 또한 ROW 함수는 현재 위치한 '행'의 번호를, COLUMN 함수는 현재 위치한 '열'의 번호를 출력한다. 따라서 대화상자에 입력할 수식은 ②이다.

10 기술 적용 정답 ③

아이를 혼자 두지 않고, 항상 벨트를 채워야 한다는 것은 유아용 식탁 의자의 장소 선정 시 고려해야 할 사항보다 사용 시 주의해야 할 사항으로 적절하다.

11 기술 적용 정답 ④

연마 세제나 용제는 유아용 식탁 의자를 손상시킬 수 있으므로 사용하지 않는다.

12 산업 재해 정답 ②

A씨가 공황장애를 진단받은 원인은 엘리베이터의 고장(시설물 결함)으로 인한 것이므로, 이는 산업재해 중 기술적 원인으로 볼 수 있다.

오답분석

① 교육적 원인 : 해당 산업재해가 안전 지식이나 경험, 작업방법 등에 대해 충분히 교육이 이루어져지지 않아 발생한 것이어야 한다.
③ 작업 관리상 원인 : 해당 산업재해가 안전 관리 조직의 결함 또는 안전 수칙이나 작업 준비의 불충분 및 인원 배치가 부적당한 이유로 인해 발생한 것이어야 한다.
④ 불안전한 행동 : 재해당사자가 위험 장소에 접근했거나, 안전장치 기능을 제거했거나, 보호 장비를 미착용 또는 잘못된 착용을 하는 등의 행위를 함으로써 산업재해가 발생한 것이어야 한다.
⑤ 불안전한 상태 : 시설물이 구조적으로 불안정하거나 충분한 안전장치를 갖추지 못하는 등의 이유로 인해 산업재해가 발생한 것이어야 한다.

13 기술 이해 정답 ②

제시문은 기술혁신의 예측 어려움, 즉 불확실성에 대해 설명하고 있으므로 ②가 가장 적절하다.

오답분석

① 기술개발로부터 이로 인한 기술혁신의 가시적인 성과가 나타나기까지는 비교적 장시간이 필요하다.
③ 인간의 지식과 경험은 빠른 속도로 축적되고 학습되는 데 반해 기술개발에 참가한 엔지니어의 지식은 문서화되기 어렵기 때문에 다른 사람들에게 쉽게 전파될 수 없고, 해당 엔지니어들이 그 기업을 떠나는 경우 기술과 지식의 손실이 크게 발생하여 기술개발을 지속할 수 없는 경우가 종종 발생한다. 이는 기술혁신의 지식 집약적 활동이라는 특성 때문이다.
④ 기술혁신은 기업의 기존 조직 운영 절차나 제품구성, 생산방식, 나아가 조직의 권력구조 자체에도 새로운 변화를 야기함으로써 조직의 이해관계자 간의 갈등을 유발하는데, 이는 기술혁신으로 인해 조직 내에서도 이익을 보는 집단과 손해를 보는 집단이 생기기 때문이다.
⑤ 기술혁신은 연구개발 부서 단독으로 수행될 수 없다. 예를 들어 새로운 제품에 관한 아이디어는 마케팅 부서를 통해 고객으로부터 수집되었을 것이며, 원재료나 설비는 구매 부서를 통해 얻어졌을 것이기 때문이다. 이처럼 기술혁신은 부서 간의 상호의존성을 갖고 있다.

14 경영 전략

정답 ①

스톡옵션제도에 대한 설명으로, 자본참가 유형에 해당된다.

오답분석

② 스캔론플랜에 대한 설명으로, 성과참가 유형에 해당된다.
③ 럭커플랜에 대한 설명으로, 성과참가 유형에 해당된다.
④ 노사협의제도에 대한 설명으로, 의사결정참가 유형에 해당된다.
⑤ 노사공동결정제도에 대한 설명으로, 의사결정참가 유형에 해당된다.

15 조직 구조

정답 ①

사내 봉사 동아리이기 때문에 공식이 아닌 비공식조직에 해당한다. 비공식조직의 특징에는 인간관계에 따라 형성된 자발적인 조직, 내면적·비가시적, 비제도적, 감정적, 사적 목적 추구, 부분적 질서를 위한 활동 등이 있다.

16 국제 동향

정답 ④

국제동향을 파악하기 위해서는 국제적인 법규나 규정을 숙지해야 한다. 우리나라에서는 합법적인 행동이 다른 나라에서는 불법적일 수 있기 때문에 국제적인 업무를 수행하기 전에 반드시 숙지하여 피해를 방지해야 한다. 국내의 법률, 법규 등을 공부하는 것은 국제동향을 파악하는 행동으로 적절하지 않다.

17 리더십

정답 ③

'썩은 사과의 법칙'에 따르면 먼저 A사원에게 문제 상황과 기대하는 바를 분명히 전한 뒤 스스로 변화할 기회를 주어야 한다.

18 리더십

정답 ④

스스로 하는 일이 없고, 제 몫의 업무를 제대로 수행하지 못하는 A사원은 수동형에 가깝다고 볼 수 있다.

멤버십의 유형

구분	자아상	동료 및 리더의 시각	조직에 대한 자신의 느낌
소외형	• 자립적인 사람 • 일부러 반대 의견 제시 • 조직의 양심	• 냉소적 • 부정적 • 고집이 셈	• 자신을 인정해주지 않음 • 적절한 보상이 없음 • 불공정하고 문제가 있음
순응형	• 기쁜 마음으로 과업 수행 • 팀플레이를 함 • 리더나 조직을 믿고 헌신함	• 아이디어 없음 • 인기 없는 일은 하지 않음 • 조직을 위해서 자신과 가족의 요구를 양보함	• 기존 질서를 따르는 것이 중요 • 리더의 의견을 거스르는 것은 어려운 일임 • 획일적인 태도 및 행동에 익숙함
실무형	• 조직의 운영방침에 민감 • 사건을 균형 잡힌 시각으로 봄 • 규정과 규칙에 따라 행동함	• 개인의 이익을 극대화하기 위한 흥정에 능함 • 적당한 열의와 평범한 수완으로 업무 수행	• 규정준수 강조 • 명령과 계획의 빈번한 변경 • 리더와 부하 간 비인간적 풍토
수동형	• 판단과 사고를 리더에게 의존 • 지시가 있어야 행동	• 지시를 받지 않고 스스로 하는 일이 없음 • 제 몫을 하지 못함 • 업무 수행에는 감독이 필요	• 조직이 자신의 아이디어를 원치 않음 • 노력과 공헌을 해도 아무 소용이 없음 • 리더는 항상 자기 마음대로 함
주도형	• 우리가 추구하는 유형, 모범형 • 독립적·혁신적 사고 • 적극적 참여와 실천		

19 고객 서비스

정답 ⑤

추후 고객에게 연락하여 고객이 약속 날짜 전에 옷을 받았는지 확인을 해야 하며, 확인 후 배송 착오에 대해 다시 사과를 해야 한다.

오답분석

① "화내시는 점 충분히 이해합니다."라고 답변하며 공감 표시를 하였다.
② 배송 착오에 대해 "정말 죄송합니다."와 같이 사과 표시를 하였다.
③ "최대한 빠른 시일 내로 교환해드릴 수 있도록 최선을 다하겠습니다."라고 말하며 해결 약속을 하였다.
④ 구매 내역과 재고 확인을 통해 정보를 파악하였다.

20 경력 관리

정답 ③

자신이 그동안 성취한 것을 재평가하는 것은 경력 중기 단계에서 볼 수 있다. 경력 초기 단계에서는 직무와 조직의 규칙과 규범에 대해서 배우게 된다. 그리고 자신이 맡은 업무의 내용을 파악하고, 새로 들어간 조직의 규칙이나 규범, 분위기 등을 알고 적응해 나가는 것이 중요한 단계이다.

21 자기 관리

정답 ⑤

A사원이 자기개발을 하지 못하는 이유는 자기실현에 대한 욕구보다 인간의 기본적인 생리적 욕구를 더 우선적으로 여기기 때문이다.

22 윤리

정답 ②

오답분석

① 관련 없는 팀원들 앞에서 좋지 않은 이야기를 할 필요는 없다.
③ 당사자인 B사원과 이야기해 사실관계를 파악하는 것이 우선이다.
④ B사원에 대해 좋지 않은 이야기를 퍼트리는 것은 적절하지 않다.
⑤ 자신의 아이디어를 폐기하는 소심한 행동은 하지 않는 게 좋다.

23 근면

정답 ④

오답분석

㉠·㉢ 외부로부터 강요당한 근면에 해당한다.

24 윤리

정답 ⑤

전화를 할 때 상대방에게 자신이 누구인지를 먼저 밝혀야 한다.

25 문서 내용 이해

정답 ③

계약면적은 공급면적과 기타공용면적을 더한 것이고, 공급면적은 전용면적과 주거공용면적을 더한 것이다. 따라서 계약면적은 전용면적, 주거공용면적, 기타공용면적을 더한 것이다.

오답분석

① 발코니 면적은 서비스면적에 포함되며, 서비스면적은 전용면적과 공용면적에서 제외된다.
② 관리사무소 면적은 공용면적 중에서도 기타공용면적에 포함된다. 공급면적은 전용면적과 주거공용면적을 더한 것이므로 관리사무소 면적은 공급면적에 포함되지 않는다.
④ 공용계단과 공용복도의 면적은 주거공용면적에 포함되므로 공급면적에 포함된다.
⑤ 현관문 안쪽의 전용 생활공간인 거실과 주방의 면적은 전용면적에 포함된다.

26 어휘

정답 ②

제시문과 ②의 '나누다'는 '즐거움이나 고통, 고생 따위를 함께하다.'의 의미이다.

오답분석

① 몫을 분배하다.
③ 여러 가지가 섞인 것을 구분하여 분류한다.
④ 같은 핏줄을 타고나다.
⑤ 말이나 이야기, 인사 따위를 주고받다.

27 자료 계산

정답 ①

800g 소포의 개수를 x개, 2.4kg 소포의 개수를 y개라고 하면
$800x+2{,}400y\le 16{,}000$
$\rightarrow x+3y\le 20$ … ㉠
B회사는 동일지역, C회사는 타지역이므로
$4{,}000x+6{,}000y=60{,}000$
$\rightarrow 2x+3y=30$
$\rightarrow 3y=30-2x$ … ㉡
㉡을 ㉠에 대입하면
$x+30-2x\le 20$
$\rightarrow x\ge 10$ … ㉢
따라서 ㉡, ㉢을 동시에 만족하는 x, y값은 $x=12$, $y=2$이다.

28 응용 수리

정답 ②

처음 사우회에 참석한 사람의 수를 x명이라 하자.

i) $8x<17\times 10 \rightarrow x<\frac{170}{8}=21.25$

ii) $9x>17\times 10 \rightarrow x>\frac{170}{9}\fallingdotseq 18.9$

iii) $8(x+9)\le 10\times(17+6) \rightarrow x\le \frac{230}{8}-9=19.75$

세 식을 모두 만족해야 하므로 처음 참석자 수는 19명이다.

29 자료 이해

정답 ②

가. 현재 성장을 유지할 경우의 건수당 도입량은 $48\div 4.7\fallingdotseq 10.2$MW이고, 도입을 촉진할 경우의 건수당 도입량은 $49\div 4.2\fallingdotseq 11.67$MW이므로 도입을 촉진했을 때 건수당 도입량이 더 크다.

다. 도입을 촉진할 경우의 전체 신축주택 도입량 중 10kW 이상이 차지하는 비중은 $\frac{49}{1{,}281+49}\times 100\fallingdotseq 3.68\%$이고, 유지할 경우의 전체 신축주택 도입량 중 10kW 이상이 차지하는 비중은 $\frac{48}{1{,}057+48}\times 100\fallingdotseq 4.34\%$이다. 따라서 $4.34-3.68=0.66\%$p 하락하였다.

오답분석

나. 2020년 10kW 미만 기존주택의 건수당 도입량은 $454\div 94.1\fallingdotseq 4.82$MW이고, 10kW 이상은 $245\div 23.3\fallingdotseq 10.52$MW이므로 10kWh 이상의 사용량이 더 많다.

라. $\frac{165-145.4}{145.4}\times 100\fallingdotseq 13.48\%$이므로 15%를 넘지 않는다.

30 SWOT 분석

정답 ①

WT전략은 외부 환경의 위협 요인을 회피하고 약점을 보완하는 전략을 적용해야 한다. ①은 강점인 'S'를 강화하는 방법에 대해 이야기하고 있다.

오답분석

② WT전략은 외부 환경의 위협 요인을 회피하고 약점을 보완하는 전략이므로 옳다.
③ WO전략은 외부의 기회를 사용해 약점을 보완하는 전략이므로 옳다.
④ SO전략은 기회를 활용하면서 강점을 더욱 강화시키는 전략이므로 옳다.
⑤ ST전략은 외부 환경의 위협을 회피하며 강점을 적극 활용하는 전략이므로 옳다.

31 명제 추론

정답 ⑤

주어진 조건을 표로 정리하면 다음과 같다.

구분	A	B	C	D	E	F
아침	된장찌개	된장찌개	된장찌개	김치찌개	김치찌개	김치찌개
점심	김치찌개	김치찌개	된장찌개	된장찌개	된장찌개	김치찌개
저녁	김치찌개	김치찌개	김치찌개	된장찌개	된장찌개	된장찌개

따라서 김치찌개는 총 9그릇이 필요하다.

32 인원 선발

정답 ③

주어진 조건에 의하면 C참가자는 재료손질 역할을 원하지 않고, A참가자는 세팅 및 정리 역할을 원하고, D참가자 역시 재료손질 역할을 원하지 않는다. A참가자가 세팅 및 정리 역할을 하면 A참가자가 받을 수 있는 가장 높은 점수는 90+9=99점이고, C·D참가자는 요리보조, 요리 두 역할을 나눠하면 된다. 마지막으로 B참가자는 어떤 역할이든지 자신 있으므로 재료손질을 담당하면 된다. C·D참가자가 요리보조와 요리 역할을 나눠가질 때, D참가자는 기존 점수가 97점이므로, 요리를 선택할 경우 97+7=104점이 되어 100점이 넘어가므로 요리 역할을 선택할 수 없다. 따라서 A참가자는 세팅 및 정리, B참가자는 재료손질, C참가자는 요리, D참가자는 요리보조 역할을 담당하면 모든 참가자들의 의견을 수렴하면서 지원자 모두 최종점수가 100점을 넘지 않는다.

33 정보 이해

정답 ④

프린터는 한 대의 PC에 여러 대의 프린터를 로컬로 설치할 수 있다. 여러 대의 프린터를 설치하더라도 소프트웨어가 올바르게 설치되어 있다면, 프린터 간 충돌이나 오작동이 발생하지는 않는다.

34 프로그램 언어(코딩)

정답 ③

서식지정자 lf는 double형 실수형 값을 표시할 때 쓰이며, %.2lf의 .2는 소수점 2자리까지 표시한다는 의미이다. 따라서 해당 프로그램의 실행 결과는 11.30이다.

35 자기 관리

정답 ④

거절의 의사결정에는 이 일을 거절함으로써 발생할 문제들과 자신이 거절하지 못해서 그 일을 수락했을 때의 기회비용을 따져보고, 거절하기로 결정하였다면 이를 추진할 수 있는 의지가 필요하다. 거절을 할 때에는 문제의 본질을 파악하고, 분명한 이유를 만들어야 한다. 또한, 거절의 의사결정은 빠를수록 좋고, 거절 시 대안을 제시하는 것도 좋은 방법이다.

36 자기 관리

정답 ②

㉠의 A사원과 ㉣의 D사원은 직무 환경에 새로운 기술이나 기계 등이 도입되는 등의 변화를 겪고 있다. 이처럼 변화하는 환경에 적응하기 위해서는 지속적인 자기개발이 필요하다.

오답분석

㉡ 자신이 달성하고자 하는 목표를 성취하기 위하여 자기개발을 해야 한다.
㉢ 자신감을 얻게 되고 삶의 질이 향상되어 보다 보람된 삶을 살기 위하여 자기개발을 해야 한다.

37 문단 나열

정답 ④

제시문은 '무지에 대한 지'를 설명하면서 과거와 현재의 사례를 통해 이에 대한 중요성을 주장하고 있다. 제시된 첫 문단은 대부분의 사람들이 자신의 무지에 대해 무관심하다는 상황에 대한 언급이므로, 다음으로는 역접 기능의 접속어 '그러나'로 시작하는 문단이 오는 것이 적절하다. 따라서 (라) 무지의 영역에 대한 지식 확장이 필요한 경우 → (가) 무지에 대한 지의 중요성과 이와 관련된 성인들의 주장 → (다) 무지에 대한 지를 배제하는 방향으로 흘러간 경우의 예시 → (마) 현대 사회에서 나타나는 무지에 대한 지가 배제되는 경우 → (나) 무지에 대한 지의 중요성의 순서대로 나열해야 한다.

38 문서 수정

정답 ⑤

㉤의 앞뒤 문장은 생활 속에서 초미세먼지에 적절히 대응하기 위한 방안을 나열하고 있으므로 ㉤에는 문장을 병렬적으로 연결할 때 사용하는 접속어인 '그리고'가 들어가는 것이 적절하다.

39 응용 수리

정답 ①

A쇼핑몰은 정시에 도착하고, 동시에 B쇼핑몰은 늦게 도착해야 하므로 두 확률의 곱을 구해야 한다.

따라서 구하고자 하는 확률은 $\frac{1}{3}\times\frac{1}{2}=\frac{1}{6}$이다.

40 수열 규칙

정답 ②

$+2.7$, $\div 2$가 반복되는 수열이다.

따라서 ( )$=10.2\div 2=5.1$이다.

41 규칙 적용

정답 ①

의류 종류 코드에서 'OP(원피스)'를 'OT(티셔츠)'로 수정해야 하므로 ①의 생산 코드를 'OTGR－230124－475ccc'로 수정해야 한다.

오답분석

㉠ 스커트는 'OH', 붉은색은 'RD', 제조일은 '22120', 창원은 '753', 수량은 'aaa'이므로 ③의 생산 코드는 'OHRD－221204－753aaa'로 옳다.
㉢ 원피스는 'OP', 푸른색은 'BL', 제조일은 '220705', 창원은 '753', 수량은 'aba'이므로 ⑤의 생산 코드는 'OPBL－220705－753aba'로 옳다.
㉣ 납품일(2023년 7월 23일) 전날에 생산했으므로 생산날짜는 2023년 7월 22일이다. 따라서 ②의 생산 코드는 'OJWH－230722－935baa'로 옳다.
㉤ 티셔츠의 생산 코드는 ④와 같이 'OTYL－230430－869aab'로 옳으며, 스커트의 생산 코드는 'OHYL－230430－869aab'이다.

42 자료 해석

정답 ④

우선 민원이 접수되면 제7조 제2항에 따라 주어진 처리기간은 24시간이다. 그 기간 내에 처리하기 곤란할 경우에는 제8조 제1항에 의해 민원인에게 중간 답변을 한 후 48시간으로 연장할 수 있다. 또한 제8조 제2항에 따라 연장한 기간 내에서도 처리하기 어려운 사항일 경우 1회에 한하여 본사 총괄부서장의 승인에 따라 48시간을 추가 연장할 수 있다. 따라서 해당 민원은 늦어도 48+48=96시간=4일 이내에 처리하여야 한다. 그러므로 9월 18일에 접수된 민원은 늦어도 9월 22일까지는 처리가 완료되어야 한다.

43 인원 선발

정답 ④

지원계획의 첫 번째 조건을 보면 지원금을 받는 모임의 구성원은 6명 이상 9명 미만이므로 A모임과 E모임은 제외한다.
나머지 B, C, D모임의 총지원금을 구하면 다음과 같다.

- B모임 : 1,500천+(100천×6)=2,100천 원
- C모임 : 1.3×[1,500천+(120천×8)]=3,198천 원
- D모임 : 2,000천+(100천×7)=2,700천 원

따라서 D모임이 두 번째로 많은 지원금을 받는다.

44 비용 계산

정답 ①

최단시간으로 가는 방법은 택시만 이용하는 방법이고, 최소비용으로 가는 방법은 버스만 이용하는 방법이다.

- 최단시간으로 가는 방법의 비용 : 2,000(∵ 기본요금)+100×4(∵ 추가요금)=2,400원
- 최소비용으로 가는 방법의 비용 : 500원

∴ (최단시간으로 가는 방법의 비용)−(최소비용으로 가는 방법의 비용)=2,400−500=1,900원

45 시간 계획

정답 ③

대중교통 이용 방법이 정해져 있을 경우, 비용을 최소화하기 위해서는 회의장에서의 대기시간을 최소화하는 동시에 지각하지 않아야 한다. 거래처에서 회의장까지 2분이 소요되므로 정민이는 오후 1시 58분에 거래처에 도착해야 한다. A회사에서 B지점까지는 버스를, B지점에서 거래처까지는 택시를 타고 이동한다고 하였으므로 환승시간을 포함하여 걸리는 시간은 3×2(∵ 버스 소요시간)+2(∵ 환승 소요시간)+1×3(∵택시 소요시간)=11분이다. 따라서 오후 1시 58분−11분=오후 1시 47분에 출발해야 한다.

46 엑셀 함수

정답 ②

RANK 함수는 범위에서 특정 데이터의 순위를 구할 때 사용하는 함수이다. RANK 함수의 형식은 「=RANK(인수, 범위, 논리값)」인데, 논리값의 경우 0이면 내림차순, 1이면 오름차순으로 나타나게 된다. 발전량이 가장 높은 곳부터 순위를 매기려면 내림차순으로 나타내야 하므로 (B) 셀에 입력해야 할 함수는 「=RANK(F5, $F$5:$F$12, 0」이다.

47 정보 이해

정답 ①

현재 창 닫기 : 〈Ctrl〉+〈W〉

48 기술 적용

정답 ③

전자레인지를 사용하면서 불꽃이 튀는 경우와 조리 상태에 만족하지 않을 때 확인해야 할 사항에 사무실, 전자레인지의 전압을 확인해야 한다는 내용은 명시되어 있지 않다.

49 기술 시스템

정답 ②

제시문은 기술의 S곡선에 대한 설명이다. 기술이 등장하고 처음에는 완만히 향상되다가 일정 수준이 되면 급격히 향상되고, 한계가 오면서 다시 완만해지다가 이후 다시 발전할 수 없는 상태가 되는 모양이 S모양과 닮았다하여 붙여진 이름이다.

오답분석

① 바그너 법칙 : 경제가 성장할수록 국민총생산(GNP)에서 공공지출의 비중이 높아진다는 법칙이다.
③ 빅3 법칙 : 분야별 빅3 기업들이 시장의 70 ~ 90%를 장악한다는 경험 법칙이다.
④ 생산비의 법칙 : 완전경쟁에서 가격 · 한계비용 · 평균비용이 일치함으로써 균형상태에 도달한다는 법칙이다.
⑤ 기술경영 : 과학 기술과 경영 원리를 결합하여 실무 능력을 갖춘 전문 인력을 양성하는 프로그램이다.

50 업무 종류

정답 ④

업무용 명함은 악수를 한 이후 교환하며, 아랫사람이나 손님이 먼저 꺼내 오른손으로 상대방에게 주고, 받는 사람은 두 손으로 받는 것이 예의이다.

오답분석

㉠ 악수는 오른손으로 한다.
㉡ 우리나라에서는 악수할 때 가볍게 절을 한다.
㉢ 업무용 명함은 손님이 먼저 꺼낸다.
㉤ 명함은 한 번 보고 난 후 탁자 위에 보이게 놓거나 명함지갑에 넣는다.

51 경영 전략

정답 ③

경영전략 추진과정

- 전략목표 설정 : 비전 설정, 미션 설정
- 환경 분석 : 내부 환경 분석, 외부 환경 분석
- 경영전략 도출 : 조직전략, 사업전략 등
- 경영전략 실행 : 경영목적 달성
- 평가 및 피드백 : 경영전략 결과, 전략목표 및 경영전략 재조정

52 업무 종류

정답 ④

시스템 오류 확인 및 시스템 개선 업무는 고객지원팀이 아닌 시스템개발팀이 담당하는 업무이다.

53 협상 전략

정답 ①

1. 협상 시작 : 소손녕과 서희는 기싸움 등을 하면서 협상의지를 서로 확인하였고, 협상을 시작하였다.
2. 상호 이해 : 갈등문제의 진행상황과 현재의 상황을 점검하는 단계로, 정벌의 명분을 위해 소손녕은 고려가 신라 후예임을 서희는 고구려의 후예임을 말하였다.
3. 실질 이해 : 겉으로 주장하는 것과 실제로 원하는 것을 구분하여 실제로 원하는 것을 찾아내는 단계로, 소손녕한테서 거란이 송과 전쟁을 위해 후방을 안전하게 하려는 것이 원하는 것임을 알았다.
4. 해결 대안 : 최선의 대안에 대해서 합의하고 선택하는 단계로, 서희는 상호 간에 국교를 하려면 영토를 요구하였다.
5. 합의 : 합의문을 작성하는 단계로, 두 나라는 화의 요청 및 철군, 고려의 영토 개척 동의로써 합의하였다.

54 협상 전략

정답 ④

서희는 직접적으로 상대방의 요구를 거부하지 않았다. 원인과 이유를 말하고 우회하면서 그 요구를 받아들이기 위한 대안을 제시하였다.

55 팀워크

정답 ④

효과적인 팀의 구성원들은 서로 직접적이고 솔직하게 대화한다. 이를 통해 팀원들은 상대방으로부터 조언을 구하고, 상대방의 말을 충분히 고려하며, 아이디어를 적극적으로 활용하게 된다.

오답분석

① 팀워크는 개인주의가 아닌 공동의 목적을 달성하기 위해 상호 관계성을 가지고 서로 협력하는 것이다.
② 어떤 팀에서든 의견의 불일치는 발생하며, 효과적인 팀워크는 이러한 갈등을 개방적으로 다루어 해결한다.
③ 팀워크에서는 강한 자신감을 통해 팀원들 간의 사기를 높일 필요가 있다.
⑤ 효과적인 팀은 절차, 방침 등을 명확하게 규정한 잘 짜여진 조직에서 시작된다. 따라서 팀워크를 위해서는 조직에 대한 이해가 무엇보다 필요하다.

56 경력 관리

정답 ④

A씨는 주중에는 회사에서 패션디자이너로 일을 하고, 퇴근 후와 주말시간에는 유튜버로 활동하는 투잡을 가진 사람이다. 최근 사회 환경의 변화에 따라 투잡을 희망하거나 가지고 있는 사람이 꾸준히 증가하고 있다.

오답분석

① 청년실업은 외환위기 이후 우리나라 노동시장에서 부각된 문제로, 경기 침체 시 대부분의 기업들은 우선적으로 신규채용을 억제하기 때문에 청년 노동시장은 경기변동에 매우 민감한 특징이 있다.
② 전 세계적으로 창업이 증가하는 추세로, 최근에는 인터넷의 확산으로 공간이나 시간의 제약 없이 손쉽게 창업을 하고 있으며, 여성들의 창업도 증가하고 있다.
③ 지식과 정보의 폭발적인 증가로 새로운 기술개발에 따라 직업에서 요구되는 능력도 변화하고 있으며, 지속적인 능력개발이 필요한 시대가 되었다.
⑤ 우리나라의 경우 경쟁력 있는 복리후생 제도와 일과 삶의 균형에 대한 관심이 증가하고 있다.

57 경력 관리

정답 ⑤

지속적인 경기불황에 따라 2개 혹은 그 이상의 직업을 가지는 사람이 늘고 있다. 특히 주 5일제와 주 52시간 근무제가 시행되면서 이러한 투잡은 더욱 확대되고 있으며, 경제적 이유, 자아실현, 실직 대비 등의 이유로 투잡을 원하는 사람들이 늘어가고 있다. 또한 취업 이후에도 지속적인 경력 개발의 중요성이 점점 커지고 있으며, 환경의 변화가 잦고, 평생직장이라는 개념이 약해지면서 취업 이후에도 자신의 직업을 유지하기 위해 노력하는 것이 좋다.

58 윤리

정답 ①

오답분석

복장이나 승강기, 이메일, 인사에 대한 내용은 나오지 않았다.

59 근면

정답 ③

직장에서는 업무시간을 지키는 것이 중요하다.

60 책임 의식

정답 ④

직업생활에서의 목표를 단지 높은 지위에 올라가는 것이라고 생각하는 것은 잘못된 직업관으로, 입사 동기들보다 빠른 승진을 목표로 삼은 D는 잘못된 직업관을 가지고 있다.

바람직한 직업관

- 소명 의식과 천직 의식을 가져야 한다.
- 봉사 정신과 협동 정신이 있어야 한다.
- 책임 의식과 전문 의식이 있어야 한다.
- 공평무사한 자세가 필요하다.

우리 인생의 가장 큰 영광은
절대 넘어지지 않는 데 있는 것이 아니라
넘어질 때마다 일어서는 데 있다.

- 넬슨 만델라 -

시설공단 / 도시공사 / 개발공사 통합편 답안카드

성 명

지원 분야

문제지 형별기재란	
( )형	Ⓐ Ⓑ

수 험 번 호						
⓪	⓪	⓪	⓪	⓪	⓪	⓪
①	①	①	①	①	①	①
②	②	②	②	②	②	②
③	③	③	③	③	③	③
④	④	④	④	④	④	④
⑤	⑤	⑤	⑤	⑤	⑤	⑤
⑥	⑥	⑥	⑥	⑥	⑥	⑥
⑦	⑦	⑦	⑦	⑦	⑦	⑦
⑧	⑧	⑧	⑧	⑧	⑧	⑧
⑨	⑨	⑨	⑨	⑨	⑨	⑨

감독위원 확인
㊞ 인

1	①	②	③	④	⑤	21	①	②	③	④	⑤	41	①	②	③	④	⑤
2	①	②	③	④	⑤	22	①	②	③	④	⑤	42	①	②	③	④	⑤
3	①	②	③	④	⑤	23	①	②	③	④	⑤	43	①	②	③	④	⑤
4	①	②	③	④	⑤	24	①	②	③	④	⑤	44	①	②	③	④	⑤
5	①	②	③	④	⑤	25	①	②	③	④	⑤	45	①	②	③	④	⑤
6	①	②	③	④	⑤	26	①	②	③	④	⑤	46	①	②	③	④	⑤
7	①	②	③	④	⑤	27	①	②	③	④	⑤	47	①	②	③	④	⑤
8	①	②	③	④	⑤	28	①	②	③	④	⑤	48	①	②	③	④	⑤
9	①	②	③	④	⑤	29	①	②	③	④	⑤	49	①	②	③	④	⑤
10	①	②	③	④	⑤	30	①	②	③	④	⑤	50	①	②	③	④	⑤
11	①	②	③	④	⑤	31	①	②	③	④	⑤	51	①	②	③	④	⑤
12	①	②	③	④	⑤	32	①	②	③	④	⑤	52	①	②	③	④	⑤
13	①	②	③	④	⑤	33	①	②	③	④	⑤	53	①	②	③	④	⑤
14	①	②	③	④	⑤	34	①	②	③	④	⑤	54	①	②	③	④	⑤
15	①	②	③	④	⑤	35	①	②	③	④	⑤	55	①	②	③	④	⑤
16	①	②	③	④	⑤	36	①	②	③	④	⑤	56	①	②	③	④	⑤
17	①	②	③	④	⑤	37	①	②	③	④	⑤	57	①	②	③	④	⑤
18	①	②	③	④	⑤	38	①	②	③	④	⑤	58	①	②	③	④	⑤
19	①	②	③	④	⑤	39	①	②	③	④	⑤	59	①	②	③	④	⑤
20	①	②	③	④	⑤	40	①	②	③	④	⑤	60	①	②	③	④	⑤

※ 본 답안지는 마킹연습용 모의 답안지입니다.

〈절취선〉

시설공단 / 도시공사 / 개발공사 통합편 답안카드

성 명

지원 분야

문제지 형별기재란	
(　　)형	Ⓐ Ⓑ

수 험 번 호						
⓪	⓪	⓪	⓪	⓪	⓪	⓪
①	①	①	①	①	①	①
②	②	②	②	②	②	②
③	③	③	③	③	③	③
④	④	④	④	④	④	④
⑤	⑤	⑤	⑤	⑤	⑤	⑤
⑥	⑥	⑥	⑥	⑥	⑥	⑥
⑦	⑦	⑦	⑦	⑦	⑦	⑦
⑧	⑧	⑧	⑧	⑧	⑧	⑧
⑨	⑨	⑨	⑨	⑨	⑨	⑨

감독위원 확인
인

1	① ② ③ ④ ⑤	21	① ② ③ ④ ⑤	41	① ② ③ ④ ⑤
2	① ② ③ ④ ⑤	22	① ② ③ ④ ⑤	42	① ② ③ ④ ⑤
3	① ② ③ ④ ⑤	23	① ② ③ ④ ⑤	43	① ② ③ ④ ⑤
4	① ② ③ ④ ⑤	24	① ② ③ ④ ⑤	44	① ② ③ ④ ⑤
5	① ② ③ ④ ⑤	25	① ② ③ ④ ⑤	45	① ② ③ ④ ⑤
6	① ② ③ ④ ⑤	26	① ② ③ ④ ⑤	46	① ② ③ ④ ⑤
7	① ② ③ ④ ⑤	27	① ② ③ ④ ⑤	47	① ② ③ ④ ⑤
8	① ② ③ ④ ⑤	28	① ② ③ ④ ⑤	48	① ② ③ ④ ⑤
9	① ② ③ ④ ⑤	29	① ② ③ ④ ⑤	49	① ② ③ ④ ⑤
10	① ② ③ ④ ⑤	30	① ② ③ ④ ⑤	50	① ② ③ ④ ⑤
11	① ② ③ ④ ⑤	31	① ② ③ ④ ⑤	51	① ② ③ ④ ⑤
12	① ② ③ ④ ⑤	32	① ② ③ ④ ⑤	52	① ② ③ ④ ⑤
13	① ② ③ ④ ⑤	33	① ② ③ ④ ⑤	53	① ② ③ ④ ⑤
14	① ② ③ ④ ⑤	34	① ② ③ ④ ⑤	54	① ② ③ ④ ⑤
15	① ② ③ ④ ⑤	35	① ② ③ ④ ⑤	55	① ② ③ ④ ⑤
16	① ② ③ ④ ⑤	36	① ② ③ ④ ⑤	56	① ② ③ ④ ⑤
17	① ② ③ ④ ⑤	37	① ② ③ ④ ⑤	57	① ② ③ ④ ⑤
18	① ② ③ ④ ⑤	38	① ② ③ ④ ⑤	58	① ② ③ ④ ⑤
19	① ② ③ ④ ⑤	39	① ② ③ ④ ⑤	59	① ② ③ ④ ⑤
20	① ② ③ ④ ⑤	40	① ② ③ ④ ⑤	60	① ② ③ ④ ⑤

※ 본 답안지는 마킹연습용 모의 답안지입니다.

시설공단 / 도시공사 / 개발공사 통합편 답안카드

성 명

지원 분야

문제지 형별기재란	
(　　　)형	Ⓐ Ⓑ

수 험 번 호						
⓪	⓪	⓪	⓪	⓪	⓪	⓪
①	①	①	①	①	①	①
②	②	②	②	②	②	②
③	③	③	③	③	③	③
④	④	④	④	④	④	④
⑤	⑤	⑤	⑤	⑤	⑤	⑤
⑥	⑥	⑥	⑥	⑥	⑥	⑥
⑦	⑦	⑦	⑦	⑦	⑦	⑦
⑧	⑧	⑧	⑧	⑧	⑧	⑧
⑨	⑨	⑨	⑨	⑨	⑨	⑨

감독위원 확인
㊞

1	①	②	③	④	⑤	21	①	②	③	④	⑤	41	①	②	③	④	⑤
2	①	②	③	④	⑤	22	①	②	③	④	⑤	42	①	②	③	④	⑤
3	①	②	③	④	⑤	23	①	②	③	④	⑤	43	①	②	③	④	⑤
4	①	②	③	④	⑤	24	①	②	③	④	⑤	44	①	②	③	④	⑤
5	①	②	③	④	⑤	25	①	②	③	④	⑤	45	①	②	③	④	⑤
6	①	②	③	④	⑤	26	①	②	③	④	⑤	46	①	②	③	④	⑤
7	①	②	③	④	⑤	27	①	②	③	④	⑤	47	①	②	③	④	⑤
8	①	②	③	④	⑤	28	①	②	③	④	⑤	48	①	②	③	④	⑤
9	①	②	③	④	⑤	29	①	②	③	④	⑤	49	①	②	③	④	⑤
10	①	②	③	④	⑤	30	①	②	③	④	⑤	50	①	②	③	④	⑤
11	①	②	③	④	⑤	31	①	②	③	④	⑤	51	①	②	③	④	⑤
12	①	②	③	④	⑤	32	①	②	③	④	⑤	52	①	②	③	④	⑤
13	①	②	③	④	⑤	33	①	②	③	④	⑤	53	①	②	③	④	⑤
14	①	②	③	④	⑤	34	①	②	③	④	⑤	54	①	②	③	④	⑤
15	①	②	③	④	⑤	35	①	②	③	④	⑤	55	①	②	③	④	⑤
16	①	②	③	④	⑤	36	①	②	③	④	⑤	56	①	②	③	④	⑤
17	①	②	③	④	⑤	37	①	②	③	④	⑤	57	①	②	③	④	⑤
18	①	②	③	④	⑤	38	①	②	③	④	⑤	58	①	②	③	④	⑤
19	①	②	③	④	⑤	39	①	②	③	④	⑤	59	①	②	③	④	⑤
20	①	②	③	④	⑤	40	①	②	③	④	⑤	60	①	②	③	④	⑤

※ 본 답안지는 마킹연습용 모의 답안지입니다.

〈절취선〉

시설공단 / 도시공사 / 개발공사 통합편 답안카드

성 명

지원 분야

문제지 형별기재란	
(　　)형	Ⓐ Ⓑ

수 험 번 호						
⓪	⓪	⓪	⓪	⓪	⓪	⓪
①	①	①	①	①	①	①
②	②	②	②	②	②	②
③	③	③	③	③	③	③
④	④	④	④	④	④	④
⑤	⑤	⑤	⑤	⑤	⑤	⑤
⑥	⑥	⑥	⑥	⑥	⑥	⑥
⑦	⑦	⑦	⑦	⑦	⑦	⑦
⑧	⑧	⑧	⑧	⑧	⑧	⑧
⑨	⑨	⑨	⑨	⑨	⑨	⑨

감독위원 확인
ⓘ인

1	①	②	③	④	⑤	21	①	②	③	④	⑤	41	①	②	③	④	⑤
2	①	②	③	④	⑤	22	①	②	③	④	⑤	42	①	②	③	④	⑤
3	①	②	③	④	⑤	23	①	②	③	④	⑤	43	①	②	③	④	⑤
4	①	②	③	④	⑤	24	①	②	③	④	⑤	44	①	②	③	④	⑤
5	①	②	③	④	⑤	25	①	②	③	④	⑤	45	①	②	③	④	⑤
6	①	②	③	④	⑤	26	①	②	③	④	⑤	46	①	②	③	④	⑤
7	①	②	③	④	⑤	27	①	②	③	④	⑤	47	①	②	③	④	⑤
8	①	②	③	④	⑤	28	①	②	③	④	⑤	48	①	②	③	④	⑤
9	①	②	③	④	⑤	29	①	②	③	④	⑤	49	①	②	③	④	⑤
10	①	②	③	④	⑤	30	①	②	③	④	⑤	50	①	②	③	④	⑤
11	①	②	③	④	⑤	31	①	②	③	④	⑤	51	①	②	③	④	⑤
12	①	②	③	④	⑤	32	①	②	③	④	⑤	52	①	②	③	④	⑤
13	①	②	③	④	⑤	33	①	②	③	④	⑤	53	①	②	③	④	⑤
14	①	②	③	④	⑤	34	①	②	③	④	⑤	54	①	②	③	④	⑤
15	①	②	③	④	⑤	35	①	②	③	④	⑤	55	①	②	③	④	⑤
16	①	②	③	④	⑤	36	①	②	③	④	⑤	56	①	②	③	④	⑤
17	①	②	③	④	⑤	37	①	②	③	④	⑤	57	①	②	③	④	⑤
18	①	②	③	④	⑤	38	①	②	③	④	⑤	58	①	②	③	④	⑤
19	①	②	③	④	⑤	39	①	②	③	④	⑤	59	①	②	③	④	⑤
20	①	②	③	④	⑤	40	①	②	③	④	⑤	60	①	②	③	④	⑤

※ 본 답안지는 마킹연습용 모의 답안지입니다.

성 명

지원 분야

문제지 형별기재란	
(　　　)형	Ⓐ Ⓑ

수 험 번 호						
⓪	⓪	⓪	⓪	⓪	⓪	⓪
①	①	①	①	①	①	①
②	②	②	②	②	②	②
③	③	③	③	③	③	③
④	④	④	④	④	④	④
⑤	⑤	⑤	⑤	⑤	⑤	⑤
⑥	⑥	⑥	⑥	⑥	⑥	⑥
⑦	⑦	⑦	⑦	⑦	⑦	⑦
⑧	⑧	⑧	⑧	⑧	⑧	⑧
⑨	⑨	⑨	⑨	⑨	⑨	⑨

감독위원 확인
인

시설공단 / 도시공사 / 개발공사 통합편 답안카드

1	①	②	③	④	⑤	21	①	②	③	④	⑤	41	①	②	③	④	⑤
2	①	②	③	④	⑤	22	①	②	③	④	⑤	42	①	②	③	④	⑤
3	①	②	③	④	⑤	23	①	②	③	④	⑤	43	①	②	③	④	⑤
4	①	②	③	④	⑤	24	①	②	③	④	⑤	44	①	②	③	④	⑤
5	①	②	③	④	⑤	25	①	②	③	④	⑤	45	①	②	③	④	⑤
6	①	②	③	④	⑤	26	①	②	③	④	⑤	46	①	②	③	④	⑤
7	①	②	③	④	⑤	27	①	②	③	④	⑤	47	①	②	③	④	⑤
8	①	②	③	④	⑤	28	①	②	③	④	⑤	48	①	②	③	④	⑤
9	①	②	③	④	⑤	29	①	②	③	④	⑤	49	①	②	③	④	⑤
10	①	②	③	④	⑤	30	①	②	③	④	⑤	50	①	②	③	④	⑤
11	①	②	③	④	⑤	31	①	②	③	④	⑤	51	①	②	③	④	⑤
12	①	②	③	④	⑤	32	①	②	③	④	⑤	52	①	②	③	④	⑤
13	①	②	③	④	⑤	33	①	②	③	④	⑤	53	①	②	③	④	⑤
14	①	②	③	④	⑤	34	①	②	③	④	⑤	54	①	②	③	④	⑤
15	①	②	③	④	⑤	35	①	②	③	④	⑤	55	①	②	③	④	⑤
16	①	②	③	④	⑤	36	①	②	③	④	⑤	56	①	②	③	④	⑤
17	①	②	③	④	⑤	37	①	②	③	④	⑤	57	①	②	③	④	⑤
18	①	②	③	④	⑤	38	①	②	③	④	⑤	58	①	②	③	④	⑤
19	①	②	③	④	⑤	39	①	②	③	④	⑤	59	①	②	③	④	⑤
20	①	②	③	④	⑤	40	①	②	③	④	⑤	60	①	②	③	④	⑤

※ 본 답안지는 마킹연습용 모의 답안지입니다.

〈절취선〉

시설공단 / 도시공사 / 개발공사 통합편 답안카드

성 명

지원 분야

문제지 형별기재란	
(　　　)형	Ⓐ Ⓑ

수 험 번 호						
⓪	⓪	⓪	⓪	⓪	⓪	⓪
①	①	①	①	①	①	①
②	②	②	②	②	②	②
③	③	③	③	③	③	③
④	④	④	④	④	④	④
⑤	⑤	⑤	⑤	⑤	⑤	⑤
⑥	⑥	⑥	⑥	⑥	⑥	⑥
⑦	⑦	⑦	⑦	⑦	⑦	⑦
⑧	⑧	⑧	⑧	⑧	⑧	⑧
⑨	⑨	⑨	⑨	⑨	⑨	⑨

감독위원 확인
ⓘ인

1	①	②	③	④	⑤	21	①	②	③	④	⑤	41	①	②	③	④	⑤
2	①	②	③	④	⑤	22	①	②	③	④	⑤	42	①	②	③	④	⑤
3	①	②	③	④	⑤	23	①	②	③	④	⑤	43	①	②	③	④	⑤
4	①	②	③	④	⑤	24	①	②	③	④	⑤	44	①	②	③	④	⑤
5	①	②	③	④	⑤	25	①	②	③	④	⑤	45	①	②	③	④	⑤
6	①	②	③	④	⑤	26	①	②	③	④	⑤	46	①	②	③	④	⑤
7	①	②	③	④	⑤	27	①	②	③	④	⑤	47	①	②	③	④	⑤
8	①	②	③	④	⑤	28	①	②	③	④	⑤	48	①	②	③	④	⑤
9	①	②	③	④	⑤	29	①	②	③	④	⑤	49	①	②	③	④	⑤
10	①	②	③	④	⑤	30	①	②	③	④	⑤	50	①	②	③	④	⑤
11	①	②	③	④	⑤	31	①	②	③	④	⑤	51	①	②	③	④	⑤
12	①	②	③	④	⑤	32	①	②	③	④	⑤	52	①	②	③	④	⑤
13	①	②	③	④	⑤	33	①	②	③	④	⑤	53	①	②	③	④	⑤
14	①	②	③	④	⑤	34	①	②	③	④	⑤	54	①	②	③	④	⑤
15	①	②	③	④	⑤	35	①	②	③	④	⑤	55	①	②	③	④	⑤
16	①	②	③	④	⑤	36	①	②	③	④	⑤	56	①	②	③	④	⑤
17	①	②	③	④	⑤	37	①	②	③	④	⑤	57	①	②	③	④	⑤
18	①	②	③	④	⑤	38	①	②	③	④	⑤	58	①	②	③	④	⑤
19	①	②	③	④	⑤	39	①	②	③	④	⑤	59	①	②	③	④	⑤
20	①	②	③	④	⑤	40	①	②	③	④	⑤	60	①	②	③	④	⑤

※ 본 답안지는 마킹연습용 모의 답안지입니다.

2025 최신판 시대에듀 All-New
시설공단 / 도시공사 / 개발공사 통합편
NCS + 일반상식 + 모의고사 5회 + 무료NCS특강

개정5판1쇄 발행	2024년 10월 30일 (인쇄 2024년 08월 22일)
초 판 발 행	2020년 08월 20일 (인쇄 2020년 07월 14일)
발 행 인	박영일
책 임 편 집	이해욱
편 저	SDC(Sidae Data Center)
편 집 진 행	김재희
표지디자인	조혜령
편집디자인	김경원 · 장성복
발 행 처	(주)시대고시기획
출 판 등 록	제10-1521호
주 소	서울시 마포구 큰우물로 75 [도화동 538 성지 B/D] 9F
전 화	1600-3600
팩 스	02-701-8823
홈 페 이 지	www.sdedu.co.kr

I S B N	979-11-383-7630-3 (13320)
정 가	25,000원

시설공단 도시공사 개발공사

통합편

NCS + 일반상식 + 모의고사 5회

최신 출제경향 전면 반영

코레일 한국철도공사 사무직
코레일 한국철도공사 기술직
서울교통공사
국민건강보험공단
한국수자원공사
한국도로공사서비스
건강보험심사평가원
한국전력공사

서울교통공사 사무직
봉투모의고사 5+4회분
국민건강보험공단
봉투모의고사 8+7회분
코레일 한국철도공사
최종모의고사 7+7회분
한국전력공사
봉투모의고사 8+7회분

시대에듀가 합격을 준비하는
당신에게 제안합니다.
결심하셨다면 지금 당장 실행하십시오.
시대에듀와 함께라면 문제없습니다.
성공의 기회!
시대에듀를 잡으십시오.
NEXT STEP!
기회란 포착되어 활용되기 전에는 기회인지조차 알 수 없는 것이다.
– 마크 트웨인 –